U0454431

HERMES

在古希腊神话中，赫耳墨斯是宙斯和迈亚的儿子，奥林波斯神们的信使，道路与边界之神，睡眠与梦想之神，死者的向导，演说者、商人、小偷、旅者和牧人的保护神——解释学（Hermeneutic）一词便来自赫耳墨斯（Hermes）之名。

西方传统 经典与解释
Classici et Commentarii
HERMES
柏拉图注疏集
刘小枫◉主编

詹姆斯·莱舍（James Lesher）
黛布拉·尼尔（Debra Nails）◉编
弗里斯比·C.C.谢菲尔德（Frisbee C.C. Sheffield）

爱之云梯

——柏拉图《会饮》的解释与回响

Plato's *Symposium*:

Issues in Interpretation and Reception

梁中和 等◉译

中国人民大学出版社
·北京·

国家社会科学基金青年项目：
“早期柏拉图主义哲学文献翻译与研究”
（编号16CZX044）阶段性成果

“柏拉图注疏集”出版说明

“柏拉图九卷集”是有记载的柏拉图全集最早的编辑体例，相传由亚历山大时期的语文学家、数学家、星相家、皇帝的政治顾问忒拉绪洛斯（Θράσυλλος）编订，按古希腊悲剧演出的结构方式将柏拉图所有作品编成九卷，每卷四部（对话作品 35 种，书简集 1 种，共 36 种）。1513 年，意大利出版家 Aldus 出版柏拉图全集，被看作印制柏拉图全集的开端，遵循的仍是忒拉绪洛斯体例。

可是，到了 18 世纪，欧洲学界兴起疑古风，这个体例中的好些作品被判为伪作；随后，现代的所谓“全集”编本迭出，有 31 篇本或 28 篇本，甚至 24 篇本，作品前后顺序的编排也见仁见智。

俱往矣！古典学界约在大半个世纪前已开始认识到，怀疑古人得不偿失，不如依从古人受益良多。回到古传的柏拉图“全集”体例在古典学界几乎已成共识（Les Belles Lettres 自 20 世纪 20 年代始陆续出版的希法对照带注释的 *Platon Œuvres complètes* 以及 Erich Loewenthal 在 20 世纪 40 年代编成的德译柏拉图全集均为 36 种 + 托名作品 7 种），当今权威的《柏拉图全集》英译本（John M. Cooper 主编，*Plato*, *Complete Works*，Hackett Publishing Company 1984，不断重印）即完全依照“九卷集”体例（附托名作品）。

“盛世必修典”——或者说，太平盛世得乘机抓紧时日修典。对于推进当今中国学术来说，修典的历史使命不仅是续修中国古代典籍，还得同时编修古代西方典籍。古典文明研究工作坊属内的“古典学研究中心”拟定计划，推动修译西方古代经典这一学术大业。我们主张，修译西典当秉承我国清代学人编修古代经典的精神和方法——精神即：敬重古代经典，并不以为今人对世事人生的见识比古人高明；方法即：翻译时从名家注疏入手掌握文本，考究版本，广采前人注疏成果。

“柏拉图注疏集”将提供足本汉译柏拉图全集（36 种 + 托名作品 7 种），篇序从忒拉绪洛斯的“九卷集”。尽管参与翻译的译者都修习过古希腊文，我们还是主张，翻译柏拉图作品等古典要籍，当采注经式译法（即凭靠西方古典学者的笺注本和义疏本迻译），而非所谓“直接译自古希腊语原文”。（如此注疏体柏拉图全集在欧美学界亦未见全功。德国古典语文学界于 1994 年着手“柏拉图全集：译本和注疏”，体例从忒拉绪洛斯，到 2004 年为止，仅出版不到 8 种；Brisson 主持的法译注疏体全集 20 世纪 90 年代初开工，迄今也尚未完成一半。）

柏拉图作品的义疏汗牛充栋，而且往往篇幅颇大。这套注疏体汉译柏拉图全集以带注疏的柏拉图作品为主体，亦收义疏性质的专著或文集。编译者当紧密关注并积极吸取西方学界的相关成果，不急于求成，务求踏实稳靠，裨益於端正教育风气、重新认识西学传统，促进我国文教事业的新生。

刘小枫　甘　阳

2005 年元月

中译本说明

2005年8月，哈佛大学古希腊研究中心在华盛顿组织召开了一次关于柏拉图《会饮》的国际学术会议，吸引了来自哲学、神学、文学、法学、视觉艺术等领域的数十位学者，学者们在会上全面探讨柏拉图的《会饮》两千多年来在诸多人文领域的重要影响，从本文集的论文主题和内容可以看到其取得的丰硕成果。

作为读者而言，阅读本文集可以在三个意义上开阔我们的视野：首先，经典著作对人文研究的影响范围全面而深远，柏拉图的《会饮》不仅是重要的哲学著作，而且是重要文学体裁的源头、艺术样式的先锋，它曾改变了神学家的宗教论证和观点，时至今日甚至还是法庭辩论的重要理论依据。其次，我们也可以看到，即便从某一特定领域的眼光来研究经典文本，像柏拉图对话这样的真作品，仍可以从很多方面进行探索。其文本几乎完全开放，洋溢着创造性和生命力，我们与其相遇，不是促成我们检点其成败得失，而是让它们检点我们的思想深度、广度和锐度。最后，作为普通读者，我们可以从《会饮》中看到很多扇门，并自由选择进入其中的某一扇；我们可以就自己更为关注的论题接近它。进入之后，我们会发现里面开阔敞亮，无数道路纵横交错，但却不必担心无法对其整体把握。因为当我们足够深入时，它便住进我们的生命，那些亘古的问题和应答都与我们在一起了，新的“我们”便与这些伟大提问不离不弃。

2011年3月到2011年7月，望江柏拉图学园组织集体阅读和研究柏拉图的《会饮》（阅读和翻译时，主要参考刘小枫先生①的《会饮》译文，也参考了一些外文研究性著作），同时开始分工翻译本文集，到2012年12月最终完成。几乎所有学员都参与了本文集的翻译、校订工作，最终由我定稿，因此本书是名副其实的集体翻译成果。虽然经过译者相互四校和我的最终审校，但译者大多是初入柏拉图堂奥的学习者，所以难免有疏漏错讹之处，愿读者方家明鉴并不吝赐教。

人们常说，翻译是吃苦不讨好的"活路"（四川话指"工作"），但我们希望把它变成惠人惠己的"事业"。当然，翻译不慎难免害人害己，所以我们愿意诚恳地接受各种批评指正，以帮助我们今后更胜任这一"事业"。同时，邀请对柏拉图对话感兴趣的同道更多关注"望江柏拉图学园"，参与我们的讨论和活动。我们会虚心聆听大家的意见和建议（联系邮箱：liangzhonghe@ foxmail. com）。

梁中和

丙申孟春于四川大学百廿年诞辰

① 在此特别感谢刘小枫先生对学园活动的支持，他不仅参加了一次学园座谈会，而且无偿提供了很多外文研究性著作，本书得以出版也有赖先生推荐。

献给我们的学生

过去的、现在的和未来的

目　录

第一编　《会饮》与柏拉图哲学

第二编　解读柏拉图的《会饮》

第三编 《会饮》、性与性别

第四编 《会饮》的回响

图表目录

致　谢

2005 年 8 月，古希腊研究中心（The Center for Hellenic Stud- xi
ies）在华盛顿举办了一次会议，本文集中的所有论文都在这次会议上提交过。我们代表所有与会者感谢中心主任格雷戈里·纳吉（Gregory Nagy）教授、副主任道格拉斯·弗雷姆（Douglas Frame）、项目主管詹妮弗·赖利（Jennifer Reilly）、执行助理阿比·波特（Abby Porter）以及以下中心成员：亚当·布里斯科（Adam Briscoe）、希尔威亚·亨德森（Sylvia Henderson）、佐伊·拉费斯（Zoie Lafis）、吉尔·库里·罗宾斯（Jill Curry Robbins）、露丝·泰勒（Ruth Taylor）和特普·赖特（Temple Wright）等。我们的柏拉图《会饮》研讨会只是古希腊研究中心最近承办的诸多拓展活动之一，其主旨在于让我们更多地了解和正确地评价希腊传统。

古希腊研究中心提出的要求之一就是，与会者能在会议召开之前获得参会论文的副本。马里兰大学的罗莉·科勒荷（Lori Keleher）与中心出版部门的两位同事马克·托马斯科（Mark Tomasko）和罗纳德·米尔纳（Leonard Muellner）教授将参会论文转化为电子版本。会议一经召开，论文就在中心网站公布，以惠公众。

在将论文编辑成书的过程中，古希腊研究中心邀请了两位匿名外审参与，在此一并对之表示感谢。佐伊·拉费斯（Zoie Lafis）提供了封面上狄奥提玛（Diotima）与苏格拉底（Socrates）的漂亮图片，而吉尔·库里·罗宾斯帮忙获得了很多视觉材料的使用许可。罗纳德·米尔纳教授提供了技术支持，密歇根州立大学的切特·玛克勒斯基（Chet McLeskey）协助编辑制作了书后的索引。

詹姆斯·莱舍（James Lesher）
黛布拉·尼尔（Debra Nails）
弗里斯比·C. C. 谢菲尔德（Frisbee C. C. Sheffield）

导　言

在《会饮》(*Symposium*)中，柏拉图(Plato)精妙地编撰了 1
一组赞颂爱若斯的颂词，受到众多哲学家、神学家、诗人和艺术家的青睐，从古至今一直如此。公元3世纪，普罗提诺(Plotinus)根据《会饮》中的一些内容提出了太一(the One)流溢和回归太一的双向旅程学说。一些早期基督教作者跟随普罗提诺，将对话的“上升段落”解读为灵魂上升天堂的隐晦说辞。斐奇诺(Ficino)对柏拉图《会饮》的评注*，则向文艺复兴时期欧洲的诗人和艺术家介绍了普罗提诺关于爱与美的观点，并将“柏拉图式的爱”(Platonic love)这个短语引入日常语言。《会饮》中的观点和形象还出现在托马斯·曼(Thomas Mann)的《魂断威尼斯》(*Death in Venice*)、福斯特(E. M. Forster)的《莫里斯》(*Maurice*)、艾略特(T. S. Eliot)的《鸡尾酒会》(*The Cocktail Party*)、弗吉尼亚·伍尔夫(Virginia Woolf)的《到灯塔去》(*To the Lighthouse*)和三岛由纪夫(Yukio Mishima)的《禁色》(*Forbidden Colors*)中。对话中描绘的场面和人物出现在很多绘画里，比如彼特·保罗·鲁本斯(Peter Paul Rubens)、皮埃罗·泰斯特(Pietro Testa)、阿斯穆斯·雅各布·卡斯滕斯(Asmus Jakob

---

* 斐奇诺. 论柏拉图式的爱——柏拉图《会饮》之义疏. 梁中和，李旸，译. 上海：华东师范大学出版社，2012. ——译者注（全书译者注统一使用星号注，下文再出现不再标注译者注，特此说明。）

Karstens)、雅克-路易斯·大卫（Jacques-Louis David）、安瑟伦·费尔巴赫（Anselm Feuerbach）和约翰·拉法奇（John La Farge）等的作品里；此外，还出现在音乐创作中，比如埃里克·萨蒂（Erik Satie）和伦纳德·伯恩斯坦（Leonard Bernstein）的乐曲中。1969 年 BBC 公司制作了《酒会》（*The Drinking Party*），其中的音乐《全为爱》（*All about Love*）以及摇滚音乐电影《摇滚芭比》（*Hedwig and the Angry Inch*）中都出现了来自《会饮》的片段。西格蒙德·弗洛伊德（Sigmund Freud）将柏拉图对爱（erōs）或热烈的欲望（passionate desire）的理解视为其力比多（libido）概念的原型，而对话中爱是“永久地拥有善好的欲求”（desire for eternal possession of the good）的想法，本身就富有哲学趣味。然而，《会饮》展示出的各种兴趣尽管历经了两千多年，但还是存有悬而未决的问题，比如每篇颂词之间的关系，《会饮》与柏拉图在其他对话中所表达的观点的关系，以及对话对后来艺术家和文学家之影响的本质等。本文集针对这些问题做出了一系列考察。

第一编 《会饮》与柏拉图哲学

2 通常认为，《会饮》是一篇“中期”对话，它放弃了苏格拉底式对话的某些典型特征，而倾向于《理想国》（*Republic*）式的庞大理论建构。但是，克里斯多夫·罗伊（Christopher Rowe）在《作为苏格拉底式对话的〈会饮〉》（The *Symposium* as a Socratic Dialogue）一文中认为，《会饮》并不符合这种分类法，因为它似乎一方面包含苏格拉底式的灵魂学，另一方面又囊括了柏拉图式的形而上学。在此文中，罗伊讨论了这种明显的张力。他首先反驳了各种不同的［特别是普瑞斯（Price）、弗拉斯托斯（Vlastos）和欧文（Irwin）的］解释策略，然后提出，实际上柏拉图式的理念与柏拉图式的灵魂学之间并没有必然联系，不应该根据这一特征（柏拉图式的理念）的呈现预期那一特征（柏拉图式的灵魂学）的出现。接着，罗伊说明了为什么应该把《会饮》看作一篇苏格拉底式的对话，并深入探讨了这个观点在哲学上的影响。

关于《会饮》的理解，更进一步阐释性的争议集中在对话各个部分的关系上。《会饮》是一篇充满奇妙构思的作品，它把专家、学者划分成两派，两派分别希望从哲学的和文学的角度给出解释。关于手头的话题，柏拉图为什么会给出这样一种演讲排序？哲学家苏格拉底的论述与他（非哲学的）同道的论述有着怎样的联系？在《苏格拉底之前的颂词在〈会饮〉中的角色——柏拉图的共同接受意见法》（The Role of the Earlier Speeches in the *Symposium*: Plato's Endoxic Method）一文中，弗里斯比·C. C. 谢菲尔德（Frisbee C. C. Sheffield）考虑的是，柏拉图是否以“共同接受意见法”展开论述，即将“大多数人或有智慧的人接受的观点”作为他对爱若斯（erōs）之本质进行哲学探讨的基础。在评价了之前每个赞颂者对苏格拉底的颂词所做的贡献之后，谢菲尔德展示了苏格拉底是怎样转化、遗弃或（极其常见地）保留蕴藏在之前颂词中的缕缕真理的。谢菲尔德进而思考赞颂者之间达成的共识是否具备哲学的或论证的力度，并且得出结论：尽管众人的颂词有效地促进了对主题的探讨，但仍旧没有充足的理由把它们与亚里士多德（Aristotle）的共同接受意见（endoxa）相等同。

在《〈会饮〉的柏拉图式解读》（A Platonic Reading of Plato's *Symposium*）一文中，劳埃德·格尔森（Lloyd Gerson）论证了，不管统一论者或发展论者对《会饮》的解读是否正确，我们如果想解决阐释上的困惑，那么就一定要以超越对话本身的视域来打量和研究。格尔森举出了一个实例来说明，一种收获良多的解读策略要建立在接受柏拉图主义，或者更确切地说，接受普罗提诺
思想的基础上。普罗提诺极其简明的阐释囊括了格尔森式柏拉图 *3*
主义的核心观点，这一阐释在此文中占据了极大的篇幅，并解决了很多阐释上的难题。格尔森进一步论述说，对此还需要更多的

论证来支持，即在这些对话中存在一种被称为柏拉图主义的哲学，我们需要对这些对话进行成功的解读。

第二编　解读柏拉图的《会饮》

在《柏拉图〈会饮〉中的医术、魔法与宗教》(Medicine, Magic, and Religion in Plato's *Symposium*) 一文中，马克·马克弗伦 (Mark Mcpherran) 论证说，这三个论题将厄里刻希马库斯 (Eryximachus) 的颂词与阿里斯托芬 (Aristophanes) 的、阿伽通 (Agathon) 的颂词联系了起来，并且最终与苏格拉底基于曼提尼亚的女祭司狄奥提玛 (Diotima) 得来的关于爱若斯的教义联系了起来。人们一般将厄里刻希马库斯的颂词理解为乏味学究的肤浅评论，但马克弗伦的观点恰恰相反，他认为，柏拉图将一位著名医师的评论纳入《会饮》，是为了适用和拓展他那个时代的科学与宗教习俗，以便服务于新的和更高级的哲学。

在此篇对话的诸多颂词中，美在经历爱若斯时所扮演的角色都充当了主要话题。在《柏拉图〈会饮〉中永恒的美和相适的幸福》(Permanent Beauty and Becoming Happy in Plato's *Symposium*) 一文中，加百列·理查森·李尔 (Gabriel Richardson Lear) 探究了美的价值，并引出了美与善好 (good) 的关系这个棘手问题。李尔认为，我们之所以看重美，部分是因为我们崇敬美丽的创造物，它们能赋予其创造者身后的纪念。当我们感知善好的事物是美的时，这便唤起了我们要永久拥有幸福的欲望。与美的遭遇激发了创造的活力，因为它直接与我们所欲求的不朽相联系。李尔主张，美是“恒定与自足的辉煌外显”(a shining forth of stability and self-sufficiency)，是如此善好以至于被所有缠绵情欲的世人所珍视。

相比于美和善好，苏格拉底自己的地位则是一个富有争议的问题，鲁比·布罗代尔（Rudy Blondell）与大卫·里夫（C. D. C.
Reeve）的两篇论文对此提供了一些不同的见解。在《紫罗兰研
究：〈会饮〉中的阿尔喀比亚德》（A Study in Violets: Alcibiades in
the *Symposium*）一文中，里夫利用阿尔喀比亚德（Alcibiades）提
及的苏格拉底体内的德性“神像”（agalmata）——“雕像”或
“形象”——来阐明苏格拉底的朋友和伙伴们到底能够理解他多
少。里夫探讨了“神像”这个词的各种意义，以此来确定到底在
何种意义上可以认为苏格拉底体内拥有这样的“神像”。里夫开
篇便提供了一个将“agalmata”这个词作为“神的雕像”的实质
性说明，阿尔喀比亚德在多处对该词的使用似乎都隐含着这个意
思，里夫认为，这与苏格拉底对知识的否认以及他在对话中的大 4
体形象是相冲突的。阿尔喀比亚德最终还是误解了哲学家的本质
与地位。不过，“神像”这个词却恰当地表示了哲学家体内确实
拥有的东西。因为“神像”原本就传达了通往神性的桥梁这种观
念。因此，被阿尔喀比亚德所曲解的哲学家的真正本质并不是一
种完全的神性，譬如哲学家的善好可以被转移到另一个人身上，
而是哲学家能够激发其他人走向哲学追问的神圣生活。

在《苏格拉底处在“爱的阶梯”上的何方?》（Where is Socrates on the“Ladder of Love”?）一文中，鲁比·布罗代尔探讨了苏格拉底是否已经具有了真正的德性，或者还是仅仅开始着手寻找真正的德性。柏拉图体现了哲学家模棱两可的形象：一方面，他被刻画为在热切地寻觅智慧的人，他缺乏善好，并且欲求他所缺乏的善好；另一方面，他被刻画为已经实现了德性的典范。布罗代尔提供了一个关于上升步骤的说明，并且估计苏格拉底或许已然占有了哪一步。她最终得出结论：柏拉图不是依循一种次序，而是使用一种印象式的办法将苏格拉底置于所有步骤之上，以此来挫败我们试图把苏格拉底固定于某一步的企图。

黛布拉·尼尔（Debra Nails）《落幕后的悲剧》（Tragedy Off-Stage）以对话最后一幕中苏格拉底为之辩护的奇特论点为开端，

论点的大意是“同一个人可以兼长悲剧和喜剧”（223d2-5）。当我们将苏格拉底的论点运用到《会饮》中时，我们必须考虑是否以及在哪方面《会饮》可能已经对悲剧和喜剧做了处理。尼尔认为，悲剧—喜剧的特征与《会饮》的内容及“本质”关系不大，并指出对话真正的悲剧在于柏拉图《会饮》中刻画的人物“落幕后”的真实命运。

在《柏拉图式的爱的德性》（The Virtues of Platonic Love）一文中，加布里埃拉·卡罗内（Gabriela Carone）问：如果真是这回事，那么当我们在日常生活中遭遇爱若斯时，苏格拉底对爱若斯的描述该如何来帮助我们理解爱之本性呢？卡罗内收集了一系列通常被提出来反对柏拉图观点的反对意见，并且论证：柏拉图的解释具有描述的和规范的两个方面。他关于爱若斯的理论拟定并因此表达了我们爱欲之经验的某些方面，同时它也寻求解释一个人如何能够既没有理解他的或她的爱欲之本性，也没有理解爱欲之真正的对象。

第三编 《会饮》、性与性别

柏拉图的《会饮》极大地促进了我们对古典时期性行为和性
5 别建构的理解，由吕克·布里松（Luc Brisson）、安吉拉·霍布斯（Angela Hobbs）和杰弗里·卡恩斯（Jeffrey Carnes）所著的三篇论文为少男之爱（paiderastia，又译“娈童恋”）的本质（布里松）、同性恋背景中女性隐喻的作用（霍布斯）、《会饮》中关于同性性行为的观点对现代法律理论的影响（卡恩斯）的问题提供了新的理解。在《少男之爱与智慧之爱——柏拉图〈会饮〉中的阿伽通、鲍桑尼亚和狄奥提玛》（Agathon, Pausanias, and Diotima in Plato’s *Symposium*: *Paiderastia* and *Philosophia*）一文中，布里松阐明了古希腊男性性关系的实践，这对我们阅读与了解《会饮》是一个极其必要的背景。他认为柏拉图是在评论对知识的欲求，即智慧之爱（philosophia）的同性恋习俗。狄奥提玛的颂词对这种评论至关重要，她用“孕育”的形象取代了“传播”的形象，用“灵魂”的美取代了“肉体”的美。

在《柏拉图的女性隐喻》（Female Imagery in Plato）一文中，安吉拉·霍布斯试图提出这样一个观点：如果我们将柏拉图提出的哲人的孕育形象放入他文集中关于“女性”和“男性”形象的语境中，那么我们对这一孕育形象的理解就会被极大地丰富。有一种流行的女权主义观点认为，柏拉图盗用并最终遮蔽了女性，但霍布斯不赞同这种观点。对柏拉图的理解一旦到达某个程度，我们就会得知，他同时乐于接受作为男性的哲学家和作为女性的哲学家，因为性别在他的哲学阶梯中并不是关键因素。在文本中，柏拉图并没有明确地否定女性角色，他同时运用了男性形象和女性形象，并以此说明我们应该把自己从不相关的文化约束中解放出来。

在《法庭上的柏拉图——〈会饮〉对法律理论的惊人影响》（Plato in the Courtroom: The Surprising Influence of the *Symposium* on Legal Theory）一文中，杰弗里·卡恩斯评论了近来一些受到争议的、涉及同性恋的法庭案例［《罗默诉埃文斯案》（*Romer v. Evans*）、《鲍尔斯诉哈德威克案》（*Bowers v. Hardwick*）以及《劳伦斯诉得克萨斯州案》（*Lawrence v. Texas*）］。他在建构主义同性恋学说与本质主义同性恋学说——那些案例经常以这些学说为基础——的对峙中展开讨论，并评价了在何种程度上这可被认为是《会饮》的一份适当遗产。

第四编　《会饮》的回响

最后这一部分探究了柏拉图的《会饮》对后来的艺术家及作家

的影响。在《柏拉图〈会饮〉与古代小说传统》(Plato's *Symposium* and the Traditions of Ancient Fiction)一文中，理查德·亨特（Richard Hunter）论证了《会饮》与小说之发展的紧密关系。他通过探究古代小说是如何使用和模仿《会饮》中的主题的，来阐明《会饮》与古代小说的关系。亨特认为，柏拉图的作品预示了后来的古代小说之形式和内容的发展。

詹姆斯·莱舍（James Lesher）在《柏拉图〈会饮〉的一些著名后像》(Some Notable Afterimages of Plato's *Symposium*）一文中鉴别并描述了大量由柏拉图的杰作《会饮》所激发的艺术作品。他同时提出疑问：在柏拉图的所有对话中，为何仅《会饮》有大
6 量的视像回响？他认为，主要原因在于《会饮》对话中的“爱”这一话题具有普遍的吸引力，在于对话中含有众多的戏剧性元素，在于苏格拉底和阿尔喀比亚德的形象极富感染力，在于对话缺乏清晰而占据主导地位的哲学信息故而未能限制其魅力。

在《柏拉图〈会饮〉在意大利文艺复兴时期的回响——从布鲁尼（1435）至卡斯蒂隆（1528)》[The Hangover of Plato's *Symposium* in the Italian Renaissance from Bruni (1435) to Castiglione (1528)]一文中，迪斯金·克利（Diskin Clay）贡献了一篇关于《会饮》融入文艺复兴时期艺术与文学之种种方式的力作。克利聚焦于皮埃罗·贝默波（Pietro Bembo）的《阿什罗》(*Gli Asolani*)、斐奇诺对《会饮》的评注即通常所谓的《论爱》(*De Amore*)以及卡斯蒂隆（Castiglione）的《朝臣》(*Il Cortegiano*)，逐一说明了这些著作如何受柏拉图模式的影响，又如何转变了这一模式。

大卫·K. 奥康纳（David K. O'Connor）所著《诗人雪莱与史蒂文斯笔下的柏拉图式的自我》(Platonic Selves in Shelley and Stevens）一文，探究了英国浪漫主义诗人及其追随者在其诗篇中对《会饮》一文所做的回应。奥康纳认为早在雪莱（Shelley）翻译《会饮》的三年前，雪莱已然在其诗篇《阿拉斯托尔》(Alastor, 1815）中预见到了诗篇与《会饮》之间游丝细密的联系。文中奥

康纳依托上述两个文本解读了苏格拉底颂词中的一些核心观念。在苏格拉底对爱若斯创造性力量的价值强调中可见作为“自恋投射”（narcissism projection）——一个关键的浪漫主义观念——之必要元素的爱欲观念。同时，奥康纳通过信仰柏拉图主义的华莱士·史蒂文斯（Wallace Stevens）探究了关涉自恋的主题，史蒂文斯最具特色的诗篇中充斥着上述主题。因此，雪莱与史蒂文斯可以被视为《会饮》最为审慎的读者和评论家；他们重视柏拉图式上升的意义，但更加强调自由的价值。

詹姆斯·莱舍
黛布拉·尼尔
弗里斯比·C. C. 谢菲尔德

第一编 《会饮》与柏拉图哲学

一、作为苏格拉底式对话的《会饮》

克里斯多夫·罗伊（Christopher Rowe）

本文将给出非常明确的主张：《会饮》确切来讲应当被看作一 9
篇苏格拉底式的对话。就某些方面而言，《会饮》可以被毫无争议地描述为“苏格拉底式的”——苏格拉底无论如何都是整篇对话的焦点，开头、结尾都是对其特殊形象的颂扬，中间还包括某种将这位伟人比作爱若斯（erōs）的活灵活现的场景（tableau vivant）。《会饮》藏纳了柏拉图笔下苏格拉底的性情和生活的诸般细节（不论这位苏格拉底与真实的、历史上的苏格拉底有怎样的关系）。①

然而，本文将关注的是该对话中的*哲学*方面：《会饮》的*哲学*是否是或者在何种程度上是“苏格拉底式的”？首先，考虑到现代英美的学术传统，这就意味着我们在问：这篇对话在哲学上更接近我们这些现代英语读者所划分的“苏格拉底式的”对话或“早期”对话，还是更接近所谓的“中期”对话？按照现代伟大的柏拉图主义者格里高利·弗拉斯托斯②——柏拉图的现代英语读者大多依据他所订立的准绳，其他人也纷纷跟随——所阐明的标准，这个问题的答案似乎显而易见：《会饮》是一部典型的“中期”对话。最重要的原因是，这篇对话不仅包含着而且整个围绕着那些柏拉图式的形而上学的实存——“理念”（Form）——展

---

① 我恰恰相信，在这两位苏格拉底之间有着紧密的联系，但是，在当前的语境中，这种联系呈现得非常少。（在此感谢2005年8月参加了古希腊研究中心《会饮》研讨会的学者，特别是弗里斯比·谢菲尔德和一些匿名审稿人，感谢他们对我这篇文章较早版本的评论。）

② Vlastos 1991: 47-49.

10 开；据说，苏格拉底做梦都没想过关于“理念”的事。更不用说，从文风角度来看［查尔斯·卡恩（Charles Kahn）提醒我们］③，该对话实际上属于一个非常庞大的对话组，该对话组不仅包括“苏格拉底式的”那种不带形而上学色彩的对话，而且包括《斐多》（*Phaedo*）和《克拉底鲁》（*Cratylus*）；现在很少有读者不把《会饮》与《理想国》（*Republic*）、《斐德若》（*Phaedrus*）联系起来。（我首先指的仍然是英语读者：因为我从经验中发现，用“早期/中期/晚期”来划分柏拉图对话的方法，很难转用于法语或意大利语读者，除非借用盎格鲁-撒克逊的表达习惯。）

但是，以这样的方式对待《会饮》是十分奇怪的。我们来看安东尼·普瑞斯的一段话，他是当代最杰出、最富启发性的《会饮》阐释者之一：

> 《会饮》有个明显的方面，即它忠实于苏格拉底在《吕西斯》（*Lysis*）里面的灵魂学……阿伽通抛出了一个自明的观点：爱（erōs）是对于美的（爱）。（197b5）苏格拉底通过一个巧妙的推论得出一个观点：爱的对象是人自身的幸福。他的推论如下：爱者爱美的事物，想要自己拥有它们；爱美的事物就是爱善好的事物，而拥有善好的事物便是幸福；因此，爱者欲求的是幸福。（204d5-e7）幸福是最终目的；我们不必问为什么人人都希望幸福。（205a2-3）但以上推论尚不是决定性的，因为它或许适用于爱，但却未必可以普遍适用于欲求。甚至从爱最宽泛的意义上来说，一个人的**所爱**，可能是我们将之称为他的**事业**（不管这是诗歌、体育、智慧还是情爱）的那种东西（cf. 205a8-d8），而不是他的天然欲望或偶然兴趣。我所爱的全部可能是我想过的那种生活和想成为的那种人的职分，然而我所欲求的可能在某种程度上不受这些核心价值的评定。真实的情况可能

③ Kahn 1996: 42-48.

> 是，虽然人所有的爱和欲求都朝向人所欠缺的东西（200a9, e2-
> 9），但唯有爱在根本上是为了幸福。然而，这满足了苏格拉底
> 当时的目的：他没有说反对爱欲的话，他也没有丝毫暗示在
> 《理想国》中借以区分理性欲求与非理性欲求的那种分歧和冲
> 突。（IV 436b8-441c2）并且，这里还有一系列特别的迹象表
> 明，他（苏格拉底）是以幸福主义者的角度来看待所有欲求
> 的。苏格拉底坚决认同人格化的爱神（Love）是个贫乏者；它
> 爱着并且也缺少着美的东西，也就必定缺乏所有的善好，因为
> 善好都是美的。（201a9-c5; cf. *Lysis* 216d2）但是，如果它的所
> 爱仅仅指它的事业，那么它就未必缺乏不在这些范围内的任何
> 自然的或偶然的善好。此外，甚至男人和女人生殖器的非自愿反 *11*
> 应也被人看作爱的表达。（206d3-e1）最后，动物的行为（207a6-
> b6）、人类的生理过程（c9-e1）也被看作爱的证明；然而，如果
> 我们把“事业”这一词的意涵从个人的理想扩展到一种基本的却
> 未经思考的欲求，那么这就不是柏拉图式的了。或者说，我们必
> 须把背景的假设看成苏格拉底式的，即幸福是所有欲求的最终目
> 的，动物、人类亦然。因此，性欲（erotic desire）必须被改换成
> 一种特殊的欲求方式，这种方式是一切欲求所欲求的；其定义源
> 自一个苏格拉底式的自明之理的定理。④

对于普瑞斯所持有的立场，饶有趣味（而又复杂）的是，他认为在《会饮》中柏拉图事实上已经完全放弃了“《吕西斯》中的苏格拉底式的灵魂学”；他持此立场，并以此来推进，仅仅是因为在这篇对话中（我用普瑞斯的话来说）“这满足了苏格拉底当时的目的：他没有说反对爱欲的话”。根据《吕西斯》中的描述，一般的欲求总是无害的，其所指的目标也总是（对我们）真正的善好：如果出问题了，

---

④ Price 1997: 254-255（强调为笔者所加）。普瑞斯在（他 1989 年第 1 版的）一个脚注中指出：“这个观点只是刚刚被提出。”

无论在我们的相互关系中或者在我们的一般生活与行动中，罪魁祸首也只是我们的信念，它们才是唯一会犯错的。普瑞斯声称他已经找到了论据来证实他的观点，即柏拉图在写作《会饮》时已经放弃了《吕西斯》中的灵魂学。通过对更大的被称为更后期的对话（如《会饮》）中展现的人类关系的分析，普瑞斯展示了一种过多的而非局限的因而也令人失望的对《吕西斯》的分析。（“令人失望”，那是对普瑞斯而言，而不是对我而言。因此，普瑞斯对他理论的这种论证形式并没有给我留下很深的印象。然而，如我所述，如果普瑞斯并没有表明《会饮》中提供给我们的对人物关系的分析与《吕西斯》中提供给我们的分析相比有明显不同，那么这篇文章就几乎没什么意义。[5]）

为了节省篇幅，我暂且搁置这里涉及的许多细节问题。我之所以引用普瑞斯的文章，不仅因为无论就总体而言还是就我的目的而言，他对《会饮》基本特点（其苏格拉底式的灵魂学）所做
12 的论述都是非常清晰和有用的，而且因为它体现了一种我所称为“弗拉斯托斯式的”柏拉图阐释范式的深远影响。我并不是说，普瑞斯那样认为仅仅是因为他碰巧相信弗拉斯托斯的观点；实际上，为了把《会饮》与柏拉图的“中期”联系起来，我已经引用了普瑞斯的另一个独立的论证（即柏拉图对人与人之间关系的处理更成熟、更完善和更成功——尽管正如我已经指出的，我对这一点持有异议）。[6] 在其他地方[7]，普瑞斯给出过更长的解释以说

---

⑤ 除此之外（inter alia），关于对《吕西斯》中各种“朋友”（friends, philoi）之间关系的理论辩护，以及在其基础之上的欲求和行动理论，参见 Penner and Rowe 2005，特别是其第二部分。

⑥ 尤其是，这个主张看上去在很大程度上只是基于推测；普瑞斯发现，《会饮》中狄奥提玛和苏格拉底所给出的关于爱的论述之间存在着裂隙，并且提出了方法来填补它。但是，就像彭纳（Penner）和我清楚地说明的，普瑞斯并没有提供足够的理由来说明，我们为什么必须要接受他的判断，更不用说他的解决方式了。（see Penner and Rowe 2005: 300-307）

⑦ 参见 Price 1995: 8-14（尽管我并不知道这些文章对于这种情况是否构成了实质性的补充）。

明他的如下观点：柏拉图已经放弃了《会饮》中苏格拉底在爱若斯颂词背后的那种灵魂学。虽然他的情况有其独立性，但普瑞斯还是可以作为那些继续将《会饮》看作“中期”对话的大多数学者中的代表——一个复杂但有用的例子。但他与这些学者的不同之处在于，他更清楚地认识到问题的本质：在《会饮》这篇所谓的“中期”对话中，我们却发现作为它的核心的那种灵魂学（a）属于通常被称为“苏格拉底式的”对话，并且（b）（从它纯粹的形式上看）它实际上是不为其他“中期”对话所接受的，特别明显的是《理想国》和《斐德若》。⑧ 一方面是苏格拉底式的灵魂学，另一方面是柏拉图式的理念，我们怎样来解释这种混杂呢？ 13

⑧ 欧文说：“在《会饮》中苏格拉底与狄奥提玛的讨论开始于爱若斯的性的方面，即爱若斯作为对美的欲求。（204d）但是，这样的描述很快就被另外的两个（描述）补充或代替：爱若斯作为对善好和幸福的欲求（204e），爱若斯作为‘在美中生育’（206b7）的欲求。柏拉图并不在通常有所限定的意义上使用爱若斯，而是用之来指涉广义的对善好的欲求，并且从中衍生出那些更具体的欲求。（205a-d）柏拉图这样做是暗示，通过诉诸更广义的欲求，他能够解释人们的一种更特殊的爱，特别是对于美的一种比较特殊的爱。”（Irwin 1995: 303）欧文继续说：“《会饮》（因此）消除了通常的爱若斯概念，以支持苏格拉底的欲求观念。”他将此观念看作取消了不同的爱若斯之间的区别，以及它与通常的爱若斯概念的联系。（对于“苏格拉底式的欲求观念”，我认为说欧文和我至少有着不同的看法是合适的，一会儿我将回到这一点。）在某种程度上，欧文的论述到目前为止还没有任何问题。但他增加了一个脚注（第十八章的第12个注释）：“如果《会饮》中的那个柏拉图接受了在《理想国》和《斐德若》中得到辩护的对于灵魂的划分，那么他在《会饮》中对于爱若斯的论述就将不适用于精神的与感官的欲求。在《会饮》中，他既不赞同也不拒绝对灵魂进行这样的划分，因为对于灵魂的幸福主义，他也既不肯定也不否定。”在我看来，普瑞斯已经明确充分地表明，后一种论述是错的：《会饮》中的苏格拉底明显忠实于（欧文所说的）“灵魂的幸福主义”——尽管这样一种忠实，根据普瑞斯自己所说，仅仅是暂时性的，是由于别的原因而采用的。欧文的情况或许依靠这样的事实，即主要是狄奥提玛而不是苏格拉底在推进苏格拉底式的欲求观念。但是，苏格拉底（a）不得不承认在爱的事情方面狄奥提玛是他的老师（*Symposium* 201d），（b）把她说成赞同“灵魂的幸福主义”，也就是说，他所转述的是狄奥提玛教给他的内容，并且（c）在最后，他肯定地说他已经被她说服了（212b2），在这样的情况下，就（比如普瑞斯，尽管我与他有不同的意见，参见下一条脚注）很难同意他“既不肯定也不否定这种灵魂的幸福主义”了。

这是普瑞斯明确提出的问题⑨，但是我给出的回答与普瑞斯的回答有根本的区别。

一个直接并且必定正确的回答将会指出（正如普瑞斯所指出的），在柏拉图式的理念与柏拉图式的灵魂学之间没有明确或必然的联系（尽管正如我们将会看到的，有人还是会在至少某处上下文中给在它们之间建立起一种联系）。⑩ 粗略地说，柏拉图式的灵魂学承认，我们可能欲求某些坏的东西，虽然我们知道它们是坏的，这在（所谓的）苏格拉底式的灵魂学看来是不可能的；更重要的是，柏拉图式的灵魂学认为，我们对知道其为坏的事物的欲求事实上可能促使我们做那些我们认为是坏的行为，这样一来就同时与我们作为有理性的存在者的本性和由于我们是这样的存在者而隶属于我们的欲求——对善好的欲求——相违背了。对人类行为及人类状况的这种判断，就像苏格拉底式的判断（不论我们称其为“理性主义者的”“理智主义者的”，或是什么其他更好的）一样，不会受到我们、苏格拉底或柏拉图所相信的实存之范围的丝毫影响；换言之，不管那些实存是否包含柏拉图式的理念。⑪

因此，我们假定，《会饮》在灵魂学上是“苏格拉底式的”，在形而上学上是“柏拉图式的”：根据标准观点，这篇对话仍然是中期对话，因为它带有柏拉图的形而上学转向，而同一标准观点认为，这种转向在诸对话中是一个标志性的时刻，标志着柏拉图真正成为

---

⑨ Price 1995: 9：“……我们没有充分的理由将随后带有形而上学色彩的柏拉图主义（尤其体现在狄奥提玛的颂词中）跟先前的带有苏格拉底式灵魂学的苏格拉底主义对立起来（尽管普瑞斯认为，柏拉图确实渐渐地在将苏格拉底和狄奥提玛的观点拉开距离）。这种结合仍是意外的，这或许是它被忽视的原因。什么可以对它进行解释?”

⑩ 根据弗拉斯托斯的范式，存在着一组“过渡期”的对话，但《会饮》不在它们之列。

⑪ 事实上，柏拉图式的理念是什么，以及相信这样的东西存在实际上蕴含着什么，是非常不明确的；幸运的是，这并没有触及紧要的问题。[但是，请参见更后面对尼古拉斯·怀特（Nicholas White）关于柏拉图形而上学与伦理学之交集的文献的讨论。]

一位哲学家，但（根据上述标准观点）矛盾的是，正是他后来**放弃**
了“中期”对话中的理念使他走向了真正的成熟。当然，我在这里 14
指的是另一篇具有关键意义的对话——《巴门尼德》（*Parmenides*）。在这篇对话中，柏拉图借埃利亚学派的哲人批评了年轻苏格拉底关于理念的理论，并发现需要对它们进行严肃彻底的修正。

但是，现在我们要面临的是，正是在这些中期对话（特别是《理想国》）中发生了从苏格拉底式的灵魂学到柏拉图式的灵魂学的明显转变。所以，我们要么必须认定《会饮》是一篇较早的“中期”对话，写在柏拉图修改他关于欲求之本性的观点之前；要么必须重新接受普瑞斯的解释，认为《会饮》中的柏拉图将苏格拉底式的灵魂学取出了冷藏库，在它被永久封冻之前给了它最后一次发挥效用的机会。因为它给柏拉图提供了一种关于性欲的理论——在这里让我稍微改变一下普瑞斯的描述，根据这种理论，像性欲那样的欲求是不可能犯错的。⑫ 那么，还有什么比这更好或者至少更简单的策略来提供某种赞颂或爱若斯，以让苏格拉底在盛宴上赢得这场言论比拼？

然而，这对我来说不仅仅是一个修辞性的问题：因为这样一种策略的代价是（就如普瑞斯自己所认识到的），将使苏格拉底基于一种他自己都不再相信或者接受的理论来赞颂爱若斯。要表明他（即苏格拉底）或者他的作者（即柏拉图）所持的真正观点，我们需要用《斐德若》来补充《会饮》，因为它包含了一种对性欲的解释，而这种解释以《理想国》中对欲求所做的理性与

---

⑫ “通过保留下来的苏格拉底式的灵魂学，柏拉图可以融合苏格拉底所反对的：苏格拉底会说出在他看来的真相是什么，但是在柏拉图的眼里那些只有一半是真的，因此柏拉图也赞成其描述的爱若斯的一半。很明显，苏格拉底并没有在好的爱若斯与坏的爱若斯之间做出区分，正如鲍桑尼亚（Pausanias）所做的……这一区分在柏拉图那里将会再次出现［普瑞斯提及了《理想国》、《斐德若》、《礼法》（*Laws*）］。我们将看到，在柏拉图那里，苏格拉底保持了道德上的无误，因为他关于爱的观点是不会理睬那些不合适的赞颂对象的。一个苏格拉底式的爱的概念是一种单纯的表达。”（Price 1995:9）

非理性的区分为基础——非理性的欲求可以成功地反对理性的欲求，从而导致行为主体与他（她）所相信的最善好的东西背道而驰。当然，我们没有办法排除这样一种可能性，即对于《会饮》柏拉图本应采取这种策略，尽管这压抑了他的真实观点，不管怎么说，《会饮》都是所有对话中文学色彩最浓厚的。

但对我来说仍然有一些困惑的是：如果一篇颂词的基础是那些作者都认为其为假（或者至少不全真）的前提预设，那么它到底意义何在，特别是它在某些方面——从全真的观点看——甚至会导致苏格拉底所讲还不如鲍桑尼亚的好？根据普瑞斯的看法，鲍桑尼亚毕竟还认识到了好的爱若斯和坏的爱若斯的区别，这种区分是为柏拉图所接受
15 却为苏格拉底所拒绝的。[13] 在我看来，关于对话的这样一种解读破坏了它的整体结构。在《会饮》的结尾处，如果不是被阿尔喀比亚德打断的话[14]，无疑苏格拉底是这场颂扬爱若斯竞赛的胜利者：不管其他人的颂词中表达了何种观点，（都暗示着）苏格拉底——多亏了狄奥提玛——在爱若斯的本性这一问题上，比其他人有更深入的认识。否则，《会饮》的最后一幕——苏格拉底私下跟人讨论喜剧诗人和悲剧诗人的事情——就会让人摸不着头脑。

因此，我们是否应该像我先前简要提过的那样，把《会饮》当作一篇较早的“中期”对话？如果这样理解，柏拉图就还没有完全放弃苏格拉底式的灵魂学，尽管他已经朝着柏拉图式的理念迈出了关键性的一步。除开学者们或许[15]暂时还没有认识到这个问题的重要性这一可能，我们一时半会儿还搞不清楚他们为何没

---

⑬ 参见前面一个注释。（事实上，关于爱若斯好与坏的区分，柏拉图的观念与鲍桑尼亚的观念完全一样，这是必须怀疑的，但在这里仍就持通常的观点。）

⑭ 现场听众对苏格拉底颂词的反应［通常的夸奖/赞扬（epainos），212c4］明显有点冷淡，与此形成鲜明对比的是，为阿伽通的颂词大声、热烈地鼓掌叫好（pantas…anathorubēsai，198a1-2）；但是，考虑到苏格拉底所说内容的奇特和他对爱若斯的改造，这一反应并没有什么好奇怪的。

⑮ 普瑞斯这么认为（参见注释 9：“这或许是它被忽视的原因”）。

有采取这种解答。不过，我认为这很可能与一种通行的观点高度相关，即苏格拉底式的灵魂学是不充分的，并且它**明显**不符合人类的经验事实。这也是普瑞斯的观点：

> 如果《会饮》中的欲求概念仍然是苏格拉底式的，那么它同样是不可靠的，因为我们很容易假定那种根源于肉体的欲求有其自身的目标，而这些目标与理性的目标不一致。和《会饮》大约写于同一时期的《斐多》[16]却把欲求归属于肉体本身所有（66d7），且其目标是“通过肉体获得的快乐”（65a7）。《斐多》对于肉体的倾向采取了较为消极的态度，它赞美灵魂从肉体中解脱，而不称颂灵魂与肉体之爱。《会饮》却避免表明肉体与灵魂有不同的趋向：就算我们说（事实上苏格拉底不这样认为）肉体所欲求的就是我们“可朽本性”追求的（207d1），但我们还是可以说，这一欲求的目标是我们理性的深思熟虑（207b6-7）和一种自然目的论共同作用的结果，这种自然目的论可用来解释动物行为和生理过程。**当然，这样的结论与常识相抵触，而且可能看起来比缺乏远见危害更大。在这里，苏格拉底需要重新说明我们通常会用** 16
> **来构建心灵冲突的那种现象。**[17]

欧文与另外一些学者[18]认为，苏格拉底把欲求看作来自主体

---

⑯ 卡恩也同意这样一个可敬的文风测定学（stylometric）观点（参见注释3），除此之外，这两篇对话，和所谓“苏格拉底式的”对话一样，被归入最早的那组对话。普瑞斯当然宁愿说，《斐多》与《会饮》都属于中期对话。

⑰ Price 1995: 13-14.（我补充说，“一个对现象的重新描述……”恰恰是苏格拉底正在提供给我们的；这个重新描述不仅仅是从“精神冲突”方面来讲的。但是，当时苏格拉底却特别否定这种“形成精神冲突”的现象，或至少是“精神冲突”的模式。普瑞斯把其说成一个不容置疑的人类经验事实。）

⑱ 其中有约翰·库伯（John Cooper），参见他在“克莱兰顿柏拉图丛书”中对欧文的《高尔吉亚》（*Gorgias*）所做的评论。（Cooper 1982, Cooper 1999a）

对善好的信念。显然，在这种解读下，苏格拉底的欲求观点就会成为一个大家都希望柏拉图尽快放弃的观点（而普瑞斯也希望柏拉图放弃另一种欲求观点，尽管这种观点是普瑞斯自己加在苏格拉底身上的）；而要说放弃，既然创作《会饮》期间正是他把注意力都集中到爱若斯身上的时候，那还有什么时候比这更好呢？当他一开始在纷纭杂陈的情形中思索爱欲经验时，他就必定能看到苏格拉底观点的不足吗？

但是，这并不是一个特别让人信服的论证，因为《吕西斯》同样以讨论爱若斯开头和（或多或少地说）结尾，并且至少在现有的文本中，还没有人主张，在《吕西斯》中柏拉图以苏格拉底的措辞对爱若斯所做的分析是不严肃的。这似乎已经是众所周知的了：所谓的“中期”对话向我们展现了一个成熟的柏拉图，或者至少是一个比之前更成熟的柏拉图——一个已经着手开展他雄心勃勃的形而上学研究的柏拉图，并且必定（真的如此吗？）已经使自己摆脱了那种善意的、“天真无害的”但最终却没有用的欲求观点。这里要再一次提到普瑞斯：

> 一个比《会饮》中所论证的观念更加精致的观点应该区分欲望（appetite）的目标（这种欲望可能仅仅是一时的愉悦）与拥有欲望的目的论基础：通过它们无理的强求，这些欲望可能会有利于我们的生存和幸福；相反，如果它们没有这么急迫和强烈，那么在生存和快乐方面，也许就还不如先前。然而，我们的幸福可能并不是它们的对象，并且当这些欲望没有得到完全满足的时候，它们还可能给我们带来麻烦。⑲

在我看来，这种看法体现了对苏格拉底欲求理论的严重低估。

---

⑲ Price 1995: 14n7（对于上面的引文所做的注释）。

这一理论不是要把对饥饿、口渴或情欲等欲求的感觉看作主体对幸福欲求的表达。他（她）可能会感到饥饿、口渴或者充满情欲，但同时他（她）也会把这些欲求所追求的最佳（最能带来快乐的）对象弄错；在这种以及与此类似的情况下，欲求似乎引导 17
我们走向了错误的结果（因为没有创造幸福），于是我们就可以说，主体“根本就不想要这些东西”，即便在那个时候他（她）确实感到饥饿、口渴或者充满情欲。问题就在于，欲求到底导致了什么行为，或者欲求参与导致了什么行为；苏格拉底式的主张是，全部欲求都是为了幸福与善好：“对于饥饿或口渴，我们会采取行动来获得善好而非受到损害。也就是说，我们所探讨的欲求（那种导致行为的欲求）并不是对食物的欲求，而只是对善好的追求，只不过在当前这个特定情况下恰好包括了饮食。”[20] 简言之，不管在《会饮》处还是在别处，我们都不需要把苏格拉底理解为主张口渴或饥饿都以幸福为自身的目的，普瑞斯在这里的抱怨落空了。同样，所有对苏格拉底式灵魂学的反对也失败了，这种苏格拉底式的灵魂学建立在以下这个观点的基础上，即苏格拉底把信念（我们关于善好的信念）当作我们欲求的决定者。[21] 其实，苏格拉底认为，导致我们行为的欲求总是为了追求（真正的）善好，而我们之所以会犯错、做错事情，只是由于我们关于什么是善好的信念还没有达到标准。

---

⑳ 彭纳和我直接评论了《吕西斯》220e6-221b3 这段文本（Penner and Rowe 2005: 154），我们认为这里表明了，即使没有什么坏的事情是由它们产生的，欲求也将存在：我们的欲求，原则上也有助于我们全面朝向这（真实的）善好，并且坏的事情仅仅是由我们信念的偏差和失调造成的。参见该书索引中“爱欲：假设非理性的爱欲”一条下对彭纳和我的一系列文本的提及，这些文本逐步阐明了我们对于（苏格拉底式的）欲求的观点。（必须要补充的是，对于最初在 Penner and Rowe 2005 中表达的观点，彭纳并没有致力于任何进一步的阐释或评注，这可能在本文中被提供；在任何情况下，像这样的阐释或评注如果对原书的理解有误，那么它都将被原书所说的观点胜过。无论如何，原书提供了对普瑞斯更长并且更有成效的回应，这是他那陈述精致的论据所应得的。）

㉑ 这里我再一次提及欧文和库伯对苏格拉底式的灵魂学所做的那种解释。

再次声明，因为问题十分复杂，所以这里不能对其进行详尽的讨论。但是，请允许我提出一种假设，即不仅柏拉图在很长一段时间里对被我宽泛地称为“苏格拉底式的行为理论”的那个东西感兴趣，而且他有正当的理由对它感兴趣（因为这是一个值得重视的理论）。[22] 这种假设就意味着，到目前为止我们好像没有理由认为，柏拉图在写作《会饮》并将对话建立在这个理论基础上
18 时对这个理论持怀疑态度；实际上，我们拥有更多可观的理由认为柏拉图是相信这个理论的，否则他笔下的苏格拉底就会被表现为以虚假的主张在颂扬爱若斯的竞赛中取胜。有人也许依然会认为，《会饮》代表了一种半历史性的文献，因为它体现了，关于爱若斯的一种“天真的”、不同寻常的，甚至有些古怪，更不用说十分特别的苏格拉底式辩护，是如何在诸多其他的一般辩护中脱颖而出的，尽管它建立在半事实的基础上。但是，这种观点几乎没有吸引力。再次强调，比起其他对话来，《会饮》诚然有更多的*文学色彩*。但在我看来，我们需要认识到，《会饮》跟其他柏拉图的对话一样，其目的在于劝说，如果苏格拉底/狄奥提玛未能说服他/她的现场听众，那么文章的目的就一定是说服我们。如果情况是这样，即柏拉图就是在让苏格拉底详尽阐释一种爱若斯理论，但这一理论的基础是一些柏拉图本人认为不合现实而将其否定的观点，那么就很怪异了。对此，我唯一能做出的论证如下：(1)《会饮》是一篇“中期”对话（因为它包含柏拉图式的理念）；(2) 在“中期”这一阶段，柏拉图拒斥了苏格拉底式的灵魂学（即在《理想国》中）；(3) 因此，柏拉图在写作《会饮》的时候肯定拒斥了这种灵魂学，尽管他没有明说。这显然是一个令人震惊的论证，因为在“中期”对话中，不是所有对话都拥有

---

[22] 纵然这曾是一个有缺陷的理论，但也很难很好地证明柏拉图在何种特定的意义上放弃了它，因为他明显对此有兴趣，或者在一个相当重要的时期，至少在写作中好像是在严肃地对待它，即至少在他创作所谓“苏格拉底式的”对话的绝大部分时间里是这样的。

完全一致的特征，而这些特征之间并没有相互的联系：如果柏拉图式的理念与柏拉图式的灵魂学之间没有联系，那么就再次证明了，即便要将《会饮》作为一篇“中期”对话，最好也要将它看作一篇前“中期”对话与“过渡期”对话各占一半的对话。

对我来说，我更倾向于一个更根本的解决办法，因为对于整个苏格拉底—柏拉图体系来说，我严重怀疑柏拉图式的理念的重要性（无论这些理念是什么）。也就是说，理念的假定（不管这假定意味着什么）与任何灵魂学或行为理论之间不仅没有必然的联系，而且不管对柏拉图式的理念的坚信中包含了什么样的形而上学承诺，苏格拉底和柏拉图所关心的绝大部分内容都不会遇到什么阻碍。或者，换句话说，柏拉图对理念的思考是通过对某些提议的详细解释来体现的，这些提议是苏格拉底和柏拉图始终坚信与依靠的。他的思考如下：有“善”与“正义”等这类东西，我们可以对其进行研究并期望对它们有所认识和把握。如果我的主张被证明是正确的，那么在柏拉图思想发展的历程中，柏拉图式的理念的引入就将不再如近来某些地区的学者所认为的那么关 19
键；或者，即便它是至关重要的一个节点，对于那些形而上学家之外的人来说，它也不是一个转折点。这里的确是问题的关键所在。亚里士多德最先指出理念就是柏拉图与苏格拉底之间的关键区分标志㉓；并且，对于亚里士多德而言，理念真正是个问题，就是因为他认为理念是个非常糟糕的谬误，以至于他想要且需要另一种不同类型的理念（或形式）。但并没有什么理由让我们现代人必须追随亚里士多德。（“分离”就是亚里士多德所说的那个严重谬误，但是苏格拉底明显没有打算否定分离，他只是还没有走到那一步。有一些对话包含了理念，有一些则没有；也许包含理念的对话的写作时间要晚于那些没有包含理念的对话，但按照我所提出的那个观点来看，即便如此猜测也不会给我们关于对话

㉓ See Aristotle *Metaphysics* 1078b30-1079b11.

的实际阐释带来什么有用的结果。也许我们可以说，某一篇涉及了柏拉图式的理念的对话是柏拉图式的而不是苏格拉底式的，但这只是依据单一的特征做出的论断；而很可能在对话之中还存在着其他特征，据此可以得出相同的论断，只要我们能够知道这些特征究竟是什么。)㉔ 同样，《会饮》中体现了甚至提出了苏格拉底式的灵魂学，所以它看起来也就更像苏格拉底式的而非柏拉图式的。在某种程度上，这篇对话是关于爱若斯以及欲求的，在这个意义上我大胆地说，这篇对话也应该从整体上进行相同的处理；也就是说，将它作为苏格拉底式的而不是柏拉图式的对话；但同时我并不打算判断柏拉图的研究如何不同于苏格拉底，如果我们真的能够对它们做出正确的大致上的区分，而不是针对具体的差异来做区分。㉕ 至于讨论柏拉图所有著作的标准方法，《会饮》似乎跟《吕西斯》、《卡尔米德》(*Charmides*) 或《拉凯斯》(*Laches*) 之类的所谓"苏格拉底式的"对话有着更加密切的联系，而不是跟我们习惯上将《会饮》归入其中的所谓"中期"对话联系更紧㉖；事实上，另外两篇"中期"对话——《斐多》和《克拉底鲁》——在文风上也属于最早的一组。㉗

20 这些为何如此重要？因为对《会饮》的阐释会因其与《吕西斯》还是与《理想国》关系更紧密而呈现出很大的不同。就我们

㉔ 对这个问题的一个更加深入的处理，参见 Rowe 2005。

㉕ 确实，强调柏拉图式的灵魂学实际上多么紧密地保留在苏格拉底式的灵魂学那里是重要的——只要有人比较柏拉图与亚里士多德，这就会浮现出来，亚里士多德的立场与柏拉图的立场是截然不同的（例如，很重要的一点是，亚里士多德认为出于愤怒或欲望的行为是自愿的和自主的，而柏拉图——不同寻常地——把它们视作不自主的或不情愿的，因为这与理性的欲求是相悖的）。

㉖ 这并没有否定以下明显的事实，即较老的"中期"对话至少还有一方面是相同的，这与较老的"苏格拉底式"对话正相反，并且在规模和长度上都十足相反。但是，甚至这都不是一个决定性的因素，因为我们将必须首先决定对《欧绪德谟》(*Euthydemus*) 和《高尔吉亚》(*Gorgias*) 说些什么，两者都是规模相当宏大的作品。

㉗ 仍然参见卡恩（注释3)。对于此，我将顺带稍微提一下，即我们不需要假定文风的不同与柏拉图哲学思想的发展过程是如影随形的。

对《理想国》的阐释来看，这是必然的。在这里我要特别提到《理想国》里对善的理念的论述，因为我们将会看到，这种善跟作为一切欲求的目标的善是完全不同的，对于后者我将其归为苏格拉底式的欲求理论。为此，我引用了尼古拉斯·怀特的如下论述：

> ……在我看来，没有理由怀疑出现在《理想国》卷六和卷七中的“善本身”（the Good itself）或善的理念，就是非自身关涉的善（non-self-referential goodness）（也就是说，这种善至少暗示了这样的想法——“超出幸福主义”）。后者也出现在《蒂迈欧》（*Timaeus*）和《礼法》中……在柏拉图看来，这种理念是那些管理他的理想城邦的哲学王所掌握的……㉘

这也是我在前面简要提过的。由此，在柏拉图式的理念与放弃苏格拉底式的灵魂学之间就形成了某种真正的概念上的联系。目前（至少就怀特的主张来看），在苏格拉底的图景中那个根本性的主张，即“所有的欲求都是朝向善好的”，会引发一些问题：“朝向哪种善好?”“是不可见的善好（理念），还是那种对某个个体自身而言是好的善好?”这两者很可能是有冲突的。对于这种结果，怀特说，它与“现代（观念）所产生的利于个人和利于大众之间的区分”㉙ 没什么两样。看起来这样业已认可了那种精神冲突，而这种冲突是苏格拉底的模式所拒绝的，或者是以别的方式更好地㉚阐释的。但《会饮》中很少有这种善好，或者作为理念的至善（Good）的迹象，《会饮》自始至终都围绕着“可见的”

㉘ White 2002: 199-200.

㉙ White 2002: 211.

㉚ 参见注释 17。

善好，即主体的善好。[31] 更宽泛地讲，人们倾向于把《会饮》中真正的“上升”之路和《理想国》中的洞穴喻联系起来（因为
21 《理想国》中也涉及了一种上升）；这种对比可能会使我们的视线远离《会饮》中对于主体善好的热切关注，使我们认为在人类关系问题上有比《吕西斯》中更好的或者不同的描述。事实上我认为并不是这样的：其在根本上是同一种描述。此外，正如彭纳和我（在我们2005年的书中）所认为的那样，这种描述并不糟糕。

我这番论证的结论就是，《会饮》是一篇苏格拉底式的对话，因为其中苏格拉底对爱若斯的阐释正是根据了一种苏格拉底式的灵魂学，这种灵魂学是柏拉图在所谓“苏格拉底式的”对话（尤其是《吕西斯》）中详尽展开的——而且显然带着**绝对严肃**的态度。为此我认为，对于《会饮》主要论证的任何哲学分析，若是没有承认这一点，那么就是没有前途可言的。在这一结论面前，我们便很难再将苏格拉底式的灵魂学看作柏拉图所轻视的东西，并且认为在柏拉图步入成熟的过程中，他对苏格拉底式的灵魂学感到厌烦（并发展出了他所谓的最典型的展示品，即理念论）。

然而，我的论证还有一个关键性的结论，有助于我们对《会饮》的整体性解读，特别是有助于对《会饮》中其他人所做的颂词的解读。通常认为，斐德若（Phaedrus）、鲍桑尼亚，特别是阿里斯托芬，他们的言论是在为之后苏格拉底从虚构的女祭司即狄奥提玛那里得来的图景做某种积极的准备工作；或者，柏拉图把他认为有效的论证部分地转移到了其他发言者对爱若斯的颂词之中。（我的论证倾向于回应的问题是：为什么柏拉图给其他人分配了如此大的空间？）如果是这样，那么就像我一直坚持的，柏拉图

---

[31] 进一步，我会彻底建议，甚至《理想国》都应该被看作建立在《吕西斯》和《会饮》之成果的基础上，而不是在推翻它们：参见我的文章《善的理念与柏拉图〈理想国〉中的善》（The Form of the Good and the Good in Plato's *Republic*），第一次以最原始的形式提出是在2005年在爱丁堡举办的拉维提斯（Leventis）会议上，并且由那次会议的公报出版（由彭纳和其他人编辑）。

希望介绍的就不仅是苏格拉底对爱若斯的论述，而且是这种论述得以成立的理论基础——如果真是这样，确如我所提出的，这种理论，连同它在爱若斯分析上的具体运用，才是柏拉图最关心的，那么将对话中前面的颂词作为对苏格拉底最终观点的某种渐进性的或朝向性的铺垫，这种解读就必定是错误的。因为之前的赞颂者都没有丝毫的倾向要以苏格拉底理解事物的方式去看事情。苏格拉底的观点仅仅是不同的、奇特的，此外，它更是作为一整套理论出现的：之前的赞颂者言说的可能听起来很像苏格拉底所说的，但事实上却是不同的，因为这些赞颂者缺少一种洞见，他们的观点是一个体系，没有这个体系，这些观点就仅仅是分散的论述（disiecta membra）。柏拉图所做的就是将苏格拉底的特殊观点与其他通常的观点进行对比，而不是从其他人那里推导出苏格拉底的观点——事实上，也不可能从他们那里推导出来。为了能够充分理解苏格拉底在说什么，我们必须抛弃我们之前自以为知道的，从而重新开始。这本身，在我看来，就是整篇对话最重要的 22
一点：宣扬把苏格拉底与其他赞颂者和我们这些读者分离开来的差距。㉜

㉜ 在《理想国》卷四中，介绍灵魂的部分，是标志柏拉图使他自己远离苏格拉底式的灵魂学的转折点。如我所表明的，他设法保留了它的一些核心特征。《斐德若》在某种程度上就是他对爱若斯的新论述，其写作是从《理想国》或者后《理想国》的视角出发的，它承认除了好的爱若斯之外也有可能存在坏的爱若斯。（对于这一点，普瑞斯和我在不同的基础上都同意，但《会饮》中的理论则没有留下任何余地。）但这就要留待另一篇文章来考察了（有人至少以简要的形式谈到过，参见 Penner and Rowe 2005: 307-312）。

二、苏格拉底之前的颂词在《会饮》中的角色

——柏拉图的共同接受意见法

弗里斯比·C. C. 谢菲尔德（Frisbee C. C. Sheffield）①

23 众所周知，在柏拉图和亚里士多德之间存在着巨大而深刻的差别，其中之一就是关于“共同接受意见”（endoxa）在哲学探讨中的地位和角色。虽然亚里士多德似乎在“共同接受意见”即在那些“被每个人或者大多数人，被所有有智慧的人或者大多数有智慧的人，被最有名气和最杰出的人所接受的事物”（*Topics* 1. 1. 100b21-3）中发现了价值，但是柏拉图式的对话看起来却在极有规律地贬低多数人或所谓“聪明人”的意见②，因为他们的观点看起来并不能给哲学探讨带来积极而有建设性的贡献。然而，在面对《会饮》时，可能有人会对这种差别提出质疑。首先，会

---

① 非常感谢在华盛顿举办的《会饮》研讨会的所有与会者给予这篇论文的激励和反馈，特别是詹姆斯·莱舍，他提供了对我大有助益的书面评论。这篇论文还受益于我同以下诸友的讨论，他们是：彼得·亚当逊（Peter Adamson）、埃瑞弗·艾哈迈德（Arif Ahmed）、查尔斯·布里顿（Charles Brittain）、本·莫里森（Ben Morison）、昂德里克·洛伦兹（Hendrik Lorenz）、泽纳·希茨（Zena Hitz）。

② 关于这一点，可以比较 Nussbaum 1986: 242-243。在其中，努斯鲍姆（Nussbaum）认为，“柏拉图明确地反对停留于现象，他认为认知状态要通过对现象的关注来达到真正的、纯粹的理解，他要在（用柏拉图的话说）‘远超乎人类常规’的‘外面世界’（out there）发现他的真理。与此相反，亚里士多德却在我们通常的言谈、见闻和信念中发现他的真理”。另外，也可以参见 Solmsen 1968: 52：“使柏拉图成为辩证法家从而区别于大多数专业人士的，正是他对流俗观点的坚决反驳。但是，亚里士多德辩证式的演绎方法，则强调从‘共同接受意见’中汲取它们的合理因素。”也可以参见 Owen 1986: 155。

饮作为这篇作品的背景，我们或许可以将其称为一场出色的、对
最初共同接受意见的反诘座谈（a prime endoxic forum）。赴宴者都
是当时各界的精英贤达，以古老传统或当代专家的权威为支撑，
他们被期待发表他们的卓越见解。阿伽通的宴会当然也不例外，
就像我们所注意到的那样，与会者大体上代表了当时希腊各行各
业的智慧之士。③ 其次，在哲人发表观点之前，柏拉图向我们提 *24*
供了五段其他人对爱若斯的颂词，以便我们思考：在所谓专家意
见的范围和哲人洞察的领域之间，应该有怎样的联系？④ 最后，
我希望表明，事实上在上述两者之间存在着更多的衔接。这篇论
文的目的就是，探讨这种衔接的本质，并推测以这种方式展开对
话的可能的哲学动机。对此我将给出相应的论述，并希望以此对
在解读《会饮》的方式上产生的争议有所消弭，同时弄清楚安排
在苏格拉底之前的颂词到底有何意味。

1. 颂词

在阿伽通举办的宴会上，每位赞颂者的目标都是提供一段对

③ See Bury 1932: lvii, Rowe 1998a: 9.

④ 对于苏格拉底的颂词，作为一种哲学上的洞见，我在这里不做任何细节上的辩护，因为这篇论文的目的仅仅是指出苏格拉底提供了自己对如何获得真理的见解，在这个意义上，将他的观点与他的同道的观点进行比较。而且，苏格拉底声称自己是一位通晓“爱欲之事”的专家。（198d1; cf. 177d8）有人或许会反对说，苏格拉底同样也声称自己的智慧像梦一样充满争议，一点儿都不可靠。（174e4）一种贯通两种“声称”的办法是，假定拥有“爱欲之事”的知识是知道怎样使爱欲得到最大满足（通过获取知识和擢升德性）。一个人声称自己知道怎样变得有德性，很明显并不等同于声称他已经获得了德性（同理，声称自己拥有美的理念的知识也一样）。所以，我认为，这种知识是阿伽通在他身上试图“抓取”那么一星半点知识时，苏格拉底所拒绝承认的；这也不是苏格拉底在其他场合所宣称的拥有“爱欲之事”的知识（即关于爱欲的正当目的和合适行为）。这一点可以比较《理想国》中的苏格拉底，他能提供如何上升到善的理念的道路，但他拒绝承认（拥有）善的理念的知识。关于这一话题的更多讨论，参见 Sheffield 2006。

爱神即爱若斯的赞颂，以展示它本身的善好和它所带来的善好。这里的首要任务是概括出每位赞颂者的核心主张。这是必要的步骤，因为我所关注的是苏格拉底的哲学式论述与他之前的赞颂者有何关系，如果有关系的话。不过，在探讨这种关系之前，我们应该看到苏格拉底之前的各颂词在很大程度上存在着相互影响和关联。

我们从斐德若的颂词开始。（178a6-180b8）他的核心主张是，在涉及对德性和幸福的获取时，爱若斯拥有最强大的力量。（178c3-d1, 179a8, 180b6-8）这种力量很明显源于这样一个事实，即爱若斯可以激发人因丑的东西而羞耻、因美的东西而光荣的荣辱感。（178d1）爱欲关系、对美（kalon）的欣赏和对德性的追求之间的联系将证明，它们对于恰当理解爱若斯带来的善好至关重要。因为，如果爱若斯能够灌输一种对美的
25 爱，并且这种功能对德性的形成来说不可或缺，那么这就可以表明爱若斯有着积极的潜能。但是，爱欲关系怎样灌输一种对美的欣赏，以及什么样的美能够把我们引向德性，而不是无所作为的凝视（idle staring）或性，对此我们知之甚少。根据斐德若的描述，爱欲关系可以培养人们对荣誉的爱，并且由此可以在其爱欲追求中激发某些相应的行为来实现这个目标。（178d2-d5）但是，这种对美的欣赏中究竟包含着什么能够引起这样的目标，以及为什么那样的爱若斯会以荣誉而不是其他（比如性或智慧）为目标，这些都是不清楚的。我们仅仅需要知道，什么样的爱若斯能够导向这种特别的目标以及它为什么会。

鲍桑尼亚的颂词（180c3-185c3）建立在斐德若的观点——爱若斯能引导人们获取德性（cf. 185b1-c1）——的基础上。但他并不赞同斐德若关于爱若斯之好处的所有看法。（180c4-5）他认为，带来好处的爱若斯更看重灵魂而非身体。（183e1）被美的灵魂吸引的人，将专注于灵魂的发展和相应的德性的进步。（184c3-4）

鲍桑尼亚认为，智慧的培养在根本上同德性是相关的（184d1-2），并且它们最好的关系就发生在“爱者能够帮助年轻的被爱者变得更睿智、更好，年轻的被爱者则热切地期望这种来自爱者的帮助和提升”（184e）的过程中。如果德性在根本上同智慧息息相关（这种关系仍有待澄清），那么人们便可以逐步理解，为什么爱若斯必须专注对它的实现负有责任的领域：灵魂。在这里还需要澄清的是：这种智慧的本质是什么，以及应该怎样最好地培养这种智慧？另外，为什么鲍桑尼亚会主张一种奴隶式的模式，也就是为什么被爱者必须用自己的魅力来换取对爱者教导的百依百顺，这也是一点儿都不清楚的。(184c3)

厄里刻希马库斯同意斐德若和鲍桑尼亚关于爱若斯的目标是德性的说法（188d5-9），也同意鲍桑尼亚在朝向身体的爱若斯和朝向灵魂的爱若斯之间做出的区分（186a1-2）。除此之外，他补充说，正当的爱者必须拥有一种专门技艺。一位专业的爱者是节制和公正的，代表着和谐，并且让我们彼此之间以及我们与神之间和睦相处。(188d8-9) 医术（186c5-6）、音乐、占卜术和天象术（187c2-3）都被他援引作为这种专门技艺的例子。然而，由这些技艺带来的和谐秩序同这些德性的发展到底有何联系还不甚明了（188d5），为什么他要特别强调这些技艺也不清楚。我们需要更多关于“专业知识”（ta erōtika）的细节。(188d2)

阿里斯托芬的颂词，正如他自己所说，弥补了到目前为止的论述的一个重大缺陷。为了理解爱若斯为什么拥有那种“医治”人类和给人类带来种种好处的能力，我们需要对人之本性和人之所需的说明，因为爱若斯是一位“替人医病的医生”。(189d1)
人显然是不完整的和有所欠缺的生物，其追求一种自我实现以及 26
获得幸福的状态。如果说有一种关于爱欲的专门技艺，那么它必须包含这样的能力，即能够分辨人的这些欠缺是什么（我们目前缺乏什么）以及人们怎样通过找到适合的伴侣来达到最好的治愈。

依照阿里斯托芬这种属于整全（oikeion）的观点，我们需要在另一个类似的人身上找到我们的另一半。与配对的另一半的结合，将带给我们幸福（eudaimonia）。（193d5）为什么幸福会存在于整全之中，他则没有说清楚。

阿伽通也看到了到目前为止的论述中的一个重大疏忽。在他之前的赞颂者已经讨论了爱若斯所承担的要给人带来好处的责任，但他们却疏于解释这种责任的本质是什么。（194e5-8）他认为，爱若斯不论从哪方面来看都是尽善尽美的（196b5）：他提到了正义（195b-c）、节制（196c5）、勇敢（d1）和智慧（d5）。“像厄里刻希马库斯崇拜自己的技艺一样，轮到他来以自己的技艺为荣了”（196e1-2），对此阿伽通特意选取了智慧，并以诗歌技艺作为其印证。因为爱若斯本身是如此美丽，所以它追求美并且引导人来追求美的和善好的事物，比如智慧和德性（196e5-6），尤其表现为诗歌或其他一些创造性的努力。（196e1-2）根据这种描述，我们可以得知，正是爱若斯和美之间的紧密联系带来了阿伽通所称赞的创造性效果。虽然这将被证明是极有前景的观点，但是爱若斯为什么要靠产生而不是拥有善好的事物来追求美，在这个阶段我们对此仍然没有任何线索。而且，既然爱者在这里几乎占尽了我们所能想到的一切善好的东西，那么他们还要致力于这样一种爱欲努力就实在令人不解了。阿伽通在这方面的论述，当然和阿里斯托芬描述的爱欲主体的欠缺是矛盾的。那么，我们应该认为我们爱欲自己已经拥有的美，还是应该（赞同阿里斯托芬）认为我们爱欲自己欠缺的东西呢？

对于想给出明晰的、连贯的说法的人来说，虽然之前的颂词是不完善的，或者说是需要进一步澄清的，但把这些对爱若斯在善好的生活方面所扮演之角色的伦理思考集中起来，却可以看出它们似乎呈现了一些合理的观点，我们将在苏格拉底的论述中看到它们的作用。⑤ 尽管每位赞颂者都在某种程度上批评了在自己前面发言的人，但他们同时也吸收了之前颂词的一些要素，并且补充了一些特定的含义。这种现象在很多地方都是非常明显的。⑥
这种建立在之前赞颂者的基础上并对其构成补充的论述方式，适 27
宜于被作为“互文性网络”（intertextual web）来阅读，这也是会饮式谈话的明显特征。⑦ 虽然苏格拉底之前的每一段颂词都是不完善的，但是结合起来看，却可以把它们当作一个粗略理论框架的诸构成环节，它们共同构成了爱若斯在善好的生活中所扮演的角色。斐德若说明了爱若斯的目标是德性；鲍桑尼亚补充，朝向灵魂的爱若斯才能获得他所称颂的德性，因为这同某种类型的智慧息息相关；厄里刻希马库斯补充，对这种爱欲的正确运用一定要以知识为指导；阿里斯托芬以他关于人的本性和缺陷的论述弥补了以上颂词的不足，并试图解释为什么爱若斯会带来如此这般的好处；阿伽通试图把这些好处解释为一种创造力的表现，它们

⑤ 当然，并不是人人都这样来看。这些颂词有太多的特点和可被审视的标准，这些都可以不把明晰性和连贯性考虑在内（比如，从文学技巧或幽默手法之类来看）。我所关注的是，它们与对爱若斯的哲学式论述之间有什么样的联系，如果有联系的话，而在这里面明晰性和连贯性将会是重要的标准。

⑥ 厄里刻希马库斯声称，鲍桑尼亚颂词的收尾是失败的（188a）；并且，需要注意的是，他也同样声称，“我对爱若斯的赞颂中有不少遗漏，尽管我一点也不希望如此。要是我遗漏了什么，补充的事就要交由阿里斯托芬来做了”（188e）。在阿里斯托芬讲完后，厄里刻希马库斯有个顾虑，他认为阿伽通和苏格拉底可能会无话可说，因为关于爱若斯的“方方面面已经被翻来覆去讲得差不多了”（193e5-7）。但阿伽通接受了挑战并希望自己能给出一个完美的、无与伦比的论述。“让我不要遗漏什么”（196d5），他一刚开始就这么说了。

⑦ 参见 Stehle 1997: 222，我从这里借用了这个短语。施特勒（Stehle）对会饮式谈话的更一般的解释是：“所有赞颂的形式或许就像这样，在大家依次赞颂爱若斯的时候，新轮到的赞颂者的颂词是建立在已发表的颂词基础之上的，这样设计的目的是保持整个谈话过程的紧凑，与此同时也可以突出每位赞颂者的贡献。参与会饮的人必须不断地互相回应，但是整个结构……需要不止一个参与者的贡献。人们或许就会在理论上认为会饮应当被构造为一个‘互文性网络’。”正如 Rowe 1998a: 8 中所论述的，回应是以竞争的方式做出的，这是公元前 5—公元前 4 世纪颂词的一个显著特点。（关于此，参见 Nightingale 1995: 117）

是同美遭遇的结果，而美与爱若斯有着本质性的联系。⑧

除了这些颂词的不完善之外，对于想给出关于爱若斯明晰且连贯的说法的人来说，还有很多疑惑和矛盾需要处理。斐德若认为，爱若斯通过激发人们的荣辱感和对美的追求，可以把人导向对德性的获取。但他让我们疑惑，一种爱欲关系和一种对美的欣赏，是怎样同追求德性联系在一起的。鲍桑尼亚赞成爱若斯可以引导人走向德性，但他进一步认为只有给予灵魂高于肉体的特权，才可以激励
28 灵魂和相应的显著德性即智慧的发展，借此人才能达到最终目的。但他留给我们的问题是：智慧和德性究竟有怎样的关系，以及到底怎样推出一种可以增益德性的爱欲关系？厄里刻希马库斯认为，对爱欲的正确运用必须以知识为指导，但我们不清楚，需要包含什么样的专业知识，以及为什么爱欲和他所声称的那些特别技艺有关联。阿里斯托芬关于人的本性和缺陷的论述促使我们思考，我们为什么必然要欲求整全，以及同另一个人结合在一起是否会带来什么特别的好处。阿伽通让我们思考，为什么追求美的爱若斯意味着对善好的事物的**创造**，以及是否（如果是，那么为什么）自足状态会激发出能带来好处的、创造性的爱若斯。如果爱者已经处在自足状态，那么他们还要致力于这样一种爱欲努力就着实令人费解了。

关于爱若斯在善好的生活中所扮演的角色的重大争论和问题来自对这个“网络”的反思，其中凸显了关于爱若斯这个话题的

---

⑧ 罗伊认为：“前面五段颂词的覆盖效应（the capping effect）意味着，在某种程度上它们已经代表了一个单个的、完整的、在阿伽通那里达到了第一次高潮的论述……紧接着在苏格拉底那里……但是我们必须谨慎地假定这里有任何关于爱若斯的渐进式发展图景……随着每位发言者提供一块新的和更好的七巧板来拼成整个图案，苏格拉底最终以其惯有的、对其他人的批评开始了他的论述，并迅速地对阿伽通的颂词进行了归纳。在其他人看来，阿伽通的颂词完美而精彩，但苏格拉底却让其无地自容。在任何情况下，试图从斐德若到阿伽通的颂词序列所展现的东西中构造出一个融会贯通的论述，都是困难的。所有五位赞颂者都是单子式的贡献参与者，并且每个人都明显地以随意的方式想要给出比前面的人更好的赞颂。”（Rowe 1998a: 8）在这里我正要展开的观点将表明，这种关系并不是那么偶然和随意。

共识和分歧。⑨ 苏格拉底之前的颂词似乎一致同意爱若斯的目标是幸福（180b7, 188d8, 193d5, 194e6, 195a5），并且这与追求美（178d1-2, 196e4-5）和德性（179d1-2, 184d7, 185b5, 188d4-9, 196d4-e6）有关。它们的分歧体现在对德性和幸福本质的论述上。一种见解认为，德性是在战场上表现出来的勇敢品质，可以被关联到或直接等同于荣誉感（斐德若）。另一种见解认为，智慧在某种程度上是德性的中心（鲍桑尼亚）。对厄里刻希马库斯来说，德性就是带来和谐秩序的医生或预言家的德性。（188d）阿里斯托芬的爱若斯更多的是追求一种整全，尽管他也强调因此追求而产生的政治家的德性。（192a7-8）阿伽通则用诗艺定义了德性。（196d5, e1）不少观点表明，爱若斯带来的好处同智慧是紧密联系的（182b7-c2, 184d1, 187c4-5, 184e1, 196d5-6），但这种智慧却被分别解释为医术和诗艺（186c5, 196e1-2）。在这些论述中，以下几个方面未被说明，即为什么爱若斯必须在德性中证明自己，以及这种类型的德性到底应该是什么。更深层的分歧同样可以在关于构成幸福［荣誉、整全、（诗艺的/医术的）智慧］的目标的论述中发现。之前的赞颂者编织的“互文性网络”产生了一些困难和问题，这需要下一位赞颂者来解决，这在一定程度上暗示了一种意义重大的、具有启发性的哲学式角色。那么，需要澄清的就是：这些论题是否以及怎样可以被一种哲学式的论述解决？

2. 苏格拉底的批评

尽管苏格拉底批评和回应了在他之前的赞颂者，但他这样做 29

---

⑨ 这里我不会进一步主张，赞颂者本身应该被理解为就在暗示这些具体的争议和问题。

的方式却让人怀疑他的论述是否可以从根本上融入他们的互文性网络，因为他声称所有在他之前的赞颂者（注意在这里是“你们”）：

> 尽可能把一大堆了不起和漂亮得不行的东西，无论相关还是不相关，统统堆砌到赞颂对象身上。即便说的是假话，也装作若无其事的样子。看起来倒像先前规定的那样，我们个个只要摆出一副赞颂爱若斯的样子就可以了，而并非要真正赞颂爱若斯。所以，我觉得，你们不过搜罗了所有值得搜罗的，然后堆砌到爱若斯身上。
>
> ——*Symposium* 198d7-e6, trans. Rowe

既然苏格拉底说，他的颂词将不同于在他之前的人（199b2-5），他赋予了真理重要的地位，那么我们就可能被吸引去注意，在文本中，“修辞学的、诗学的论述，与辩证法的论述”（Jowett; cf. Bury 1932, Dover 1980, Rowe 1998a）之间存在着巨大张力。如果这里存在这种张力，那么是否意味着，从一种哲学的观点来看，苏格拉底之前的论述都是“虚假的表演”，对于我们理解爱若斯毫无帮助？因为这种张力可能会使我们难以接受苏格拉底的颂词与之前的颂词有所关联，所以我们需要认真考察这里的批评。

苏格拉底的核心主张是，赞颂者没有给予真理优先地位。（198e1-6）他并没有说之前赞颂者的论述都完全是错的，只是说赞颂者本人对于自己论述的真假毫不关心。这就为他们在无意中触碰了真理保留了可能。但即使如此，也可能只是偶然和巧合，因为他们并没有以真理为目标。（198e2）然而，苏格拉底的确暗示，在他之前的赞颂者没有知识。他们更多只是致力于摆出一副赞颂爱若斯的样子，但并非要真正赞颂它。（e4）并且，他们似乎更关注“或然性”而不是“必然性”，就像苏格拉底稍后所提到的那样。（200a9; cf. 201a8）关注现象而非真相，促使他们把所有可能的特点归诸爱若斯，但对这些特点是否正好适用于爱若斯，以及如果适用的话是怎样适用的，他们却没有做出任何澄清。

这样评价的背后存在着一些关于知识和方法的实质性看法。苏格拉底在接下来转向阿伽通的描述时，开始对这些看法进行澄清。他采纳了（199c）阿伽通在方法上使用的原则（195a）和其
中暗含的区分（201e）：首先必须展示爱若斯所拥有的特征，然后 30
再解释特征是什么。苏格拉底的方法表明，他相信关注事物本质的问题优先于关注该事物所带来的效果的问题。正如他在其他地方更清楚地表明的，只有首先正确地界定对象的本质，才能基于此而推论出因这种本质而被赋予的特定好处，以及究竟是怎样被赋予的。[⑩] 因为其他赞颂者没有界定爱若斯的本质，所以他们就不可能明白，是这种本质带来了他们所称颂的、作为其恰当结果的德性。[⑪] 这或许就是为什么我们会看到如此多样的关于爱若斯的本质以及它同德性的关系的看法。这些赞颂者没有从界定爱若斯的本质开始他们的论述，所以他们没有牢靠的根基来推断爱若斯所带来的任何好处。当斐德若试图解决关于爱者和被爱者所处地位问题的争议时，他仅仅引用了埃斯库罗斯（Aeschylus）和荷马（Homer）互相冲突的说法（180-181; cf. 178b, 178c，因为在这里他更加依赖传统和共同接受意见）。正如苏格拉底在其他地方明确指出的，诗人几乎可以被用来支持任何东西，因为没有办法断定他们到底是什么意思。（*Protagoras* 347e）为了掌握关于爱若斯的知识，人们必须能够界定它的本质，然后在此基础上讨论这种本质和由此产生的效果。

所以，暗示阿伽通和其他赞颂者对爱若斯一无所知，意在表

---

⑩ 这种调查研究事物的方式类似于苏格拉底的问答法，参见 *Meno* 71a5-b7, *Republic* 354c1-3。

⑪ 我们可以想象苏格拉底会说（正如他在其他地方更明确提到的）：“当我不知道爱若斯是什么的时候，我必定也很难知道它是否碰巧才会带来好处，或者拥有它是否就是幸福的。”（cf. *Laches* 190b7-c2）

明他们不能给出一个关于爱若斯的明晰的、连贯的描述，因为他们没有关于爱若斯的有效定义，而这是他们关于爱若斯的合适功用的观点的基础，并且依此才能推论出它所带来的好处。但这并不是在暗示，他们对于爱若斯没有可靠的信念。苏格拉底之前的赞颂者或许相信爱若斯有许多好的方面（有一些是虚假的），但他们不会知道这些信念就是真实的，更不会清楚它们为什么是真实的。要知道为什么属于爱若斯的这些东西是真实的，就必须在这些论述中给出一个关于爱若斯的定义。并且，要想达到这个目的，相应地也就必须采取一种行之有效的方法。到目前为止，仍然没有什么排除了一种哲学式的论述和那些对真实性毫不理会的论述之间有所衔接的可能性。之前的赞颂者或许就像“战场上未经训练的士兵，他们乱闯乱撞，虽然也经常发动不错的突袭，但却毫无章法可言”⑫。

3. 衔接和解决

31 如果这种衔接确实存在的话，那么之前的颂词究竟是如何被用于哲学式的论述的？我想在开始时先列出一些解释作为选项，以指引我们通达我将要简要概括的这种衔接。现在的情况可能是，颂词间的任何衔接都只是在为对话的修辞目的服务。可能是艺术的动因促使哲人在最后论述中明显地包含了这种衔接。虽然我在这里关注的是它们是否扮演了有意义的哲学式角色，但任何颂词本身之间的衔接却无须对此有所昭示。因此，让我们把接受纯粹修辞学观点的这种可能看作选项（1）。也有可能存在如下情形，即任何衔接的背后都有深刻的认识论上的确信作为支撑。柏拉图在建构整篇对话时可能着意指出，哲学式的理解是通过一系列的

⑫ Aristotle *Metaphysics* 1. 4. 985a.

共同接受意见显现的。让我们把这称作共同接受意见法的观点（endoxic view），这是选项（2）。如果情形是后者的话，那么对它的采纳还有强弱意义上的区分。其中的一种情况是，之前的颂词把正确的论题和观点提出来，以使其在一个恰当的阐释性论述中得到解决。因此，这些颂词需要被当作哲学式推进的一部分来对待和处理。这种看法认为颂词可以包含有用的谬误，尽管它们是不真实的，但它们潜藏着的疑难推进了相关方向上的探讨。这里的关键之处就在于，这些颂词对于哲学式的探讨来说是富有意义的。我们把这称作弱辩证意义上的解读（2[a]）。另一种更为根本的情况可能是，这些颂词不仅蕴含“真理之金”（nuggets of truth），而且奠定了整个探讨的本质和进程。我们把这称作强辩证意义上的解读（2[b]）。比如，考虑以下列举的亚里士多德在伦理学探讨中的述论，以作为对这种类型的一个可能参照：

> 如同其他情形，我们必须把各种现象摆在我们面前，并且首先讨论它们的疑难之所在。如果可能的话，紧接着再证明所有著名的观点在感受上的真实性，即使不能证明全部，也要证明那些最主要和最权威的。因为如果我们把疑难解决了，并且那些著名的意见（共同接受意见）未被动摇，那么情况也必将得到最充分的验证。
>
> ——*Nicomachean Ethics* 7. 1. 1145b2-7, trans. Ross

再比较：

> 关于所有这些问题，我们必须把现象用作证据和说明，
> 试着通过论证来使其得到确认。最好的情况是所有人都应该 32
> 清楚地同意我们将要提到的看法，但如果这很难达到，那么
> 至少也得使所有人在某些方面赞同。这将会影响他们将来的
> 行动，因为每个人都在某种程度上致力于认识真理，以此作

为开端，我们必须给这些问题以某种证明。因为从真实但不确切的判断向前推进，可以得出清楚的判断，人们要不断地用更真实的知识去替换通常的混乱说法。

——*Eudemian Ethics* 1. 1. 1216b26-35, trans. Solomon

对于亚里士多德的探讨是强辩证意义上的共同接受意见法还是弱辩证意义上的共同接受意见法，以及它们相应地怎样发挥作用，这里还存在着一些争议。此处，我不会考虑这些争议的细节。[13] 以上从伦理学著作中摘引的段落，当然表明了一种相当强辩证意义上的观点。声名卓著的观点或现象奠基了整个探讨的进程："以此作为开端，我们必须给这些问题以某种证明"，以及"如果我们把疑难解决了，并且那些著名的意见（共同接受意见）未被动摇，那么情况必将得到最充分的验证"。无论如何，我们可以据此区分出第三种立场，这种立场给予了共同接受意见一种最为独立的地位。持这种立场的人希望对共同接受意见制造尽可能少的干扰和改变。这样的观点看起来承担着一种特定的证据性的角色，并且它们就是以这种方式被用于哲学式论述的。[14] 接下来我将提供一个关于苏格拉底所做颂词的简短且十分教条的概括，同时留意以上所说怎样在他的论述中得以运用。

苏格拉底首先将阿伽通置于一个诘问（elenchus）之下（199c3），来详细考察阿伽通所提到的爱若斯作为至美的神所拥有的特征。尽管整个诘问以阿伽通坦承自己也不知道先前在说什么为结束，但正如他所承认的那样（201b10），这不可以被看作在苏格拉底和他的同道（peers）之间引入了一个巨大的裂隙。因为正是通过澄清从阿伽通论述中得来的特定观点，特别是爱若斯和美的关系的准确本质，苏格拉底才为自己论述的进展找到了至关重

---

⑬ 关于这一话题，参见 Irwin 1988。

⑭ 关于这一过程背后的认识论基础，参见 Bolton 1990。

要的入手之处，并在此基础上补充了对爱若斯可行界定的明确阐释。[15] 阿伽通曾声称，爱若斯的本质是美的，并且欲求美。 33
(197b) 经过反思之后，阿伽通表示自己相信爱若斯欠缺它所追求的东西。(200e1-5) 前后两种观点是不一致的。事实上，爱若斯或者不欲求美，或者欲求它所欠缺的美，两者只能居其一。阿伽通和苏格拉底都有爱若斯欲求美的观点，这个共识引领他们达成了初步的结论，即爱若斯的本质是欠缺它所欲求的东西。(202d1-3) 阿伽通没有提出对于爱若斯（作为至美的神）的本质的合理解释，而这是他关于爱若斯能带来好处之论述的根据所在。但这并不是说阿伽通的颂词是毫无意义的。苏格拉底紧接着表示，阿伽通认为爱若斯同美和神都有某种程度的关联，在这一点上他是正确的，使他陷入困惑和混乱的是这些关联明白无误的内涵。苏格拉底在遇到神秘的狄奥提玛并对其心服口服之前，也曾困惑于此。(201e3-7) 事实上，苏格拉底是把自己的颂词当作一场对那次会面的重演来呈现的，因为他自己曾经的看法就类似于此刻阿伽通所说的。苏格拉底继而展示了他的论述是怎样从他自己和阿伽通取得一致的地方发展出来的，当然这也是年轻的苏格拉底和狄奥提玛先前达成一致的地方。(201d5)

让我们来考察苏格拉底和阿伽通论述之间明显衔接的细节。苏格拉底从阿伽通所同意的爱若斯欠缺它所欲求的东西这个共识性声称开始。苏格拉底解释了他最初对此的反应是如何使他假定，凡不美不善好的东西就必然走向它的对立面。(201e8-9, 202 b1-2) 反思之后，他认识到（或许是经过狄奥提玛同样的诘问的审查）

---

[15] 阿伽通的颂词或许已经被这种注意筛选过了，因为他的颂词至少尝试在推论一个事物所能带来的好处之前弄清楚它的本质和内涵。如果一个人必须从界定主题来开始他的研究，那么检查阿伽通的颂词将会是他最佳的切入点。阿伽通的颂词在这个层面上是一个进步。(199c) 有人或许会比较《斐德若》中吕西阿斯（Lysias）的演说和苏格拉底的第一个颂词的不同（与这里类似）：虽然苏格拉底的第一次发言被误导了，但他在方法论上比吕西阿斯更合理。

在相互对立的善好与恶坏、美与丑（202a1-e1）、智慧与无知（202a5-9）之间，还存在着某种居间状态。这时他已经很难再同时持有以下两种意见了：爱若斯是一个伟大的神，它拥有所有善好的事情，比如智慧（就像阿伽通和斐德若所认同的）；爱若斯具有一种与这些东西相关联的居间状态。这两种观点是相悖的。狄奥提玛（苏格拉底）向苏格拉底（阿伽通）指出，他自己不相信爱若斯是一个神（202c1-4）必定意味着，如以下将要澄清的那样，这个意见是与他认同的其他意见相冲突的。苏格拉底进而认识到，假如他认同爱若斯欠缺它所欲求的（202d1-3，这里重复了和阿伽通在201a-b处达成的共识）以及神们所拥有善好的东西（202d1-3），那么爱若斯就不是一个神（202d5），而是善居于两种状态之间的伟大的灵明（spirit）。（202d13-e1）据此便可以得出爱
34 若斯的定义。现在，苏格拉底已经同时回答了爱若斯“是什么”（ti esti）和“谁是”（poios tis）爱若斯这两方面的问题，它们是哲学式论述的核心部分。对于阿伽通对爱若斯特征的错误描述，即爱若斯是至美至善者，在这里存在一个反向引用（back reference）。对第一个问题的回答使我们得出爱若斯是一个处于居间状态的灵明（202e1），对第二个问题的回答让我们知道爱若斯处于贫乏和丰盈之间（203b-204b）。事实上，阿伽通混淆了爱者和被爱者（在204c这里摘引了阿伽通在197b处的颂词；再如180b3，斐德若犯了同样的错误）。自［正如斯托克斯（Stokes）和我已经指明的］苏格拉底同阿伽通的颂词交上锋（即便以狄奥提玛劝导苏格拉底为幌子）到204b-c，当我们已经很好地过渡到了苏格拉底直接论述的环节时，这种交锋仍然没有结束，我们至少还可以看到某种程度的衔接存在于苏格拉底和他的同道之间。⑯ 苏格拉底保留了阿伽通论述中存在的一丝真理：爱若斯确实同美和神都有一定的关系。但这些观点都需要批判性的修正。因为关于这种

⑯ See Stokes 1986: 130, 146; Rowe 1998a: 173.

关系的本质存在着一些混淆和干扰，这导致阿伽通相信爱若斯拥有它所追求的东西。正如我们所看到的那样，澄清爱若斯与美、神的关系的准确本质，促使苏格拉底保留了之前的一些观点，并拒绝了同这些保留下来的观点相冲突的其他看法。比如，他保留了爱若斯欲求美的观点，同时否认了爱若斯自身就是美的并且是一个神。这些均与被保留的第一种观点相悖。不过，虽然苏格拉底拒斥了这些具体的看法，但看起来他耗费如此多的时间在阿伽通的身上仍是合理的，因为他也部分地得到了一些正确的东西。爱若斯的确同美和神有某种关系。正是因为这个原因，阿伽通的颂词才能被用于澄清这些关系的准确本质，同时恰好引领读者进入苏格拉底正面论述的环节。

苏格拉底只有首先给出爱若斯的一个有效定义，才能继续建构他的论述，并进展到爱若斯的行为和目标。苏格拉底考虑的是，跟随在这个被提出的定义之后的是什么：如果爱若斯的本质是居间的媒介，那么爱若斯对于人来说起什么作用呢？（204c6-7）处在丰盈状态和贫乏状态之间的爱若斯又欲求得到什么呢？（204d1-206a12）就目前来说，爱若斯的欠缺本质是阿里斯托芬论述的核心特征。因为爱若斯具有欠缺本质，所以阿里斯托芬推论出爱若斯要致力于追求完整，即整全。虽然苏格拉底没有对阿里斯托芬进行针锋相对的诘问，但他显然参照了这种观点，并在此基础上达成了对爱若斯之目标的澄清。（205d10-206a1）当一个更基本的前提即我们愿意放弃自己身体坏了的部分被引入论述的时候（e3-
5），爱若斯欲求整全的观点就被否定了。如果我们心甘情愿地舍 35
弃我们身体坏了的部分，那么整全对我们就不可能有那样的吸引力。如果我们仅仅是想拥有健康的身体（这是不证自明的），那么在我们的欲求和我们的善好之间就一定存在一种联系。除非整全和善好是同一的，否则我们就不会力图去补足那种相对于整全的欠缺，而是去追求善好。（206a1）因为通过保有善好的东西我们才能够达到幸福，所以我们都欲求那些东西。（205a1-7）阿里斯托芬虽然给出了一个我们处于欠缺状态的不准确说法，但因为爱若斯确实欲求它所欠缺的东西，所以苏格拉底能在此基础上提供补充性的说明论证，故而这看起来像一个有用处的谬误。建设性的辩证工作也在这里开展起来。并且，对这个例子稍加留意，我们就可以发现一种观点在更深层的——或许更基本的——观点的基础上被修正了，这个观点同样是赞颂者所认同的：爱若斯还同幸福有关。（193d5; cf. 180b7, 188d8, 194e6, 195a5。这些论述谈到了同样的观点。）

苏格拉底从爱若斯的目标过渡到据此生发出的行为。斐德若和阿伽通曾主张善好的东西（比如德性），都产生于对美的东西的爱（178d1-2, 196e4-5），但他们的论述却让爱若斯对美的追求和以善好的东西为目标之间的关系含混不清。苏格拉底在他接下来的论述中考察了这一点。对善好的东西的欲求是在对美的追求中表现出来的（206b1），因为正是在对美的追求中，我们才能孕育出我们所珍视的美的东西和善好的东西（206c1-2），就像阿伽通曾认为的那样（197b8-9; cf. Phaedrus at 178d1-4）。这里蕴藏着“真理之金”。我们现在也就有了关于为什么追求美是典型的创造性活动的答案。欲求的主体并不像阿伽通所设想的那样处于丰盈状态，事实上，我们从根本上来说是处于变动不居和迁移流转中的贫乏生物，对任何一样东西的获取都需要创造性的活动。人不同于神，人不能通过任何直接的途径而获得事物。（207d5-208b5）创造是凡人类似于神的拥有状态的东西。（208b5）所以，爱若斯在创造性的活动中证明了自己，而这种创造力就是我们作为凡人能拥有善好的东西所依托的明白无误的方式。阿伽通认为创造性的活动是爱若斯的核心内容，这是正确的；但他认为创造力是从像神一样的丰盈状态中流溢出来的，就是错误的了。

苏格拉底接着认为，这种创造性的活动事实上就是产生出我们所希冀的幸福的活动。我们之所以追求美，是因为美唤醒我们以某种方式去实现自己，明白自己不论选择哪种善好，都将对我们的幸福产生重要影响。(206c1-207a5) 斐德若在这方面是正确的，即一些欲求主体，但不是全部，会把孕育和创造的倾向理解为对荣誉的爱。(178c5; cf. 197a3-6 with 208c5-e3) 这些主体就是那些在苏格拉底这里具有较少神秘色彩的爱者，其中被提到的有阿德莫托斯（Admetus)、阿喀琉斯（Achilles）和帕特洛克罗斯 (Patroclus)，这也是从斐德若的颂词（179b5-7, e1-5）中选出来的例子。如果被欲求的善好的目的是荣誉（208c3)，那么爱欲主体就会去追求德性城邦和德性心灵，并在其中把自己实现为享有盛 36
誉的立法者、诗人、教育者和手艺人（209a1-e4)，所有这些在之前的颂词中引用的行为都被当作爱若斯的表现（182a7, 186d5, 197a-b)。

对荣誉的爱是爱若斯的一个表现（斐德若在这一点上是正确的)，但它不是唯一的（或最好的）一个。对于通过生育子女和创作诗歌来获得名声的人来说，这些都是不牢靠的善好（即影像, 212a1- 6)。因为它们不会满足对美的类型的追求，而围绕美的类型，一个人的幸福才可以绵延不断。因为对幸福的欲求就是对牢固、恒久的善好的欲求。(206a12) 但是，以上这两种孕育行为的主体是否幸福，取决于他的子女是否被证明是优秀的，或者他的作品是否被广为传颂，因为只有这样他才能保有自己的荣誉。德性实际上才是欲求善好的东西和欲求幸福的最终目的，它不取决于为崇敬一个人的声名而建立的庙宇或神龛（cf. 209d6-e4)，而取决于一个人自身灵魂的善好，它也不取决于因此而获得的任何额外的东西。灵魂的善好因其自身而被欲求，并不因为更深层的什么目的，就像美的对象唤起上述那样的善好是出于美本身的选择。(210e5-6) 这里苏格拉底再一次保留了被之前的许多赞颂者解释过的观点，即幸福是爱若斯的一个目标（180b7, 188d8, 193d5, 194e6, 195a5, 205a1)，以及德性是它的恰当所得（179d1-2, 184d7, 188b5, 188d4-9, 196d4-e6)。苏格拉底关于事情本质的陈述不同于其他人，他的论点正是在此基础上反驳了荣誉是一种特权价值的论断。

根据苏格拉底的理论，能够孕育真正的德性就是去知晓和爱恋所有美的根据：真正的德性实际上就是关于美的知识。(212a1-6) 鲍桑尼亚已先指出，在德性和智慧之间存在着某种关联(184d7-e1)，关于这一点他显然是正确的，尽管在本质上卑屈盲从的奴隶式教育范本会表现出对德性和智慧之关系的误导。如果德性需要智慧，那么我们就需要一种方法去获得它（即借以通向理念的阶梯)，厄里刻希马库斯提到一种专门技艺，来响应对爱若斯的适当解释。鲍桑尼亚的观点，即爱若斯只有把注意力集中于灵魂而不是身体时才可以得到德性（210c1-2)，同样被苏格拉底采纳。但他们关于爱若斯的论述将再次不同。对灵魂的爱是重要的，这是因为它激发人们将注意力转向其他美的载体，这些载体承担着创造美的灵魂的责任，以便继续探究美的本质。(210c5-6）因为，如果人对美的灵魂感兴趣，那么他就会对那些负责创造美的灵魂的东西感兴趣：法律、实践以及知识。同各式各样的美的广泛遭遇，促使我们在更加宽泛多样的情形下来反思美的本质。而且，如果人
37 孕育了某种因其自身而美的东西［关于德性的“美的言论”(kaloi logoi）或真正的德性本身]，那么他就必须懂得在这个世界上所有美的根源：美的理念。

因此，如果有种关系将引导人们获得先前所称颂的德性，那么它必须也能够引导人们到达美的理念之境。在凝视美的理念时，爱欲主体就不会再把个别的东西视作价值的终极源泉，由此他便准备好了“废寝忘食、不吃不喝，只盯着它，和它在一起”(211d5-e1)，就好像阿里斯托芬所说的结合的爱者们。而且，正如阿里斯托芬所说的，人最终也要找一个被爱者（paidika）来匹配他的理性（nous）：理念。(cf. 193c7-8）这种结合在阿伽通所称赞的孕育中产生出来（196d7-e2，212a4)，但这次不再是像斐德若和阿伽通所声称的那样（197a3-6)，是因为名声的缘故，而是因为它本身。如果我们想要的是一种善好，而且拥有这种善好会给我们

带来幸福（205a1-3, 180b7, 188d8, 193d5, 194e6, 195a5, 205a1），那么它尤其会在凝视美本身的生活中被发现（211d1-3, 212a1-5）。这才是人所过的最好的生活（211d1-3），一种类神的生活，从中可以生发出人和神之间的情谊，如同厄里刻希马库斯曾正确主张的（188c1-d1, 212a6）。

对苏格拉底颂词的简要概括，必须能够把他的哲学式论述与在他之前的颂词之间存在着的大量衔接充分展示出来。我们已经看到了许多这方面的例子——之前的赞颂者所说的东西，被拿过来用作他们共同的立场。比如，试考虑以下观点：爱若斯欲求它所欠缺的东西（191a5-6）；爱若斯从属于美（197b8）；朝向灵魂的爱若斯比朝向身体的爱若斯更高贵（184a1）；追求善好的东西起因于对美的东西的爱（197b8-9）；爱若斯以德性（178c5-6, 179a8, 180b7-8, 188d5-6, 178c5-6, 179a8 with d1-2, 180b7-8, 184d7, 185b5, 188d4-9, 196d4-e6）、善好（188d5）与幸福（180b7, 188d8, 193d5, 194e6, 195a5）为目标；爱若斯必须被知识引导（188d1-2; cf. 184d1）；在实践（phronēsis）（182b7-c2, 184d1）、知识（epistēmē）（187c4-5）和智慧（sophia）（196d5-6）之间存在某些紧密的联系；爱若斯把人和神结合在了一起（188d8-9）。苏格拉底把这些观点包含在一个论述之中，这表明他的“言说真理”实际上就是把他之前观点中蕴藏的“真理之金”发掘出来。

如我们所见，赞颂者们对于什么构成幸福或智慧有着不同的理解。这在一定程度上是因为对于德性或对于爱若斯同美和智慧的关系等的论述的差异与经常性的不一致，之前论及的许多东西都是以一种被相当大地修正了的形式出现的。例如，斐德若认为爱若斯的目标是德性，这是正确的，然而他错在认为对荣誉的追求是获取德性的唯一的或最好的办法。鲍桑尼亚认为智慧和德性之间有一种紧密的联系，这也是对的，但他错在对奴隶式的智慧和德性关系的颂扬。厄里刻希马库斯认为，专门技艺对于爱若斯

38 合适行为的形成至关重要，这是正确的，然而他用医术、音乐、占卜术和天象术来界定这种技艺就谬以千里了。阿里斯托芬的正确之处在于，他认为爱若斯追求它所欠缺的东西，但这种欠缺不对应于他所说的整全。阿伽通认为爱若斯同美密切相关，这同样是正确的，但他对这种关系之细节的论述却有失偏颇。

虽然看起来存在着这样的情形，即许多之前提到的观点被苏格拉底以某种样式或形态使用，但我们同样也可以看到一种具体的说法被忽略的情形，以及没有尝试保留有争议观点中可能存在的一丝真理的情形。例如，厄里刻希马库斯主张，医术最能表现关于爱欲的专门技艺所应具有的特点，这种观点既没有被使用也没有被驳斥，但它同苏格拉底认为的一种观念即哲学是爱若斯的最佳表达处于一种紧张关系中。苏格拉底认为，是哲学建立起厄里刻希马库斯所推崇的人与神之间的关系。(212a1- 6, 188d8-9) 不过，更具包容力的一种理解或许是，上述这种情形可以被视为在苏格拉底这里进行了修正（针对专门技艺的错误界定）的结果，但对它也有所保留（核心是某种类型的专门技艺)。这种细微差别所导致的区分，最终取决于一个人想达到何种程度的包容。不过，持以上这种看法必须有充足的证据表明，多数赞颂者的最核心观点或者隶属于基于进一步论证的批判性的重塑，或者以另外某种样式或形态被直接使用。苏格拉底之前的赞颂者所说的观点和苏格拉底自己所做的论述之间并没有尖锐的分隔，尽管之前的人对爱若斯的描述混乱而又不完整。此外，之前的许多困惑和矛盾都在苏格拉底的论述中得到了澄清，并且它们也被置于一个似乎更加合理的基础上。

然而，或许有人会提出以下这种反对看法：既然赞颂者彼此对于美、对于德性的本质和智慧的本质持有不同的理解，那么在何种程度上我们可以宣称，被用在哲学式论述中的观点就恰好是其他赞颂者所持有的意见？如果我们不能对此有所确信，那么难道这不会暗中破坏我们更进一步的论断，即在各个论述之间存在一种衔接吗?[17] 也许有人会说，哲人和非哲人的赞颂者持有的就是同样的意见（例如，爱若斯同智慧和德性有关），只不过他们的论述同时也展示出了不同的相关意见（比如，关于什么构成智慧和德性的问题）。再或许有人会说，因为他们持有不同的相关意见，所以赞颂者持有各自不同的原初意见（比如，对于什么构成智慧的问题）。对于最后这种观点，相关意见会对原初意见产生影响的意思是，引申出的一些内容是如此不一致，以至于我们根本不能合理地认为各人的原初意见就是同样的意见。这里明显存在一些重要的论点支撑着这一反对意见。一些证据表明，在柏拉图看来，重要的事情是赞颂者正通过他使用的语词传达什么，而不 39
是以此来说明在个别赞颂者的头脑中到底有什么，更不是他们语词的意思决定了什么。（e. g. from the *Cratylus*）如果是这样的话，那么我们的确可以认为，被提及的赞颂者隐约说的是同一件事，虽然他们对此仍持有广泛的分歧和不同。并且，只要他们的论点仍是关于同一件事的意见，那么这篇作品的各个论述之间就一定存在衔接。[18]

在此阶段还有一个需要更进一步说明的要点。苏格拉底和他的同道之间的任何衔接，都被人引人注目地标示为虚构的东西。苏格拉底（非同寻常地）是作为一位爱欲方面的专家出席这次会饮的，并且在这场会饮之前拜访过狄奥提玛。如果是这样的话，那么这就立刻把任何明显衔接潜在的哲学意义破坏殆尽了。我要声明的是，在这里我所关注的是柏拉图的对话创作，以及他为什么要在各人的论述之间建立这种衔接。苏格拉底拜访狄奥提玛，以及他在爱欲方面具备的明显的专业知识，都不会有损这个事实，

---

⑰ 感谢克里斯多夫·罗伊在这里的反驳。

⑱ 比如，阿伽通和苏格拉底在讨论爱若斯与善好的时候，他们所意指的必定是某种相似的东西。否则，讨论怎么可能彻底摆脱一种基础而进行呢？更不用说取得我们在他们双方诘问的交锋中所看到的进展了。我要感谢里夫在这个论题上所做的有益讨论。

尽管我们将会看到，它可能关系到对解释这种衔接的理解。[19]

4. 共同接受意见法

我希望至此已经表明，针对爱若斯这个话题，苏格拉底之前的赞颂者并不仅仅提供一个对于流行观点的笼统概括。他们的观点在苏格拉底即在一个以真理为目标的人的颂词中被充分利用表明，他们准确提出了一个阐释性的论述需要面对的困难和问题。事实上，如此多的衔接和解决伴随着哲学式的论述浮现出来，以至于它强烈地吸引我们将它同亚里士多德的论述进行比较。需要注意的是，正像许多人所提到的那样，这些颂词均是对运作于柏拉图那个时代的文化下的大量思想潜流的反思。在其他柏拉图式的对话里，其中一些思想的呈现就是同那些有名的智者联系在一起的。斐德若是同《普罗塔戈拉》（*Protagoras*）中的希庇阿斯（Hippias）（315c）以及《斐德若》中的吕西阿斯（228a）联系在一起的。鲍桑尼亚同《普罗塔戈拉》中的普罗迪库斯（Prodicus）有关联，厄里刻希马库斯的颂词将他和希波克拉底（Hippocrates）联系起来，阿里斯托芬自不必说，阿伽通则同高尔吉亚（Gorgias）相关联。（*Symposium* 198c）这样的联系表明，之前的赞颂者所说的内容不仅是作为对爱若斯似乎合理的言说而给柏拉图留下印象
40 的东西，而且是与当时流行的观念大有关联的论述，虽然粗略了些。这大致类似于，苏格拉底颂词的内容关联到了柏拉图自己关心的方方面面，因而会一再出现在柏拉图的对话中。如果我们要接受一种亚里士多德式的共同接受意见法，那么铭记以上这一点就十分重要，让我们回到前文提到的几种阐释性选项。[20]

---

[19] 在这里感谢大卫·塞德利（David Sedley）对这个话题的讨论。

[20] 关于这一点，我要感谢泽纳·希茨对我的敦促。

我们都熟悉亚里士多德展开前人所说的观点，并继而在提供哲学式解决的指引之前表明他的赞同和反对之处的步骤。在这篇对话中，赞颂者的论述看起来像在做这样的工作：展示现象，表明争议和混乱之所在，以及为哲学式论述的处理和解决准备好基础。而且，苏格拉底的论述以某些形态或样式，使用了许多之前赞颂者提到的观点，并且似乎保留了他们论述中的一些最基本的东西。这看起来就像每位赞颂者“都在某种程度上为达到真理做了共享”［参见前文引用的《尤德谟伦理学》(*Eudemian*）的部分内容］。现在，这提出了一个问题：在哲学式理解的发展过程中，我们将赋予之前的观点一个何等重要和实质性的角色？如果我们回到前文提到的阐释性选项，那么我们将在一个弱的（a）还是强的（b）辩证意义上来决定之前的颂词对哲学式论述（选项2）的贡献呢？如果我们考虑选择后者，那么我们就需要一些证据以表明，共同接受意见在引导人们达到可能的完善理论方面所起的作用要远大于它实际起到的作用。我们需要接受这样一种观点，即它们在哲学真理的发现过程以及对哲学探讨的结果进行辩护的过程中不可或缺。如果能看到共同接受意见被赋予了一定的证据地位，并且因此而被当作权威性的，那么它或许就可以扮演这样的角色。[21] 为了弄清楚《会饮》中的引用是否具有亚里士多德式的共同接受意见的地位，接下来我们就需要证明柏拉图试图保留存在于大多数人中间的真理，或者至少存在于那些“最有权威的”人中间的真理，因为以这种方式推进论述将是真理的一个标志。赞颂者之间的共识有任何哲学式的重要性吗？有迹象能表明，至少一些之前的观点或者至少那些保留在哲学式论述中的之前的观点具有权威性吗？

---

[21] 参见巴恩斯（Barnes）论亚里士多德：亚里士多德“反复宣称通向真理的道路，是通过对有名望的观点的学习而达到的（比如，通过辩证法）”（Barnes 1981: 495）。参见 Burnyeat 1986，尽管同 Irwin 1988 比起来，此处是一个更加谨慎的观点。感谢本·莫里森和昂德里克·洛伦兹在这个话题上同我进行的令我受益匪浅的讨论。

这里存在一些因素，故而不能很好地认为，之前的观点或之前的观点的一些子集拥有那样的地位。对于亚里士多德来说，伦
41 理学是我们都应该在某种程度上或多或少有所了解的东西，伦理的知识反映了一代代圣贤智慧的结晶。这听起来并不十分像柏拉图的风格，至少我们假定此时（创作《会饮》时）的柏拉图持有的观点与他在《理想国》中表明的观点是一致的话，就是这样。因为在这里，伦理的知识基于关于善好的理念的知识的自明推论体系。我们是否应该把这样的考虑纳入《会饮》，这还不能确定。但这里很少有证据能同文本有内在的关联，以表明颂词被吸收利用是因为它们声名卓著，并且看起来具有权威性。比如，这里没有明确的宣称，大意表明关于爱若斯的一种好的理论，必须尊重和保留普通或著名的人的关于爱若斯的观点。苏格拉底的论述也没有随便摆出"我们都相信 p"这样的声明，以作为权威性的基础来为他的论证服务。

支持较强辩证意义上的解读的最具启发性的证据，出现于对阿伽通的诘问的思考中。哲学式的论述，被告知是一种"朝向真理"的方式（199b1），而且这样的论述看起来将会呈现一种辩证的发展，如我们所见，这在某种程度上是借力于同阿伽通观点的交锋来实现的。试回想，正是通过澄清阿伽通关于爱若斯和美的意见以及它们同其他意见（比如，爱若斯欠缺它所欲求的东西）的关系的准确内涵，苏格拉底似乎才得出了他论述所依据的核心前提。㉒ 如果是这种情况，即所提出来的对爱若斯的定义作为一

㉒ Stokes 1986: 146："在所记录的谈话中，苏格拉底接受了阿伽通的论述内容，就像狄奥提玛对他做的那样。故事中的苏格拉底所接受的是和《会饮》中的阿伽通如出一辙的主张（201e）；然而，狄奥提玛虽然不会听到阿伽通的颂词以及接着发生的讨论，但她的论述是奠基在阿伽通所承认和暗示的内容上的，或者偶尔对它们做出修改。"斯托克斯进一步认为："苏格拉底问的每一个问题，都是对阿伽通原初颂词的说明。在每一个问题中，苏格拉底或是从阿伽通那里提取一个相对明晰的结论，或者寻求对他的疑难和含混之处的解答。"（Stokes 1986: 130）

个中介物，是从之前的论述中被解释和澄清的观点中推衍出来的，那么这就令人困惑了。我们不知道，为什么为了达成这个见解有的观点要被保留，而其他的观点则被作为相冲突的方面而被拒绝。这些观点被广泛接受了吗？抑或它们是反复诘问的结果吗？[23] 两种**特别的**观点在这里扮演了至关重要的角色：爱若斯欲求美（出自阿伽通的颂词），爱若斯欠缺它所欲求的东西（出自阿里斯托芬的颂词并在阿伽通的回应里得到了支持）。或许这里的情况是，对阿伽通个人的考察，苏格拉底的全部所需就是阿伽通所持有的意见，但正如他明确表示的那样（201d6），爱若斯的本质在他自 42
己的论述中是**基于他和阿伽通一致赞同的东西**而被澄清的，并且在“是什么”和“谁是”的问题被回答之后，被作为对阿伽通颂词的反向引用而展示出来。如果苏格拉底的论述出自对之前至少一个人的论述中那些被批判性地重塑和澄清的观点的衔接，那么根据什么可以判断其论述的表达是以真理为目标的？（199a7）我们被给予了充足的理由，以说明众人的颂词所展示的是互相冲突的观点。为什么要假定以这种方式继续推进的人就是有着正确起点的人？认为苏格拉底并非致力于有关爱若斯的论述的真理，而只是简单地对他同道的观点进行探讨，这看起来似乎不怎么合理。虽然我的分析没有致力于主张苏格拉底的颂词就是对真理的充分展现，但文本已经清楚地表明苏格拉底的确是以真理为目标的。（199b1）

看起来对以下两种互相冲突的意见的阐明似乎是合理的，即爱若斯欲求美，以及爱若斯欠缺它所欲求的东西，它们不仅是我们持有的最通常不过的意见，而且在诘问的经验上也被证明是最可成立的。前者被大多数赞颂者当作自明的观点来使用，而后者仅仅在阿里斯托芬的论述中被清楚地表达，并且在对阿伽通的诘

㉓ 对阿伽通的诘问，是通过重现苏格拉底和狄奥提玛在许多情境中的诘问来呈现的。（201e3-7，206b5-6，207a5-6）

问里重新出现。[24] 当后一个论断重新出现的时候，它被给予了更进一步的论据支撑，并且被置于一个更加合理的基础上。当下的状况是必要的，因此有所欲求的人必然会欲求一些对他来说还不可及的东西。(200a10-e10）假若如此，那么这些意见被吸收和采纳就不仅仅因为它们是共识，而可能的情况是，将它们与持有的最通常的意见（比如，爱若斯欲求美和幸福）相比较来进行考
43 察[25]，并且这些意见也都是诘问的经验已反复表明可成立的，这或许是因为断言它们的反面就会导致荒谬。[26] 但即使这样，为什么会认为这将导致一个真理性的而不仅仅是连贯性的论述？这种自信的基础正在于这样的观点拥有一定的地位和权威，就像上面强辩证意义上的解读所要求的那样。

支持这种强度的共同接受意见解读的论证所需要的论据，在《会饮》的文本中不太容易得到。比如，对亚里士多德来说，他对我们有能力认识世界的信心，及其对人们可以揭示现象（phain-

---

[24] 他在这部分论述中挑选出阿伽通和阿里斯托芬并予以特别的关注，原因可能是，他们的颂词讨论了爱若斯的本质，因此对于得出爱若斯的定义来说，他们的观点有着特别的相关性。如果一个人把注意力集中于定义问题，那么他将对与此最相关的论述给予关注。我们可以回想起阿里斯托芬曾关注于爱若斯的欠缺本质。他强调了它所拥有的独特的人的特征，并且表达了他对爱若斯处于恰当（凡人的）位置，以避免对神有狂妄的僭越举动的考虑。(190c8）与此相反，阿伽通宣称爱若斯是一位伟大的神，并且爱者处于神的丰盈状态。(195a5, 197a1）苏格拉底的论述解释了爱若斯的真正本质是处于欠缺状态和拥有状态、凡人状态和神性状态之间。这也关联到对话结尾处同阿伽通和阿里斯托芬关于喜剧与悲剧的谈话。(223d2-5）既然爱若斯拥有这样的本质，那么了解它的人就必须知道它不仅像阿里斯托芬描写的那样处于贫乏状态，也不仅像悲剧作家描写的那些处于同神所共有的丰盈状态。爱若斯的本质是欠缺，但是一种创造性的、孕育性的欠缺，它一心向神并且可以最好地描述为一种低和高、人和神、喜剧和悲剧的结合。如果情况是这样，那么我们就了解了为什么阿伽通和阿里斯托芬在这里有着特别的相关性。

[25] 我们可以在对阿里斯托芬所主张的爱若斯欲求整全的观点的反驳中看到这样的例子。在引入了两个更基本的前提后，阿里斯托芬的这种主张被否定了，即我们乐意放弃身体坏了的部分，并且我们都欲求善好和幸福。(205d10-206a1)

[26] 有一处，当苏格拉底“使用那个论据”时，他其实是针对阿伽通来使用的。他断言爱若斯既不美又不善好，这种看法被否定是因为它会导致悖论。(201e10)

omena）中的事物本身的能力的意见，在方法上为他提供了许多前
进的动力。㉗ 正如博尔顿（Bolton）所认为的，“这不是因为某些
意见被我们广泛接受，因而所论及的意见就要参照它们来进行评
判。毋宁说是因为这些意见承载着一种同经验信息的特殊关联”
（Bolton 1990: 235-236）。这也就是那些观点和柏拉图观点不同的
结点所在。因为《会饮》中苏格拉底所认为的知识是独立存在的
理念，它们不是在关于世界的现象中被获取和掌握的。既然一个人
的认知状态和世界之间享有特权的“特殊关系”，并不在我们关于
事物的看法与可以轻易通达的现象之间，而是在心灵与诸理念之间，
那么哲学的理论就不会参照那些大众的观点来进行评判。然而，这
并不是说，无哲人的世界在认识上就处于贫瘠的状态。感知的世界
是事物真实本质不完美的反映，并且作为一种反映，它也是事物真
实本质的延伸。关于感知世界的问题常常会被表现为一个十分具体
的情况：现象把事物呈现为“混乱不定”（*Republic* 524c）的状态，
即它们把正相反对的性质归诸同一个对象，使思考事物的本质变得
困难。把意见奠基在这类对象上，就会导致互相冲突的观点在一
个人的意见中对应并存，如果知识要承担起真理的重任，那么这
就是一个无法回避的问题。㉘ 因为其中一些可能是真理，一些可 44
能是谬误，正如《理想国》卷五中反对视像爱好者（Sight-lovers）
的论证试图表明的，这就是为什么关于事物之本质的知识不能奠

㉗ See *Eudemian Ethics* 1. 1. 1216b26-35, *Rhetoric* 1. 1. 1355a14-18, *Nicomachean Ethics* 1. 8. 1098b27-29. 在一些地方，在人们最为坚定地持有的观点和基于经验信息或知觉信息的东西之间有一种联系被建立起来。（cf. *Topics* 6. 4. 142a2, *Physics* 1. 1. 184a16-26, *De Insomniis* 462b14-16）这种最被共同接受的意见和经验之间的关系，为我在对亚里士多德的论述上的自信提供了更深层的原因。关于这个话题，参见 Bolton 1990: 235-236。博尔顿解释了当知觉信息和共同接受意见相冲突时，知觉信息具有优先地位的事实（see *De Caelo* 3. 4. 303a20-23 with 3. 7. 306a3-17, *Generation of Animals* 3. 10. 760b27-33），以及解释了亚里士多德强调他在科学探讨中调和现象与共同接受意见的愿望的段落及论述（see *De Caelo* 3. 4. 303a20-23, *Physics* 4. 4. 211a7-11）。

㉘ 关于此话题，参见 Fine 2003b。

基在现象上，或者最终要根据对它们的意见来下判断。

但或许反驳强辩证意义上的解读的最有说服力的理由是以下这点：（以上所说）苏格拉底对他的同道的批评，是对之前的颂词没有以真理为目标的明确宣称。（*Symposium* 198d7-e6）这表明在其中发现的任何“真理之金”都不能因为它们被认为拥有特定的证据地位或权威而被保留。它们或许碰巧是真理性的，但这也仅仅是个巧合而已。所以，即使苏格拉底，或更进一步说柏拉图，碰巧赞同那些观点，也几乎没有理由（和与此相反的证据）能说明，他这样做是因为赞颂者提到了这些内容。这或许能够解释为什么为许多主张提供的独立论证被保留了下来（比如，阿里斯托芬主张爱若斯欲求它所欠缺的东西，200a1-e10；或者阿伽通主张爱若斯在创造力上的流溢，207c5-208b5）。这同时解释了为什么苏格拉底的论述也使用了那些我们没有看到以辩证方式出现的观点，比如涉及人的本质及其潜能的概念的观点（206b1），以及知识的本质观点（211-212）。自己的论述作为一个整体在某种程度上保留了辩证法的风格，在解释其他人关于爱若斯的一些最核心的意见时，苏格拉底表明了可以怎样根据一定的人的本质的概念或知识的概念来理解他们的意见，但这对它们来说并不具有最终的解释意义。这里几乎不能认为之前的观点给论述的精确性提供了“一些证据”。㉙

但是，为了看到之前的论述的哲学价值，我们需要放弃强辩证意义上的解读。到目前为止，我同意以下这种说法，即那些颂词不仅仅是一个平等的、随意的论述序列，从而为人们怎样讨论

㉙ 而且，在颂词的结尾处苏格拉底声称他的论述是他被说服的结果，而不是他所知道的会是真理的东西。（212a6-7）既然对通向美的理念的阶梯的论述表明，对于正确的知识，还需要更多的东西，那么我们或许可以推测他的论述在这之前根本就没有基础。虽然之前的论述中并没有任何关于爱若斯的理念的迹象，但也有可能是这种情况，即对爱若斯的论述需要以对美的论述为基础，它们在本质上是互相关联的。一旦我们知道了相关的理念的本质，那么它将为爱若斯的论述提供恰当的基础。这样的知识将不会被只推动苏格拉底探讨的那类辩证的工作所获得，尽管它或许仍然对这样的知识的出现有所贡献。

手头的话题提供了一个粗糙的、现成的概览。每个颂词的核心主张都是合理的，并且其争议也都值得解决。这样认为的证据是，许多观点都在哲学式的论述中得到了使用，争议也在那里得到了解决。毕竟，正像阿波罗多洛斯（Apollodorus）在整篇对话的开头所说的，在阿伽通的宴会上被保留下来的颂词都是那些“值得 *45*
记住的”（178a4）。那些颂词值得被纳入对话，不是因为它们证明了探讨的结果（强辩证意义上的解读），而是因为它们是趋向那些结果的有益工具（弱辩证意义上的解读）。详尽的颂词提供了机会去考察由话题本身引出的种种疑难和问题，这也促使人们更清楚地去辨明解决的可能性所在。颂词展开的论题是哲学式的论述需要去解释的，实际上也是它经常解释的。

即便如此，有人或许仍然想知道是什么为柏拉图的自信打下了基础，是什么确保了这些颂词给我们指引的是一个适当的方向？又是什么保证了对这种杂糅观点的思考，能够在以真理为目标的探讨活动中扮演有用的角色？在《会饮》中，就像在《美诺》（*Meno*）和《斐多》中一样，柏拉图似乎假定了一个人会在正确的起点上结束，以便他能接着进行下一步的探讨，因为这里存在着某种心智的本质，确保了这种进展的可能性。所有人都怀有智慧和德性，虽然程度不同，当我们达到一定的年龄，我们自然会欲求在各种各样的行动以及生育上把它们表现出来。（206c1-3, 209a3）我们或许可以说，人是天生有所知的（虽然程度不同，209a3），并且这种能力会随着我们作为人类的成熟而自然发展起来（206c3-4）。[30] 如果我们

[30] 当然，在这里，这种程度的变化是作为人类早晚要完成的。正像在他的颂词里所暗示的那样，这是爱欲主体在较低层级的秘义和较高层级的秘义之间的区别。（212a1-6, 209a3）这种变化在认识论上的表现将部分地取决于外部因素，比如，拥有合适的方法（即上升的阶梯）。但到目前为止，就像我们的灵魂孕育智慧和德性一样，我们或许会假定我们天然便适合达到这个具体的目的，并且也天然倾向于真理。如果是这样的话，那么或许这是一种以《会饮》中苏格拉底的更富建设性的观点为支撑的乐观假定。

以恰当的反思对待共同接受意见，正如一位学者所指出的，那么我们就能偏好真理而非谬误，并从而朝向真理。[31]

不管这种论述最终的根基是什么，我们仍然可以推断柏拉图在非哲人所表述的东西中发现了价值，并且有一些还是哲学价值。当然，也有可能是这种情形，即被包含在哲学式论述中的之前的观点发挥了教育学或修辞学的功能。这样的程序不仅有助于明晰，而且在使其他人的见解变得恰当和完善的同时，也宣扬了哲学出众的价值。但我已经表明，这里有一个认识论
46 上的确信在起作用，即哲学式的理解出自一系列对共同接受意见的处理过程。但柏拉图不同于亚里士多德，他是通过已具有相当水平的各色人物所发表的详尽论述来展现这一过程的。这想必旨在提醒我们，苏格拉底论述的生命力是通过对个体赞颂者所持意见和价值的采纳、接受而构建起来的。[32] 无论它们如何呈现，苏格拉底同道的论述都为我们的哲学教育做了铺垫，这在很大程度上相当于教给苏格拉底较低层级的秘义，从而为他掌握较高层级的秘义做铺垫。(210a6-7) 事实上，较低层级秘义的欲求主体和会饮参加者之间的显著对应关系，强有力地支持了这种解读。[33] 那么，我们就仍然可以推断出，柏拉图的确在非哲人所表达的东西中发现了价值。阿尔喀比亚德所给予的象征智慧的花冠由苏格拉底和其他会饮参加者中最杰出的代表（阿伽通）来共同分享，这是理所当然的。(213e1-5) 这最终不仅揭示了作为一种共享事

---

[31] 例如，Fine 2003b 对《美诺》的评论。

[32] 关于此话题，可以进一步参见奥康纳即将出版的资料，以及 Nehamas 1998 和 Sheffield 2006。

[33] 这种类型包括立法者、诗人和手艺人（209a5），他们中的许多人都被会饮的参加者在其颂词中大加赞赏。他们重视灵魂的生命高于肉体的生命（209c, 176e4-10），并且被打上了热爱荣誉的烙印（208c3, 198d7-e6）。更进一步来说，较低层级的秘义的爱欲主体最终注定在苏格拉底面对狄奥提玛时为他所熟知（209a5）；换句话说，他们被认为作为阿伽通和他的同道所认识到的那种人物类型为他们所熟知。对此更多的论述，参见 Sheffield 2006。

业的辩证法在认识论上的价值，而且揭示了会饮的价值，其中真理作为公众事业的一部分，而且在正当地运作时，就可以被发现。[34]

---

[34] 对《会饮》中这种角色的一般论述，参见 Rösler 1995。

三、《会饮》的柏拉图式解读

劳埃德·格尔森（Lloyd Gerson）

1

47 美国诗人、评论家约翰·杰伊·查普曼（John Jay Chapman，1862—1933）说：

> ……对于历史上的学者，对于那些不仅知道一些书本知识而且知道一些关于世界的知识的人来说，柏拉图的《会饮》是自柏拉图以来的所有时代中人们可以指望或想起的对罪恶做出的最有效辩解。它（《会饮》）所反复灌输的道德疾病，在任何时代都容易出现并且毒害年轻人。《会饮》通常是那些接受并践行其所颂扬内容之人的随身指南。对他们而言，这是一类极其虔诚的书，是鸡奸者透着地狱气息的祈祷书。

这种观点并不是今天的学者普遍赞同的。① 为什么不是呢？确切来说，我们可以自信地或者合理地排除任何关于柏拉图对话

---

① 尽管它是《故园风雨后》（*Brideshead Revisited*）产生的文化所暗含的一种解释。

的特定解释。这是基于什么呢？一些人会说，的确，没有根据排除任何解释，让百花齐放吧。如果“解释”在这里大概是指“对话引起了我的什么思考”或者“我从对话中学到了什么东西”，那么以这种方式便很难继续讨论下去。然而，大多数人会基于一些解释标准，在更狭窄的意义上使用“解释”。在这儿，事情变得很有趣。因为现在我们可以问这样一个问题：我们必须以什么样的标准和前提来阅读这些对话？我说“必须”而不是“能够”，是因为我自己假定这些标准和前提应该是正确的，或者至少说这些标准和前提，
归根结底，在一些以“本对话教导说……”或者“柏拉图在对话 48
中主张……”为开头的陈述中是不完全武断的。

对《会饮》的解释，至少在一定程度上来源于对话者们的一些极其精彩的主张。这其中就有一些是苏格拉底转述的狄奥提玛的主张。狄奥提玛提到了苏格拉底的主张，即爱就是拥有美的事物的欲求。(204d-e）她接着说：“美的东西成为自己身上的一部分之后又怎样呢?”苏格拉底回答不上来。她说：“假设有人用‘善好’(good）代替‘美’，并问‘欲求善好的人在欲求什么呢?’”现在，苏格拉底自信地回答，他将拥有善好的事物。在回答下一个问题“善好的东西成为自己身上的一部分之后又怎样呢?”时，苏格拉底说：“这个问题较为容易，他会拥有幸福。”所以，“这种欲求（对某人自己好）就是爱”（205a5）。稍后，狄奥提玛给出了关于爱的定义：“爱是（欲求）永远拥有善好的东西”（206a11-12）。② 并且，它的“职能”（ἔργον）是“在身体和灵魂的美中生育”（206b3-8）。在美中生育或者繁衍是让“有死的成为不死的”（208e1-209a3），是对不死的替代。在美中生育有两种类型：身体的与精神的或理智的。但是，很明显，后者优于前者。(209c7-d1）

狄奥提玛接着转向了爱的较高层级的秘义（higher mysteries），

② “Εστιν ἄρα συλλήβδην, ἔφη, ὁ ἔρως τοῦ τὸ ἀγαθὸν αὑτῷ εἶναι ἀεί”，从 205d2 处取了ἐπιθυμία（欲望、欲求）。

她讲到了精神或理智之爱的上升、进展或“正确的顺序”（ἐφεξῆς τε καὶ ὀρθῶς）。从单个美的形体，到一切美的形体，到美的行为和规则，到美的知识，最后到“美本身”。（210a4-211d1）只有当爱者达到了这个阶段，他才能够产生真正的德性，而不是德性的影像（εἴδωλα）。因为他抵达了真正的美。（212a4-5）并且，如果有所谓人类的不朽的话，那么他就获得了这种不朽。

这些段落着实让人困惑，因为我们不确定用什么来对它们进行解释。把个人仅作为爱的客体而对人格的公然贬低，将美与善好随意地混为一谈，把爱当作以善好为目标的精神现象而说爱无处不在，对身体上的美与爱和精神上的美和爱的区分，对不朽的模仿，精神之于身体的优越性，以及那些产生“真正的德性”之人对于那些仅仅产生德性的影像之人的更深层的优越性，最后，还有“上升”或以“正确的顺序”上升，以达到对自在之理念的洞见——所有这些
49 “神秘的”表述都会引发读者的惊叹和好奇，这种惊叹和好奇也是当狄奥提玛讲述时苏格拉底所感觉到的。如果仔细考察上述这些主张，当然有可能会对它们提出质疑。比如说，为什么我们要相信在上升时有一个“正确的顺序”，甚至为什么有这种上升？为什么我们要赞同精神之美优于身体之美，或者为什么只有那些对美本身有了哲学式认知的人才会产生真正的德性？我们到底为什么要接受善好（goodness）与美在根本上有着某种关系呢？

一个熟悉的回应——它通常是默认的假定而非辩护——认为，没有理由接受柏拉图所描绘的“图景”，因为柏拉图并没有对此进行论证。③ 不过，我们可以欣赏它辉煌的诗意描写，与其他爱的“图景”的描写不相上下，甚至高于它们，包括对话中之前的赞颂者所提出的爱的“图景”。另一个回应——同样不陌生——认为，狄奥提玛的每个主张都在柏拉图的其他著作中有详细的阐述。例如，我们可以参照《美诺》和《高尔吉亚》来理解为什么“所有

③ See Press 1995: 133-152.

人都欲求善好的东西”；我们可以参照《申辩》（*Apology*）和《吕西斯》来阐述狄奥提玛关于哲人是什么的观点；我们可以参照《斐德若》和《蒂迈欧》来明确区分人类（ἄνθρωπος）的半不朽和我们灵魂不朽部分的真正不朽，就是《礼法》称为“真本身”的东西；我们可以参照《斐勒布》（*Philebus*）来理解善好和美的关系；我们可以参照《理想国》来理解抵达理智世界的逐级上升，以及等级的“起源”（ἀρχή）。最后，我们还可以参照《斐多》来理解德性的“影像”与真正的德性的区别。④

前一种观点认为，既然每篇对话都能以戏剧的形式存在，那么它们就应该能以哲学的姿态存在。⑤ 并且，对于哲学观点的表达来说，如果阐明它的必要线索或概念并未被囊括进单篇对话，那么这些观点就必然是片段化的探索或概要。以这种观点来看，解释柏拉图式的对话仅仅需要懂得一些古希腊语和作品的历史背景。相反， 50
后一种观点则认为，对柏拉图式的对话的解释最合适的还是柏拉图主义自身。这种观点遭到了怀疑，因为这样一来，它就深陷美诺悖论而无法抽身——我们在没有探索这些对话的情况下怎么能知道柏拉图主义是什么？但是，如果我们对柏拉图主义一无所知就去探索这些对话，那么我们就永远不会用这些对话去构建柏拉图主义。

由于这些困难，人们试图寻找一种“中间”立场。其中的一种立场主张，其他对话中的一部分材料能够合法地被用来解释任何对话，而选择这一部分的原则在某种意义上几乎不可避免地具有发展论倾向。因此，如果我们能够在哲学层面区分早期、中期和晚期的柏拉图式的对话（不管我们是否将早期的对话等同于苏格拉底哲学），那么我们就可以使用某个发展时期的素材来解释同时期的对话，但超出了

---

④ 这种观点反驳了一个少有人支持的立场，即狄奥提玛的言论包含了一种反对柏拉图式的爱欲观。See Neumann 1965: 33-59.

⑤ Tejera 2000 便是这种阐释模式的一个典型例子。另一个更加有趣的例子是 Shorey 1933，肖里（Shorey）认为，柏拉图的哲学是一个整体，要想理解每篇对话就要以这个整体为背景。但是，他自己对每篇对话的论述却没有用到从别处援引的材料。

这个时期这种方法就无效。这种观点的大部分支持者认为，《斐多》《理想国》《高尔吉亚》《吕西斯》《美诺》就可以被用来解释《会饮》，而《斐勒布》《蒂迈欧》《礼法》却不行。⑥ 但可以肯定的是，除了发展论这些内在固有且被广泛讨论的问题，这个选择原则的表达过强了。⑦ 因为这样做的支持者实际想要排除的，只是持与《会饮》中的观点相反的观点的那些对话或其中的某些部分。但问题在于：我们得出结论说在《会饮》中表达了某种观点，那么我们就可以认为《蒂迈欧》中所表达的与之相反吗？例如，通常认为《会饮》中并没有提及*真正的*不朽，而仅提到了*半*不朽在繁衍生育中的可能，这种生育可以是生理的或者“精神的”。如果是这样的话，那么认为《蒂迈欧》和《礼法》中说到的不朽可以被用来解读《会饮》就是错误的。显然，有两点可以对此进行反驳：(1) 依照这种理论，《理想国》是可以被用来解释《会饮》的，但其中关于不朽的观点却与《蒂迈欧》中的观点很相似；(2) 如果把人理解成灵魂中不朽的部分、灵魂中*有死的*部分以及肉身这三者的结合体的
51 话，那么在人的不朽这个问题上，《蒂迈欧》中的观点就并没有超出《会饮》中的观点。只有当我们坚持把人格或真实的自我等同于人，《会饮》与《蒂迈欧》之间才会有冲突。⑧ 但若真认为《会饮》就是这样界定人格的，那么就把《斐多》这类公认的解释《会饮》的对话放到了与之冲突的位置上。

---

⑥ 对于如何利用《理想国》来有力而缜密地阐释《会饮》，康福德（Cornford）给出了一个非常好的范例（特别是如何把灵魂的三分学说跟爱的较高层级的秘义联系起来，他勉强承认《会饮》对真正的不朽有所表述）（see Cornford 1971: 119-131），但除了《理想国》之外他不愿再运用其他对话。

⑦ 柏拉图的各篇对话多方面地阐释了他广阔的哲学图景的可能性总是高发展论一筹。就是说，柏拉图在展开柏拉图主义的表述方面可能是*发展的*。这里没有空间进一步介绍发展论与统一论之间的争论。但我用上述那种可能性表明了这样做的不必要性。

⑧ See Corrigan and Glazov-Corrigan 2004: 224-234. 关于《会饮》将人理解为灵魂—肉体的合成物或具备了形体的人格，而非真正的不朽本身，其中有一些洞见性的评论。

另一种中间立场则避开了发展论，而更青睐把一种严格界定的柏拉图主义作为理解这些对话的工具。其典型特征是，不采用间接的方法——包括亚里士多德的证明——来重构柏拉图主义。对其中最熟练的实践者而言，比如像哈罗德·彻尼斯（Harold Cherniss）那样的学者，这种不采用需要对从对话中提取的学说进行限制。⑨ 比如，可以说有自在的理念存在，但不可以说善的理念有至高无上的地位。为这种方法辩护很难，除非我们不情愿地承认，柏拉图说了让这些学者觉得愚蠢的话。⑩ 如此一来，柏拉图就“简化”了。⑪

---

⑨ Cherniss 1944 and 1945 中的观点，与 Robin 1908 中的观点十分相似。通常的规则是：“如果我不能理解那些论证，或者如果那些论证在我看来是愚蠢的，那么柏拉图就不可能主张这种学说，因为这种学说的表达就是那些论证的结论。”

⑩ Strauss 2001 中提到了人们通常的误区，即把“一篇一篇地阅读柏拉图式的对话”的原则与把一种弱化了的柏拉图主义引进对话相结合。施特劳斯（Strauss）在第 200 页说，在狄奥提玛的颂词中，善好并不与美同一。而在第 238 页，施特劳斯却说美就是善好。施特劳斯对这一谬误的处理是想声明，在狄奥提玛的颂词（和整篇对话）中所说的是一种“诗意的哲学表达”。在这种表达中，连贯性并不那么必要。

⑪ 卡恩对这种阐释有详细的说明（see Kahn 1996），而在我看来他给出的这一阐释形式是最牢固的。卡恩认为，所有在《理想国》之前的对话都应该被看作对《理想国》的暗示和指向。然而，卡恩未能解释为什么柏拉图的所有对话（包括《理想国》）都不是对柏拉图主义的预告。限定于《理想国》似乎太武断了。雷金纳德·艾伦（Reginald Allen）也遇到了相似的问题。（see Allen 1991: 85）他认为在《会饮》中，美和善好是“等价的”，“处在同一水平的”，因为这篇对话是在为《理想国》做铺垫。对此《会饮》相应的两段文字（507b4, 532b1）却都没有对美或善好有清晰明确的说明。其中第一段仅仅表明有“美本身”（αὐτὸ καλόν）和“善好本身”（αὐτὸ ἀγαθόν）的存在。第二段仅仅表明必须先对“善好本身是什么”（αὐτὸ ὅ ἐστιν ἀγαθόν）有所理解，才能理解具体个体的存在。艾伦的问题也许在 509a6 中能够得到更好的解答。格劳孔（Glaucon）说，善好是“极致的美”（ἀμήχανον κάλλος），而在 508a5 中，苏格拉底说善好比知识和真理更“美”（κάλλιον）。尽管后一段文字的对比在我看来是在告诉我们，并不能像对待一个普通的理念一样来对待“美”。确实，有人或许也会说善好的理念也并不是一般的理念。但我们不清楚为什么艾伦认为《会饮》没有指向《斐勒布》64e5- 64a5 这一段，在此美被看作善好的一方面，而非精确地与它同一。艾伦补充道：“美是……感官上的善好”，而他在同篇论文中也说美是超越存在的，对此我无法理解其中的意思。确实，如果法律和规则可以被称作“美的”，那么美就不只是感官方面的。在我看来，艾伦和卡恩的阐释都体现了他们不愿直面“完全成熟的”柏拉图主义。

52 从上述的发展论和弱化了的柏拉图主义的无实质性（insubstantiality）纠缠中退出来，我们就可以根据第一种立场提出相关的诸复杂形式，我会称这种立场为解释学上的原则性阿尔茨海默病（Alzheimer's disease）。我不会与这些解读《会饮》的方式发生矛盾，除非它们企图寻找并捍卫哲学的主张。对话的结构（包括一连串的颂词），以及最后阿尔喀比亚德式的闹剧都有哲学意味，但是我相信这一观点对那些一贯坚持这种立场的人并不适用。我认为与其说这些对话是在宣扬一系列的哲学主张，不如说它们主要起到劝说的作用。[12] 这是因为《会饮》并没有要求我们在劝说的语境下解读该对话。为了得出劝说性的结论，人们不得不诉诸《斐多》这样的对话，以及其中关于哲学和逻各斯（logos）的论述。我说："如果你能参照《斐多》，那么我就能参照《斐勒布》。"如果你说："我放弃《斐多》，并因此禁止你用《斐勒布》"，我则回答："如果你不想要详细说明柏拉图的哲学，而是对其他东西感兴趣的话，那也可以；但如果你想详细解释柏拉图哲学的话，那么为了理解《会饮》之于它的意义，我们就需要《斐勒布》和《斐多》，以及其他很多东西。"[13]

暂不论对话中的诸多主张一致与否，认为柏拉图主义不仅仅是这些主张的集合，其根据是什么？当然，一种看法是，可以依据亚里士多德对柏拉图未成文学说的证明。我没有贬低或者轻视

⑫ 不管这种劝说旨在引导读者抵达一种广义上的哲学式生活，还是"加入"学园，我始终不明白为什么劝说不可以有任何教条意味。例如，托马斯·阿奎那（Thomas Aquinas）的《反异教大全》（*Summa Contra Gentiles*）中体现出来的劝说功能全然依赖其文本中论证的力度。普罗克鲁斯（Proclus）这样的古代柏拉图主义者，则理智地采取《会饮》和《蒂迈欧》的开场来暗示对话的主旨。但是，所有古代的柏拉图主义者都把《会饮》诠释为"神学的"对话，也就是其主题是关于理智世界的。一个对话的开场内容与神学主题之间的联系本身，则需要把该对话放入更宽泛的柏拉图主义框架。

⑬ 关于后期对话中可以被用来解读《会饮》的主要部分，可在 Corrigan and Glazov-Corrigan 2004: 236 中找到相关总结。

它的意图，但是我相信这些证明——除了一些非常重要的细节—— 53
大致上只是证实了对话中已表达出来的东西，而没有加入什么新的东西。[14] 我认为，更重要的是，存在着全然的口头教学。柏拉图显然不只是一个写作对话的人。解释对话必须参考学园中持续的学术讨论。[15] 有人说柏拉图因为他作家的面具而永远与我们隔绝了，但光是上面这个事实就让这个主张毫无意义了。[16]

另一种看法是，可以通过对话中柏拉图对在他之前的那些哲人的观点进行的反驳而得出柏拉图的主张。排除禁欲主义的观点和它所暗含的唯名论、《智者》（*Sophist*）中“巨人”的唯物主义、普罗塔戈拉（Protagoras）的认识论相对主义、极端的赫拉克利特主义、灵魂是身体各部分的和谐学说、《斐勒布》中“隐微的思考者”的享乐主义等，所剩的就是我所认为的“柏拉图主义”的主张。我知道许多人会从对话正面表达的学说中读出一些未敲定的或者含糊其辞的味道。但是，在柏拉图否定上述多方立场时，我却没有这种不确定感。如果你在亚里士多德的证明的基础上，把上述那些被否定了的观点的对立面连接起来，那么你得到的基本上就是柏拉图主义了。[17] 对此立场有一个额外的且极富争议的预示，它包括了立场所涉及的一切东西，而无论柏拉图是否赞同这些东西，甚或不论他是否意识到这些东西。例如，柏拉图赞成与唯名论相反的一些结论，如两个自身同一的事物也有可能相同；但他并没有明确地考虑拒绝唯名论所隐含的其他意味，

---

[14] 特别是 Miller 1995: 225-244。

[15] See Miller 1995: 239-243.

[16] 顺带提一下，这就是为什么为了说明应该非教义性地理解柏拉图的对话，而以莎士比亚（Shakespeare）的戏剧作为类比是错误的。莎士比亚持有的对文学或者对人生的观点，我们只有到他的每一部戏剧中去寻找，除此之外，无处可寻。因此，我们可以大胆地忽略所谓他的“真实”意图，也可以避免美学理论家长期以来所谓的“故意的谬误”。把柏拉图的所有对话作为戏剧来解读，参见 Arieti 1991。

[17] 或许再准确点说，亚里士多德的证明就是一种版本的柏拉图主义，它对上述的那些哲学持否定态度。

比如存在（being）的模棱两可。正是这些富有争议的预示导致了柏拉图主义的多样性。这多样性的程度取决于你能发现多少和你能接受多少。⑱

54 我们先假设，如果柏拉图相信 A，而 A 的成立需要 B，那么这并不能得出结论说柏拉图相信 B。⑲ 相较于柏拉图自身的认知官能，对柏拉图主义更感兴趣的那些人也许会对 A 的成立是否真正需要 B 更感兴趣，而不在乎柏拉图本人是否相信这点。在此，柏拉图的门徒存在分歧。比如，就人的不朽来说，不论我们怎么定义，关于灵魂不朽是否必然就意味着个体人格的不朽这个问题就有不同意见。或者，就算他们承认这两者之间的这种关系，但关于道德应得（moral deserts）对于不朽的人格是否有意义以及如何产生意义这一问题也可以发生分歧。

我相信柏拉图是一位柏拉图主义者，同时相信他的门徒接受柏拉图主义的多样性解读。我这么说只是简单地表示，柏拉图坚持一种鲜明而特殊的哲学立场，这种立场后来被他的门徒称为“真哲学”或“智慧”或“柏拉图主义”。⑳ 柏拉图在对话中并没有说明或者没有清楚地说明他许多基本立场的引申意思，但其理由在此无须赘述。不久之前，我已经比较详细地论述了亚里士多德是一位持异议的柏拉图主义者，他赞同大多数柏拉图主义者的

---

⑱ 对柏拉图主义正反两方面理解的较完整表述，参见 Gerson 2005b。我并不是说柏拉图主义只能理解为对话中被驳斥观点的对立面的总和；与之相反，我认为对话中有一系列的证据支持这里所略述的立场。

⑲ 根据 Sedley 2004 第一章，我们或许期望在柏拉图后期的作品中发现，他努力在自己的框架内定位苏格拉底哲学，以便“重申他对苏格拉底的继承性”。简言之，我们会发现他得出了一些关于苏格拉底启示的暗示。

⑳ 普罗克鲁斯在他的《柏拉图神学》（*Platonic Theology*）[1. 6. 19(S-W)] 中称普罗提诺和其他人是“柏拉图启示的解释家”。他接着说，柏拉图不是第一种也不是唯一的一种解读神圣的途径。区分柏拉图主义和柏拉图所说的，其正当性在于柏拉图自己在阐释或表达一种“古典传统”。我们称柏拉图所说的为“柏拉图主义”，因为他是这种传统最伟大的代表。

观点，但这还不足以排除他的异见。[21] 在本文中，我感兴趣的是柏拉图主义是怎样解释《会饮》的，尤其是如何解释狄奥提玛的颂词的。能支撑我对《会饮》的解释的最好论据就在于，柏拉图主义的解释的确比其他任何学说都要好。如果运用柏拉图主义能扫除我们的困惑，而其他学说都做不到这一点，那么还有什么更好的理由不选择它呢?

从现在开始，我将略过对这篇对话中较早的颂词所扮演之角
色的阐释，主要是因为它们从未被当作柏拉图主义的组成部分。
但这并不妨碍我们问：这些颂词是如何表达柏拉图的意思的？通 55
过否定之路（via negativa），沿着上述方式来构建柏拉图主义，我们可以简要地回答这个问题：这些颂词都没有充分地揭示爱的概念——不充分是因为它们不是柏拉图主义的表达。但反过来说，正是这种不充分性显示了柏拉图学说的深度，因为不管柏拉图主义者还是反柏拉图主义者，都不可能完全不熟悉或完全没有注意到对爱、善好、美的诸多表达。[22] 正如亚里士多德所说的，真理是如此明显，以至于没有人能够完全与它失之交臂。[23]

2

当普罗克鲁斯在他的《柏拉图神学》的开头把普罗提诺、波菲利（Porphyry）、扬布里柯（Iamblichus）和亚辛的泰奥多罗

㉑ See Gerson 2005a.

㉒ 我相信这种解释至少与 Rowe 1998b: 246-247, 258 的中心要素是一致的，也就是说，爱者的核心欲求是对善好的欲求。罗伊认为狄奥提玛将此转变为对半不朽的欲求。我更倾向于说半不朽是善好的一种表达方式而非转变。艾伦简明地总结了狄奥提玛的颂词是如何纠正所有在他之前的赞颂者的主张的。（see Allen 1991: 77）另外，毕希纳（Buchner）认为狄奥提玛的颂词为所有之前的颂词的真理提供了一个判断“标准”。（see Buchner 1965: 16）

㉓ See *Metaphysics* 2. 1. 993a30-b11.

(Theodore) 称为伟大的“柏拉图启示的解释家”时，他是在承认一种（实际上早于普罗提诺的）共识，即那些自称“柏拉图主义者”的人普遍持有一种连贯而特殊的哲学立场。就是这个普遍的立场提供了解释任何对话或其中任何部分的框架。普罗提诺如果在世，他会拒绝接受18世纪人们加给他的“新柏拉图主义的奠基者”的头衔。相反，他会称自己仅仅是一位“古”柏拉图主义者。他能在诸多柏拉图主义者中脱颖而出，是源于他执着于要在柏拉图主义的语境之下理解爱若斯。他不仅针对爱若斯写过一篇文章（3. 5[50]），而且努力把“爱若斯”这个概念完全融入柏拉图的形而上学和灵魂学中。更与众不同的是，他用“爱若斯”概念把“太一”或“善”（万物的第一原则）刻画为“爱自身者”。㉔ 这不同寻常是因为，众所周知，至少《会饮》中的“爱若斯”似乎是与“欠缺”或“缺乏”的
56 含义分不开的㉕，而万物的绝对第一原则是没有任何限制或缺陷的。为什么普罗提诺要从柏拉图那里把爱若斯的概念用于“太一”呢？

我们先来看普罗提诺是如何解释《会饮》中的爱者的。普罗提诺认为，在柏拉图那里，真正的人的生活优于人类的生活，在此人类是被柏拉图理解为身体与灵魂的结合体的东西。㉖ 如果普

㉔ *Enneads* 6. 8 [39]15, 1-2：“他，就是这个自己，是可爱的，也是对自己的爱，因为他的美只出于他自己。”［中译文引自：九章集（*Enneads*）. 石敏敏，译. 北京：中国社会科学出版社，2009。］方括号代表波菲利对普罗提诺所做的编订序列。

㉕ 普罗提诺在《九章集》（3. 5 [50] 7, 9-15, 19-24）中阐释爱若斯的诞生之谜，在其中承认了这一特征。

㉖ *Enneads* 1. 4 [46]16，9-13：“身体和灵魂共有的生命（也就是肉体和灵魂的结合体）不可能拥有福祉的生活。柏拉图是对的，他认为，有意要成为智慧的人并获得福祉状态的人，必须从那里，从世界获得善，仿效它，成为与它相像的，依靠它生活。”（Ορθῶς γάρ καὶ Πλάτων ἐ κεῖθεν ἄνωθεν τὸ ἀγαθὸν ἀξιοῖ λαμβάνειν καὶ πρὸς ἐἐκεῖνο βλέπειν τὸν μέλλοντα σοφὸν καὶ εὐδαίμονα ἔσεσθαι καὶ ἐκεόνω ὁμοιοῦσθαι καὶ κατ᾽ ἐκεῖνο ζῆν）普罗提诺这里提及了 *Symposium* 212a 和 *Theaetetus* 176b1。

罗提诺认为《阿尔喀比亚德前篇》(*Alcibiades* I)、《斐德若》、《斐多》、《理想国》、《蒂迈欧》和《礼法》被能够合理地用来理解人类追求的、真正意义上的不朽是合理的，那么他用这种方式来解释柏拉图就似乎是有道理的。[27] 所以，我们究竟是在谈论这种“结合体”的幸福还是真正的人格的幸福，这会导致拥有善好的东西所带来的幸福的不同。[28]

如果这个说法合理的话，那么接下来我们也许可以将爱的较高层级的秘义和较低层级的秘义之间的模糊界限清晰化。在较高层级的秘义中，爱者实现了他的目标，生育了真正的德性，而不是德性的影像。真正的德性是什么？它的影像又是什么？与较低层级的秘义中精神或智力之爱的产物相比，真正德性的产物有什么不同？我不能想象，一个人不参考柏拉图的其他对话如何能理解柏拉图所言真正的德性的“影像”之所指。[29] 另外，我也不能理解，要 57

㉗ O'Brien 1984: 185-205 中的论证说，只有那些思考美的理念且因此变得有德性的人所获得的不朽才是真正的不朽。这是天赐的礼物，就像对英雄的奖励一样。(212a) 这与较低层级的秘义中的半不朽形成了对比。迈克尔·J. 奥布莱恩（Michael J. O'Brien）的思想得到了后来人的追随，戴森（Dyson）尽管没有新的重大贡献，但他论证说，那些倾向于较高层级的秘义的哲学家体验了“从短暂的灵魂中获得永生”，这都归因于他们敬奉神明。(see Dyson 1986: 67)

㉘ See Gerson 2004: 217-248. 在那里，我论证说亚里士多德类似地区别了结合体的幸福和“对我们来说独有的”幸福，换句话说就是理智。我在这里援引亚里士多德，是因为亚氏的区分为普罗提诺的这种解释提供了有效的支撑。普罗提诺的学生波菲利说，普罗提诺的老师阿摩尼乌斯·萨卡斯（Ammonius Saccas）是最先指出亚里士多德是柏拉图主义者的人之一。

㉙ 在《吕西斯》(219d2-5) 中，苏格拉底说某物的友好如果源于“终极的友好”(πρῶτον φίλον)，那么它就仅是“真正的”友好即最初友好的“影像”。尽管他继续论证说善好是友好的（220b7），但通过返回去阅读《吕西斯》来理解诸如《理想国》之中善好的“理念”，这种做法的恰当性仍有待论证。另外，《吕西斯》中的论证逻辑同样适用于《会饮》的论证框架。当然，这里有几个大的推断步骤：（1）我们每个人都爱着或欲求一些具体的善好（例如：健康），我们为了它们而追求的任何其他东西都并非我们真正爱的东西；（2）有一个东西（善好的理念）是我们所有人都真正爱的。需要注意的是，《会饮》中认为爱的产物才是影像，而《吕西斯》中认为爱的那个假定的对象才是影像。

是其他对话中有对这一问题的现成答案的话，那么为什么不引证这些对话。有人也许会认为真正的德性与精神之爱的产物没有什么不同，而所谓影像也不过是柏拉图修辞表达的辞藻。然而，精神之爱的后代是有德性的言论。（209b8）[30] 接触善好或理智之美产生的是真正的德性，而不是它的言论。[31] 正如普罗提诺在别处论证的，真正德性的影像与《斐多》中“流行的和政治的”德性是一样的。[32] 有人会把真正德性的影像看成不实的（deceptive）影像或虚伪的（counterfeits）德性。但是，只有那些在柏拉图主义的语境下阅读《会饮》的人才能够了解，对于柏拉图而言，并非所有的影像都是不真实的。

普罗提诺认为，真正的德性是哲人所拥有的德性，而不是流行的和政治的德性。[33] 后者是由精神之爱孕育出的德性。（209a-b）真正的德性是《理想国》卷八和卷九中所说的有“贵族气的”人们的德性，而不是卷四中所描述的那种属于城邦所有成员的德性。正是这种德性构成了“与神同化”（ὁμοίωσις θεῷ）。[34] 这种

㉚ 参见 210a7-8 中较高层级的秘义的上升，其第一步是爱一个能产生“美的言论”（καλοὶλόγοι）的美丽物体。

㉛ See *Cratylus* 439a-b. 在这里，苏格拉底对比了通过物自身来了解它们和通过事物的“名称”（ὀνόματα）来认识它们。此前，在 425a 中，他把“言论”（λόγος）描述成由“动词”（ῥήματα）加上名称构成。参见 *Sophist* 262e。我认为重点并不是说增添了动词就让事物的影像发生了改变。

㉜ 参见《九章集》（1. 2[19]）中德性的分级。“流行的和政治的”德性，参见 *Phaedo* 82a10-b3。在 69b6-7 中，这种德性被描述为“虚幻的外表”（σκιαγραφὶα），适合于奴隶。在《普罗塔戈拉》（323a7, b2; 324a1）中，普罗塔戈拉同样使用“政治的德性”这一术语，当然，他这里就没有柏拉图那种轻蔑的弦外之音。《理想国》（II365c3-4, VI 518d3-519a6）中则把“流行的”德性看作“所谓的灵魂的美德”，特别是 619c7-d1，获取德性是通过“习惯”（ἔθει），“而非通过哲学”。在 430c3 处，勇气被认作“政治的”。在 443c10-d1 处，柏拉图描绘了正义，对比了“外部的”行为和“内部的”德性，这与“某人自己真正的所是”（ἀληθῶς περὶ ἑαυτὸν καὶ τὰ ἑαυτοῦ）有关。

㉝ 对比《斐多》（82b1）中的ἐπιτετηδευκότες（致力于），《会饮》（209c1）中的ἐπιτηδεῦειν（践行）。

㉞ *Theaetetus* 176b.

同化是人类实现不朽的过程，而非对它的模拟。这种实现是让人认同他是“人中之人”。㉟ 当然，这是灵魂，或者更准确地说，是 58 灵魂不朽或理性的部分。㊱ 因此，这种实现显然不同于任何一个有灵魂的人被赋有的那种不朽。

对一个有朽的人而言，实现不朽是可能的，而这种情况下他产生的是真正的德性，而不是其影像，因为他“跟真的美接触”（212a5）。那么，不仅较高层次的秘义和较低层次的秘义各自的产物之间存在区分，理智的现实及其影像之间亦有区别。除真的美之外，所有爱若斯的对象，包括较低层级的秘义的践行者所爱的对象都属于影像。㊲ 爱若斯的描述体现在爱欲的对象上，而对这些对象的逐个扬弃（sublation）与整个上升的观点密不可分。㊳ 上升旨在通过与神同化而实现自我转化。没有上升，同化就是不可能的，因为沉溺于任何除美本身之外的其他爱的对象，同化就会停止。对影像的爱也会导致生育——因为无论如何这是爱若斯的职能，但这种爱不会产生自我转化。

为了让这一观点更明确，必须理解美和善好之间的关系。稍

㉟ *Republic* IX 589a7-b1. 正如 Price 1989: 30 中指出的那样，《斐德若》（245c5-246a2, 276e5-277a4）和《礼法》（721b7-c6, 895e10-896e2）中都承认了半不朽和真正的不朽。

㊱ See *Timaeus* 41c-d, 69c5-6, e1, 90a, c1-3. Cf. *Republic* X 611b9-612a6: *Laws* IV 713b8, XII 959b3-4. 很久以前，卢斯（Luce）就谈到《会饮》只是否认了人的不朽，而非理性或灵魂中神性的那部分的不朽，但神性的那部分恰恰是与真正的人格同一的。（Luce 1952: 137-141）这正好也反驳 Hackforth 1950: 43-45。由“不朽性”（ἀθανασίας）抵达“有朽物”（τὸ θνήτον）和由“不朽”（ἀθάνατον）之物抵达“不朽性”的区别在 208b1-4 中有清楚的说明。

㊲ *Enneads* 6.9 [9] 9, 41-43：灵魂最希望得到的是它最爱者的爱，而这些世俗之爱不过是凡人之爱，是有害的，只是对象的爱而已；它们会发生变化，因为那不是真正爱的对象，也不是我们的善，不是我们所寻求的东西。

㊳ 普瑞斯不同意这种观点，他认为真正的德性是灵魂之爱的产物，因而需要人与人之间的联系。（see Price 1989: 48-49）

加阅读，我们就会发现狄奥提玛将美和善好合一了。[39] 如果它们
两者在实质上是不等同的，那么追求美为何不足以实现不朽，对
此我们仍然会感到不明晰甚至丢脸（正如弗拉斯托斯认为的那
59 样）。[40] 事实上，我们可以认为**真正的**不朽不在我们讨论的范围
内，这样一来，除了那些更倾向于精神之爱的人，便很难理解为
什么任何人都必须认为由精神之爱获得的不朽要优于由身体之爱
获得的不朽。或者，我们也可以认为美和善好是分离的，但这样
就很难明白为什么“善好”不是任何美的事物的共有属性。因
此，依这种解释，我们将告别等级划分或上升理论。[41] 这就是伊
壁鸠鲁（Epicurus）的方法，比如，他把善好等同于愉悦，并直

㊴ 例如，Robin 1964: 9 假定“belle”（美人）和“bon”（好的）是同义词，尽管他在结论（183-189）中说：在理解美和善好的问题上，他援引了 *Philebus* 64e- 65a。（see Grube 1935: 21, 30）我猜测将美和善好合一的原因之一是：如果美和善好并不合一，那么柏拉图自己在《会饮》中的观点就明显地被《斐勒布》中的论证驳斥了。《斐勒布》的论证批驳了欧多克索斯（Eudoxus）把愉悦和善好合一，理由是存在非快乐的善好。（see *Philebus* 20e-22e, 60b-61b）然而，如果美和善好并不合一，那么也可以类似地举出那些善好而非美的例子。

㊵ See Vlastos 1973b. 弗拉斯托斯不满《会饮》中诋毁作为爱欲对象的个体。纽曼（Neumann）表达了同样的不满（see Neumann 1965: 41），并追溯到持同样观点的学者维拉莫维茨（Wilamowitz）。列维（Levy）很好地回应了弗拉斯托斯。（see Levy 1979: 285-291）列维论证说，弗拉斯托斯对爱的定义——“为某人之故而欲求对他善好的事物”——既不必要也不充分。但是，只有正确地理解了美和善好的关系，在爱别的人或事物的时候，那种对自我中心论的指责才可以消解。另一种回应是，爱的对象是人身上的品质而非人本身。对这种观点的辩护，参见 Warner 1979。马霍尼（Mahoney）说，在“较低的阶段”爱是利己主义的，但在“最高阶段”就不再是利己主义的了。（see Mahoney 1996）但在我看来，这似乎错误地预设了一种二分，因为现实中每个人都为自身而欲求善好。艾伦把爱欲（ἔρως）和慈爱（ἀγάπη）似是而非的对立清晰化了（see Allen 1991: 95-98），这种对立常被用于支撑自我主义和无私之爱的二分。但是，这种解释很大程度上依赖于一种错误的观念，即爱的职分（ἔργον）就是追求再生产来为自身获得一些东西，这里特指获得半不朽。

㊶ 努斯鲍姆认为，如果进阶是数量上的，那么上升中的各个等级就都可以保留。（see Nussbaum 1986: 176-184）以这种观点来看，“海量的善好”在规模上就“高于”美的理念，但是很显然，事实并非如此。

言不讳地宣称："我唾弃美，如果它不能带来愉悦。"[42]

然而，如果善好是指善好的理念，正如普罗提诺假设的那样——他自己的观点建立在《斐勒布》（和其他文本）的基础上——美是这一理念具有吸引力的那方面，那么善好及其影像之间就有着等级的区分。[43] 大家*真正*追求的是善好本身，而不是它的影像。[44] 人们会满足于美的影像，却从不满足于善好的影像，这归因于他们相信美的影像可能不仅仅是善好的影像，还有其他一些东西，这些东西可能非常善好。普罗提诺本人坚信且认为 60
柏拉图也相信美和善好是不可分离的，如果真是这样的话，那么探讨真正的善好就需要认识真正的美并且认识到超越一切影像的上升具有灵魂学上的必然性。[45]

除灵魂学上的必然性之外，还有本体论的必要性。对于可感的美之影像来说，尽管它们是美的真实例子，但它们并不是真的为真。[46] 而且，尽管灵魂比身体更美或者说更高级，但它们自身还是影像，并且低于理念。事实上，（a）在柏拉图的形而上学中，"美"是所有可断定的属性中可以明确无疑地被断定的；（b）说

---

[42] 参见托尔斯泰（Tolstoy）在《什么是艺术》（*What is Art?*）中的评论："美就是善好的说法是多么奇怪的错觉啊！"

[43] 《九章集》（6.7[38]30），29-39 中暗指了《斐勒布》64e5-65a5。《理想国》（VI 517c2-3）和《斐德若》（250e）中都强调美可以多么容易地通过我们的感官来获取。在 1.6[1]9 中，普罗提诺解释说，在某种意义上可知世界是全然美的。在此条件下，善好拥有美作为它前面的一个屏幕（προβεβλημένον…πρὸ αὐτῆς）。另外，善好自身就是"最本初的美"，因为它实际上是可知世界之所是。Murdoch 1970: 41-2, 59-60, 92-5 中表达了相似的观点。

[44] 对"爱是属于美的，美和善好同一"的批评，参见 White 1989: 152-157。在第 155～156 页，F. C. 怀特（F. C. White）却误以为《斐勒布》中认为美跟善好完全相同。因为怀特认为《会饮》否认这样的说法，所以在这里他认为《斐勒布》的文本是不切题的。参见注释 19，"善好"和"美"或许是"有同等范围的"。

[45] See *Republic* VI 505d5-9; *Enneads* 5.5 [32] 12, 19-25.

[46] See *Republic* V 479e7-480a13. 罗森（Rosen）认为"狄奥提玛对美的描述并不以理念论为前提"（Rosen 1968: 270）。可是，理念世界是真正的真实，而感官世界却不是"真正的真实"，从理念世界不同于感官世界就可以推论出感观世界的真实性被大大削弱了。

美的身体较为低等是由于肉体部分，灵魂并不以这种方式劣等。要理解灵魂之美与“理念”比较起来处于下等，就需要一些划分美的等级标准。我不是指理智与感性的那种标准。[47]《蒂迈欧》中就给出了这样一个标准，即灵魂是不可分割的实体（ousia）和可分割实体的合成物。[48] 如不援引《理想国》，那么就无法解释身体之美如何次于精神之美；如不旁征《蒂迈欧》，那么精神之美的优劣就得不到解释。

在狄奥提玛的言论中，对美和善好的关系进行如下理解是很正常的。当狄奥提玛的问题从“美的东西成为自己身上的一部分之后又怎样呢?”转化（μεταβαλών，204e）到“善好的东西成为自己身上的一部分之后又怎样呢?”时，她把“美”看作“善好”的一个例子。[49] 所以，以这种观点来看，一个人真正追求的其实是善好，而在他看来，这种善好的达成要通过对美的“拥
61 有”来实现。[50] 一种反对意见是，美的事物只能被看作美本身的例子而不能被看作善好的例子。除此之外，还有更深层的反对，即认为要是把美的事物看作善好的例子，我们将搞不清楚为什么要对美、爱和爱的产物进行等级划分，因为没有一个善好的实例

---

[47] Price 1989: 40 中的表述让人很迷惑，它认为那种认为美在任何地方都是美（210c4-5）的观点“肯定了对个体肉身之美（b5-6）、普遍的肉身之美（c5-6）以及任何个体之美（d1-3）价值的降低”。

[48] See *Timaeus* 35a with 41d-e. 普罗提诺总体上认为爱若斯的诞生神话是关于一种灵魂属性的寓言。因此，Πόρος与 Πενία 分别代表不可分割的 οὐσία 和可分的 οὐσία。（see especially 3. 5 [50] 5-9; 3. 6 [26] 14, 10-12）

[49] 古尔德（Gould）说：“美是善好的一个特殊且惊人的例子，一旦被拥有，就会让人们幸福。”（Gould 1963: 46）与此相对的，布鲁姆（Bloom）则完全不受文本限制，从“狄奥提玛坚持区分美和善好”得出了“美学的生活方式与求利的生活方式冲突”的大胆推论。（see Benardete 1993: 134-135）然而，不同于《理想国》中的苏格拉底，狄奥提玛最后确实对美和善好的关系表示困惑。

[50] See *Meno* 78b5; *Gorgias* 468a7-8. 普瑞斯认为，“美”和“善好”虽然不是同义词但可以互换。（Price 1989: 16）他继续分析了这两者之间的联系，但是这种分析却让等级体系变得难以理解。他把上升当作普遍化的推广而不是存在（being）的进阶。（cf. 38- 42）

或者美的例子超越其他例子。也许有人会回答说，美在这儿没有被看作善好的例子，而是被看作通向善好的手段或工具。把美看作通向善好的公认手段，像钱财或权力那样，或像伊壁鸠鲁那样，把善好理解成愉悦，而把美当作通往善好的一种手段，然后说人们之所以会追求美是因为它通往善好或幸福。要是这样的话，我们就仍然不明白，为什么这会产生等级划分，比如为什么真正的德性会来自对美本身的爱和拥有，而不是对美的身体甚至是对美的心灵的爱和拥有。⑤①

把美和善好结合在一个允许等级上升的框架内，有三个要求。一是真的不朽是一个暗含的部分。⑤② 没有这一点，就不可能实现爱者之间的等级划分，也不可能（或者说几乎不可能）区分真的善好和表面的善好、“较高的”善好和“较低的”善好。比如，为什么产生肉体后代的爱的“ἔργον”就要次于产生壮丽诗歌的爱的“ἔργον”？⑤③ 这样的论断必须有一个依据的标准。既然人人都 62

---

⑤① 在柏拉图那里，美和善好被习惯性地联系着，这从“我说过，善好就是美”（*Lysis* 216d2）、“是美的，也是善好的”（*Protagoras* 360b3）、“如果善好是美的事物的原因，那么美的事物就应该来自善好的事物”（*Hippias Major* 297b2-3）中可以清楚地看出来，但所有这些都没有体现等级划分的意思。在《阿尔喀比亚德前篇》（115a-116e）中，苏格拉底试图劝说阿尔喀比亚德，善好的东西，因为它是善好的，所以不可能同时是坏的。就算我们赞同苏格拉底的观点，这也没能给等级的存在提供基础支撑。的确，因为论证隐含了某个东西是善好的（see 116a-b），因为它到目前为止都是善好的，那么这样一来，等级就很可能被排除。

⑤② 法拉利（Ferrari）认为《会饮》中并没有解释等级划分（see Ferrari 1992: 253 and n14），但认为《理想国》中提到的灵魂三分说为等级制提供了相关的基础。

⑤③ 康福德认为，一种美“高于”另一种美的说法并不成问题。（see Cornford 1971: 127）在《会饮》（206c3-4）中，狄奥提玛说：“自然就欲求生育”（τίκτειν ἐπιθυμεῖ ἡμῶν ἡ φύσις），这些说法并不意味着所有人都意欲的善好有替代品。正是因为人类欲求善好，所以人们才会欲求繁殖。因此，第一级欲求的结果是第二级欲求。这第二级是对于作为结合体的人类而言的，而非对作为个体的真正人格而言的。多佛（Dover）认为，“因为在大多数情况下，人们有性交的欲望是出于性本身的原因，而不是想要后代……这样的观点基于以下假设，即人像动物一样，被他们所没有意识到的力量驱使着”（Dover 1980: 146-147）。

追求真正的善好和不朽，那么如果没有真正的不朽，人们的自我评价就往往会捏造出一个客观的标准。[54] 我的意思是，人应该明白，在一个真正是善好的东西和另外一个只是善好的影像或幻觉的东西面前，他没有理性的选择，而只会追求前者。

显然，以原文为基础就可以对这种方法进行反驳。爱的较高层级的秘义中所言的最终阶段是看到美的理念，而非整个理智世界。普罗提诺则将美的理念看作善好的理念的一个方面。[55] 美在这一段落中有以下特性："统一的"（μονοειδές），"凭自身而与自身为一"（αυτὸ καθ' αὑτὸ μεθ' αὑτοῦ），"简单的"（εἰλικρινές）、"纯粹的"（καθαρόν）和"不掺杂的"（ἄμεικτον）。既然美的理念不同于整个理智世界，那么所有上述特征怎么会牵扯到理智世界呢？一方面，如果这最终阶段的图景的是美的单一理念，那么为什么这种图景的功能是孕育真正的德性？我们可以简单地假设看到了德性的理念将生育真正的德行。似乎根据这种解释，善好就消失了。先前美和善好的合一也不存在了。另一方面，如果最终的图景是美的理念，那么"美的海洋"作为倒数第二阶段的图景，便不大可能是其他理念的一种图景。因为"美的海洋"孕育了"各种华美的言论和庄严的思想（διανοήματα）"（210d4-5），而美的图景孕育的则是真正的德性。某种理念（也许包括德性的理念）的图景孕育出言论，但美的图景却孕育出德性，这是令人

---

[54] 在210b7处，灵魂之美被认为比身体之美更"荣耀"（τιμιώτερον）。尽管人们会给"荣耀"确立一个客观的标准，但是仅就《会饮》的文本，这何以可能？（see Gerson 1997: 1-11）《克里同》（*Crito*，47e6-48a3）、《高尔吉亚》（512a5）、《普罗塔戈拉》（313a6）、《理想国》（III415a9）、《礼法》（V727d8）中都谈到了灵魂相对于身体的优越性。在所有这些文本中，这种优越性都源于以下这个事实：灵魂比肉体更能代表我的存在，肉体在本质上来讲只是一件所有物。这不能成为上升中分级的原因。

[55] Ibid. 1.6[1]9, 35-36: τὸ κάλλος τοῦτο εἶναι，τὰς ἰδέας. cf. 5.8[31]9, 40-42: Διῦ καὶ τὸ εἶναι ποθεινόν ἐστιν，ὅτι ταὐτὸν τῷ καλῷ，καὶ τὸ καλὸν ἐράσμιον，ὅτι τὸ εἶναι. Πότερον δὲ ποτέρου αἴτιον τί χρὴ ζητεῖν οὔσης τῆς φύσεως μιᾶς.

不解的。[56]

然而，如果倒数第二阶段的图景不是关于理念的，而是关于理智世界的诸多真理命题的，那么最终阶段的图景就更不可能仅仅是美的理念了。在这种情况下，等级划分就不再有 63
意义。假设美是一个独立的实体（ousia），那么在真的言论中所见之美与在“礼法”（νόμοι）或“实践”（ἐπιτηδεύματα）以及美丽的身体中所见之美就没有什么区别了。此外，如果幸福是拥有善好的东西，而拥有善好的东西就是拥有美的东西，那么为什么恰恰是这种理念而不是别的理念给人带来幸福呢？更可能的说法是，“拥有”一个理念就是拥有对它的知识。并且，如果幸福源于这种拥有，那么就需要拥有所有理念的知识。[57]

事实上，倒数第二阶段的图景似乎与《理想国》中线段喻上半部分的尾部相呼应。[58]《理想国》中补充说，这种“散漫的思想”（διάνοια）认知模式是“知性”（νόησις）的一种类型，并且次于“知识”（ἐπιστήμη）的认知模式。[59] 那些见到了“美的海洋”的人凝视着诸多的知识（science），而不仅仅是某一种知识的美。各种知识的内容正是用美丽的言论来表达的。因此，最终阶段的图景似乎与线段喻之上半部分的开头相似，在那里认知是在善好的理念这一根本原则之下的一

---

[56] 丹西（Dancy）把上升的倒数第二阶段跟最终阶段混淆了。（see Dancy 2004: 287-290）他认为最终阶段是“美的海洋”的图景，并宣称这一图景的产物是附加的言论，而不是真正的德性。

[57] 《理想国》（VI 490a8-b7）中认为，哲学家之爱的结果是洞见所有理念，是在真理和认识之中的“新生”。艾伦认为，虽然文中并没有暗含这一点，但等级划分是基于普遍性的分级的。（see Allen 1991: 80）同时，他正确地发现了灵魂之美与身体之美并不是一回事，这削弱了他关于美的单一理念的论证。

[58] See *Republic* VI 510d-511a, Moravcsik 1971: 295, Sier 1997: 151-153.

[59] See *Republic* VII 533e7-534a8. 这纠正了他在511d-e中的说法，在那里他似乎仅仅将认知能力等同于知识。

种理念。[60]

与这种方法相反，普罗提诺认为，善好的理念实际上就是所有的理念，就像白光实际上就是光谱中所有的颜色一样。《斐勒布》中提出，美是善好的一个方面，即善好吸引了我们的那个部分。换言之，如果善好没有吸引力，那么我们就不会追寻它。但
64 是，善好不仅仅是吸引力。[61] 对于理性的我们来说，最具吸引力的是所有可知的知识。因此，之所以说拥有美会带来真正的德性——这对我们来说是拥有善好的唯一可行方式，是因为拥有美就获得了关于德性的知识。在第一原则之下，上升过程的最终阶段均一地涉及了所有理念，即每一个理念。[62]

使美和善好结合并共容于等级序列的框架下所需要的第二个要求是：对美的爱与对善好的欲求是一致的。尽管后者是通过认知经验而获得的，是对理智现实的洞见。一般的观点是，如果 X 是 Y 的仿冒品，那么当你认为你欲求 X 时，你实际欲求的其实是 Y。但是，当把这种一般原则运用到当前的情形中时，我们是否

---

⑥⓪ See *Republic* VI 511b2-c1.《会饮》中描述的上升过程的最后阶段（210d7-e1）应该与《斐德若》（247e1-2）中所说的做比较。后者显然把这种知识看作关于所有理念的存在，《会饮》（212a3）中的ὁρῶντι ᾧ ὁρατὸν τὸ καλόν 通常作为美被发现的方式而用于意指认知能力。但至于为什么这不是善好的理念的一种意指，原因还不清楚。在《理想国》（VII 509b5）中，理念是一切可知物可知的原因。

⑥① 普罗提诺在《九章集》（6.7 [38] 22,5-7）中说："那些事物每个都是独立存在，一旦至善给它们加上颜色，它们就变成了欲求的对象，因为至善赐给它们一种恩典，赐给欲求者炽热之爱。"所以，我们可以在不被理念吸引或者在不欲求它的情况下认知理念，然后进一步到美。承认理念是善好的一种表达，我们又一次有了等级阶层的基础。认知理念的"似好"比具形理念的"似好"更易于分辨，因为后者被形体所限制。如果我们认可美是理念，那么我们就可以确切地说即使没有被美吸引或者追求美，我们仍可以认识理念或者美。

⑥② 在《理想国》（VII 517b7-c4）中，善好的理念被认为是"可以思考的领域"（τὸν νοητόν τόπον）中的"正当和美好的事物的原因"（αἰτία πάντων ὀρθῶν τε καὶ καλῶν）。同样，在《蒂迈欧》（28a8-b2）中，造物主产生美的事物是因为他把它当作可知世界的一个模型。"从实际结果来看，美的理念作为爱的对象构成了理念的世界"（Price 1989: 43），我会说"并不局限于结果"。

能够说，当你认为你欲求异性交往或同性交往时，你真正欲求的其实是关于柏拉图式的理念的知识？当然，我们不会回答说，后者（在弗洛伊德的理论上）是前者的替代品。即便两者有这种替代关系，那也应该是前者是后者的替代品。只有一种真正的欲求，那便是欲求关于善好的知识，我们如何让这一主张说得通呢？

无论怎样，必须揭示出那个欲求仿冒品 X 的主体并非真正的主体。这恰恰就是普罗提诺的解读方式。[63] 但我并不是想说普罗提诺正确地解释了柏拉图，而是柏拉图自己在很多地方把“真正的人”等同于理想的认知者。他如此清晰且频繁地阐明这一点，以至于我们没有理由不把这一主张看作柏拉图主义的中心信条。[64]
但是，《会饮》中却没有提到这一点。我认为，可以说柏拉图在 *65*
写《会饮》的时候，这一部分的观点还尚不清晰。这么一来，我们便不得不说，当柏拉图写作《会饮》时，尽管他有关于等级划分及其形而上学的分析，但他确实不知道如何把人类灵魂融入这一理论。他掌握了德性本身及其影像的不同，但他没有认识到持有前者的主体与持有后者的主体也是不同的。虽说这只是一种对柏拉图的猜测，但这会逼迫我们承认《阿尔喀比亚德前篇》是伪作，或者至少承认苏格拉底清晰地区分了灵魂和肉体并把灵魂等同于“真正的自我”的那部分是伪作。[65] 同时，我们也需要“处理”《高尔吉亚》中肯定了人之不朽的那部分（虽然这是在一个神话中讲到的）。但是，在某些情况之下，人们开始对这些解释学的循环失去热情。为什么不简单地承认，有一种叫作“柏拉图主

---

[63] Enneads 6.9[9] 9,22：“在理智世界中”（Καὶ ἐκεῖ），“灵魂就是真正的人”（γενομένη γίγνεται αὐτὴ）。在这一章，普罗提诺解释了《会饮》和《斐德若》所暗含的思想。

[64] 这也是亚里士多德的中心信条，由此便可以减轻对普罗提诺的这种批评，即他将“自己的观点”投射给柏拉图。[see *Nicomachean Ethics* 10.7.1177b30-1178a8. 也可参见 9.8.1169a2 中的这一句：因此，这个部分（理智）就是人自身，这是无可置疑的。另外，参见 9.4.1166a22-23，9.8.1168b31-33; Gerson 2004: 217-248]

[65] See *Alcibiades* I 129b1-131a1.

义”的哲学，用它来解读任何对话，就能比其他任何解读方式更好地解决阐释上的困难？

最后，把美和善好结合并共容于等级序列的框架下所需要的第三个要求是我们理解欲求善好的这种作为（ergon）的方式。把在美中生育看作满足不朽欲求的手段，至少在灵魂学上是不充分的。⑯ 但是，如果把这里对不朽的欲求理解成对半不朽的欲求的话，那么就可以这么说了。因为以这种观点来看，“作为”成了成就半不朽的步骤，而不是对善好的欲求达成之后的自然结果，而这种结果与对美之爱的自然结果等同。爱的作用就表现为某些特定人群的特性，而不是公认的那些必然属性。⑰ 要么人们欲求的是善好本身，不然对在美中生育的灵魂学解释就是无效的；要么他们真正想要的是其他东西，比如肉体的或精神的后代，不然美和善好就再一次被割裂。这后一种可能性只对那些认为《会饮》能在自身之中来解读的人成立；那前一种可能性则是说，在谈论爱的作用时，狄奥提玛给出了一个形而上学的观点，它使得美、善好和爱若斯更紧密地联系在一起。善好所成就的是对理智
66 世界的知识，它必然导致真正德性的产生，因为知识与真正德性的外延相同。⑱

我们只要借助柏拉图的其他对话便可以满足以上三个要求，

---

⑯ Rowe 1998b: 253 中对此持相同观点。但是，罗伊认为，尽管这种观点是难以让人信服的，但它仍然可以对《会饮》中的听众——斐德若、鲍桑尼亚和其他人——产生吸引力。这也是为什么我们应该解读出它的反讽意味。

⑰ *Republic* I 353a9-11：“现在，我想，你可以更好地理解我刚才的意思了，当我问：是不是对于任何事物来说，它专有的作用或功能就是指，只有它才能完成或者它比其他一切事物完成得更好？”（Νυν δὴ οἶμαι ἄμεινον ἂν μάθοις ὃ ἄρτι ἠρώτων, πυνθανόμενος εἰ ουτουτο ἑκάστου εἴη ἔργον ὃ ἂν ἢ μόνον τι ἢ κάλλιστα τῶν ἄλλων ἀπεργάζηται）

⑱ 普罗提诺提出了这一原则：生产是一种行为完善的结果。（see *Enneads* 5.4 [7] 2, 26-28）F. C. 怀特认为“在美中生育”是有朽的存在者抵达不朽的“手段”。（see Contra White 1989: 154）以怀特的观点看来，真正德性的产物大概算是另一种“手段”。

普罗提诺也采用了这种做法。相反，如果我们不引证其他对话，那么美和善好的结合就会变得武断，甚至错得荒谬。在对哲人们的作品进行解释时，有时被称为“善意的原则”的那种东西，似乎暗示我们选择前一种方法。

采用这种解释，还有另外一种考虑。在《理想国》卷二的开头，格劳孔毫无疑问地表达了一种传统的希腊观念，即善好有三个类型：(a）因其自身而被人欲求的善好；（b）不是欲求它自身，而是欲求它的结果的善好；（c）既欲求它自身又欲求其结果的善好。当然，苏格拉底想要论证正义属于第三种。如果我们假设《会饮》中欲求的善好也属于第三种善好，那么我们就可以说，这个善好的实现会带来真正的德性。另外，如果我们把爱的产物——在美中生育出来的——作为实现某种善好（这里所言的某种善好就是指半不朽）的途径，那么我们对后代的爱便只是一种手段，对此种爱的其他解释也就不存在了，并且对由爱生育出的各种东西之间的等级区分的解释也就不存在了。

至此，我们终于为普罗提诺为何要把善好的理念跟爱若斯联系起来这一问题找到答案了。这种主张实际上是“善好在本质上是自我扩散的”这个观点的结论。善好本质上是自我扩散的，其依据是理智世界的理念具有多样性。对理智世界的知识必然产生真正的德性，这是说在善好的前提下，理智世界的理念会必然产生德行。[69] 如果善好实现了它所欲求的，而这种欲求是它必然会产生的，那么它就必须爱其自身。

满足了把善好和美结合起来的这三个要求，事实上我们也就理解了为什么鸡奸者在没有出现幻觉的情况下会接受他“透着地
狱气息的祈祷书”（sulphurous breviary），同时，我们也就懂得了 67

[69] 从《蒂迈欧》(29e）中看出，前一种表达是造物主在宇宙中制造秩序。因为造物主是善好的，他没有嫉妒（φθόνος）。“心甘情愿”是以一种负面的方式描述爱的作为（ἔργον）。但即使造物主，产物也只是其所拥有的那个善好的一个结果，而不是善好的组成部分。

建立在这种接受上的理解有多么不充分。以柏拉图的方式来解读柏拉图让我们获得了一种方法，那就是不仅承认欲求显然是多样的，而且还要对这种多样性进行有序的等级划分。当然，人们有不承认等级划分的自由，甚至还可以否认等级划分在对话中的存在，但是除非它丧失了在解释中的一致连贯性，否则我是不会放弃使用这种方式的。

第二编　解读柏拉图的《会饮》

四、柏拉图《会饮》中的医术、魔法与宗教

马克·马克弗伦（Mark McPherran）

如果你（厄里刻希马库斯）能向我证明：你比我还了解我自己，并且还能预测我接下来的心情……我肯定不能说：我的努力都是徒劳的，而我的内心变化在你的外表技艺前完全瓦解，这种外表技艺通过汇集一些独特的知识点立刻将我的身体和灵魂包围，进而捕捉我整个人的一切，是这样吗？ 71

——保罗·瓦莱里（Paul Valéry）《苏格拉底和他的医生》（Socrates and His Physician）一文中苏格拉底与厄里刻希马库斯的对话

柏拉图对医术的关注贯穿于他的所有作品，他认为医术是专门知识的一个典范，几乎没有任何其他领域能够效仿。① 顺理成章，我们可以这样假设，柏拉图在《会饮》中设置厄里刻希马库

① Poulakos 1998: 165, Jouanna 1998: 68-69; e. g. *Gorgias* 464b- 467c, *Phaedrus* 268a-270d, *Republic* 403d- 410b, Statesman 292d-300a, *Timaeus* 64a-92c, *Laws* 889b-e. 在将灵魂与身体、灵魂健康与身体健康进行类比时（e. g. *Crito* 47a- 48b, *Gorgias* 463e-465d, *Phaedrus* 270a-e, *Sophist* 223e, 226e-230e），在《蒂迈欧》中表达的关于人的本性的微观观念和整体观念中——一种与希波克拉底医派的《论养生》（*On Regimen*）中的观点相似的观点（Jouanna 1998: 70），他的这种倾向更加明显。事实上，有人利用类比的频繁和力量来增强这种观点——在所有其他的事情中间——苏格拉底和柏拉图是“科学的语言心理疗法”的创始人，除他们之外“高尔吉亚和安提丰（Antiphon）仅仅是早期的做法”（Entralgo 1970: 137; cf. 126）。

斯这样一个医生角色的目的之一是引入他自己对医术的理解，因为医术与这篇对话的主题爱若斯②有关。这个顺理成章的假设是与关于厄里刻希马库斯在对话中所扮演的角色的一些早期印象和学院派的阐述相悖的，这些早期印象和学院派的阐述都认为，厄里刻希马库斯是一个虚荣的教条主义者，他的最初作用是作为柏
72 拉图式讽刺的目标。因为他自身和他的颂词都仅仅是对于他自身医生这个重要身份的一种夸张而讽刺的描绘，沿着这种思路思考，我们就只能将他的颂词看作一种荒诞说辞，这种荒诞说辞介于鲍桑尼亚为同性之爱以及其壮美所做的辩护和阿里斯托芬试图将对话引入正轨的具有黑色幽默的颂词之间。③

多年前就已经出现了对这种轻蔑观点的纠正性研究，但这种研究却来自一位著名的古代医学学者——路德维希·埃德尔斯坦（Lduwig Edelstein）1945 年令人印象深刻的文章。在这篇文章中，埃德尔斯坦提出了确凿的案例，他指出厄里刻希马库斯的观点“并不是夸张的描述，而是对那个时代的医生进行了非常合乎历史事实的描述。柏拉图不可能想把厄里刻希马库斯描绘成一个喜欢卖弄学问的人，一个沉溺于医学方法的贩卖者”（Edelstein 1945: 91）。

然而，不仅如此，埃德尔斯坦还向我们指出了一个事实：厄里刻希马库斯是那场宴会中最重要、最具影响力的谈话者之一，因为他“在整篇对话的秩序中处于一个非常重要的位置”（Rowe 1998a: 147）。比如，厄里刻希马库斯坚持遵循谈话应该从房间从左至右的顺序，他将自己置于《会饮》这篇对话中的第一个，然后通过反对醉酒为整篇对话的内容奠定了基调。（176a-e）④ 接下来，也是他在吹箫女一出现时就让她离开——也许他这样做是为

---

② 这本文集中的其他论文将作为爱神的 Erōs 与作为爱欲的 erōs 区分开了，但是我在这篇论文中保留了这种模糊性。

③ See Bury 1909: xxvii-xxix, Dover 1980: 105, Edelstein 1945: 85, Nehamas and Woodruff 1989: xvi, Rosen 1987: 119.

④ 斐德若也对《会饮》的主题提出了一些要求。（177a-d）

了使整篇关于爱若斯的讨论完全是理论性的⑤，也正是他通过提议进行一晚上的讨论而确定了本次对话的议程。（176e-177a）最后，对话的主题也是由厄里刻希马库斯借着斐德若长久以来的抱怨引出的，斐德若认为从赫拉克勒斯（Heracles）到盐都曾是颂词的主题，然而这个非常值得尊敬的、相当重要的神也就是爱若斯却被完全忽略了。在结尾时，也是厄里刻希马库斯提议让阿尔喀比亚德颂扬苏格拉底而不是爱神来对话，这才使对话不因醉酒而遭到破坏。（213e-215a）

考虑到厄里刻希马库斯在《会饮》中扮演着如此重要的角色，我们自然就应该考虑：为什么柏拉图把这样一个角色安排在一个医生身上，为什么要将持有柏拉图的独特爱欲观点的角色给一个医生？因为埃德尔斯坦只是在总体上用一种缺乏说服力的术语强调了第一个问题，所以就这个问题而言，他的论文对我们来 73
说是无用的。埃德尔斯坦指出，医生是一个拥有极高智慧的权威人士，他可以通过修辞劝说来将他的智慧运用于治愈病人，所以柏拉图在他的对话中设置一个医生角色是为了“强调其对话内容的奇特性”（Edelstein 1945: 102）。因此，我们在理解《会饮》中的其他对话（甚至是苏格拉底的作品）时也要遵循这样的思路，也就是把它们理解为修辞的，而不是不能传递真理的非哲学性引论。因为这些对话都是对拥有非理性力量的爱若斯的颂词，所以要保持一致。尽管狄奥提玛最后提出的阶梯上升的想法暗示了爱若斯可以指引我们认识美之所是，但是爱若斯本身并不能传递这种我们最终要理解的美之所是的认知性理解，因为这种知识需要（我们这篇对话完全缺乏的）辩证哲学。（Edelstein 1945: 101-102）⑥

埃德尔斯坦认为厄里刻希马库斯的颂词趋近于狄奥提玛的理

⑤ 结合他对醉酒的警告。（176c-e）当阿尔喀比亚德在吹箫女的搀扶下到达时，这个关于爱若斯的讨论就将变得非理论化了。（212c-e）

⑥ 这一点我认为仅仅是因为柏拉图在这篇对话中的关注点是爱若斯，而不是辩证法本身。

论，他的这个观点是一个非常有启发性的想法，当我试图揭露他的颂词是“掌控对话中谈话顺序的大计划的一部分”（Konstan and Young-Bruehl 1982: 45n1）时，我会采用埃德尔斯坦的想法。然而，埃德尔斯坦解释说，柏拉图将厄里刻希马库斯的颂词内容赋予一个医生，是为了以此来反对一个专业的修辞学家；就埃德尔斯坦的整篇论文来看，他的这个想法令人费解。为了解决这个疑惑和探讨其他问题，本文提供了一种关于厄里刻希马库斯的颂词在整篇对话中的戏剧性作用的解释，根据这种解释，整篇文章的三条线索即医术、魔法和虔诚解释了厄里刻希马库斯的角色，并且这种解释将厄里刻希马库斯的角色与狄奥提玛的角色联系了起来。通过识别并沿着从厄里刻希马库斯到阿里斯托芬，再到阿伽通最后到狄奥提玛的线索链，我们可以发现柏拉图是如何运用这些人物来安排并扩展他那个时代的科学和宗教谈话的，并用它们为一种新的、高级的哲学事业服务。[7]

厄里刻希马库斯的颂词

在《会饮》中将厄里刻希马库斯设定为一个医生后，可以说，柏拉图采用了一种完全符合那个角色的方法来介绍厄里刻希马库斯。柏拉图通过阿里斯托芬突发打嗝的——或许是天
74 意？——方式来将医生的颂词放置到诗人的颂词之前。[8] 这种对

---

⑦ 关于辩论的目的，参见 Konstan and Young-Bruehl 1982: 44。

⑧ 阿波罗多洛斯认为，阿里斯托芬突然打嗝是因为他吃得太饱。（185c）但是，因为厄里刻希马库斯即将赞扬占卜术，而且打嗝一般被视为一种征兆［例如：在多种文化背景中打嗝都被理解为有人在想你；与之类似，在《奥德赛》（*Odyssey*）中打喷嚏被视为一种愿望将要实现；Langholf 1990: 248-254］，因此这里我们可能要将阿里斯托芬突发打嗝看成一种神迹或者其他。在这个最初的、奇怪的场景下，随后我们可能面临这样一个问题，即如何将厄里刻希马库斯提到的心理或者占卜以及占卜术与身体的相区别。（参见下文）

于人的身体力量超越礼法（约定）和理性（nomos and logos）的感叹，标志着在这个时候认识爱若斯的必要性。[⑨] 因此，为了回应这个问题，对话中用厄里刻希马库斯的角色，来对当时希波克拉底医派的医生做一个总体的描述。[⑩] 但是，从某种程度上来说，厄里刻希马库斯也是一个非典型的希波克拉底医派的医生。因为，我们或多或少是希望他仅从医学的角度来解释爱欲，但厄里刻希马库斯却认为他的医术实践使他得出了一种更加普遍化的爱欲含义，而他的医学实践既发生在自然领域又发生在神的领域。此外，他的这种理论可以从苏格拉底以前的科学家那里得到支撑，比如赫拉克利特（Heraclitus）（187a-c）[似乎还有恩培多克勒（Empedocles）[他提出了的友爱（philia）与憎恨（neikos）的两个规律] 以及阿伽门农（Alcmaeon）]。（Gosling and Taylor 1982: 23, Rosen 1987: 94-95）简单来说，我们被告知，虽然鲍桑尼亚将爱欲分为（属天的和属民的）两种人类情感是非常有用的，但是他并没有将这种区分坚持到他的逻辑结尾处。如果鲍桑尼亚坚持了，那么他就应该意识到在动物、植物甚至神中间都存在爱欲。（186a-b）鉴于斐德若和鲍桑尼亚两人关于属民的爱欲的颂词的关键点，柏拉图在这个关键点插入他的医生的颂词，似乎是为了将整个谈话导向一般性的也就是哲学式的谈话。

评论家觉得厄里刻希马库斯提出并继续深化的理论的形式和价值非常怪异，但是克里斯多夫·罗伊的这个经过轻度修饰的观

---

⑨ 随后，我们再一次看到厄里刻希马库斯（“打嗝治疗者”）在对话中扮演着一个医生的角色，尽管他为阿里斯托芬开的三个治疗打嗝的药方只有最后一个有效。（185d-e, 189a）

⑩ 关于我们对厄里刻希马库斯的了解，参见 Nails 2002: 143-144。与希波克拉底一样，他来自一个医生家庭；关于我们对厄里刻希马库斯的医生父亲——阿库美诺（Acumenus）的了解，参见 Nails 2002: 1-2。请注意，厄里刻希马库斯是斐德若的密友。（177a-d; cf. *Protagoras* 315c）关于希波克拉底的身份以及那些归于他名下的作品的作者身份问题，参见 Lloyd 1975a, Jouanna 1998: 25-38。

75 点（Rowe 1999: 56）似乎是准确的。

(1) 爱欲有两种含义，比如在人的身体中有好的和坏的两种（186b 4），因为

(2)“健康的身体和疾病的身体是完全不同的”（b5-6）；但是

(3) “不同的欲望和情爱也是不同的东西”（b6-7）[11]；因此

(4) 在健康的身体中有一种爱欲，在疾病的身体中存在另一种爱欲。(b7-8)

(5) 正如鲍桑尼亚刚才所说，恋上好人是好事，恋上放荡的人就是坏事；就人的身体来说，同样如此：恋上身体中好的、健康的部分就是好事；恋上身体中坏的、有病的部分就是坏事。(b8-c5)

(6) 医生应该辨别好的爱欲和坏的爱欲，并且鼓励前者，杜绝后者（c6-d5）；因为

(7) 医生的工作就是将身体中相互交恶的东西转变为相互交好的东西，并且让它们相亲相爱。

(8) “‘最交恶的东西’是那些互相对立的东西，冷对热、苦对甜、干对湿，以及所有诸如之类的东西。”（d6-e1）

(9) 医术在于知道如何在这些互相对立的东西中融入爱欲与和谐。

就这个观点而言，在（5）中所指的［以及（1）、(2)、(4)、(6) 中暗含的］“身体”中的好或者坏的爱欲是像热和冷这样的身体上的对立物，这种身体上的对立物允许我们谈到每

⑪ 据［(2) 中的观点］推测，两种不同的特征（健康的和疾病的）渴望不同的东西；也就是，健康的身体和不健康的身体渴望的东西不一样。

个身体都有这两种爱欲。当这种互相对立的东西对另一方有了好的爱欲时，拥有它们的身体就是健康的，是处于和谐状态的(162e2, 187c4)；当这种对立物中的一方或者双方都渴望超越对方时，拥有它们的身体就处于一种疾病的状态（cf. 188b4）。[12]我们可以这样说：健康的身体对有利于它们的东西有爱欲/欲望，而疾病的身体对不利于它们的东西有爱欲/欲望。这个理论明显支持一个单一且连贯的认识（188d5），即一个爱欲可以分成两种类型：节制的、和谐的、属天的爱欲，贪婪的、不和谐的、属众的爱欲。[13] 在这个理论被扩展到作为整体的宇宙时，自然灾害和 76
流行病就可以被理解为是由缺乏当地的和谐以及属天的爱欲造成的。在任何情况下，厄里刻希马库斯谈话的大体和系统性的结构都被证明具有一定程度的“知识分子的严谨……并且绝对不是拙劣的模仿”（Konstan and Young-Bruehl 1982: 44）。[14] 再者，我们可以不存疑问地将厄里刻希马库斯视为在实践他所传播的——发挥他在对话中医生的身份，在某种程度上作为一个非正式的主持人，厄里刻希马库斯在自己的能力范围内，试图通过维持宴会的和谐（反对醉酒，治愈打嗝）与在整个对话中引入好的爱欲（即一种赞颂好的事情的欲望）而维持了《会饮》整篇对话的秩序。

厄里刻希马库斯的颂词展现了他熟知希波克拉底医术。他将医术定义为胀（plēsmonē）和泄（kenōsis）（186c-d），例如，与之相关的有《呼吸篇》第一卷（*Breaths* 1）、《论人的本性》第

---

⑫ 罗伊认为，当这种互相对立的东西更喜爱自己时，它们是健康的（Rowe 1999: 56-58），这一点与文本是相悖的。

⑬ See Rosen 1987: 98-101, Dover 1980: 105, Konstan and Young-Bruehl 1982: 40. 康斯坦（Konstan）和杨-布吕尔（Young-Bruehl）认为，厄里刻希马库斯有两种爱：爱欲（epithumia）与和谐（philia）。

⑭ See Nehamas and Woodruff 1989: xvi. 然而，罗伊认为，康斯坦和杨-布吕尔“高估了这个谈话的‘哲学意义’”，尽管它看似“相对聪明”（Rowe 1999: 54）。

二至四卷（*On the Nature of Man* 2-4）、《论养生》第一卷第二章（*On Regimen* 1.2）以及《医术中的传统》第16卷（*Tradition in Medicine* 16），并且他与希波克拉底医派的著作《论养生》的作者的观点一致，都同意赫拉克利特的观点（*Symposium* 187a-b; *Regimen* 1.5, 1.11；尤其那些对立面相辅相成的观点），以及高音与低音相和谐给身体的和谐提供了一个类比的想法（*Symposium* 187b-d, *Regimen* 1.8）。（Hunter 2004: 55-56, Gosling and Taylor 1982: 24）厄里刻希马库斯将医术阐释为协调交恶的东西（186d-e），这把他与希波克拉底医术的开创者阿斯克勒庇俄斯（Asclepius）联系起来了，被视为他继承了希波克拉底传统的证据。（Edelstein and Edelstein 1945: 182）甚至厄里刻希马库斯根据身体力量来解释爱欲在人类中的运用的观点都能在《空气、水和土地》第二十二卷（*Airs, Waters, Places* 22）解释某种塞西亚人（Scythians）的弱点——坏的爱欲——中找到相同之处。因此，假若在此观点上厄里刻希马库斯仅加深他关于身体的爱的医学理论，那么他就可以避免一代代学者对他的批评。然而，柏拉图却安排厄里刻希马库斯颂词的大部分将他的理论运用到诗歌、音乐、气象学、气候学、天文学甚至神学，尤其是献祭、占卜以及一般的敬神活动。⑮ 毫
77 无疑问，我们在读到这些时会把其当成一种毫无道理的医学修辞的拙劣模仿品⑯，但同时，我们又应该欣赏厄里刻希马库斯能通过尽可能夸大的方式融入那种愉快的讨论气氛。此外，那时的希波克拉底医派的医生对音乐、气象学和天文学之类的事情的确有一种自觉的兴趣。例如，我们知道一个称职的医生可以根据他对四季更迭的了解来预测会有哪种流行病，而这反过来又

⑮ 埃德尔斯坦认为，厄里刻希马库斯“在医术方面的分析（186b-e）比在音乐方面的分析短”（Edelstein 1945: 87）。

⑯ 厄里刻希马库斯的颂词可以被视为那个时代很常见的医学转化（epideixis）的一个拙劣模仿，参见 Hunter 2004: 53-54, Jouanna 1998。柏拉图对于那些夸大的医术认识没有一点耐心，参见 *Republic* 403d-410b。

建立在他对星宿升落的了解上。(*Airs, Waters, Places* 2; *Aphorisms* 3.2; cf. Plato *Epinomis* 976a) 最终，我们有理由相信，柏拉图了解、赞同甚至受教于阿斯克勒庇俄斯的医术和希波克拉底的医术。(*Philebus* 31a-33c, 44b- 48b; *Phaedrus* 270a-e; *Republic* 405a- 410a; *Timaeus* 81e-86b; Staden 1998; Gosling and Taylor 1982: 24)[17] 尤其需要指出的是，一个著有《论神圣的疾病》(*On the Sacred Disease*) 的希波克拉底医派的作者指出，应该从身体角度而不是宗教角度来解释癫痫，即癫痫是大脑受黏液影响的结果；柏拉图赞成他这个观点。(*Timaeus* 85a-b)[18] 另外，与厄里刻希马库斯一样 (176b-d)，柏拉图赞成以下观点：我们应该有节制地饮酒 (*Republic* 389e-390b, 403e, 571b-d, 573c)；纵欲有某种身体原因 (*Republic* 572d-580a, *Timaeus* 86d；换句话说，就是过度饮酒)；由它滋生的爱欲可以与一种高贵的爱欲形式相比拟 (*Phaedrus* 253c-257a)。[19]

另外，厄里刻希马库斯在他希波克拉底医派的同行中被刻画
成一个攻击传统观念的人——不同于他的同行，他毫不掩饰地
赞美献祭和预言术。[*Regimen in Acute Diseases* 8; *Airs, Waters, Places* 78
22; *On Dreams* 87 (i. e. *Regimen* 4. 87); cf. *On the Sacred Disease* 1-

[17] 在这一点上，必须要指出柏拉图让苏格拉底赞美 194a 处厄里刻希马库斯颂词的美（也就是正确性）。我很感谢米切尔·米勒（Mitchell Miller），他向我指出在《斐勒布》中柏拉图采用了希波克拉底的多血症（repletion）和淤血（emptying）两个概念，同时感谢埃里克·布朗（Eric Brown），他强调柏拉图在《斐德若》(270a-278b) 中依赖“希波克拉底的方法”，也就是一个人要理解灵魂就必须了解整体的天性。

[18] 柏拉图在解释癫痫为什么被命名为“圣病”时说，这是因为这种疾病侵袭了我们身体最神圣的一部分（我们的头部），他这就隐晦地否定了一种非常流行的观点，即癫痫是由一种神性导致的疾病。(85b) 当他在《理想国》(376d-380c) 中辩论说神从来不会引起任何邪恶之事时，他同意《论神圣的疾病》的作者提出的神不是疾病（尤其是那些明显的瘴气）的直接原因的观点。(see Edelstein 1937: 220) 然而，神会引起一些有益的疯癫，例如占卜。(*Phaedrus* 244a-257a)

[19] 事实上，之后从狄奥提玛精神上的爱神突然降至阿尔喀比亚德身体上的、喝醉的爱神 (212c-223d) 是一种与厄里刻希马库斯的禁欲主义一致的隐晦的警告。

4,21][20] 就后者的技艺（technē）而言，厄里刻希马库斯甚至忽略了希波克拉底医派坚持的预言与占卜之间的区别，希波克拉底医派只承认前者，极力贬低占卜实践以及预言的权威。（Langholf 1990: 246）厄里刻希马库斯的一般理论化——他的哲学化——也被很多希望将医术从哲学渊源中解脱出来的希波克拉底医派同行反对。这些医生正与《会饮》的戏剧性时间和完成时间一同经历着一场医术“危机”。[21]

那些支持哲学化医术的人都认为，要掌握医术必须先了解人的天性和人体构成元素，这是一种由自然主义科学家，例如阿那克西美尼（Anaximenes）、亚波罗尼亚的第欧根尼（Diogenes of Apollonia）、麦里梭（Melissus）以及赫拉克利特，研究宇宙得出的结论。[22] 这些赞同自然科学家提出的理论和方法的医生能够反对那些采用魔法与神庙医学的江湖术士。（Lloyd 1975b: 9）那些反对哲学方法的思想家认为，医学之所以能独立于哲学和萨满疗法，是基于科学医术中的前期训练，它需要给出关于人之本性的更为精确的描述。（Jouanna 1998: 50-53）例如，《医术中的传统》的作者认为：

有一些医生和诡辩家认为：除非了解什么是人，否则任

---

[20] 柏拉图选择厄里刻希马库斯而不是（历史上的或虚构的）其他医生，似乎是有意拔高医术与虔诚以及大众宗教的关系，因为厄里刻希马库斯、他的父亲和他的朋友斐德若都“卷入了关于415年雅典人入侵西西里岛（Sicily）这件灾难性事件的渎圣罪的指控与反指控之中”（Nails 2002: 2）。因为正如哈尔珀林（Halperin）敏锐地指出的，“当时的希腊人不可能不加讽刺地阅读《会饮》……《会饮》的读者……（对于角色的历史）有一种悲观认识，这些认识使其在角色谈话时就否定了他们”（Halperin 2005: 56）。

[21] 《会饮》中主要谈话发生的戏剧性时间是公元前416年，即“在雅典人远征西西里岛前不久，阿尔喀比亚德在远征中扮演着非常重要的角色”，而对话的完成时间却是公元前4世纪80年代后期。（Rowe 1998a: 10-11）

[22] 此后（晚于公元前300年）关于这种医生的例子，参见《论合宜》（*Decorum*）的作者，他提出“一个是哲学家的医生等同于神”（*Decorum* 5. 4）。

> 何人都不能理解医术；任何打算治愈病人的人都必须先具备这种知识。之后他们的论述又转向哲学，正如我们可以在恩培多克勒和其他写过天性相关作品的学者的著述中了解到的……我认为医生和诡辩家创作的关于天性的作品更多是与 79
> 绘画而非医术有关。我不相信**从任何其他处而不是医术研究中**可以获得关于天性的知识，故而只能通过精通这种科学知识才能获得。
>
> ——*Tradition in Medicine* 20. 1-14, Chadwick and Mann trans. , 作者加的着重点㉓

基于厄里刻希马库斯的一般理论化和他对赫拉克利特的引用，似乎可以确定他会成为希波克拉底医派之作者攻击的对象。反对来，这可以说明柏拉图为厄里刻希马库斯设置这个角色的部分目的是，借用厄里刻希马库斯，通过一个希波克拉底医派的医生来回应其他所有人，来回应一些希波克拉底医派的医生持有的有关医术与哲学之关系的观点。我们的这种期待，即柏拉图在他著作中的一些地方显示了这种回应，可以支撑这种解读，因为柏拉图尊医术为一种模范技艺，并且对医生来说那个时代的“基本方法论问题”就是他们与哲学的关系问题。（Jouanna 1998: 50）这种解读也非常契合柏拉图非常支持的一种观点，即一个真正意义上的医生必须是一个哲学家，因为一种好的医学治疗方式要求医生理解并治疗病人的全部，包括他的身体和灵魂，而这就要求医生有哲学训练。（e. g. *Republic* 408d-e, 591c; *Charmides* 155b-158c）事实上，我们被告知，如果我们不尝试从世界是一个整体的角度来理解身体“如果我们跟从阿斯克勒庇俄斯的信奉者希波克拉底，那么我们就不能理解身体”。（*Phaedrus* 270c3-5）最后，因为柏拉图和苏格拉底赞同正确地对

㉓ Cf. *On the Nature of Man* 1, *On Nature* 1.

待占卜[24]，并且柏拉图似乎想要用正常的或非正常的形式将占卜
80 与医术联系起来（*Laws* 932e-933e），他似乎想让他理想中的医生代表他来回应关注这个问题的任何希波克拉底派怀疑主义者。[25]柏拉图让厄里刻希马库斯毫不掩饰地赞成占卜和献祭仪式，这是设置他的第二个作用。(188b-d)[26]

就这个解读而言，我们需要理解厄里刻希马库斯关于属民的爱欲的观点，并加入一种柏拉图主义者能接受的关于身体天性的理论，同时这种身体天性能够反对希波克拉底医派对占卜的认识，

㉔ Cf. *Apology* 20e-24a; *Ion* 531b, 538e-539e; *Phaedrus* 244a-e; *Timaeus* 71e-72d; *Republic* 427a-c; *Republic* 461e, 540b-c； McPherran 1996: chap. 4. 柏拉图和他的苏格拉底都接受了一种古老的观点，即神授予的梦会提到未来的事。(see *Crito* 43c-44b, *Phaedo* 60c-61b）虽然柏拉图强烈否定了神可以被魔法影响这种观点（see *Republic* 363e-367a; cf. *Laws* 885b-e, 888a-d, 905d-907b, 948b-c），但是他为虔诚、传统的宗教做法保留着一个角色，例如，在《理想国》中，依然有对神的献祭（419a）和对神的赞美（607a），以及一种以神庙、祈祷者、节日、祭司等为特点的市民宗教（427b-c）。(Burkert 1985: 334）柏拉图还希望他理想国中的孩子可以被“男祭司、女祭司以及整个国家在每个人的婚礼上祈祷这样的仪式和祈祷”（*Republic* 461a6-8）所塑造。《理想国》令人惋惜地简要概括了所有的这些细节，但这是因为其中的苏格拉底不愿意将建立这些机构的权利委托给他的守卫者或者思辨理性（“我们对这些事情毫不了解”，427b8-9）。然而，掌控这些问题的“法律最伟大、最好和第一部分”（*Republic* 427b3- 4; cf. 424c-425a）将会由“对于所有人来说这类事情的祖先的指导”——德尔斐（Delphi）的阿波罗(Apollo)（427a-c; cf. 461e, 540b-c）——来引导和保持。摩根（Morgan）指出，这种归因于德尔斐神谕的解释是“完全正常的”（Morgan 1990: 106）。柏拉图在《礼法》(738b-d; 759a-e, 828a）中给了德尔斐相同的作用，并且更加关注这类细节（e. g. 759a-760a, 771a-772d, 778c-d, 799a-803b, 828a-829e, 848c-e）。鉴于柏拉图的雅典陌生人坚持他的克里特城应该吸收并且保持原始的马格尼西亚仪式，这些细节是相当平常的，即是我们能预料到的。(848b）这个事实就表明，柏拉图理想城市的仪式生活——出于对已故的哲学王的狂热崇拜（*Republic* 540b-c）——将会很难与柏拉图的雅典相区分。当我们被告知所有理想国中的市民将“要参加其他希腊人的公共圣仪”时，这个看法被证实了。(*Republic* 470e10-11; cf. *Laws* 848d)

㉕ 《论合宜》的作者似乎也符合柏拉图的理性，因为作者认为医生也必须是哲学家（1.5），要掌握并了解神在治愈疾病中扮演的角色（1.6）。

㉖ 也请注意，柏拉图是如何让苏格拉底在阿伽通颂词的结尾处（198a）将我们的吸引力引向厄里刻希马库斯的赞同以及他可能的占卜实践之上的。

我想这正是我们所要寻找的。首先，厄里刻希马库斯认为世界是一个变化的地方，并且这种变化由身体对立物之间的关系来调节，他的这个观点能够与可感知的世界的观点相互融合，这种可感知的观点存在于很多对话中，典型的是《会饮》，尤其是《斐多》（70c-107a）。其次，赫拉克利特认为“那个自身变化的东西……与它自身相统一……正如弓和七弦竖琴协调一样”，厄里刻希马库斯对这个观点的引用和纠正（187a5-6; cf. fr. B51 D-K），让人联想到柏拉图在感知具体细节方面具有的赫拉克利特主义。（see Irwin 1977b）最后，很明显，赫拉克利特关于变化的学说（doctrine of flux）以及交恶双方统一的观点确实在希波克拉底理论的提出中扮演了非常重要的角色。（see *Regimen* and *Nutriment*, Kihara 1998）[27]

近代翻译家通常认为，希波克拉底医派坚持神灵和超自然力 81
量完全与疾病没有任何关系，但是这却涉及对于他们的作品尤其是《论神圣的疾病》一书的一种时代错乱的解读。另一种更加微妙的方式揭露了：与其说这些作者消除了神对我们的影响，不如说他们通过暗示“在自然中神的存在更彻底”，并且鼓励医生去思考没有任何一种疾病比其他疾病更具有神性，来追随伊奥尼亚人的哲学。（Martin 2004: 48; see *On the Sacred Disease* 1, 21; Jouanna 1998: 41; McPherran 1996: chap. 3）基于这个具有创新性的观点，

---

[27] 当然，那些将厄里刻希马库斯的角色视为晚期拙劣模仿的人，为了支持他们的观点（e. g. Woodruff and Nehamas 1989: 21n24, Hunter 2004: 55; cf. Rowe 1998a on 187a6-7；关于对厄里刻希马库斯对赫拉克利特的理解的辩护，参见 Kihara 2002），在这一点上他们通常认为厄里刻希马库斯完全误解了赫拉克利特。但无论是否如此，我们都可以从这部分的阅读中看出，柏拉图指出厄里刻希马库斯并不是苏格拉底以前的科学的信徒——他，像柏拉图一般，会在他自己理解问题的基础上，采用前辈们的关于身体的看法。严格来说，我们赞同厄里刻希马库斯的观点，即赫拉克利特的格言（无论如何，他对此的观点）应该区分存在于健康身体中的平衡的身体对立物（比如，热和冷）中的那种原始对立物与存在于疾病（这种状态与拉得太紧或太松的弓和七弦竖琴的状态相似）身体中的那种不平衡的对立物。

自然的所有力量都是具有神性的，因为它们都有一个超出人类控制范围但在允许计算研究的客观方法中常见的自然（因为“所有的事情都是通过神圣的必然性发生的”；*Regimen* 1. 5, Eijk 1990: 93-105, Lloyd 1975b: 5）。此外，世俗神学中报复性的、好战的神——能通过涤罪仪式以及假冒巫师所兜售的符咒来调控他们的破坏性影响——对这些力量的干预是与自然的因果律相悖的，并且必须被抛弃。（*On the Sacred Disease* 2-4, 21; *Airs, Waters, Places* 22; DeHart 1999: 353-376; Jouanna 1998: 39-41; cf. *Republic* 363e-366d）事实上，我们被告知：如果神的确能够施加疾病，并且对转移或治愈它们的请愿式献祭做出了可信任的回应，那么就不应该是大量献祭的塞西亚人遭受许多无能为力的情况，而应该是那些穷人——这有悖事实。（*Airs, Waters, Places* 22; Jouanna 1998: 40, 66-67）因此，没有神可以亲自或直接施加疾病，因为所有自然的力量都是不具人格的神（impersonally divine）（例如空气，参见 *Breaths*）。然而，以下这点还是有可能接受的：传统宗教的诸神——当被正确地理解为自然宇宙中的好公民时——可以向我们施加净化，治愈我们，尽管他们永远不能施加剧毒迷雾或者疾病。（*On the Sacred Disease* 4; cf. *Phaedrus* 244d-e, *Republic* 379a-380c）这就是为什么希波克拉底医派的医生依然可以向他们的病人推荐日常宗教的仪式行为——通常在慢性病或者绝症的情况下（Edelstein 1937: 244-246），并且可能并没有保证神会回应他们的请愿
82 （*On the Sacred Disease* 4; *On Dreams* 87, 89, 90, 93）。[28] 然而，呼吁占卜的大众形式——能允许我们预测未来的语言技艺——又是另一个问题。

---

[28] 《论神圣的疾病》中宣称所有的疾病都是同样神圣的并且都包含自然原因，还宣称神可以免除清洁。有关这两个观点之间矛盾的讨论，参见 Eijk 1990: 105-119, Lloyd 1979: 31-32。埃德尔斯坦提出，虽然一些希波克拉底医派的著作应该被理解为将神定义为自然，但是更多的著作“将神定义为除自然之外的其他因素，是一种自身的力量”（Edelstein 1937: 217; see e. g. *On the Sacred Disease* 4. 48-50）。

作为阿斯克勒庇俄斯的追随者，希波克拉底与他显赫的先驱以及神庙保持着长久的联系，但是这种联系的细节却很难确定。㉙我们知道，阿斯克勒庇俄斯由一位凡人女子所生，他的父亲是医药之神阿波罗，因此，他成为了一名医生（希波克拉底誓言一开始就提到了两位神）。㉚ 然而，据说，阿斯克勒庇俄斯使他的一位病人重生，此事激怒了宙斯（Zeus），宙斯击倒了他的肉身，之后据说阿斯克勒庇俄斯丧失了其不死之身。（*Republic* 408b-c）在这里与我们的关注点相关的是，阿斯克勒庇俄斯通过一个非常有效的潜伏的方式——梦的诱导——击退了死亡。梦的诱导的做法是，在神庙中度过一晚，期盼着神能够在梦中降临，告知病的结果或治愈病的方法，甚至亲自治愈病人。㉛ 作为一个阿斯克勒庇俄斯医派的医生——出生在四大医神庙之一的阿斯克勒庇俄斯神庙医院，并宣称自己通过阿斯克勒庇俄斯的儿子珀达利鲁斯（Podalirius）师承阿斯克勒庇俄斯，希波克拉底肯定对这种治疗过程非常熟悉，甚至还可能学过这种治疗过程。

雅典首次出现职业医生的时间与公元前 420 年或公元前 419 年阿斯克勒庇俄斯和他的女儿海吉亚（Hygieia，健康之神）进入比雷埃夫斯的时间非常接近，并且次年雅典还出现了一个祭祀中

㉙ 对阿斯克勒庇俄斯最为全面的研究是 Edelstein 1945。

㉚ 这两位神之间的家族性和功能性方面的联系使得《申辩》《克里同》《斐多》中的苏格拉底可以自然地与阿斯克勒庇俄斯建立亲密联系。正如《申辩》（例如，20e-23c, 29c-31a）和《斐多》（84d-85b, 69d-e）中所体现出来的，苏格拉底是阿波罗的代表，是神赐予雅典的礼物。神命令苏格拉底审视那些傲慢地声称拥有神的智慧并鼓励各种哲学意见和灵魂治疗的人。（*Apology* 29d7-e3, 30a7-b2; Xenophon *Memorabilia* 1. 2. 4-5）

㉛ 关于潜伏治病例子，参见 Edelstein 1945: 221-237, Garland 1992: chap. 6, Mikalson 1983: 55-56, Vlastos 1949: 281-286, Aristophanes *Plutus* 653-747。阿波罗的信徒（Clients of Apollo）、安菲阿拉奥斯（Amphiaraus）以及特罗佛尼乌斯（Trophonius）都可能隐晦地向他们推荐过这种方法，但我们最熟知的是这种方法与阿斯克勒庇俄斯有关［例如，安菲阿拉奥斯和特罗佛尼乌斯仅仅是当地的神，而“阿斯克勒庇俄斯和他的追随者却担负着整个世界”（Vlastos 1949: 281n49）］。

心。这个中心后来的发展也与最终消除（公元前430—公元前420年）弥漫全雅典城的瘟疫的时间吻合，这一事实似乎确保了这
83 个新神的名誉和成功。[32] 建立之初，雅典祭祀中心与阿斯克勒庇俄斯医派的医生就都与德尔斐尤其是与厄琉西斯（Eleusis）及其秘义有着密切的联系。（Garland 1992: 121-124, Langholf 1990: 234）另外，医疗工作以及希波克拉底医派的成功大部分可以追溯至希波克拉底离开科斯岛（Cos）以及岛上的神庙后。（Jouanna 1998: 27, 30-31）我们可以推测，随着科学医术开始将自身区别为一种不同于神庙医术的技艺，希波克拉底医派的医生就得谨慎地区分他们的前辈或竞争对手作废的、但却在持续的医学实践与他们自己的新理论和新方法。[33]《论养生》[尤其是第四卷《论梦》（*On Dreams*）]、预言病人病情的结局，以及希波克拉底医派对于大众预言以及自身预言方式的态度，都需要被放置到前述背景中来理解。[34]

预言病人病情的结局“是希波克拉底医派的医生最重要的一种行医实践”，并且这个重要的过程与占卜的早期宗教形式包括梦幻占卜有概念、术语的以及实践渊源。（Lloyd 1979: 45; Langholf 1990: 232, 242, 250-254；还要注意，阿波罗既是医药之神，又是预言之神）。但是，虽然《论养生》确实将预言视为一种技艺

㉜ Parker 1996: 180. 雅典人口锐减的真实原因是，尼西亚和平时期（421年）允许难民回到家中带来了雅典人口的骤减。关于这场流行病的描述（导致人口骤减的主要原因有瘟疫、伤寒和天花），参见 Thucydides 2. 47-58, 3. 87。

㉝ 无意冒犯这些前辈，参见 Lloyd 1979: 45。无论如何，希波克拉底“从未中断与其出生地的联系”，并且直到罗马时代，他仍被视为科斯岛的英雄。（Jouanna 1998: 27; cf. 40-41）看上去希波克拉底的愤怒更多是针对魔法，而不是治病的机构，参见 Holowchak 2001: 384-386。

㉞ 在苏格拉底的一生中，占卜（μαντική）在城邦与个人两个层面得以广泛应用，（根据声望的等级）大致有三种表现形式：（1）抽签（κλῆροι）；（2）解释雷电、鸟群的迁移等现象（σημεῖα），以及解读动物内脏的献祭；（3）占卜者（μάντις）[“假借神谕发布者”（χρησμολόγοι）记录、收集以及解释的] 制造或者解释神谕。（see e. g. Zaidman and Pantel 1992: 121-128）

(1.12)，但是它作为技艺的地位却在第四卷开篇（*On Dreams* 86-
88）就受到了质疑。关于这一点，我们被告知存在两种形式的梦。
第一种是包含关于个人和城邦未来信息的神授之梦，解读这种梦
需要专业的宗教解释家。第二种预言性的梦是由于身体失衡导致
的在睡觉时灵魂经历的梦，这种梦也需要专业的解释家，即受过
专业训练的医生。尽管两种梦有不同的缘起，但两种梦都因其特
殊性而引起了我们的注意，所以我们不必对宗教解释家根据身体 84
的梦是什么而做出预测感到惊讶。(Holowchak 2001: 388-389, 398)
但在这种情况下，他们对未来的解释——包括身体是否会经历不
适或者是否会出现体液枯竭——通常是不准确的。在两种情况下，
这些宗教解释家都缺乏对导致他们成功或者失败的原因的认识。
所以，他们只能提供关于如何应对他们的预言的最普通的——因
此是无用的——建议，如“避免受到伤害!”(*On Dreams* 87)，并
加以一个祈祷的建议。

希波克拉底医派对这种情况的回应非常小心但又相当直接。虽然祈祷的确是一件好事，但病人“也应该自我救赎”(*On Dreams* 87.15-16)，在这里“自我救赎”是指病人应该尽量避免宗教解释家针对各种奇怪的梦提出的治疗方法——无论他们的梦境是什么。此外，宗教解释家将他们声称的技艺运用到一种不适合的问题（身体驱使的梦境）以及他们无用的处方，这暗示了我们应该发现他们声称的这种技艺是完全不合逻辑的。那么，从宗教角度来处理梦境的方法与希波克拉底医派从梦境的事实角度来处理梦境的方法就是不一致的。关于治愈病人需要进行何种宗教仪式，这些医生不表态（将这点留给病人自己来做判断）；他们反过来认为由灵魂的紊乱引起的奇异的梦是由身体的失衡引起的，故而这需要医生对身体进行治疗。(*On Dreams* 88) 因此，在希波克拉底医派的医术中梦境一直是一个非常重要的预言工具（Holowchak 2001: 388)，但是本文传达的主要信息和其他希波克拉底医派的医生对占卜这个主题所表现的鸦雀无声（deafening silence)

是，严肃的医生要把宗教梦境预言视为一种无效的非科学手段——一种将要被希波克拉底医派探寻的身体信号与随之发生的身体变化之间的可预测的因果联系的方法取代的手段。（Edelstein 1937: 241-246）

至于预测未来的其他形式，希波克拉底医派的医生不关注遥远的神的侵入，据称这种侵入是通过由神和居间性的灵明（daimōns）（比如献祭的内脏的情况、鸟的飞翔）展示的自然的、不可预测的前兆的形式展现的，以此来区别于传统的预言。然而，他将从事职业预测，这种职业预测受希波克拉底体液理论的影响，同时建立对病人身体上显示出来的信号的观察的基础上。这种对身体信号的观察试图理解“不仅是未来的情况……而且是已经开始但处于一种不可见的形式的情况——一种已经在身体上显示出

85 来的体液失衡的情况”（DeHart 1999: 365）。这些信号，不同于其他由大众占卜所解释的那些东西，必须在某种程度上被看作原因信号，因此“现在要通过评估和辨别来处理……而不是通过传统的赎罪或者献祭的方式”（DeHart 1999: 369; cf. 376）。因为，虽然希波克拉底医派的医生依然在这些信号、展现它们的身体以及作为一个整体的宇宙中看到了神力的运作，但是现在这被认为是一种“可计算的、可预测的，并且能使仪式行为同人与这些神力的联系完全不相关的力量”，或者至少大部分是这样。（DeHart 1999: 377; cf. Jouanna 1998: 49）

如前所述，厄里刻希马库斯对与传统祈祷和献祭仪式有关的那种占卜的认可明确地表示，他与许多希波克拉底医派的医生意见不合，如果不是大部分医生的话。（Jouanna 1998: 48-49, *The Science of Medicine* 4-6）㉟ 请参考相关段落：

㉟ 只要这些神依然被视为在自然原因控制的领域内发挥作用，那么用于对神祈祷和献祭的传统仪式的效果原则上就依然与希波克拉底提出的充足理性原则相容。（参见注释28）

> 所有形式的献祭（thusiai）以及占卜（mantikē）所管的事情（这些是神与人互相交通的方式）都完全被用于护理正确的爱欲和治疗错误的爱欲。当我们不依从、不尊敬端正的爱欲而遵从另一种爱欲时，不敬父母或者神这种情况就发生了。占卜的任务是小心监督那些拥有错误爱欲的人，并且要在必要的时候医治他们。因此，占卜就是那种使神和人相亲相爱的技艺；它是爱对正义（themis）和虔诚（eusebeia）施加影响的科学（epistamai）。总的来说，爱神有如此巨大且多变的力量，以至于在任何情况下都可以说是巨大无比。爱神只有显示节制和正义时，才会为人和神提供幸福与好运，不仅是人与人之间的友爱，而且是人与比我们更高的神之间的友爱。
>
> ——*Symposium* 188b6-d3; after Gill trans.

这是一个非常重要的段落。不仅因为它包含了一个希波克拉
底医派的医生赞成而不是拒绝占卜（包括献祭仪式的知识）的情
况，而且因为这段话将占卜视为一种半医术技艺，这种技艺涉及
属天的爱欲——现在被视为苏格拉底式的对神的渴望——以及虔 86
诚、节制和正义的德性（如果正确地引导，德性可以创造幸福和好运）。尤其是，由医术虔诚指引的属天的爱欲将会产生人与神之间的一种相亲相爱的关系，这与由公元5世纪希腊大众宗教的互惠（do ut des）虔诚滋生的商业关系——一种更多建立在敬畏与尊敬而不是与神相亲相爱的基础上的关系——相对。（McPherran 1996: chap. 3）[36] 自然，我们期盼厄里刻希马库斯能论证，这种新形式的虔诚和与神的友谊能带来自身利益的报偿（比如以改进我们的健康的名义）。但之后他必须解答：他对希波克拉底医派的身

---

[36] Rowe 1998a: 152：“如果占卜者关注不虔诚行为的原因，而且不虔诚根源于人的欲望，那么占卜者就应该审查他们的欲望。”

体因果理论的拥护，如何与他所说的独立存在的神相容？谁能为这种通过德性治愈我们爱欲的新神服务，是医生、神、哲学家或者是他们的某种组合形式？

通过在自己的宏大理论中加入一种对希波克拉底医派的苏格拉底式的/柏拉图式的回应，厄里刻希马库斯隐晦地提出了这些疑问，柏拉图［和色诺芬（Xenophon）］在任何时候都愿意将这种回应归功于苏格拉底，根据这种回应，医术应该由哲学的灵魂疗法补充，并服从于它。（e. g. *Charmides* 156b-159a）指出如下这点非常重要：虽然厄里刻希马库斯预测了人与神之间的友爱关系，但人与神是不平等的伙伴，两者被传统的、明确的界限分离开来，这种界限在力量和智慧方面将人与神区分开来，并且苏格拉底在《申辩》（20e-23b）等作品中反复强调了这个界限。当我们虔诚的时候，我们与神之间就是一种相亲相爱的关系；当爱欲的力量通过向善的节制和正义来表达时，幸福和好运就会出现。厄里刻希马库斯的这两个主张使我们想起了暗含在《游叙弗伦》（*Euthyphro*）后半部分中的苏格拉底的虔诚。［see McPherran 1996: chap. 2; 例如，苏格拉底将造物主（Demiurge）视为不仅是智慧的而且是“有爱的”］因此，此处的虔诚概念与那种由希波克拉底医派的医生夸大的虔诚是相悖的，希波克拉底医派的医生将神圣性瓦解归为人的本性——提供了“一种不同的人的形象……人将不再以与神对比的方式而是通过他与围绕着他的宇宙的关系来确定自身”（Jouanna 1998: 42）。正如我们将会看到的，爱欲、虔诚与其他德性之间联系的本质将会变成接下来三个颂词的潜台词。

87 总的来说，作为一位柏拉图式的人物，厄里刻希马库斯代表了柏拉图试图加入一场关于在哪里以及如何在魔法、医术、宗教与哲学之间划定界限的现代争论。尤其重要的是，他是柏拉图对其他所有认为医术高于——而不是低于——哲学这种新技艺的医生的回应。正如柏拉图在他此后的著作中强调的一样，这种新技艺使用了一种获得知识的理性方法，它包含并取代了苏格拉底以前的科学（e. g. *Phaedo* 96a-107d）；并且，这种新技艺提供了一种希腊医术中缺乏的灵魂疗法，即通过正确理解神来重塑虔诚和占卜的传统形式。另外，厄里刻希马库斯又是一位柏拉图式的医生，因为他表面的虔诚、他对神性的认识、“他的哲学取向，以及他在本质上将人的身体理解为一个完美和谐宇宙大图景的一部分”（Poulakos 1998: 170）。反过来说，这些特征为我们了解狄奥提玛自己关于爱欲普遍性的观点做了准备；狄奥提玛揭露了，爱欲根源于我们对美好身体的性吸引力以及它们中的生育力。（206a-208b）但是，这位医生被证明并不是彻底的柏拉图主义者，因为尽管他谈论虔诚和神，但是他只关注物质的宇宙。因此，他爱的理论仅仅提供了一种彻底的**物理主义**的爱欲观念，即爱欲是一种自然力量，用狄奥提玛的苛刻术语（211e）来说，就是调节我们凡人愚蠢行为的爱欲。在这个意义上，厄里刻希马库斯将古老的拟人化方法赋形为新的科学方法，因为柏拉图理解的精神上的、超验主义的力量被他理解成一种身体现象，这种现象“处于一种‘自然’（kata phusin）领域，因此，是一个可靠的过程”（DeHart 1999: 353）。因为提供了一种物理主义的爱欲观念，这种观念是反对狄奥提玛/柏拉图对爱欲和神所做出的非物理主义的解释的基石，所以厄里刻希马库斯这种非柏拉图式的一面可以被视为制造了一种形而上学的进步，这种进步使得哲学家高于医生。也许，许多学者发现了厄里刻希马库斯的物理理论缺乏连贯性，可能正是这一点使得我们注意到这个观点。但是，要更好地理解厄里刻希马库斯如何预兆了狄奥提玛，我们就需要首先了解他是如何预兆阿里斯托芬和阿伽通的。[37]

---

[37] 帕特里克·米勒（Patrick Miller）有一个有趣的看法：《会饮》中所有先于狄奥提玛的赞颂者（而不是厄里刻希马库斯一人）都呼吁，这些工匠中的每一个更深层次地——那就是，哲学式地——理解他或者她的技艺的意义。

阿里斯托芬的颂词

88 在阿里斯托芬的喜剧神话中，虔诚是一个非常具有争议性的问题。在这个关于传统神话泰坦之战（the battle of the Titans）［在厄菲阿尔特（Ephialtes）和奥托斯（Otos）的故事之后；*Iliad* V 385, *Odyssey* xii 308］的修订版中㊳，我们人类曾经是一种非常有力量的男女两性合体人，并且大胆地想要推翻神。（190b-c）为了报复这种不虔诚的行为，宙斯将人切成两半，然后派阿波罗化身成医生将这些人的伤口治好。（190e-191a）然后，因为这些人的自然形式是一个合体，所以被分开的半个人非常渴望找到自己的另一半。这就是爱欲的起源：它是一种希望通过合体而被治愈（189d, 193d）并且再次变得完整（192e; cf. 191a, 191d）的愿望。但是，无论这种寻找是否成功，我们人类都必须谨慎地避免不虔诚的行为，以免被再次分成两半。（190d, 193a-b）

厄里刻希马库斯此前认为，医生治疗爱欲是为了调节我们的欲望，这个观点为我们理解阿里斯托芬将爱欲解释为一种治愈的力量奠定了基础。（Allen 1991: 28; cf. Rowe 1999: 62-64）然而，阿里斯托芬的观点比厄里刻希马库斯的观点以及鲍桑尼亚的观点进步——关于他自己以及柏拉图的评估（189c-d），因为他将爱欲视为一种独特的、能影响男性和女性的超自然力量。此外，他还提供了一种可以吸引我们浪漫主义想象力的爱欲理论。阿里斯托芬的虔诚概念也有进步，他的虔诚概念预示着狄奥提玛的虔诚

㊳ 这种类型的故事在高端的《会饮》中被色诺芬禁止（fr. B1 D-K），同样在《理想国》中也被柏拉图禁止（*Republic* II and III）。

概念。[39] 因为，在他的神话故事之后，阿里斯托芬认为爱神会帮
我们找到另一半（193a-b, 193c），进而帮我们获得在现在的环
境下能允许得到的最大益处。（193b8-d2）很自然，如果我们冒
犯爱神，那么神就会讨厌我们（193b），因此我们就不能找到我
们的另一半；但是，如果我们对神虔诚，那么爱神不仅会帮助我
们找到我们的另一半，而且我们可以对未来抱有最大的希望——
爱神“会把我们变回最初的样子，并且通过治愈我们让我们获得
幸福”（193d5-6）。这个最后的概括一开始就让人觉得疑惑。因 89
为，既然阿里斯托芬已经概括了他的神话，并且提出了在我们现
在的真实情况下理解爱神的方法，那么他在此预测未来我们会回
归原始的男女两性合体人状态似乎就是不合理的。接着，阿里斯
托芬又在这篇谈话中暗示了，此时此地的虔诚会指引我们在来世
与我们的另一半结合。如果是这样的话，那么阿里斯托芬的颂词
就预示了柏拉图在《斐德若》（256a-e）中提出的爱欲来世论。通
过将爱欲描绘成灵魂对于某种特定的东西的欲求，阿里斯托芬使
我们更接近狄奥提玛的观点。

阿伽通的颂词

阿伽通的颂词通过使用一段“有节奏的咒语”得出它“将希腊散文带回此前的韵律诗歌”（Hunter 2004: 73），以此将读者从阿里斯托芬神话史诗般的世界中带入了高尔吉亚超越神的风格。然而，从阿伽通颂词的人为形式中能引出实质内容。苏格拉底指出了其中非常有贡献的一点，他赞同阿伽通开始谈话的方式，在

---

[39] 然而，阿里斯托芬的神话强调了那种与厄里刻希马库斯的虔诚观相似的半传统的虔诚观，这个神话通过让我们认识到我们在理论与智慧方面低于神这个事实来告诫我们不要骄傲自大。

试图谈论有关爱欲的实质内容之前首先定义了爱欲。(198c; see e.g. *Hippias Major* 304d5-e3）另一点贡献——相对来说不常被注意到——与阿伽通关于虔诚和神谈论过的以及没有谈论的内容相关。

阿伽通为他之后的赞颂者提供了一种解释爱欲之本质的新神谱，这个神谱明确地反对斐德若提出的谱系（178b），并且进一步发展了阿里斯托芬的赫西俄德（Hesiod）神谱。由于阿伽通颠倒了这个古老故事的顺序，所以爱神不能被视为一个古老的神而是所有神中最年轻的神，而且现在是诸神的王。(195a-d）在爱神出生之前，诸神由命定女神（Necessity）统治，因此诸神互相争吵，有时还会诉诸武力。(195c, 197b）但是，随着爱神的出生，诸神之间的敌意消失了，而这是因为爱神在诸神中建立了四主德(canonical aretai)：正义、节制、勇敢和智慧。(196b-197c)[40] 阿伽通的这部分颂词使我们想起了《理想国》二卷到卷四，其中柏拉图反对赫西俄德对于神的认识，并为他们的全善辩护，然后简单勾勒出了四种主要的德性——正义、节制、勇敢和智慧，但是故意漏掉了虔诚。这使我们不禁要问：为什么阿伽通列出的德性中没有虔诚？一个神如果能节制，那么为什么不能虔诚呢？我认为，柏拉图在狄奥提玛的颂词中回答了这个他委婉地提出的问题。

狄奥提玛的颂词

90 似乎苏格拉底在年轻时不仅对他以前的科学感兴趣（*Phaedo* 96a-100e)，而且对他以前的魔法感兴趣。例如，苏格拉底宣称他从扎尔莫西斯（Zalmoxis）的医生那里学到了整体医学原理以及一种治愈头痛的独特方法，这种方法由一片树叶（治愈身体）和一

---

[40] 阿伽通的道德理论似乎有点混乱（Nehamas and Woodruff 1989: 34nn34, 36），因为正义似乎不正确地被等同于非暴力，而勇敢和节制则难以置信地被等同于力量。

个咒语（治愈灵魂）构成。[41] 曼提尼亚的狄奥提玛（Diotima of Mantinea）是另一个扎尔莫西斯类型的人，她是医生和占卜师，而且尤为擅长占卜术（ἰατρομάντεις）。[42] 据苏格拉底所言，狄奥提玛通过指导雅典人祭神使雅典的瘟疫（公元前430—公元前426年）晚来了整整十年。（201d; cf. *Laws* 642d-e）通过这样塑造狄奥提玛，柏拉图不仅确证了她引人注目的预言，而且确证了她说服
苏格拉底的宗教性的爱欲理论，并且把她与治愈瘟疫的神阿斯克 91

---

[41] 在《卡尔米德》中，苏格拉底赞许某些成功的希腊医生的观点，即要治疗眼睛并非只是治疗眼睛本身，而是要治疗整个头部。（156b-d）但是，治疗头部反过来要求整个身体得到治疗。这些医生采取整体治疗的方式，苏格拉底也赞同他们的方式。于是，他解释他将如何使用一种方法来治愈卡尔米德（Charmides）的头痛，这种方法扩展了整体医术的原则，在其中加入了我们关注的理性和谈话，也就是当他行军至色雷斯（Thrace）附近时，从一个扎尔莫西斯的医生那里学到的用叶子和咒语治愈灵魂的方法。（156d-157c）这篇文章的基调是认为，柏拉图在用将外邦人的智慧刻画为高于希腊人的巫术的比喻来构建一个纯虚构的文学小说。因此，我们倾向于认为，苏格拉底遇到这些治疗身心失调的医生完全是柏拉图虚构的。（see e. g. "Zalmoxis" in the OCD [1970]: 1144, Rutherford 1995: 89）但是，这篇文章并没有显示出完全虚构的痕迹：柏拉图的早期读者相信色雷斯人有"特殊的音乐能力和治疗能力"（Murphy 2000: 288），"（色雷斯的）盖-塔达西亚的医生是真的有能力"（Eliade 1972: 56），在苏格拉底的一生中，他有两次在色雷斯附近服兵役的经历［波提狄亚（Potidaea，公元前431—公元前429年），阿姆菲波利斯（Amphipolis，公元前422年）；*Apology* 28e］，扎尔莫西斯在色雷斯是盖塔的神，当柏拉图将他与身心二元论以及灵魂不朽相联系时，他就与这个对话联系在一起了（Herodotus 4. 93-6, Morgan 1990: 26）。也要注意的是，扎尔莫西斯还与毕达哥拉斯（Pythagoras）有联系，他灵魂不朽的观点来自沉思，诸如此类。也需要指出，当时的希腊医术通常认为药物的使用应该先于咒语的使用或者与咒语的使用同时进行（Entralgo 1970: 1-107; see also *Theaetetus* 149c-d, 157c），而且当时雅典最著名的医生——希波克拉底医派的医生——接受了柏拉图将之归属于他们的整体观念（Tsekourakis 1991-1993: 166）。

[42] 假设柏拉图创造了狄奥提玛（这个名字代表着"被宙斯尊敬"）这个人，"他将她设置为一个曼提尼亚人，因为地名与'预言家'（μάντις）相似，并且是它的同源词"（Dover 1980: 137）。除去她虚构的身份，柏拉图还可以利用她来描述"一种源于似神的、权威的立场的爱欲"（Gill 1999: xxix）。希望狄奥提玛——就她是柏拉图的创造物来说——不要将雅典的瘟疫归因于任何一位神（一些雅典人认为阿波罗是这场瘟疫的始作俑者）。关于狄奥提玛的历史真实性以及她的观点与其他柏拉图式的对话中的观点的关系，参见 Waithe 1987b。

勒庇俄斯以及那些依然认同涤罪的献祭仪式的希波克拉底医派的医生归为一类。(*On the Sacred Disease* 4)㊸ 由于厄里刻希马库斯赞同祭神仪式和占卜，看来我们似乎已经准备好重申占卜的现实及功效了。(cf. Rowe 1998a: 152)㊹

作为当地具有权威性的女神，柏拉图利用狄奥提玛提出了一种关于虔诚的新观点——一种超出之前所有看法的观点。首先，阿伽通的爱若斯从神的位置下降到灵明的位置（201e-204c），接着——在与厄里刻希马库斯达成的大体一致中——这些居间的东西（intermediary beings）与祈祷、献祭以及占卜的传统虔诚有关(202e-203a)。然而，狄奥提玛断言：一个对灵明与人和神的互动方式非常灵明——因而理解了真的虔诚——的人（δαιμόνιος ἀνήρ）是一个崇高的人；一个对一种职业或技艺非常了解的人——非哲学类型的希波克拉底医派的医生——只是一个粗俗的技工（βάναυσος）。当她这样说时，她就提出了一种尖锐的批评，这种批评主要是在有意识地比较厄里刻希马库斯和苏格拉底式的/柏拉图式的哲学家。㊺ 再次，狄奥提玛描述性的词组“daimonios anēr”（神明）让人想起古代的萨满教道人（archaic shaman），萨满教道人被描述为一种有神性的人（θεῖος ἀνήρ），也是一种预言人（iatro-

---

㊸ 与大多数评论者一样，我在这里认为狄奥提玛是在为柏拉图辩护［例如，比较狄奥提玛在203b-212b处关于真正的爱者所说的与在《理想国》(490b) 中关于真正的哲人所说的］。(White 2004: 366n2)

㊹ 然而，伴随着柏拉图提及阿波罗多洛斯的疯狂（μαίνομαι, 173e2)、苏格拉底的出神（174d-175d），以及会饮以“一整套”对狄奥尼索斯（Dionysus）祭酒和赞美的仪式开始（176a; cf. 174c），这篇对话的开篇就开始了虔诚、宗教礼仪以及语言技艺的主题。

㊺ 值得一提的是，狄奥提玛将非哲学类型的医生的观点与《论神圣的疾病》的作者使用的论点归为同类，该作者在另一篇手稿 M 中，将早期作品被诽谤为“施魔者、净化者、骗子以及庸医（μάγοι τε καί καθαρταὶ ἀγύρται καὶ ἀλαζόνες)”（*On the Sacred Disease* 2. 3-4）的手段当作治疗实践（βαναυσίη），以此来总结他的理论。

manteis)。(Dodds 1951: 140-147, Langholf 1990: 233)[46] 正如狄奥提玛现在说明的一样，这些具有神性的人正是进行哲思的人——事实上，甚至爱神也是哲学家，其处于无知与知识之间，追求智慧与善好等美好事物。(203a-204b)[47] 现在，至少这些虔诚哲学家 92
之情欲的最合适的、美好的对象已经被揭露了。

在《会饮》上升部分的阶梯中，我们会看到一个最好的例子：柏拉图以多种方式［例如厄琉西斯秘义（Eleusinian Mysteries）］盗用了传统神话和宗教的语言，将我们对知识和死后幸福的欲求与新的智性哲学事业联系起来，这种哲学认为哲学家受一种情欲与"理念"在认知合一的狂热驱使。(e. g. *Republic* 490a-b, *Phaedrus* 249c-253c)[48] 并且，正如柏拉图在这里以及在其他地方强调的一样，这类知识的一个必要条件是在纯净性方面让灵魂更接近"理念"，即缺乏可感知的特点。因此，对于灵魂而言，这意味着从对身体的依附以及对性欲的渴望中解脱出来。(210b) 为了得到解脱，灵魂需要被净化，但并不是通过传统的宗教方法被净化，而是通过对人的理性进行哲学训练，理性——作为一种"死亡练习"（*Phaedo* 81a1, 89b-c, 94d-e, 95b）——将灵魂从一系

---

[46] 恩培多克勒就是这样的人，参见 frr. B111 D-K and B112 D-K。(Lloyd 1979: 34-35)

[47] 狄奥提玛将爱神描述为穷困的、赤足的爱神，也将"有魅力和魔术的天才"（203b-204b）神明哲学家苏格拉底描述为穷困的、赤足的。我们不仅从厄里刻希马库斯赞同占卜艺术的段落中，而且从柏拉图将苏格拉底描绘为占星家的段落中，为这种新的哲学事业挪用萨满术语的方式做准备。这从对话之初苏格拉底出神处（175a-c）就已经开始，并且通过阿伽通说苏格拉底灌他迷魂汤（φαρμάττειν，194a5），苏格拉底预言（μαντικῶς，198a5）阿伽通的颂词会非常棒（198a），以及阿尔喀比亚德将苏格拉底描述为一个非常像神的令人惊异的人（219c1）、"奇异的人"（221d3）、抵制极致感受以及醉酒行为的人（215d-222a）继续下来。

[48] 提及到厄琉西斯的洗礼、占卜以及天启的文段包括 *Republic* 560e, 378a；提及酒神秘义的文段包括 *Symposium* 218b, *Laws* 672b, *Phaedrus* 250b-c and 265b；提到科律班忒斯（Corybant）祭司的文段包括 *Crito* 54d 和 *Euthydemus* 277d。厄琉西斯秘义的主题对《理想国》（VII）中的洞穴秘义以及《斐德若》（244a-257b）中的灵魂秘义都有影响。(see Morgan 1990: chaps. 3-6)

列的身体欲求中解脱出来。这种净化有时被视为对灵魂的提升（e. g. *Republic* 518b-521c），或者被视为灵魂尝试在正义和智慧方面尽可能地变得像神（*Symposium* 207c-209e; *Phaedrus* 248a, 252c-253c; *Republic* 613a-b; *Theaetetus* 172b-177c; *Timaeus* 90a-d; *Laws* 716c）；但是，这里的灵魂是通过用一种正确上升的方式（210e）来观察美好的事物而提升的，这种方式与入会者在秘义中经历的一样（e. g. *Phaedo* 81a）——是一种针对厄琉西斯入会者的秘义
93 的揭露（epopteia）。[49] 然而，那些哲学秘义的入会者看到的并不是德墨忒耳（Demeter）的神圣事物，而是所有东西中最完美的、最神圣的事物：美本身（210a-212b）。（Morgan 1990: chap. 4）

从厄里刻希马库斯到狄奥提玛的虔诚概念的发展轨迹现在已经很清晰了。柏拉图利用厄里刻希马库斯指出：真正的医生必须是哲学家，并且是能通过接受爱神的卓越以及接受能在人与神之间制造和谐的占卜术之合法性的虔诚哲学家——狄奥提玛将会利用这个观点。[50] 厄里刻希马库斯将爱欲扩展至性欲之外，并且认为相对立的事物是相互吸引的，冷需要热，苦需要甜，这些观点有助于狄奥提玛提出以下观点：爱欲就是对我们缺乏的东西的欲望。（Hunter 2004: 57）然而，厄里刻希马库斯的虔诚观以及阿里斯托芬的颂词中透露出来的虔诚观，都是依然是一种相对保守的虔诚观，这种虔诚观保持了根据智慧和力量来区分人与神的阿波罗式的观点。但是，之后通过阿尔喀比亚德的颂词，我们被指引去接受这种观点：爱欲是一种促使我们与本身就属于我们的东西

㊾ 在其他地方，柏拉图还将不太主流的毕达哥拉斯观点［也可能是俄耳甫斯教的（Orphic）观点］引入了哲学，即身体是灵魂的牢笼，为了获得自由这种渴望已久的包含一种最终启示的奖励，心灵必须经历知识的洗礼和技艺的锤炼。（*Phaedo* 62a-b, 69b-d, 79d, 82d; *Republic* 533c; *Philebus* 400b-c; Dodds 1951: chap. 7; Edmonds 2004: 175-179）此处，柏拉图将他自己与同样反对仪式洗礼，赞同科学的、医术的洗礼的希波克拉底医术（*On the Sacred Disease* 1-4）联系起来了。

㊿ 狄奥提玛已经在207c-208b处使用了厄里刻希马库斯的赫拉克利特主义。

相结合的身体力量。阿伽通随后提出了关于智慧和好的神的柏拉图神学，并且同时提出了虔诚在这种新计划处于何种地位的问题。这个问题随后通过狄奥提玛的新虔诚观被解答。

通过挪用多种宗教形式，柏拉图的哲学式神学现在可以在神圣性领域提供一种秘密的理念上沉思的希望。（210a-212b; cf. *Phaedo* 79c-84b, *Republic* 490a-b, *Phaedrus* 247d-e）不同于苏格拉底在《申辩》中展示的虔诚观，关于柏拉图计划的自我认识现在并不能像指引我们认识我们自己能掌握所有的知识那样，指引我们欣赏我们的道德局限性。（*Meno* 81c-d, *Phaedo* 72e-77e, *Symposium* 210a-211b; cf. Sheffield 2001a）在这种计划中，德尔斐的阿波罗式的虔诚以及《申辩》中的苏格拉底已经没有立足空间了，因为人类现在的中心任务更多的是如何尽可能地变得像神一样，更少的是如何帮助那些在智慧方面比我们强大很多的神。（e. g. *Theaetetus* 172b-177c, McPherran 1996: chap. 5. 3）除了柏拉图在《理想国》卷四（427e-428a）中发展出的更复杂的灵魂学之外，这个事实可以帮助我们理解柏拉图在这本书中的决定以及阿伽通颂词中不再将虔诚视为一种主要的德性或一种由神掌控的德性的观点。因为，似乎柏拉图在《理想国》卷四中得出了这样一种观点：关于如何对待诸神的知识与如何对待道德的知识几乎是没有内在差别的。 94
因此，作为一种精神德性的虔诚似乎就是一种简单的正义。因此，即使柏拉图还在继续谈论虔诚以及虔诚的行为，但作为一种德性的虔诚已经在整体上被纳入了正义（和智慧）。（McPherran 2000）无论如何，狄奥提玛将厄里刻希马库斯的虔诚观谨记于心，所以他可以被理解为对为什么阿伽通不能将虔诚归因于诸神这个问题做出了一个隐晦的解释。她宣称没有神爱智慧，因为他们本身就是智慧的，因此不爱/不追求智慧。（204a）由此，如果——正如厄里刻希马库斯所做的——虔诚是缺乏这些本质的人爱有极致智慧和正义的神的方式，那么就只有人而不是神可

以解释虔诚。(188b-d)[51]

随后，柏拉图通过他的赞颂者，用一列上升的颂词提出了一种新的虔诚观，如厄琉西斯秘义中接连不断的辟邪物一般，这列颂词以狄奥提玛规劝性的结语结束[52]：

> 对于一个人而言，凝视美本身，并且要想与其融为一体，你认为这样的生活可怜吗？或者难道你不记得，她说过，只有他用那种美可以被看见的方式凝视美——只有那时他才可以生育真正的德性，而不是德性的影像，谁生育并抚养德性，神的爱就属于谁，如果有人会变成不朽的，那一定是他。
>
> ——*Symposium* 212a-b

95 在狄奥提玛的虔诚观——“爱是追求好的东西，不论在神中还是人中”（188d5-7，作者加的着重号）——中，厄里刻希马库斯意义不明的虔诚观找到了自己柏拉图式的修正版。虽然我们不可避免地带着一种追求这个世界中的善好东西的爱欲开始了我们的尘世生活，但真正成功的虔诚人生需要我们的爱欲发生一种转向，

---

[51] 类似于人类士兵和助手给予远程将军与技工（谁的主要行为超出了人类理解范围）的帮助，厄里刻希马库斯的虔诚观与苏格拉底在《申辩》中提出的虔诚观非常相似，但与《理想国》和《会饮》中的认识不同，在《理想国》和《会饮》中人类可以掌握专业知识。(McPherran 2000: 322-328) F. C. 怀特指出，虽然狄奥提玛的神不能拥有或者经历爱欲，但是他们依然可以对我们友爱。(White 2004: 373n34)

[52] 当然，阿尔喀比亚德在212d处的出现标志着一个下降。他就像某种反理念一样“突然”出现，将我们的对话从无形的、神圣的以及充满德性的美的世界的顶峰，降至雅典臭名昭著的坏男孩的那种肉欲且常醉的美。正是在这里，正如我一开始提到的，柏拉图给了他的医生一个适当的医术立场，并且通过他坚持认为阿尔喀比亚德不应该仅仅安静地喝酒（214b），以这种方式来确定他在《会饮》中的非常规角色。此外，我们看到，厄里刻希马库斯让阿尔喀比亚德赞颂苏格拉底而不是爱神，他通过这种方式改变了谈话的主题。既然阿尔喀比亚德在整场对话中最后发言，那么这种将阿尔喀比亚德与厄里刻希马库斯联系起来的方式就再一次证明了：厄里刻希马库斯是柏拉图笔下一个典型的受哲学指引的医生。

转而追求唯一的真正善好的东西——柏拉图新天国中不可见的东西。那么，可以让我们回归原始的男女两性合体人状态的全能医生就不是厄里刻希马库斯，而必定是一个百里挑一的人，他超越了身体方面的专家，而成为一个精通灵明的人。[53]

[53] 这篇论文的初稿提交到了2006年2月在图森的亚利桑那大学举办的“第十一届亚利桑那古典哲学论坛”。我很感谢帕特里克·米勒在会议上对这篇论文提出的意见。我还想感谢大卫·哈尔珀林、詹姆斯·莱舍、黛布拉·尼尔、詹妮弗·里德（Jennifer Reid）以及丽莎·罗兹（Lisa Rhoades）对本文初稿提出的意见。最后，我想感谢詹姆斯·莱舍、黛布拉·尼尔以及弗里斯比·谢菲尔德邀请我为古希腊研究中心会议写作这篇论文，我还要对格雷戈里·纳吉以及古希腊研究中心的其他工作人员表示感谢，感谢他们对此次大会的辛勤付出。

五、柏拉图《会饮》中永恒的美和相适的幸福

加百列·理查森·李尔（Gabriel Richardson Lear）①

96 《会饮》中我们与苏格拉底的第一次遭遇是奇特的。阿里斯托德莫斯（Aristodemus）惊讶地撞上沐浴一新、穿着便鞋的苏格拉底，问他“将自己打扮得如此漂亮（kalos）”（174a4, Rowe trans.）是要前往何处。苏氏回答，他正行走在拜访秀美的阿伽通的途中，因而“将自己打扮一番，为的是美人与美人之约”。为何一会儿工夫之后就会在门外的前廊陷入沉思的苏格拉底，会考虑打扮自己呢？他对阿里斯托德莫斯的回答在某种意义上明显是一种讽刺，但他确乎对自己的形体表现出了平日少有的关切。之后，在他对爱的赞颂中，他将声称美对相爱的人有如下功效：被爱者的美会使爱者摒弃先前的生活方式，并且“孕育”美丽的“后代”。难不成刚刚沐浴干净的，有一副矮墩墩、塌鼻梁样貌的苏格拉底要为我们准备一个滑稽的铺垫，或者是针对他自己那番

---

① 我收到了关于这篇论文的来自各种不同立场的评论，这极大地促进了这篇文章的改进。我要对在古希腊研究中心举办的《会饮》研讨会上弗里斯比·谢菲尔德的详细回应，以及所有其他参与者的评论表示格外的感谢。同样，我要感谢参与评论这篇文章的芝加哥地区大学联盟的同事：伊丽莎白·阿斯米思（Elizabeth Asmis）、理查德·克劳特（Richard Kraut）、乔纳森·李尔（Jonathan Lear）、康妮·麦沃尔德（Connie Meinwald）和努斯鲍姆。还要感谢芝加哥大学神学院伦理学俱乐部2006年举办的“美学与道德”研讨会的听众。最后，我要感谢詹姆斯·莱舍、黛布拉·尼尔以及弗里斯比·谢菲尔德，因为他们组织了如此出色的《会饮》研讨会，并且让我们的思想果实得以汇集成书。

严肃的讲演自曝关键情节？苏格拉底真的相信美具有令人脱胎换骨的影响吗？

关于柏拉图的伦理学理论，我们最为陌生的部分之一是，它给予了美（to kalon）和爱欲核心地位。《理想国》中年轻的城邦守护者在进行哲学训练之前，首先必须发展出朝向美的爱若斯， 97
而爱若斯首先表现为对美貌身体之美的灵魂的恋慕。（402c-403c）《斐德若》中苏格拉底致力于唤醒灵魂中爱若斯的“迷狂”，并将我们从不纯净的身体存在中解放出来。基于某种原因，柏拉图似乎认为，为了理智地把握善好，为了有德性的行为，去感受并且专注于产生它们的美（包括肉体之美），这是必需的。这必定会给我们一种陌生感。我们也许准备同意爱欲以及肉体的美是与伦理相关的。但是，为什么柏拉图会确信它们在伦理上如此重要呢？这个问题就是我在诠释《会饮》，尤其是诠释苏格拉底的颂词时力图解答的。

如前所言，美是伦理学的核心这个观点对于我们是陌生的。因此，我们不应该期待一个关于《会饮》的足够充分的诠释来向我们证明：这个观点是我们已经接受的观点。不过，我们既不应该满足于就其轮廓做一番浮光掠影的诠释而仅得其大概，也不应该对美在有德性的生活中是如何显现的诸细节穷究不舍。当我们尝试去诠释苏格拉底颂词的时候，这种危险尤为严重。他坚定地相信善好的事物是美的，但从其他对话中我们知道美依从于善好。因此，当他把爱说成在美中生育的推动力时，我们可能被诱导着认为，这仅仅是一种描绘如下事实的神秘方式：当我们遇到了某些我们特别认为是善好的事物时，我们对善好的欲求就成了焦点，并且取得了实效，而美本身在此仿佛无足轻重一般。这就是说，我们也许会被诱导着仅仅根据如下事实来解释美的伦理学意义：根据柏拉图的观点，纯粹美的事物就是善好的。但是，我们不能太草率。我不想否认，美的事物和善好的事物之间的联系，关系到对苏格拉底关于爱的论述的适当诠释。事实上，就像我们即将看到的那样，它对于解释为何爱者希望创造美，扮演着核心角色。但关于《会饮》尤为有趣的是，它引导我们关注如下事实：我们对善好的事物的反应不同于我们对美的事物的反应。尽管事实上善好的事物的类别与美的事物的类别有着相同的广延，尽管事物的美依存于它的善好，但对作为善好的事物的体验相较对于作为美的事物的体验而言，前者在我们的生活中扮演着更为不同的角色。我将证明，这也是苏格拉底希望他的听众所能明了的。因此，在他对爱的解释中，如果我们采用这个用“善好”来替代“美”的策略，那么我们将会忽视乃至无法解释他对美在人类生活中的地位那鲜明而持久的关注。也许更糟的是，我们将会弥平善好作为爱之**对象**的角色与美作为爱之**助产士**的角色之间的差异，这一差异是苏格拉底（借狄奥提玛之口）要尽力区分的。

98 我将证明，在苏格拉底看来，当爱者在遭遇某个美的人或物的时候，抓住他注意力的是这个美的人或物自身的自足和不变。也就是说，在美的事物的范围内，它们的善好罔顾时光的流逝而不断地震撼着我们。就我们对美的经验的短暂性方面而言，据我所知则其不在柏拉图的考虑范围内。然而，这一方面由于两个原因是重要的。一旦我们理解了这一方面，我们就能更好地知道，为何在他看来，作为爱者而渴望恒久幸福的我们如此热衷于体验和创造美。这是我在本文中关注的重点。但除此之外，就像我将在文末所要表明的那样，它还帮助我们理解，柏拉图如何能够允许美的经验的被康德（Kant）称作无利害性的一面，虽然他同时坚持我们从美中获取的愉悦与利害深度相关。因此，我对《会饮》的解读将丰富我们对柏拉图之美的概念的理解；并且，在我看来，这也会使之更加合理。

1. 斐德若的颂词：一个示范和两个问题

着手苏格拉底的颂词之前，让我们先考虑一下那天晚上的第一段颂词，其中斐德若以苏格拉底基本认可的方式赞颂了爱若斯。[2] 按照斐德若的说法，爱若斯“给予那些想要过上美满（kalōs）日子的人一条需要持守一生的道路……我的意思是什么呢？因可耻丑陋的东西而惭愧羞耻，因美好漂亮（tois kalois）的东西而奋发爱荣（ambitious striving）[3]。要是没有这些，无论城邦还是个人，都无法达到伟大、美好（kala）的成就”（178c5-d4）。换言之，他把爱者描述为以一种本身即美的方式生活和行动，以此来回应他们所爱的人的美。是爱的力量让我们创造了斐德若所赞扬的美。颂词余下的部分是一连串爱情造就的丰功伟业——譬如，除了爱，没有任何东西能鼓舞荷马笔下的英雄们挥戈于野。

斐德若赞颂爱的示范平凡无奇。[4] 事实上，存在着一个因为 99

---

② 斐德若并未像苏格拉底将做的那样，强调爱是对某个美的人的回应。但很清楚的是，他已经假定了这个前提，例如，他认为阿喀琉斯必定是帕特洛克罗斯的情伴，因为他更美。（180a5）这个前提可能同样被蕴涵在斐德若的以下声称中，即爱者在对荣耀的热爱（philotimia）中是互相竞争的（179a1）；这个观点是，爱灌注了——或者说，唤醒了——对荣耀的爱，因为被爱者是美的，并且看到他的美就会激发出在美方面超越他的欲望。但如我们所见，这不是唯一的可能性。

③ 亨特对 philotimia 的翻译。（Hunter 2004: 41）除非特别标注，否则翻译都是我自己的，但我经常参考 Rowe 1998a 和 Nehamas and Woodruff 1989 中的翻译。

④ 也就是说，我假定，斐德若的现象是一个更为亚里士多德意义上的现象（phainomenon），即任何对爱的解释都必须符合一种共同接受意见，或者能为其提供辩护。（参见本文集中弗里斯比·C. C. 谢菲尔德的文章，他对柏拉图在《会饮》中运用了共同接受意见法的主张进行了思考。）因为斐德若和其他宴会参与者都以这样或那样的方式提到了，对一个美的人或物的爱有助于促进有德性的行为以及“美和善好”的活动，所以我不能同意法拉利的如下观点，即只有较高层级的秘义的爱者才能“展示美与善好之间的联系”（1992: 255）。这些爱者（包括其他宴会参与者）也许没有真正理解这层联系，但已经注意到它并对之进行了反思。

优美诗歌的创作和英勇无畏的行为而颂扬爱的十分悠久的传统，这在我们看来也许显得陈腐。更有意思的是，苏格拉底在以下两个方面赞同斐德若的比喻。也就是说，他**同时**主张：（1）爱是对美的回应；（2）爱通过创造美来回应。可以确定的是，苏格拉底（或狄奥提玛）强调了（1）。各式各样的爱者都只会在美中生育（206c-d, 209b-c），而且刚起步的爱者用来攀上爱之阶梯的梯级都是美的（210e, 211c）。不过，当他们遭遇美时，较低层级的秘义的爱者就会生育出律法、政治智慧、诗歌、光彩熠熠的正义事迹、节制以及其他德行——这些都被苏格拉底称为美。（209a6-8, 209d6-e3）⑤ 并且，既然他说这些后代比人类生身的孩子（209c6-7）更为美丽、不朽，那么我们就可以顺理成章地认为，肉体性的爱者同样生育美，虽然可能是只有母亲才能看见的美。这种情形与较高层级的秘义的爱者的遭遇相同。在第一阶段，当爱者爱上的是一个美丽的身体时，他生育出美丽的言论（210a7）；当他触及“伟大的美的海洋”时，他生育出“许多美丽宏伟的言论与思想”（210d4-5）。在旅程的顶点，他掌握了关于美的绝对知识，并且生育出真正的德性。苏格拉底并没有明确地说这种产物是美的，但既然先前生育出的所有后代都是美的，且德性通常也被认为是美的（kalon），那么看起来在这里我们就能同样合理地认为，苏格拉底的爱者以美回应美。他对爱的分析比斐德若所提出的要显得
100 雄心勃勃得多。然而，可以毫不夸张地说，苏格拉底颂词的首要任务之一就是，在忠实于斐德若所表达的普通直觉的同时，重

⑤ 狄奥提玛并没有把那些精神上的爱者的美之后代限制在言论（logoi）上，这与 Ferrari 1992: 255 中的观点相反。即使正义和节制是某种智慧，我们也会很自然地想到，这些德性之美的展现（尤其在其较低水准上）包括了行为和言论。狄奥提玛先前提到的阿尔刻提斯（Alcestis）的自我牺牲，以及她之前建立祭祀是为了对精神上的爱者的美好职业（kala erga）（208d2- 6, 209e3-4）表示崇敬的声称，支持了这种看法。尽管存在着不少神庙（hiera）是为鲁库格斯（Lycurgus，一位政治话语的制定者）而建立的，但我们也能很自然地想到，受膜拜的英雄——譬如赫拉克勒斯——之所以被纪念，更多是因为他们的行为而非言论。

新思考美在爱欲经验中出现的方式。

无论如何我们还是先回到斐德若。他的颂词明显是一席事先精心准备的盛宴（Hunter 2004: 38-39 中暗示，它可能事先就已经被准备好了），因此以哲学的一致性对它进行考察看来可能会非常棘手。然而，对于倾向于哲学式理解的读者来说，这段颂词引出的问题要比它所回答的问题更多。首先，斐德若认为爱者被美的人吸引是理所当然的。但考虑到在他看来，爱的作用有如此的伦理重要性和政治重要性，那么我们就很可能发现以下这点是奇怪的：美的人开启并推动了爱。为什么美会有这样的力量？其次，无论斐德若如何声称，以下这点都是远未能明晰的：他所理解的爱将在伟大、美好的行动中特别地显现出来。在他看来，爱的有益力量取决于它逐渐灌输对荣耀的爱。当正在做着什么丑事却被所爱的人撞见时，爱者会感到尤为羞耻，这大概是因为他们喜欢被赞美，热衷于为自己的利益表现出善好的行为。但对荣耀的爱如何解释爱者情愿去冒最美丽卓越的危险，即死亡？这很难理解。一旦爱者死去，他将如何享用荣耀的果实？奇怪的是，斐德若在批评俄耳甫斯（Orpheus）时自己给这种反对敞开了大门，俄耳甫斯敢于为其所爱勇闯哈迪斯（Hades），但却不愿意由传统的死亡之路到达那里。如果俄耳甫斯的爱事实上已经让他充满了对荣耀的爱，就如斐德若的解释所要求的那样，那么他想成就实际上让他恰好达到了被杀的那个程度的某事的欲求，看起来就完全合理。但当他死去时，欧律狄刻（Eurydice）对他的关心还会有什么好处呢？［竖琴琴师并不懦弱（179d4），他们都是聪明人！］

即使将这种极端情形放在一边，对荣耀的爱也不大可能给斐德若援引并借以说明的那些现象提供充分的解释。因为荣耀不是给真正善好和美的品行的奖赏，而是给约定俗成的善好和美的行为的奖赏。所以，如果社会称赞不是真正善好的行为，那么对荣耀的爱事实上就可能导致斐德若式的爱者做出可耻和丑陋的

101 行为。⑥ 并且，实际上以下问题会很快显现出来：甚至雅典人也会鼓励爱者按照那些其美可能会被严重质疑的方式行动。按照在斐德若之后发言的鲍桑尼亚的说法，雅典的习俗是：爱者“苦苦哀求其所爱，发各种誓，睡门槛，甘愿使自己忍受那些连奴隶都不会依从的方式”（Rowe modified，183a4-7）。鲍桑尼亚声称赞同这种安排，但就如他自己所说的，对于这种行为，雅典人会典型地将其斥责为谄媚、可耻和不配称自由民。（183b1-3）鲍桑尼亚声称一个爱者去迎合或使自己变为奴隶（有人假定，这是为了性的缘故），比相应的那些为了钱而这样做的人更可赞誉（183a2），但很难理解为什么根源于性欲会使这种行为更好。[讽刺的是，鲍桑尼亚使我们更加不确定爱与美的行为之间的联系是否可靠，但他却明确地声称，赞颂爱是善好的和美的行为的原因，他比斐德若做得好。（180c1-d3，180e 4-181a7）]

因此，斐德若对爱的解释最终无法得到支持。他不能解释，为何我们特别回应的偏偏是美，或者为什么爱会专门从美的行为中产生。如果，正如前面所述，苏格拉底接受了斐德若的这个观点，即爱被它对美的回应和创造所规定并因此而具有价值，那么我们就应该思考他的解释是否更好。为什么是美引出了这种回应？为什么对我们来说是善好创造了美的事物？

2. 美的不确定价值

现在提出的美的价值问题，正是柏拉图鼓励我们提出的。关

---

⑥ 如果最终表明赢得荣耀它本身只是作为一种获得性好处的手段而被欲求，那么爱和美的行为之间的联系就会更微弱。为何不为了性付钱给被爱者，如果那样更有效的话？在古希腊，为了性而付钱给一个公民是无效的（因为如果被爱者被知道是卖身之人，那么他将丧失公民资格），这个事实并不会改变这个哲学论点。爱者之行为的美仍然仅仅是工具性的，并且因此是不必然的。

键点不仅仅在于，柏拉图对美不动心令人敬佩，虽然柏拉图不动心且这一点值得我们注意。例如，在198b-199a处，苏格拉底对阿伽通那篇颂词的美表示了赞赏，但他又认为那是完全不实的。⑦（他在201c1-2处重申了这一点。）苏格拉底自己的颂词将是一首关于爱和美的引人向上之力量的赞歌，但他并非没有意识到，美的经验可以让我们如目睹蛇发女怪戈尔贡（Gorgon）之首那样瞠目结舌。(198c4-6)

然而，对《会饮》的诠释而言，更重要的是，苏格拉底在自 *102*
己的颂词中实际上暗含了对美的价值的一种困惑感。细想他与狄奥提玛的对话。早先，他赞同，幸福就是对善好的和美的事物的永久拥有——这是一个神圣的条件。(202c10-11)⑧ 而且，与阿伽通一样，苏格拉底也赞同，善好的事物同时是美的。(201c2, 201e5-7) 所以，似乎他非常自信地将最高的价值赋予了美。但一会儿之后，当狄奥提玛问为何爱想要占有它所欲求的美的事物时，他却无法回答。

> “如果某人问我们‘为何爱欲求美的东西，苏格拉底和狄奥提玛?’，或者表述得更清晰些，爱欲者爱美的东西，他为什么要爱?”
>
> 于是，我说：“为了让其成为他自己身上的一部分。”
>
> “但是，这个回答引出了这样一个问题：美的东西成为自

⑦ 也许苏格拉底此处是在反讽。一个虚假的颂词有可能会是真正美好的吗?《理想国》为柏拉图对美的不动心态度提供了更明确的证据。苏格拉底声称，在美中锻炼和对美的爱，对于道德和理智的发展至关重要（401d-402a, 403c），并且在特定情况下，对美的依恋会阻碍这种发展（476b-c, 479d-e; cf. 505d）。

⑧ 年轻的苏格拉底在以下两方面是全然符合习俗的：（a）把幸福生活与美的生活联系起来；（b）把幸福、美好生活与诸神的生活联系起来。苏格拉底的许多出身高贵的对话者也这么看。(e. g. *Crito* 48b, *Meno* 77b, *Gorgias* 484a and 491e-492c, *Republic* 362e-363e; cf. Pericles' *Funeral Oration*, Thucydides 2. 44) 当然，这些对话者也直觉到，有时美的生活并非幸福的。(e. g. *Republic* 363e-364b, *Gorgias* 474c-d)

> 己身上的一部分之后又怎样呢？”
>
> 于是，我说这个问题我一时答不上来。
>
> ——*Symposium* 204d4-10

只有当狄奥提玛用“善好”替代“美”时，苏格拉底才可能看到拥有爱的对象的好处是幸福：

> “那么，”她说，“要是别人把问法换一下，不是问美，而是问善好：‘说说看，苏格拉底，爱欲者爱善好的东西，他为什么要爱？’”你怎么回答？
>
> 于是，我说：“为了让其成为他自己身上的一部分。”
>
> “善好的东西成为自己身上的一部分之后又怎样呢？”
>
> “这个问题倒容易回答，”我说，“他会幸福。”
>
> ——*Symposium* 204e1-7

狄奥提玛用“善好”替换“美”让人困惑。她和苏格拉底早先赞同（正如苏格拉底和阿伽通所做的），所有善好的东西都是
103 美的，但除此之外并不赞同所有美的东西都是善好的。也就是说，他们不赞同，善好的事物的类别与美的事物的类别有相同的广延。因此，在我们看来，狄奥提玛的替代是临时性的，其有效性值得质疑。我们也许会被诱惑而为她的逻辑辩护，从而诉诸苏格拉底在其中声明善好是美的原因的那些其他对话。（就像我之后会解释的那样，这个缓解我们不安的尝试不仅了无成效，而且模糊了该文的部分观点。不过，它仍值得我们对它进行扼要的描述。）举例来说，在《理想国》中善好是“一切事物之为正确和美的缘由”（517c; cf. 452e）。尽管我不能就这个细谈，不过可以看出苏格拉底所意指的是美的标准是功能性的善好：“任何器具、生物和行为的德性或卓越、美、正确都仅仅与它们的用途有关，这些都是因为有用才被制造或才被自然选择的。”（601d, trans. Grube/Reeve;

cf. *Timaeus* 87d-e）当事物的各部分条理悉称，与它的特定功用（ergon）相合，它就将是真正的美。（*Republic* 420c-d, *Laws* 668b, *Timaeus* 87c-d）美在人的情况中与道德的善好相关联，因为，按照苏格拉底的看法，有德性的灵魂表现在能听命于它的合适的（理性的）行为。除了它与条理清晰和比例匀称的联系之外，美尤其能被感觉和认知获取（*Phaedrus* 250b），这可能也要归功于它与善好在根本上的关联。至少在《理想国》中苏格拉底说，“善好的理念”在被视为知识和真理的原因时，就是最美的事情。（508e-509a）我们把这些想法聚合在一起所形成的思想看上去就是：美是善好的可理解的或可感知的，并且是迷人的、激动人心的（*Symposium* 206d, *Phaedrus* 251a-b），以及令人愉悦的（*Phaedrus* 251d, *Philebus* 65e-66a）展现。⑨ 这不仅因为所有善好的事物都是美的，而且因为所有真正美的事物（与那些仅仅看起来美的事物相反）都是善好的。然而，作为学生的苏格拉底几乎不可能在头脑中拥有对美的这种复杂而深刻的理解，更不用说阿伽通了，鉴于他们如此轻易地、不加解释地赞同善好的东西是美的。而且，如果我们不能假定他们之间有某种关于美之深入理解的先前的（未被记录的）共识，那么狄奥提玛在 204d4-e7 处的论证就像在玩一个深思熟虑的诡计。他们之前的共识是善好的事物是美的，在此基础上，她不动声色地用“善好”替换了“美”，这个替换只有在他们都赞同所有美的事物都是善好的时才能得到确证。⑩

不过，我们不该因为担心狄奥提玛或苏格拉底或柏拉图在要 104
诡计，而从这篇对话中的主要节点上移开注意力。狄奥提玛事实上并未借助先前的共识来为她用“善好”替代“美”的行为辩

⑨ 进一步的讨论，参见 Lear 2006。

⑩ 这是多佛的解释。（Dover 1980: 144-145）苏格拉底在《普罗塔戈拉》（353c-356c）中准备用“善好”替代“愉悦”的周全方案确立了整体的愉悦对一系列善好的行为既必要又充分，暗示着柏拉图已经意识到了多佛归咎于他的逻辑问题。

护，所以在此没有必要指责她在那儿玩逻辑把戏。相反，这里发生的事情是：苏格拉底在对爱之本质的考察中陷入了困境；狄奥提玛建议他尝试另外的策略，看看是否会进展得顺畅些。如果他们先前的共识——善好的事物是美的——最终在这里发挥了作用，那么它就促使我们确信，在设想爱的对象是善好的事物时，我们不是在假定爱上了丑的或不美的事物。[11]

而且，如前所见，这个新策略确实使苏格拉底取得了进展，因为一旦他把爱的对象设想为善好，他就能解释爱为何需求它们。这个推演的链条不是从先前的共识（1）善好的事物是美的，发展到声称（2）爱就是拥有善好；而是从（1′）设想爱的对象是善好的（同时确信它们是美的）这一启发性的事实，发展到声称（2′）我们有理由设想没有人会欲求不善好的事物。（205d10-e2）狄奥提玛用一个附加的论证来支持这个结论：既然人们会抛弃那些被证实是坏的东西（比如他们身体的组成部分）（205e2-4），那么我们必须承认人们只会欲求善好的事物。

因此，就很容易明白，为何苏格拉底认可用“善好”来替换“美”。但是，这里仍有一个困惑：为何他需要这个帮助？为何苏格拉底会在一个原本该是相当直截了当的推论中显得磕磕绊绊？如果他已经致力于主张幸福就是拥有善好的与美的事物，如果他
105 已经致力于主张所有善好的事物都是美的，那么他为何会避开这

---

⑪ 罗伊以稍微不同的方式为这个观点做了辩护。他声称，既然苏格拉底已经赞同爱是拥有善好，那么替换就是合法的。（1998a: 179 on 204e1-2）但在我看来，在201c1-2 处苏格拉底（更确切地说，阿伽通）并没有赞同这个观点。他在那里所说的是，所有善好的事物都在美的事物的类别中。（如此，既然爱被完全从美的事物中剥离了，那么它就必然缺乏善好的事物。）他没有指明，善好是爱的合适对象。实际上，狄奥提玛继续把爱描绘为“一个追求美的和善好的事物的机灵鬼”（203d3-4），但她此处颂词的重点无疑在爱之对象的美上。如果如罗伊所主张的，狄奥提玛在此处所关心的并不是用她自己的话来宣称爱是适合拥有美的（Rowe 1998a: 176 on 203c4, 184 on 206e2-3），那么它就仅仅支持了我的如下解读：虽然苏格拉底承认了爱欲求善好的事物，但在对话的此点上，他仍然相信，作为爱的对象，它们是美的。

个结论，即爱在欲求美的事物时想要的是幸福?[12] 我得指出，狄奥提玛这一替代的这种令人困惑的特质应该引起我们的注意。苏格拉底之所以磕磕绊绊，是因为，虽然从直觉上讲神在他们的幸福中拥有善好的和美的事物，但我们并不清楚他们拥有的美具有怎样的价值。从美本身所得的好处并非立刻就能探明。当我们意识到最值得敬佩的美的事物包括德性的自我牺牲行为时，问题就变得愈发尖锐了。有德性的生活是美的，但说到底这种生活幸福吗？正如年轻的苏格拉底对事情的理解（而且，我推测，我们大家也会这么理解）：一个人所拥有的东西的善好促使它们导向幸福，而不管它们是否刚好是美的。

虽然，年轻的苏格拉底发现很容易理解我们为何欲求善好的事物，但狄奥提玛还是不厌其烦地强调，激发爱的关键在于美的显现，并且是爱促使我们去创造美的事物，尤其是做出美的、有德性的行为。也就是说，她继承了斐德若示范的精髓。事实确实如此，因为即使爱的确朝向善好的事物，即使如狄奥提玛所赞同的，只有在它们是善好的前提下，爱才可能欲求它们，但却是它们的美在吸引着我们。所以，一方面，苏格拉底同意斐德若的说法，即赞美爱是正确的，因为这可以让我们敏于发现美和创造美。但另一方面，他通过使我们对美的价值感到不确定来开始他的颂词。就像年轻的苏格拉底一样，我们可能并不清楚自己为什么想要美。既然《会饮》提出了这个问题，我们就希望它能给予回答。

我们已经讨论过的是，柏拉图在《会饮》中让我们以同时发生的对于美的兴趣和矛盾心理来对待苏格拉底颂词的前半部分。既然爱与美的经验和创造交织在一起，那么美就是我们在决定如

---

[12] 难道他担心或许爱会招致美的但是不善好的事物？这个可能性不会让苏格拉底纠结得如此彻底，而且据我所见，并没有证据表明他把这一点放在心上了。但这也许是我们与苏格拉底一同疑惑的原因，并且有可能阿伽通美丽却无实质的颂词（198b-199a，上面所引的）所特有的富丽堂皇，是柏拉图刻意用来让我们在这方面心神不宁的。

何生活中必须思考的东西。然而，即使美的确重要这一点是显而易见的，但它为何重要这一点却丝毫不清楚。在接下来的部分，我们将会考察，在苏格拉底看来，爱彰显在美的行为中或美的事物的创造中的意义。一旦懂得了这一点，我们就会在随后的一部分转入下一个问题，即被爱者的美对爱者的重要性。

3. 朝向不朽的爱若斯和对美的创造

106 和前面的赞颂者相反，苏格拉底（和狄奥提玛）认为，爱者只会爱上他们确信是善好的对象。因此，从最严格的意义上讲，爱的对象是善好。（206a3-4）进一步说，在我们都业已想要变得幸福的情况下，也就是说，在我们都业已想要为我们自己永久地拥有善好的事物的情况下，我们都业已充满了爱，狄奥提玛称这种状况为孕育。（205a5-8, 206c1-3）通过否认美是爱欲求的对象和否认美灌输爱，狄奥提玛开始了她对爱的积极阐释。但我们要注意，她从美被期待的角色上摒弃了美之后又立马重新引入了它。奇怪的是，她在这里（206a3-13）的做法正映现了苏格拉底在204d4-e7（前文已引）中对爱的价值感到的迷惘。在这里她提醒苏格拉底他们之前已经发现的东西：爱欲求善好的事物，因而爱希望拥有它们并且是永久地拥有。考虑到这是爱的目标，她现在问什么样的行为构成了爱的功用（ergon，206b3），又一次，苏格拉底被绊住了，于是狄奥提玛慷慨地提供了答案：爱的功能是“在美中生育”（206b7-8）。这与斐德若（相当可以理解的）的假说正相反，美丽的被爱者的功用不是灌输爱，而是引导爱者的分娩。[13] 美唤醒了一种创造性的进

---

[13] 这解释了我们可能是如何被迷惑而认为美的经验激发了爱自身的。我们倾向于把爱等同于热烈的激情，在苏格拉底看来，这仅仅是我们的一种被美的表现所诱发的、对幸福的固定欲求模式。（206b1-3, 206d7-e2）

发、一种生育，也就是，如狄奥提玛所说的，有死的人类在其可能的范围内对获得不朽的一种尝试。(206e7-8) 美发动了对不朽的欲求，这个观点看起来也许奇怪——苏格拉底表现得像是被狄奥提玛所说的 (208b7-9) 惊呆了，但事实上这个观点是爱欲求幸福的主张所必需的。[14] 因为，正如她已经表明的，幸福是对善好的和美的事物的永久拥有。

我们必须清楚以下这点：爱的目的是永久地（b）拥有（a） 107
善好。这是一种欲求，一种朝向幸福的欲求。[15] 如果生育充当的是这种普遍欲念的隐喻性表达[16]，那么我们就必须把它理解为包括这两个方面。如此，我们就不应当认为，狄奥提玛关于生育和半不朽性的言说仅仅关系到我们肉体性的存在在时间中的延续方式。如果生命是一场永恒的不幸，那么甚至真实的不朽也将会是无价值的。狄奥提玛所言说的是一种拥有善好的更为恒常的方式。她在 206e8-207a2 处做了一个论断，非常清楚地阐明了以上观点。这个论断是："按我们之前已经赞同的说法，既然事实上爱是为其自身**永久地**拥有善好的东西，那么欲求**伴随着**善好的不朽就是必需的"（强调为笔者所加）。爱的创造性活动是一种有死的生物以一种尽可能不朽的或像神一样的方式掌握善

---

⑭ 当然，认为人们会欲求不朽，这毫不奇怪。荷马的勇士想要像神一样不朽，恰恰是因为他们不能够，所以他们要力争赢得荣耀以及声望的半不朽性。(see *Iliad* XII 322-328) 让苏格拉底感到奇怪的是，这种对不朽的欲求是爱的特性。史诗文化中对不朽的欲求同样与美相连，注意到这一点是十分有趣的。[例如，"既然世人终将有一死，为何还有人蜷坐黑暗，不知何为，浑噩无名地老去，而不去拥有那漂亮（美）的功绩？"(Pindar *Olympian* 1. 82-84, trans. Race，稍有改动。参见 Vernant 2001 对此的提及和引人入胜的论述)] 然而，在那个传统中，美是被勇士永久纪念因而永远"拥有"的。不过，对狄奥提玛而言，美同样激励了爱者做出这种超越性的朝向自身不朽的行为。

⑮ 与 Ferrari 1992: 255 和 Santas 1988: 35-36 中的意见相反。

⑯ 大概生育也是欲求幸福的具体例证。但是，因为照字面理解生育的过程只适用于妇女，所以它应该是隐喻性地被用于所有的男性恋人，以及几乎狄奥提玛提到的所有爱者。

好的途径。

我强调这一点有两个理由。首先，可以确定的是，当狄奥提玛开始谈论爱者欲求拥有善好的不朽方式时，美恰好反复地出现在她对爱的论述中。美是爱欲的生育女神，是不朽性的凡人形式。（206d1-2，206e7-8）因此，如果我们希望理解为何爱者会响应美，那么我们就应当探寻美与不朽性之间的关联。（我们将在下一部分转向这个关联。）其次，同样可以确定的是，爱者的生育成果必定是他认为善好的（或者拥有善好的）东西，如果它们是为了满足他永久地拥有善好的目的的话。换句话说，通过将爱设想为一种普遍的人类欲求的表达，即一种朝向理想幸福的欲求表达，苏格拉底解释了为何爱者热衷于创造善好的事物。

通过审视那些刚起步的爱者，这一点被强化了。[17]“通过拥有孩子，他们为自己提供了不随时间流逝的不朽性、回忆和幸福。”（208e4-6）需要注意的是，狄奥提玛正在谈论身体方面孕育的爱
108 者；活着的子女满足了爱的目的，这不仅因为他们像自己的父母，而且因为他们以一种方式延续了父母的存在。活着的子女还给他们的父母提供了将来的幸福，至少“如他们所想的那样”（208e5）。狄奥提玛并不完全清楚这是怎么一回事，但是可以推断，这种观点表明，在这些爱者看来，肉体性的存在自身就是某种善好的东西。在子女那里，这种肉体性生命的善好可能超越了其父母死亡的局限，尽管在某种意义上他们的生存仍然是自己的。

---

[17] 因为肉体性的存在、荣耀以及其他较低层级秘义的爱者所追逐的东西事实上并不是带来真正幸福的那种善好，所以他们的创造性活动在这个意义上是一种失败。但我们不能够将他们的活动作为纯然无意义的东西而摒弃掉。肉体性的存在与荣耀在狄奥提玛看来不是那种好，但极有可能的是它们仍分有那种好。她看上去想给予全然生物学意义上的繁衍一种目的论的解释，即她想根据它的目的是追求善好来解释它。如果在她看来通过繁衍达到的结果在任何意义上都不是善好的，而只是看上去善好的，那么她将无法成功地提供一个目的论的解释。因此，我们有理由对较低层级的秘义进行具体的研究，以获得苏格拉底关于爱的本性的叙述的知识。

或者，考虑一下那些追逐荣耀而在精神上孕育的爱者。受对荣耀的爱驱使而甘愿冒死亡的危险，这看起来是不明智的，除非我们知道爱使荣耀的爱好者充满了一种对那些将会长存不朽的美名和盛誉的热望。（208c2-d2）大概对这些人来说，他们自己的名望才是幸福的核心。狄奥提玛认为，尽管初看起来这可能违反直觉，但是以一种崇高的方式牺牲你的生命，是延续你对荣耀的拥有以突破死亡限制的有效手段。你可能在你的时代之前死去，但恰恰是你的自我牺牲行为将会被回想和纪念。而且，因为这荣耀总是与你特别共在，尤其是你的声名将被纪念，所以在你死后仍然留存的荣耀将真正属于你。⑱ 既然死总是不可避免的，那么死得漂亮壮丽的荣耀爱好者实际上是要设法牢牢地把握善好，这种把握至少在某种程度上比他过一个平凡冗长的人生要长久得多。这是《伊利亚特》（*Iliad*）中的阿喀琉斯领悟到的。狄奥提玛也提到了阿尔刻提斯。（208d2-4）

狄奥提玛对阿尔刻提斯的提及很重要，因为这标志着她（或者说，苏格拉底）在直接地处理出现在斐德若颂词中的问题，不过与此同时狄奥提玛仍保留了斐德若最主要的洞察，即爱引导爱者以善好和美的行为去回应美。回忆一下，我们曾担心对荣耀的爱怎么可能有理由让他们甘愿冒死的风险。如我们刚才所见，狄奥提玛通过将爱欲上的对荣耀的爱称为对不朽的欲求解决了这个问题。

让我扼要地归纳一下狄奥提玛到此为止的观点。我们都有一种对幸福的固定不变的欲求，即一种永久地拥有善好的欲求。当

---

⑱ 事实上，我们需要一个更进一步的前提。因为尽管长存的名誉可能是我们的，但我们或许仍会担心没什么实质性的东西在我们死后留存。解决方案可能是，设想我自己的本质就是我在我的群体意见中呈现出的样子。（相似的是，肉体孕育的爱者需要相信，不仅肉体性的存在是善好的，而且肉体在本质上就是自我之所是。）把这个关于自我的混乱观点归咎于那些将荣耀作为最高的善好来追求的人，这看来是合理的，但我先将这个问题放在一边。

我们坠入爱河，我们被激励着按照我们所理解的善好或善好的生
109 活来塑造自己的形象，以接近那种似神的境地。那些认为纯粹的肉体存在是善好的人诞育了人类的后代，那些认为荣耀是善好的人做出了值得纪念的行为，那些认为政治权力是善好的人制定了影响后世的律法。但无论如何，爱者都有志于创造那些至少在他们看来拥有善好的后代。除非他们真的创造了善好的后代，否则他们将不会成功地使自身永久地拥有善好。

我们现在可以理解，为何在苏格拉底看来爱会趋向于对美的创造。因为所有的创造都是（或者看上去都是）善好的，所以它们将是（或者看上去是）美的。但对于荣誉的爱者，似乎可以毫不夸张地说，他们后代的美无疑是值得他们追求的，他们的雄心壮志将被永久地称颂。因此，他们必须尝试不仅要表现得“良好”，而且要表现得“漂亮”。因为，只有真正做得漂亮，博得世人经久不衰的钦慕，他们的名字才会被铭记和赞美。

爱者之美的创造的可见性问题，比我们在一开始可能留意到的有着更广泛的应用。狄奥提玛在209a1-e4中（即描写较低层级的秘义中）说，那些在灵魂中生育的人，在一个美人面前生育美丽的诗歌与礼法，以及其他显现出美好才智的东西。值得注意的是，狄奥提玛暗示这些颂词通过使爱者被铭记而赋予了他不朽。“谁都更乐意生育此类子女，而非仅仅肉体的后代，人们在仰望荷马、赫西俄德以及其他一切伟大诗人时，都会羡慕此种生育留下的子女，他们提供给父母不朽之荣耀与纪念，因为这些子女自己就是不朽的。”（209c7-d5）同样，梭伦（Solon）和鲁库格斯通过创设使他们荣耀的法典抵达了不朽。（209d5-e2）换句话说，仅仅使这些爱者的教育、诗歌、立法上的理念不朽，并不能使他们自身抵达不朽。毋宁说是他们美的言论被纪念，并且是作为属于他们自身的东西被纪念。鉴于此，就可以合理地推断出，此类爱者在有意识地致力于创造美的东西。他们必定会使自己的创造力引人注目（apophēnamenoi，

209e2）；凡事越美好，就越有可能被铭记。（同样值得注意的是，当后人因为《伊利亚特》的美而牢记荷马之名时，他们也同样记住了他是一位好诗人。也就是说，他获得了，如他所理解的，对善好的近于永久的拥有。）

我们已经发现了某种以美的方式生活的价值：通过以这样或
那样的方式拥有善好，美让我们被注意到并且被铭记。我们想要 110
拥有善好，但考虑到我们被赋予的生物特性，我们对善好的拥有只有在被其他人认可和铭记的情况下才会经久不衰。因此，这里所包含的意义就是，我们对美的兴趣是我们社会本性的一种表达。

然而，当我们把目光转向最好的、哲学式的爱者时，这个针对爱者为何会欲求创造美的解释就更难站住脚了。他们看起来并没有将荣耀与幸福等量齐观。苏格拉底在《会饮》中没有对此做出解释，但有理由推测这是因为在哲人们看来，他们的社会本性对于他们的理性自我来说并不是不可或缺的。（这看起来像是《理想国》中的观点。）所以，如果美被关注和被铭记的倾向，在他们生育美丽后代的过程中仍占有一席之地，那么我们就需要问是否有其他的比荣耀更高的善好值得被铭记在心。

回答当然是肯定的，记忆（memory）使知识不朽。实际上，狄奥提玛在208a3-6处说过类似的话，在那里她主张，一天又一天，我们日常思考“同样想法”的经历，事实上是在创造新的记忆以取代由于遗忘而已经消逝的记忆。如果如她所说，我们自己在眼下回忆以往所知的过程是一种获得凡人的不朽性的过程，那么当其他人记住我教给他们的东西时，同样的过程或许也发生了。也就是说，当别人记住我的思想时，或许我的（善好的）思想就超越了我对它有限的思考能力。怀着这样的念头，我们注意到，至少在攀升的最开始，这种爱者立言行教，显然是为了教导那个令他着迷的美少年。（210c2-3）也许可以这样认为，在攀升的每个阶段爱者都在锲而不舍地传道授业，这是为了谆谆教诲他新发现的智慧。[19] 这就引起了这样的揣测，即爱者之所以致力于使自己的言论美好，主要并不是因为这样的话它们就会被注意到，而是因为这样的话它们对其他人就会显得格外易于理解和有说服力。这刚好与苏格拉底颂词中美与看之间的紧密联系相吻合。［在210a-212a 处，有各式各样的动词用以形容这个攀升，譬如窥见（blepein）、观看（theōrein）、洞察（idein）、注视（katidein）。］可见的不仅是值得注意的，而且在它可理解的性质方面，也要能被领会和掌握。同样，不管思想是作为美丽的事物而“突然闪现”（*Phaedrus* 250d）还是本来就对心智显而易见，它们都不仅容易被注意到，而且是可以理解的。

111 我已经用两种方式表明，美和记忆之间的联系可以解释爱者对生育美的东西感兴趣。在美的行为和言论被注意到并且被铭记的情况下，它们将为其主人赢得名誉。在美的言论容易理解因而容易被记住的情况下，它们将在记住它们的人的思考中保持“鲜活”。在这两种方式中，爱者之后代的美可以帮助它们比其创生者活得更长久，而爱者也借此达到某种不朽。[20] 但这些建议只能停留在推测的层面。事实是，苏格拉底并未解释较高层级秘义的爱者是如何用言论达到更高的不朽性的。这让人怀疑，他的半不朽性与在他人记忆中长久持存是否是两种截然不同的概念（稍后我将回到这一点）。

---

⑲ 这个观点是理查德·克劳特（即将出版）的著作提示给我的。然而，我不确定的是，我们是否该接受这样的观点，即爱者的不朽性通过他的教导行为而得到确保。当爱者在攀升时，重心就转移到了他的学生，即那些被引导者。他不断尝试去让年轻人更好，不过狄奥提玛并未挑明此点。

⑳ 有一个问题：如果爱者的理解是真实的，那么他所掌握的根据将不会不同于其他任何真正理解的人的根据。但在这种情况下，他对根据的阐释将怎样带来他自己的半不朽性，而不是理解这个根据的其他人的半不朽性？毕竟，他不是在传授如他所见的真理，而只是纯粹的真理。也就是说，对较高层级的秘义的爱者是如何获得不朽性的这种解释，不仅忽略了（每个水平上的）美的被爱者之间的差异，而且忽略了爱者之间的差异。

4. 与美的遭遇

我现在想转向的问题是：为何美会具有如此特别的吸引力？狄奥提玛说，爱者只会在美中生育，因为只有美才与神圣的行为和谐一致。(206c4-d1) 美实际上是生育女神。(206d1-2) 但是，美在促成爱欲行为时所扮演的角色是暧昧不明的。正如安东尼·普瑞斯极其正确地洞察到的："诉诸神圣看上去既多余又诡辩：为何一种神圣（与不朽性相关）必定又是另一种神圣（与美相关)？"(1997 16-17)

我们可能愿意再次想起，对柏拉图来说，美与善好紧密相联。如果我们人类对幸福有着一种固定不变的欲求，那么进入美的事物——这看上去是善好的——将会自然而然地激发这种欲求。当我们回想起这个激发爱欲的美的事物是（至少第一眼看上去是）一个美的人类身体时，或者当我们回想起爱者更崇尚一个美的灵魂时，这个观点看上去会更有希望。被这种美所吸引是有意义的，因为通过彰显人类的美，美的人看上去将拥有适合于人类的善好。 112
毋庸置疑，这种现象看起来将会——毫不夸张地说——与某个充满了对不朽幸福的欲求的人息息相关。

这个观点到目前为止是正确的，但如我之前所说，这种美与善好之间的密切联系不能全凭它自己来解释美作为助产士的角色。狄奥提玛说"爱并非以你（苏格拉底）所认为的方式欲求美"而是"欲求在美中生育和生产"(206e2-5)。在此，她修正了年轻苏格拉底的假设，即美是爱的欲求对象——这个角色导向善好；并且，赋予美一个不同的角色，即促进对善好的追求。现在，按照苏格拉底的说法，既然所有善好的东西都是美的，那么爱的欲求对象事实上也是美的。但是，在此范围内美的事物还是爱的对象，因为它们是善好的。另外，当她着重强调美作为助产士的角色时，狄奥提玛似乎在暗示，如果善好的事物帮助我们“生育”，那么它们不是在善好的意义上这样做的，而是在美的意义上这样做的。如果这是对的，那么美的善好就不能解释美释放爱者的生育欲的特殊方式。我们必须找到美之为美的特别之处。

我们需要一种善好之外的特性来解释对幸福的恒常欲求的激活。这样的想法有一些奇怪之处。如果人们的确拥有一种对幸福的恒常欲求，那么人们通常的行动方式就是去看或回忆善好的事物，即他继而将会追求的事物。这里看起来不需要美去扮演一个促进者的角色。但话说回来，我认为，这个通常的被推动去行动的方式，与某种超越的、“以那种我们将之称为爱的热情为特征”的生育行为——在其中美占了主导角色——是相当不同的。[21] 设想一下这样的情况或许会有帮助，即我们被一种善好的经验但同时却不是美的经验推动着去行动。我想到了那些痛苦的、令人难受的或仅仅是乏味的药物治疗。仅仅从普通病人自身角度来考虑，他们也不会认为这些治疗是美的，并且实际上还可能反感它们。即使一位病人因最终想要恒久的幸福而选择了药物治疗，把他的选择描述为“在美中生育”似乎也是完全没有理由的。如果一个善好的事物并没有以美的方式触动人，那么我无法想见美是怎样作为助产士而起作用的。令人振奋的发现是，狄奥提玛提到的每一个在美中生育的例子都是爱者被其所爱的美所吸引的例子。[22]
113 这暗示着苏格拉底把在美中生育理解对完美幸福的普遍追求中的某种特殊情形。这反过来表明，美并不是必须促进爱者对善好的追求，而是必须促进爱者改善追求善好的独特手段。如前所述，有死的生命是怎样寻求永久地拥有善好的，狄奥提玛在解释此问

㉑ 参见“附论”中对这个主张的简短辩护。

㉒ 动物会被它们配偶的美吸引吗？至少如下这点是真的，即它们不会与第一个出现的、在生理上合适的对象交配；动物也相当挑剔。雄鸟似乎会为雌鸟特别地打扮自己，雌鸟看上去也会被其吸引。备受尊崇的政治家真的在美中生育吗？是的；他们被他们城邦的美吸引住了。

题时将美作为了她解释的一部分，使美重新进入了她的论述。既然如此，那么我们就必须重点探究这个问题：美是如何导致爱者欲求**以一种不朽的方式**拥有善好的？[23]

我们通过较高层级的秘义来审视爱者的攀升时——狄奥提玛在这里尤其强调了遭遇美现象学（phenomenology），有两点是值得注意的：第一点是，爱者在美的被爱者身上发现了什么令他着迷的东西；第二点是，他与美的遭遇怎样影响了他生活的常态。我从第二点开始。

考虑一下爱者是如何经验美的形式的。它突然出现在他的意识中。他“突然地瞥见它”（exaiphnēs katopsetai，210e4；cf. 210d7），并且注视着它，视之为神奇的事情（thaumaston，210e5）。美本身的样子攫住了爱者，他把这视作对他之前行为的中断。“如果有什么地方，对人来说有值得过的（biōton）生活的话，那就是看到美本身的地方。”（211d1-3）狄奥提玛称，而且爱者当然也必须认识到，他之前的行为只是德性的影像。在美本身面前，爱者完全重估并且改变了他的生活。

并不仅仅是完全刚起步的爱者会以这种方式来体验爱者的美。苏格拉底认为，当看见其所爱时，所有的爱者都会“欣喜若狂”（Rowe trans.，211d5），仅仅为了可以瞧着被爱者的美，他们甚至会茶饭不思。在每一个阶段，爱者都认识到一些新的（或更为广大的）美。这种认识导致他们视之前的生活方式为愚蠢的（pollē anoia，210b2）；他从之前的狂热中走出，并且认为它在真理之中 114
太微不足道了（210b5-6）。（注意，他鄙弃的是之前的爱，而不

[23] 所有爱者都在美中生育，包括那些非精神性的因而是非理性的，且更缺少哲学性的孕育。因此，我们需要考察美的经验以解释：（a）为何**所有**爱欲的创造力都是被这样或那样的美所激发？（b）为何可理解的美本身促成了最为成功的分娩？限定（a）迫使我们在开始时不把美的力量归于它的可理解性。尽管这种可理解性将会解释美对那些已经尝试去理解的爱者的吸引力，但无法解释它对那些试图再创造或成名的爱者的吸引力。

是被爱者的身体。）当他看到“美的海洋”时，他就把之前针对个别的人与行为的依恋视作“奴隶般的、卑贱的和微不足道的”（210d2）。对各种美的经历改变了爱者对他自己人生的评价。有意思的是，阿尔喀比亚德在形容他自己遭遇苏格拉底的美时，刚好也用了同样的方式。苏格拉底经常是“突然出现”（exaiphnēs，213c1）在他面前，并且在苏格拉底说话时，阿尔喀比亚德会变得神魂颠倒，像个科律班忒斯。苏格拉底让他想到他自己现在的生活是不值得过的，因为他欠缺太多重要的东西。（215d7-216a5）㉔在任何情况下，狄奥提玛颂词的重点都全在美的伦理功用上。需要补充的是，当爱者到了广大的美的海洋阶段，他变得坚实、圆满（210d6），仿佛阶梯的隐喻并不是要唤起蔑视被爱者并把他仅仅作为手段的观念，而是要唤起把美的被爱者看作我们休养生息和积聚力量的场所的观念。

所以，可以总结说，对美的——包括美本身和美的影像——经验是一种对自己的生活方式产生动摇和怀疑的感觉，因此一个人会觉得，最好与这个美的事物生活在一起，并且相应地改变自己的整个人生。为何美有此种功用？狄奥提玛对美本身的描绘可能有所帮助：

> 首先，（1）它永远如是，并且不生不灭、不增不减。然后，（2）它不会在一些方面是美而在另一些方面是丑，不会此时是美而彼时是丑，不会与此物相连为美而与彼物相连为丑，不会因为它对某些人来说是美的而对其他人来说是丑的，

㉔ 阿尔喀比亚德的美拥有同样的效果。他“突然”（212c6）闯入，旋即使得所有宴会参与者，包括苏格拉底，都停下了他们自己的进程（pantas，213a3；苏格拉底看见他时给他让出了一个位置，213b1-2）。当然，阿尔喀比亚德的美导致他们放弃了有序的发言，而代之以喧嚣的畅饮。这是否是从好到坏的转换不在本文的考虑范围内，但这看上去的确有重要意义，因为仅仅在这时苏格拉底才有空去寻求一对一的交谈。（213c6）

> 不会在此地为美而在彼地为丑。(3) 美本身对他来说不是某个具体的部位譬如脸或手或属于身体的某物的美，也不是一段具体的言论或一种具体的知识，它不在其他东西的任何地方，譬如在一种动物里、在地上、在空中，或者在任何别的东西里；但它永恒地凭自身而是自身，是与自身为一的理念。
> 其他美的事物都以这样的方式分有它，即其他东西生生灭灭， *115*
> 但美本身始终如是，丝毫不因之而有所损益。
>
> —— *Symposium* 210e6-211b5

令人震惊的是，苏格拉底在《斐德若》中关于理念的相关描述否定了他之前的看法，并且更多地强调了它们作为可理解的东西（而非可感知的东西）在认识论上的地位。在那里，他声称所有的理念，包括美的理念，都是没有颜色、没有形状、非固体性的，也就是说，它们不能由知觉而被感知。它们只对理智可见，故而是真正知识的对象。(*Phaedrus* 247c6-d1)《斐德若》(250c2-3) 中确实把理念描述为完美的（holoklēra）、单纯的、不动的，而且（重要地）是幸福的，但这些性质同这样的事实直接相关，即理念只有在我们的身体已经得到了荡涤的情况下才能被清楚地看到。(250c4-6) 相比之下，《会饮》中对美的理念的描述更感兴趣于比较美的存在与较低层级对象的存在。也就是说，在《会饮》中，比起美本身在认识论上的地位，苏格拉底更感兴趣于它在本体论上的地位（尽管它们之间无疑是相联系的）。考虑到较高层级秘义的爱者可能沉浸于一种认识论上的攀升，这个强调是值得注意的。也就是说，在每个阶段爱者都获得了一种对美的更为深刻或更为准确的认识。我们可以推测，在《斐德若》和《理想国》中相似攀升的基础上，如果爱者的认识水平有所提升，那么他的认识对象就会变得更加易知。尽管这个观点毫无疑问与狄奥提玛的说法相一致，甚至可能就是她（或柏拉图）脑中所想的，但这并不是她强调或解释的内容。试想一下，一旦爱者超越了肉体之爱，那么他遭遇的每一种美就都会在思维中（而非在感官知觉中）被把握。难道灵魂比提升它们的实际行为更不可知吗？难道这些反过来比专门的知识更不可知吗？狄奥提玛完全未提及这类问题。本体论（而非认识论）才是她的重点。[25]

再次考虑狄奥提玛所描绘的美的三个方面：（1）它永远如是，并且不生不灭、不增不减；（2）它不仅不会改变自己的存在，而且不会改变自己显现出来的形态；（3）它在形而上学意义上独立于特殊的事物——它不分有特殊的事物，而是特殊的事物
116 分有它。这些都与狄奥提玛到目前为止所描述的人类有死的图景形成了鲜明对比。我们这些有死的人类经常试图变得善好和美（即幸福），但却从未恒常如是；我们必须关心我们的行为在其他人看来是否是美的，因为使某个人觉得极好的事也许并不能引起其他人的注意；并且，我们远非自足的存在，以至于我们自己在时间中的持存只在于我们文字的或隐喻性的后代中。换句话说，在狄奥提玛给出的颂词语境中，特别值得注意的是她对美本身的描述，她清楚地强调了它拥有不朽的存在。她在若干行后重申了这种观点：美本身是“晶莹剔透、如其本然、精纯不杂的，它不受人的血肉、色泽和其他有死的、毫无意义的玩意儿所沾染，而是那神圣不变的美本身”（211e1-4）。在《斐德若》中，对比肉体性存在的可感知性，苏格拉底更强调美本身和其他理念的可理解性；在《会饮》中，对比我们的有死性，他阐明了美本身的不朽性。[26]

说美本身呈现为不朽的，我并不是简单地意指它可以在时间中永存（尽管它在某种程度上必须如此）。毋宁说，关键在于这

㉕ 在《会饮》（同《斐德若》相反）的世界中，文化习俗确实比灵魂延续得更长久，因为灵魂是会死的。并且，知识更为“不朽”，但它没必要通过在时间中持续得更久来获得不朽，而是通过（下文所解释的，相当不同的方式）与不受时间影响的对象相联系来获得不朽。

㉖ 这种差别对应着两篇对话的不同主题：说服和欲求。

样就能彻底地摆脱变迁，美本身全然不受任何时间流逝的影响。相较于到目前为止我们在对话中构想出的那类不朽，这是一种更完美的不朽，对它来说，不远的未来根本无关紧要，因为对任何未来来说，任何变化都完全不可能对其有所影响。[27] 美本身的存在同那种甚至是最幸福的爱者所经受的艰辛生活是多么不同！（cf. 210e6）当较高层级秘义的爱者蓦然瞥见美本身时，它是自身恒定、自足的存在，照亮爱者并且使之充满敬畏。

我们从其他柏拉图对话中得知，超越变动的存在并非为美本身所独有。所有的理念都有此特性。因此，可以推断，如果爱者在攀升的尽头瞥见任何其他理念，那么他将会同样惊讶于它们的不变特性。但我认为，苏格拉底在描绘爱者与美本身的遭遇时，他论点的一部分在于表明，当爱者以一种类似但有所减弱的方式经验被爱者的美时，在那纯一无杂并且自存自在的光照中是什么作为重要的东西打动了爱者。毕竟，如我们之前所见，对**所有**美的经验都致使爱者去重新评价他生命中重要的东西是什么。如果这一连串的考察是正确的，那么，尽管美本身的理念永恒不易对 117
它来说并没有什么特别，但特别的是这种永恒不易的特性会在美的身体、灵魂、礼法或分有它的知识中“闪耀”。美本身在它具体的例证里显现出一种为所有的理念所共有的特性，这种观点可以在《斐德若》中找到它的对应。在那里，对于美本身的理念来说，同样不足为奇的是，它格外“可见”或可理解；当所有的理念仅仅在其自身之中被看见时，它们都闪耀在“纯洁灿烂的光辉里”（250c4）。但美本身尤为“光芒四射”，以至它的光辉如闪电般“照耀”在分有它的肉体性对象之中。（250b5-6, 250d1-3）苏格拉底不可能只是在简单地意指美的人与公正的人或智慧的人的不同，让我们回忆起理念，因为他坚持所有的言论也即所有观念的使用，

㉗ 如果没有任何变化可以对它造成影响，那么我们也许会怀疑将美本身视为时间中的存在是否有意义。参见《蒂迈欧》（37d-38b）中论时间是对不朽的一种模仿。

都包含在对理念的回忆之中。(249b6-c4) 相反，他的重点应当是，当我们感觉或谈论分有其他理念的事物时，我们没有意识到，我们的认知行为取决于我们把这些感觉的对象归之于某些根本的而非不完美的可感本性。相较之下，当我们感觉到某些东西是美的时，美本身超越的、可理解的本性好像出现在分有美本身的有限的、可感的对象中。也就是说，与分有其他理念的其他事物不同的是，分有美本身的事物展现了一种超越。基于这个原因，爱者似乎感知到一个神在被爱者的体内，并立刻开始敬拜他。(251a, 252d-253c)㉘ 我所要指明的是，就如《斐德若》中所言，美展现了一种可理解的超越性；在《会饮》中相应的是，美展现了一种超越的存在。

美本身明显胜过经验，但所有美的事物都分有美本身，并且，它们都以一种虽然减弱但却类似的方式影响着那些经验它们的人。按照苏格拉底在《会饮》中描述的方式经验某些美的事物（而非理念）将会是什么样子呢？那将是以成为或者充满某些不朽、不变和不能变的东西的方式去经验有限的事物；那将是在它是美的情况下，以一种恒定、自足而宛然如神的存在去经验那些美的事
118 物或人。这当然会让所有人感到迷惑。但如果我们是狄奥提玛所描绘的那样的存在，那么美的影响将更为混乱。因为按照她的说法，我们都已然在渴望永恒的幸福。因此，这样推想就是合理的：如果我们将某些美的东西**作为美的**来经验，同时仍然将其视为易朽的肉体、灵魂或城邦，那么这种经验将会煽起我们潜在的欲求

㉘ 在《斐德若》中，是神圣的不等同于是一个理念。这个事实使得这个图景有点复杂。毋宁说，神是与人类灵魂不同的灵魂，它们拥有永久并且容易的途径去接近理念，包括美本身的理念。苏格拉底在251a处把这说得很清楚，尽管被爱者看上去是神圣的是因为他是美的。这与在《会饮》中找到的爱的理由相一致。这两篇对话描写了关于爱的一种连贯的解释的不同方面，尽管其论述有明显的不同。解释这一点，不在本文的讨论范围内。但总的说来，重要的是记住，苏格拉底在《斐德若》中的颂词倾向于展示**被爱**（being loved）的好处（这是一番很有诱惑力的颂词），而他在《会饮》中的颂词则倾向于展示**爱**（loving）的好处。

之焰。曾经被视作对不朽的徒劳的渴望突然间看起来是可达到的，至少在某种程度上是这样。㉙

如果我所表明的解释是对的，那么我们就可以理解为何美是掌管爱欲创造力的女神。要点不是——像普瑞斯所担心的——美和不朽碰巧都是神圣的属性。神圣是美的，因为它展示了它对善好的永久拥有。这就是为什么狄奥提玛会说，美在所有事物中与神相和谐并且是创造力的助产士。在大多数时间里，我们闷头走过生命之路，作为一个凡人，计较着那些凡世的想法。我们沉湎在寻常的精打细算中，为了一个又一个的明天谋划着如何获取食物、衣服和其他的物品。美——神的永久和自足的显现——提醒我们，我们自身对幸福的渴求拥有不同的次序。不仅要长久持存，而且要不朽。当我们看到自己美的所爱，我们对不朽的欲求便被启动了。

重复一下，我的观点是，在《会饮》中苏格拉底呈现并且利用了美和不朽性之间的关联。美在它与时间和流变的关系中呈现了它的似神性。事实上，正是它展现出的永久地不受改变影响的特性打动了爱者，使他们对美惊叹不已。我想，在我们理解为何美会促进爱欲的创造力方面，它会是一个很好的证据。它同样也解释了，为何在攀升的每个阶段，对象都要比之前的更美：至少，从身体到行为与从行为到知识的发展是一种脱离流变支配的发展。[我的看法是，生活方式（epitēdeumata）是为特定的社会时间和地点所有的独特行为。] 同样需要注意的是，我们这些柏拉图的学生将会推测：一个对象越是不变，它就越具有可知性。因此，我所描述的美的概念是完全符合这种明显的但未经解释的事实的：较高层级的秘义意味着一种认识论上的攀升。事实上，既然作为理论范式的美的对象必然是可理解的，那么哲学就必将会被确证

㉙ 这种影响在《斐德若》中也被提到了。美少年不仅使爱者回想起美本身的理念，而且也使他回想起了一个神。（251a-b, 252d-253c）

为爱的真正艺术。

119 （我认为）柏拉图所打造的美和不朽之间的联系并未引起太多的重视，但它并不是只在《会饮》中才被发现。依照《蒂迈欧》中的说法，手工艺产品只有在精确模仿不变的原型时才是美的。如果手艺人以那些正在生成着的东西为原型，那么他的创造便不美。（*Timaeus* 28a-b）而且，尽管《斐勒布》中所说的美极其复杂——若不仅仅是晦涩难懂的话，它仍然清晰地将美和自足勾连起来；它们拥有相同的“家族血统”（geneas）。（66b1-3）即便某物只是达到自足的程度，但它还是会抵抗变迁。不清楚的是，为何《斐勒布》中的美与自足同类。苏格拉底一度声称，美的模型是那些它们的美不与其他东西相关的事物（pros ti，51c6-d1）。也许他的想法是，它们显现美并不依赖于把它们与其他事物相提并论，所以因看到它们而产生的愉悦是纯一无杂的。不管怎样，看来不容怀疑的是，在《斐勒布》中一个模型真正的美——不管是什么原因造成的——最终都来自它的独立性。而且，苏格拉底说美的事物是成比例的且匀称的（summetron，66b1）。在它们是成比例的情况下，美的事物不会缺乏任何东西，因而将是自足且恒定的。最后，关于美的价值是什么的问题，我会向你们提及亚里士多德在《尼各马可伦理学》（*Nicomachean Ethics*）中的评论：“对于那些产生影响（pepoiēkoti）的人，他的功绩长存，因为美（kalon）是持存（polluchronion）的。但对那些受影响的人来说，所得好处将在时间中消逝。”（1168a15-17）也就是说，亚里士多德根据美和利益各自与时间的关系，对美和利益进行了比较。我并不是说，美的超越时间和流变的特性对柏拉图来说是最重要的。但是，这里的确有一个我们应该去探索的联系。

让我们暂时回到早前我提出的那个问题：完全刚起步的爱者如何抵达不朽？美本身的不朽性超越了时光中那种从不间断的持续。它在自身之中完全没有变动。我想这可能会使我们想知道，那些成功地凝视终极意义上自足的对象之美的爱者，是否并没有因此而减少对延续自己在时间中存在的兴趣，而对在人的可能限度内变得恒定和不变更感兴趣。在这里我不会探求这种可能性，但对我来说，从这个角度来看，阿尔喀比亚德眼中的苏格拉底就非常像一位完全刚起步的爱者。当阿尔喀比亚德试图引诱他时，苏格拉底并未丧失自制力[30]；他显然没有被饥饿、寒冷以及其他
军旅生涯中的艰难所影响，甚至当他的战友们被敌人击溃时他仍 120
保持着镇静。也许正是他恒定、自足的品质，解释了为什么阿尔喀比亚德会在他的身体里看到那神圣、卓越并且美丽的雕像。(216e7-217a2, 221c4-222a6)[31]

5. 真正的生命之美

我刚刚给出的解释在某个方面是令人信服的。它利用了苏格拉底极少说的内容解释了，为何他一再坚持爱是对美的回应和对美的创造。但当我们把它视作对一种被认为真的论述的解释时，它看上去就不那么令人信服了。(苏格拉底开篇就说，他不像阿伽通，他只言说真实；199a7-b2。) 难道美不是众特性中最易消逝的一种吗？实际上，难道不是一种短暂感给了美一种使我们更能意识到当下经验之呈现的力量吗？而且，我们也想知道，柏拉图对美的经验的叙述中到底给那种不涉利害的、典型的审美态度留下了什么空间。

《会饮》中美的概念当然是不完整的，但它有能力去拯救这些有关审美经验的也许更常见的现象。首先，柏拉图看上去同意美以一种直观和当下在场的感觉影响着感知者。爱者不会推断出

---

[30] 这一点表明，苏格拉底是极其节制的。(216d7)

[31] See Nussbaum 1986: 183-184. 需要注意的是，苏格拉底是否通过使自己脱离肉体来达到自足，与这里的问题无关。

他的所爱分有某些超越和神圣之物；他直接经验到它，它使爱者大吃一惊。但这种当下在场的时刻是一种处在变动中的时刻，我们应该把它与那种恒定中的当下在场区分开来。对柏拉图来说，经验美的东西就是在当下的瞬间去感受那无限的完美。现在看起来，也许这个说法与通常的直觉即美的事物是脆弱的不相容。但我们没必要臆断，它们在显现美的时候是脆弱的。事实上，如果柏拉图是对的，即美的事物呈现完美，那么一个事物的脆弱性就不能成为它显现美的应有部分。因为完美的任何部分都不处在或看似处在衰退的边缘。毋宁说，如果美的事物经常以一种转瞬即逝感影响着我们，那么这很可能是因为关于美的某种东西增强了我们对每个生命物的易逝性的察觉，从而让我们意识到，它们对善好（实际上也是对美）的享有是何其微不足道。我所描述的美
121 的概念——美是恒定与自足的辉煌外显——可以很好地理解上述现象。当我们反观这些有限的事物无法把握它们的美所保证的无限完美时，美的脆弱性展现在我们经验中那一瞬酸楚的时刻。

这种经验所激发的愉悦和激动人心，当然不同于我们日常对欲求和审慎计算的经验。我们通常把能被我们在有限时间内完全占有的善好看作我们的对象。我们尽力去取得一些有限的善好，例如一栋房子或一辆汽车，然后谋求在一段特定的时间内保留住它，比如50年、10年，或者一个又一个的明天。因此，通常情况下我们试图去占有善好的方式，不同于美的事物看上去拥有完美的“不朽的”方式。在这一方面，紧接着，柏拉图的论述捕捉到了那种直觉，即当我们经验某些美的事物时，我们跳出了或者说超越了我们通常的实用立场。我们也许相信，通过说审美经验是不关涉利害的，这种现象就得到了最好的描述。但是，跳出我们通常有限的实用立场，并不意味着我们已经完全地跳出了实用立场。因为依照柏拉图的说法，我们对善好的欲求是无限的，尽管这不是我们通常所能注意到的。因此，是否我们必须找到一种不关涉利害的方式去恰当地鉴赏美，就变得不再明确了。

对柏拉图来说，变成美的爱者的伦理命令反映了他对人类朝向自我超越的天性的洞见。我们是天生欲求更加完美，欲求像神一样的生物。难道为了接受柏拉图对美的论述，我们就必须接受他关于人性的如下说法即人的天性在根本上是一种自我超越吗？也许不是这样。我们必须接受的是，我们实用视角的核心不仅是有限的欲求——对那些能够在我们有限的生命中被充分地实现的对象的欲求，而且是这样一种欲求，即它的对象是我们生命的全部。我们*现在*对*永恒*幸福的欲求，就是欲求超越我们有限的、转眼即逝的瞬间，并且欲求拥有一种看起来没有人（只要他活着并且受限于流变）能拥有的善好。按照柏拉图式的意见，是美使我们回忆起这种欲求，并召唤我们回到自身，回到我们充满爱欲和热望的自然本性。遭遇善好而无所作为，这也十分寻常。即使有限的事物无一能达到完美的等级，美也会使它看起来是达到了，而且在它的美中我们仍能瞥见什么是真正的完美。如果这是正确的，那么它就具有了伦理上的重要性。在注定不完美的有限人生中，爱者遇到了美的人，这个活生生的明证告诉我们，追求比我们在实际中能达到的更加完美的幸福，并非完全无望的理想。

附论

我解释的前提是，并非每种欲求的经验都是一种爱欲经验。 122
或者说得更清楚些，不是每种欲求都是在美中生育的欲求。尽管这里存在争议，但我以这种方式解读《会饮》的理由并不是虚构出来的。(1) 比如，我不能理解对午餐的欲求和吃午餐的活动，如通常所做的，何以能够被解释为在美中生育。可能在某些情况下这些活动的确是够格的——美食家的烹调也许与这类似，但它也不总是对美的创造性回应。吃午餐在很多时候仅仅是对饥饿所带来的痛苦的回应。同样，我也看不出狄奥提玛所提到的，每个朝向不朽的行为如何能够被解释为在美中生育，例如长头发。（207d5-e2）（2）在206b1-3处，就在对在美中生育的性欲行为进行解释的前夕，狄奥提玛指出，她想要谈论的这种行为“被称作爱”。我把这理解为，她是在回顾在205d1-7处做出的对通常意义上欲求永恒幸福的爱与特殊情况下作为爱欲的爱的区分。她将这种类型的爱理解为在美中生育的欲求。[相反，罗伊认为，苏格拉底在206b5-10处的困惑并不意味着狄奥提玛在询问通常意义上的爱。（1998b: 245n15）苏格拉底的困惑在于，他不知道性行为怎么可以成为欲求永久拥有善好的表达。狄奥提玛热情的言论（206b2）促使苏格拉底去思考性，但完全可以理解的是，他不知道这如何可能成为她的问题的正确答案。] 现在，尽管在通常的希腊语中以及在《会饮》前面的颂词中，爱若斯都意为性爱，但我们不应该认为它通常的含义就仅仅是指一种对性愉悦的欲求。《斐德若》中吕西阿斯的颂词描绘了一个并非爱者的人试图说服一个少年与他发生性行为的情形，这很清楚地表明了爱并非仅仅意味着对性的欲求。恰恰因为爱意味着更多的东西，所以一旦她把爱理解为在美中生育，狄奥提玛就可以扩展爱在这个特殊意义上的意涵，以囊括那些根本不牵涉性欲的情形。但是，从“在美中生育”描绘了爱的更广的含义并不能推论出，这种描绘完全囊括了对善好的所有其他类型的欲求。

总之，对我来说狄奥提玛描绘了人类努力的三个层面：（1）所有生命都致力于永久地拥有善好，这最主要是通过善好在其自身存在中的延续达成的（例如长头发）；（2）有时这种努力会以欲
123 求永久地拥有利益的形式出现，例如赚钱；（3）有时对永恒的善好的欲求会以欲求在美中生育的形式出现，例如性爱、追求荣耀、哲学。[我关于此问题的思考，大大得益于罗伊对一种相反立场的周密辩护。（1998b）]

六、紫罗兰研究：《会饮》中的阿尔喀比亚德

大卫·里夫（C. D. C. Reeve）①

阿伽通的会饮在苏格拉底以狄奥提玛为灵感、对所有爱与欲 124
望的终极对象（即柏拉图之美的“理念”——美本身）进行的生动描述中抵达了其哲学的顶点。突然，有人大声敲门，传来一阵喧闹。有个“烂醉如泥”的人“大声嚷嚷着：阿伽通在哪里？带我去见阿伽通”（*Symposium* 212d5）②。雅典人中最美貌的男子，阿尔喀比亚德来了，“只见他头上戴着用常春藤和紫罗兰编的大花冠，还缠了好些飘带在头上”（212e1-2）。发生了什么？美本身在这个美丽的身躯面前黯然失色，哲学的顶点也在这幕戏剧面前相形见绌。阿尔喀比亚德接着发表的颂词也非常精彩，与他的登场一样富有戏剧性。他的颂词盖过了其他人颂词的光芒。事实上，它如此生动，如此欢乐，如此鲜活，以至于我们几乎忘记了之前的那些颂词。

---

① 本文是我的一篇会议论文的修订版。这些修订充分地改变了本文的要旨，以至于需要一个新的标题。我非常感激所有的与会者，特别是鲁比·布罗代尔再次提醒我 agalma 的词源学，克里斯多夫·罗伊要求我更多地关注 erōtika，还有加百列·理查森·李尔苦苦思索着我所疏忽的一些关于康德的评论。来自弗里斯比·谢菲尔德、詹姆斯·莱舍和一位匿名学者的一些有益的书面评论，促进了文稿更进一步的重要改变。最后，我要感谢詹姆斯·莱舍、黛布拉·尼尔还有弗里斯比·谢菲尔德，他们组织了这场会议并邀请我参加，还感谢格雷戈里·纳吉和古希腊研究中心的全体人员以这种风格主办了这次会议。

② 译文来自 Allen 1991，有时在一些次要方面有轻微修改。

阿尔喀比亚德一开始便强调，他会讲真话，并邀请苏格拉底来看他所做的："如果我说的不是真话，你就在中间打断我，只要你愿意，就说我说的是假话，因为我不会故意讲假话。"（214e10-215a2）他同时也承认，让一个像他这样喝得醉醺醺的人把事情"流利且有条有理地"（euporōs kai ephexēs）叙述出来
125 是不大容易的。（215a3-4）鉴于"欣然"（euphoria）、"茫然"（aporia）（欣然的对立面）、"有条有理"的观念在《会饮》先前章节中具有的重要性，我们被适当地告诫要谨慎地解释阿尔喀比亚德的颂词。我将首先把焦点集中在该颂词本身中的某个东西上，即"神像"（复数：agalmata；单数：agalma）这个措辞的使用，继而集中在与有条有理及其扰乱相联系的另外两个措辞上，即"从左到右"（epi dexia）与"突然"（exaiphnēs），用它们将"神像"一词放在语境中来考量。"欣然"与"茫然"在全文的不同地方都有讨论。

在柏拉图那里，神像（agalma）（来自动词 agallein，意思是赞美或颂扬某种事物）是向神致敬的一个象形雕塑；或者，更为常见的是，各种类型的象形雕塑——《理想国》中那些影子被投在山洞墙壁上的"傀儡"——都是"神像"。（517d7）③ 问题在于：这些就是对于阿尔喀比亚德而言的"神像"吗？起初，回答似乎是肯定的："我要说苏格拉底像极了雕刻铺前摆着的那些西勒诺斯（Silenus），工匠把它们雕刻成手持牧笛或箫的样子，但是当把它们从中间打开，里面的神像就露了出来。"（215a7-b3）然而，虽然西勒诺斯的雕像里面可以含一些小雕像，就像俄罗斯套娃那

---

③ Brandwood 1976 中记录的那些情况证实了这一点：*Charmides* 154c8; *Critias* 110b5, 116d7, e4; *Epinomis* 983e6, 984a4, 5; *Laws* 738c6, 931a1, 6, d6, e6, 956b1; *Meno* 97d6; *Philebus* 38d10; *Phaedrus* 230b8, 251a6, 252d7; *Protagoras* 322a5; *Timaeus* 37c7。Agalmatopoios（"雕刻家"或"雕像制造者"）出现在《普罗塔戈拉》（311c7, 8, e2）中。一般而言，"人们颂扬的任何东西"（Griffith 1999: 243），诸如孩子（Aeschylus *Agamemnon* 208）或名声（Sophocles *Antigone* 704），都可以是一种"神像"。

样,但是"没有样品流传下来,除了在以本段为依托的一些稍后的段落中,也没有关于这样一种雕塑的文献"(Dover 1980: 166)。其实,有人推测,阿尔喀比亚德所指涉的根本不是雕像,而是制造雕像的模具。(Peters 1976, Rowe 1998a: 226)根据弗朗索瓦·拉伯雷(François Rabelais)写于1534年的作品,它们甚至不是模具,而是一些涂有颜料的盒子:"在古代,西勒诺斯是一个小盒子,就是我们今天在药剂师商店看到的那种盒子,在外面画有诸如(鹰身女妖)哈尔比亚与(森林之神)萨提尔这样的色彩鲜艳的滑稽人物。"(Cohen 1955: 37)④ 因此,阿尔喀比亚德假想出来的苏格拉底的有益形象,几乎就像这个男人本身那样,受着"特异性"(atopia)的折磨。

在另一段落里,这些问题由于一个不同的原因而含混不清了:

> 至于他的样子,难道不就是西勒诺斯那一套?简直太像
> 了。他的外表就像一个被雕刻出来的⑤西勒诺斯,但是当他
> 被打开的时候,哥们儿们、酒友们,你们猜猜看,他里面是
> 如何充满节制的?……但是,他既狡猾又假正经,一辈子都 *126*
> 在玩弄大家。不过,他在认真起来(spoudasantos)的时候,
> 把自己打开,有没有人看到过他里面的神像,我就不得而知
> 了;反正,我见过一次,我觉得它们是那么神圣珍贵,那么
> 令人惊异的美(marvelously beautiful),以至于无论苏格拉底
> 叫我做什么,总之,我都得做。我本来相信,他对我的神赐
> 青春充满热情,而且我还相信,这青春是我的幸运物和神奇
> 之物,所以,凭着这青春,我若向苏格拉底献殷勤,我就能
> 学到他所知道的一切。因为我惊奇地对我那春天般的青春美

---

④ 感谢斯科特·拉巴奇(Scott LaBarge)给出这个参考。

⑤ Geglumenos silēnos: gluphein也有"挖空"的意思(可能就像一个模具)。

貌感到骄傲。

——*Symposium* 216d4-217a6

我们期待阿尔喀比亚德放弃在这一点上的明喻，并告诉我们他在苏格拉底里面到底看到了什么。但是，他却令人困惑地继续以比喻的用词来讲：他看见的是“神像”。因为这些东西实在不可能是什么雕像，所以我们就想知道它们到底可能是什么。如果西勒诺斯都是些模具，那么事情也许就会清楚一点。“神像”至少是像雕像一样的东西，因为它们可能是苏格拉底自己作为某种节制的模范或范例的肖像。这是一个令人愉快的想法，尽管不是我们特别看重的想法，特别是当我们转到下一段的时候。

由于进一步确定了“充满节制”这个措辞所唤起的怀疑，我们被告知，内在于苏格拉底的“神像”的是德性的“神像”，它们同样内在于他的言论：

> 但是，说到苏格拉底这种人和他的不可思议，无论就他本人还是他的言论而言，从古至今都找不到什么人能与他相提并论，除非不拿什么人与他相比，而是用我提到的西勒诺斯与萨提尔来比较他和他的言论。实际上，我在一开始就说，就连他的言论也像极了打开身子的西勒诺斯。要是什么人愿意听苏格拉底的言论，起初它们显得相当荒谬，它们被辞藻和习语从外面包裹起来，就像无法无天的萨提尔的兽皮那样。他谈的尽是什么驮东西的驴子啊、铁匠啊、鞋匠啊、皮匠啊……可是如果把他的言论打开往里看，你就会首先发现这些言论里其实全是道道，然后发觉他的言论如神一般，里面包含着大多数德性的“神像”，对于想要变得高尚与美好的人来说，它们都关切着大多数（或者更确切地说是所有）值得思考的东西。

——*Symposium* 221e1-222a6

现在，我们彻底不知所措了，因为言论无法真正包含一个雕 127
像，而且也无法包含苏格拉底的肖像。

在诱惑场景中，“神像”再次被呈现出来，这一次隐含在苏格拉底对阿尔喀比亚德的性爱前奏所做的回应中：

> 我亲爱的阿尔喀比亚德，你真的不能被轻率地对待啊，如果你说我的那番话确实都是真的，并且在我身上（in me）的确有某种通过它你可以变得更好的力量，那么你就会在我身上看到不可思议的美（inconceivable beauty），甚至超过了你自己形貌的美妙绝伦。但是，如果你看见了这种美就试图要跟我做交易，以美换美，那么你动的心思就没少占我的便宜：你是在试图占有真正美的东西，而不仅仅是看起来美的东西，说真的，你是想以铜换金。
>
> ——*Symposium* 218d7-219a1

“在我身上”的重复、“不可思议的美”与“令人惊异的美”的等同，以及对“金”的运用，这一切都有助于理解阿尔喀比亚德期待用他的“铜体”换取的是我们的“神像”。然而，苏格拉底却没有表现出任何赞同这些“神像”存在这个主张的倾向：一句谨慎的“如果你说我的那番话确实都是真的”就是他所能达到的程度。

阿尔喀比亚德是如何想象这些“神像”可能会变成他的呢？在这个诱惑场景中，他似乎抱着通过性交来获得它们的幻想：“我本来相信，他对我的神赐青春充满热情，而且我还相信，这青春是我的幸运物和神奇之物，所以，凭着这青春，我若向苏格拉底献殷勤，我就能学到他所知道的一切。”（217a2-5）这当然不是一种为他所独有的幻想。苏格拉底在隔壁的前院逗留了一会儿之后，最终到达阿伽通家的时候，他的东道主向他问候说：“到这儿来，苏格拉底，在我身边躺下，好让我触摸到你，可以沾点儿你在隔壁前院刚刚发现的智慧。”（175c7-d1）苏格拉底用以回应的明喻扩大了“躺下”（katakeisthai）与“触摸”（haptein）这些动词所隐含的性意味⑥：“阿伽通，如果我们只是触摸彼此，智慧就能从我们中充实的人身上流到（rhein）空虚的人身上，就好像水通过一根毛线从一个满的杯子流进一个空的杯子那样，其实那也不错。要是智慧也能那样流，我挨着你坐那就太值啦；因为那样的话，我觉得，来自你身上的许多美不胜收的智慧就会把
128 我填满。”（175d4-e2）正如德性的“神像”被幻想为通过性交进入阿尔喀比亚德，由此使他变得“尽可能好”（218d2），智慧也被幻象为通过有性的接触而流到阿伽通身上，由此使他变得智慧。

在216d7处，阿尔喀比亚德使用的动词“充满”（gemein），既符合这个场面，也有助于把它变得丰满。因为，虽然“充满”通常只是意味着“用……来装满”，这在柏拉图那里是其最常用的意义，但是《希英词典》却将“孕有”（kuein）列为它的同义词之一。无疑，这就是为什么在艾伦看来“充满”是一种特别恰当的翻译。（R. E. Allen 1991）然而，如果苏格拉底被想象为**孕有**一些德性的“神像”，那么后者本身就会被想象成一些胚胎似的实体。但不用说，胚胎真的很像象形的雕塑，它们把“神像”变成一个恰当的术语，以便阿尔喀比亚德应用它们。

虽然阿尔喀比亚德将苏格拉底描绘成一个孕有胚胎似德性的男性是幻想的一部分，但是这种幻想却深深地根植在希腊人关于性繁殖的思考中。例如，在埃斯库罗斯那里，阿波罗就声称女性只能充当一个专门由男性制造出来的胚胎的孵卵器：

> 被称作孩子母亲的她并不是
> 其生育者，而是新播种的胚胎的保育者。

---

⑥ 《希英词典》（LSJ）引用了《礼法》840a4与亚里士多德的《政治学》1335b40。

> 生育者是男性，而她则作为一个陌生人的陌生人
> 保护着后代……
>
> ——*Eumenides* 658-661, trans. Lloyd-Jones

我们从亚里士多德的《动物之生殖》(*Generation of Animals*)(763b21-23）中得知，阿那克萨戈拉（Anaxagoras）提出过一种相似的学说，他很可能就是埃斯库罗斯的来源。(Sommerstein 1989: 206）在后来的一代人中，亚波罗尼亚的第欧根尼（D-K 64A27）和其他几个人也接受了一些类似的版本。此外，狄奥提玛本人早先在《会饮》中支持的正是这个胚胎学传统，她将生育描述为那些参与怀孕的男性寻找女性，在她们身上生育他们携带的胚胎似的实体。(208e2-3)⑦

此外，她还通过与这些男人的类比，展开了自己对哲学式的“少男之爱”（paiderastia，又译“娈童恋”）所涉及的灵魂孕育的说明：

> 有些男人用他们的身体来孕育，他们更多地亲近女人， 129
> 以这种方式来爱……另一些男人则用他们的灵魂来孕育——她说，因为这些人灵魂的生育能力要强过他们身体的生育能力，适合凭灵魂生育。什么叫凭灵魂生育？就是凭智慧与其他德性——在这方面，其实，所有诗人都是生育者，就好像很多工匠也被说成发明者。但是，最重要与最美的那种智慧，显然是关涉治国齐家的，明智与正义都是它的名称。于是，只要他们中有人从小就孕育着神性的灵魂，那么到了一定年纪，当他产生了想要生育繁衍的欲望，这时，我觉得，他就

---

⑦ 她先前主张“所有人类（anthrōpoi）都用身体和灵魂来生育”(206c1-2)，这个事实可能意味着她的忠贞不是全心全意的。但是，在下文，因为只有男性用灵魂生育，她的表达就可能是完全不准确的：通过 anthrōpoi 她想说的是男人。这对她自己奇特的身份意味着什么，则是另一个问题。

> 着手开始寻找他可以在其中生育的美，因为他绝不会在丑中生育。现在，因为他要生育，他就钟情那些美的而不是丑的身体，要是他遇到一个美丽而天资聪颖的灵魂，他就会欣然接受这个两者合一的人，而于这样一个人，他会马上富于机智地大谈德性，并试着对他进行教育。
>
> ——*Symposium* 208e2-209c1

于是，一个用自己灵魂来生育的男人就孕有一些胚胎似的德性。当他遇到一个俊美少年时，他所生产的是关于德性的言论。“把年轻人变得更好”（210c1-3; cf. 218e1-2）的正是这些言论。在这方面，阿尔喀比亚德的描绘也不经意地——因为他没有听过她的言论——模仿了狄奥提玛。作为一个次序颠倒的事后想法（“实际上，我在一开始就说”，221d8），当他也在苏格拉底的言论里找出“神像”的时候，他似乎重新提到了一个先前的想法，即哲学讨论而不是性交是他们传递的模式：“我被一些更加令人痛苦的东西咬伤了，被咬到的地方是人可能被咬得最疼的地方——咬到心里或咬到灵魂里，或者随便叫它什么，我是被哲学的言论咬伤的，它比毒蛇厉害多了，它一旦抓住一个年轻且资质不坏的灵魂，就会任意支配这个灵魂的所有言行。”（218a3-7）

《斐德若》结尾处对书写的批评中，苏格拉底自己明确地唤起了一些相似的思想。[8] 他说，一个被写下来的言论，就像“一幅画的后代”，坐落在那里“仿佛活着一般”。但是，它并不能回答种种问题，或者不能调适自身以满足不同读者的需要，并且，“当它受到亏待或是不公正的虐待时，它总是需要其父亲来帮助
130 它；因为它没有能力保卫自己或者帮助自己”（275d4-e5）。然而，其“合法的兄弟”——也就是“有知识男人的鲜活生动的言论，写下来的关于此的言论可以被正确地称作一种幻影”——在所有

---

⑧ 译文来自 Rowe 1986。

这些方面则“好得多,也更有力量”。(276a1-9)接着出现了一个有力的对比:

> 有个聪明的农夫得到了一些种子,他很在乎它们,并想让它们孕育出果实——他会在夏天认真地(spoudēi)把它们种在阿多尼斯的花园(garden of Adonis)里,欣喜地看着它们在八天之内就长出茂盛的果实吗?他要是真的那么做了,是不是只是因为适逢节日,作为娱乐(paidias)才那么做的?还是说对于他认真(espoudaken)对待的目的,他就会运用耕作的技艺将种子播种在适合的土壤里,并在他播种的种子第八个月达到成熟的时候才感到心满意足呢?
>
> ——*Phaedrus* 276b1-8⑨

继而,在这个对比的基础上,出现了一个同样有力的类比。“拥有关于什么是正义、什么是美、什么是善的知识(种子)的人,在对其种子的态度上不亚于农夫。”(276c3-5)因而,当其他人“在别的消遣(paidiais)中寻找乐趣,用宴饮来浇灌他们自己”的时候,他却写一些“关于正义与其他德性的故事”,以便“在他‘年老健忘’时给自己留个备忘录,也给后来的同路人一个借鉴,他就会像看着自己种下的草木抽枝发芽那般怡然自得”(276d1-e3),以此来消遣自己。但是,当“他认真地对待它们时”,他反而“运用辩证法的技艺,找一个合适的灵魂,在里面种上伴随着知识(met' epistēmēs logous)而发生的言论,这些言论有助于它们自己,也有助于播种它们的人,它们不是没有果实而是埋下了一颗种子,从这颗种子中,其他言论便在别的土壤中生根发芽,使其生生不息,永垂不朽,并能让拥有它的人享受到

---

⑨ 非常感谢茱莉亚·安纳斯(Julia Annas)纠正了我最初关于这段话的解释中的一个疏忽。

一个人可能拥有的最大幸福”（276e5-277a4）。[10] 生动的言论（logoi）现在被明确地比作种子（spermata）——某种斯多葛学派会通过其“逻各斯种子”（spermatikoi logoi）而加以利用的东西。[11]

131 尽管阿尔喀比亚德的名字并没有在《斐德若》的这一节中被提及，但是我认为他潜藏在阿多尼斯的花园的阴影之下。[12] 作为阿多尼亚（Adōnia）的一部分，这个节日庆祝的是阿佛洛狄忒（Aphrodite）与阿多尼斯（Adonis）的爱情，同时也哀悼后者的早逝。5 世纪的雅典妇女“在仲夏时分将种子播种在一些破罐子里，把它们放到屋顶上，以便幼芽一长出来就迅速枯萎”（OCD ed. 3: 12）。这些都是有名的花园。三件事情将它们与阿尔喀比亚德联系起来。第一，苏格拉底在他里面播下的种子很快就枯萎了：“一旦我离开他（苏格拉底）”，阿尔喀比亚德坦白地说，“我就拜倒在众人的奉迎之下。所以，我抛下他而匆匆逃离了”（216b4-6）。第二，阿尔喀比亚德被怀疑与赫尔墨斯（Hermes）头柱——赫尔墨斯神的雕像——的损毁和厄琉西斯秘义的亵渎有关，两者都出现在仲夏时分，也正好都在阿多尼亚附近。[13]《会饮》在 218b6 处对“不谙此道”（bebēlos）这个技术性术语的使用有力地表明，柏拉图记得后一丑闻。我确信，他也用“神像”这个古怪的措辞来部分地纪念前一丑闻。然而，与阿尔喀比亚德有关的第三件也是最引人注意的事情则完全是文本间的。在《会饮》中，阿尔喀比亚德声称，苏格拉底虽然在德性的问题上总是消遣人们，但是与他在一起的时候却是认真对待这些问题的。（216d4-217a6）《斐德若》——在其中，对这些问题的消遣与认真被强迫性地对照起

⑩ 我无法抗拒地注意到，这种被当作消遣的会饮，柏拉图——还能有谁？——宁愿写书也不会参加！

⑪ See e. g. SVF 1. 497, 2. 780, 1027, 1074, 3. 141. 我非常感激大卫 · 塞德利关于这种斯多葛学派学说的意见。

⑫ 正如他在《理想国》（494c4-495b7）中一样。See Adam 1902.

⑬ See Thucydides 6. 27.

来——则对他的主张有着明显批判性的意味。那些拥有“伴随着关于正义、好与善的知识而发表言论”的人（276c3-4），除非为了玩乐，否则绝不会像阿尔喀比亚德那样把它们播种在阿多尼斯的花园里，其种植季节（青春期）在苏格拉底进入其生活的时候就早已变成了过去。（cf. *Alcibiades* I 131c5-d8）我们可以推断，苏格拉底要么并不具有阿尔喀比亚德描述的那种赋予知识德性的神像，要么就是仅仅在玩弄阿尔喀比亚德（我们可以排除这种可能性）。

如果我们寻求作为“种子/神像”（spermata/agalmata）的逻辑（logoi）的特定社会或文化起源，那么我们明显要注意的就是雅典人娈童恋的复杂意识形态，狄奥提玛使其明确地适用于她的哲学目的。这种意识形态试图在男性特质的理想与男性欲望的某种冲突现实之间达成协议。关键问题是：到底怎样才算是一个男人？——这是在对其情欲及欲望有着男子气概的控制的人与像女人或奴隶一样没有这种控制的人的意义上来说的。（Davidson
1998: 139-182, 250-277）一个欲求被其所爱者在性上穿透的男童处 *132*
在被思考的危险之中，他首先不是一个被动的被穿透者，如米歇尔·福柯（Michel Foucault）所精彩论证的，而是一个“性瘾者”（katapugōn）或“滥交者”（kinaidos），我们可以说，他过于被他的情欲所奴役，是一艘无法满足且贪得无厌的漏水太多的船，以至于无法将公民的权利托付给他。⑭ 因此，男童的欲求就必须在意识形态上被重新描绘成某种更加适当的东西——一种为了德性（而不是性交的愉悦）而成为其爱者之奴隶的欲求。（184c2-7, 219e3-5）与此同时，爱者的性欲也必须被重新描绘成是为了教

---

⑭ 《问题集》（*Problems*）（虽然被归于亚里士多德，但是却可能追溯到公元前3世纪）在这方面具有启示性。（4.23）在那些具有“精液过剩”或其输精管被阻塞的男人身上，精液就在他们的直肠中聚集起来，而不是通过自然的方式被释放掉。由于无法在正常的性交中获得释放，他们就渴望“精液聚集处的摩擦”。但是，因为这并不会导致精液的释放，所以“他们就好像女人那样，贪得无厌且无法满足（aplēston）”。

育，而不是为了性高潮或者射精。结果，恋童就无疑被分成了鲍桑尼亚所谓的（善的）属天的爱（Uranian love）与（恶的）属民的爱（Pandemic love）。前者的对象是灵魂，其目的在于将德性逐渐灌输到男童身上；后者的对象是身体，其目的在于对爱者的性愉悦。（180c1-d7）因此，性交与德性的灌输就在换喻的意义上变得如此相关，它们的概念领域如此融合在一起，以至于“逻各斯种子”（spermatikoi logoi）呈现出了一种自然的气息。

虽然经由哲学讨论来获取苏格拉底的珍贵神像的策略，与我们先前看到的露骨的性策略相比，是一个较不明显的幻想，但是它也有一个明显的缺陷。它并没有立即说明为什么一切好似雕像的东西，在阿尔喀比亚德对此过程的思考中都会有所牵涉。不过，它确实添加了一些重要的事情。它解释了为什么阿尔喀比亚德认为在苏格拉底身上有某种关于德性的东西——某种性策略允许他那样来刻画的东西。苏格拉底告诉我们，对于那些以辩论行为来了解他的人，通常发生的是，他们推断他在一些考察别人的主题上是有智慧的。（*Apology* 23a3-5）当阿尔喀比亚德将他描述为“狡猾而假正经的”（eirōneuomenos）且一辈子都在“玩弄大家”（216e4-5）时，他表明自己所做的恰是如此。但是，只有在相信苏格拉底是一个虚伪的讽刺家（eirōn）——我们冒险这么说⑮——时，阿尔喀比亚德的描述才是真的，因为，像所有其他人一样，阿尔喀比亚德想象某种赋予知识的德性的“神像”必定存在于苏格拉底身上，并以此来解释苏格拉底的辩论能力。他说：“我若向苏格拉底献殷勤，我就能学到他所知道的一切。”（217a4-5）

当苏格拉底默默地接受这一描述而没有反对的时候，我猜测他这么做是因为他将此描述理解成一个条件句的后项，而该描述
133 显示给他的前项则没有得到确证。（218e1-2）于是，他默默接受的

⑮ 至于一些冒风险的评价，参见 Vlastos 1991: 21-44, Nehamas 1998: 19-98。

就只是如此："假如我身上拥有神像，那种为我赋予了知识的德性的神像，那么我就是狡猾而假正经的且一辈子都在玩弄别人。"然而，他始终否认他有关于德性的知识，无论其是否源自神像：

> 其实，诸位，神才是真正智慧的，他以神谕表明的是，人的智慧价值太小，几乎什么都不值。当他在你们面前提到这个苏格拉底并假借我的名字时，似乎是拿我当个例子，仿佛他要说："你们中最智慧的那个，人类啊，就像苏格拉底那样，知道就智慧而言，他真是毫无价值。"
>
> ——*Apology* 23a5-b4

于是，阿尔喀比亚德的特权感——"他在认真起来的时候，把自己打开，有没有人看到过他里面的神像，我就不得而知了；反正，我见过一次"——就被诊断成一种共同的幻象。

尽管他声称在他体内有任何赋予知识的德性的神像，就像声称他有任何关于德性本身的知识一样，是犹豫不决的，但是苏格拉底在《会饮》中确实提出了一个明显重大的认识论主张。他漫不经心地说："我除了懂点儿情事（ta erōtika），别的什么都不知道。"（177d8-9）他的主张到底是什么呢？从字面上翻译，ta erōtika 是"关于爱的事情"。但是，ta phusika 是"物理学（的学问）"，ta politika 是"政治学（的艺术或技艺）"，与这两者一样，ta erōtika 是"爱的技艺"（hē erōtikē technē）——在《斐德若》中爱若斯给予苏格拉底的东西。（257a3-9）这就引起了一个问题；其实，是两个问题。第一个问题是解释如下这点如何是真的："我自己就敬奉爱的技艺，超群地投身其中，还勉励（parakeleuomai）别人投入这样的事情。"（212b5-7）我的意思是：我们在哪里看到他那么做了？第二个问题是，要协调他知道那种技艺与他一般的认识上的谦虚，也即他将自己描述为"既没有大智慧也没有小智慧"（*Apology* 21b4-5）的形象的不一致性。这个没有什么货真价实的智慧的男人，怎么可能知道爱的艺术或技艺这样明显重要且困难的事情呢?

对于这些问题,《吕西斯》中提供了一些引人入胜的线索。[16]希波泰勒(Hippothales),就像一个真正的苏格拉底,喜爱俊美少男与哲学言论。(203b6-204a3)但是,为了赢得吕西斯(Lysis)的爱,他所做的却是向吕西斯大唱颂歌。苏格拉底则认为,没有哪位爱的技艺大师会这么做:

> 134 如果你赢得了这样一个男孩的爱,那么你所说的和所唱的一切就会变成对你自己的歌颂,好像你是胜利者,赢得了这么个心上人。但是,如果他离你而去,那么你对他的美善赞扬得越多,你失去的就似乎越多,你也就越显得可笑。这就是为什么在爱的技艺上有智慧的人在赢得心上人之前都不会对其大肆赞扬:他害怕未来的结果。再说,这些俊美少男如果受到了过度的赞扬,就会开始狂妄自大,变得骄傲膨胀起来。
>
> ——*Lysis* 205e2-206a4

被说服的希波泰勒向苏格拉底求教:“你能不能给我一些不同的建议,比如应该用什么样的言行才能让未来的情伴爱上自己?”(206c1-3)与《会饮》中的言简意赅不同,此处的苏格拉底说得更加详细:“如果你愿意让吕西斯与我交谈,那么我也许就能给你做个示范(epideixai),让你看看要怎样跟他交谈。”(206c4-7)[17] 于是,对吕西斯的一次辩论式的考察接踵而至。

“这就是你要怎样与你的情伴们交谈,希波泰勒”,在考察结束的时候苏格拉底说,“使他们变得卑微,而不是像你做的那样,吹捧他们、宠坏他们”(210e2-5)。然而,他继续说的关于哲学的

---

[16] 译文来自 Lombardo 1997 的英译本。

[17] 因此,“沉默的聚精会神的时期”就不是“最亲近的苏格拉底涉及当众展示或示范”(Hunter 2004: 33)的时候。

事情，却表明辩论式的讨论要远远胜于单纯的磨炼（cf. *Symposium* 204a1-b5）：

> 那些已经有智慧的人便不再爱智慧（philosophein），无论他们是神还是人。那些愚昧无知到坏掉的人也不会爱智慧，因为没有傻瓜和坏人爱智慧。剩下的就只是那些拥有这种坏事、这种无知但是还没有因此而变得愚昧无知与愚蠢的人。他们明白自己不懂那些他们不知道的事情。
>
> ——*Lysis* 218a2-b1

通过向吕西斯证明他并非拥有智慧，通过让他认识到他并不知道，苏格拉底把他摆在了正确的爱情之路上——这条道路通向对智慧的爱，通向对美本身的爱。[18] 这究竟如何解决了希波泰勒让吕西斯爱上他的问题是另一回事，这个问题我们需要用狄奥提玛的形而上学来解答。

作为一位哲人，苏格拉底并不知道他自己关于德性问题的答 135
案，也真的“既没有大智慧也没有小智慧”。然而，与他所考察的那些人不同，他知道自己不知道，知道自己缺乏智慧。给他这种知识的是他所拥有的一项技艺——发问的技艺。正是这项技艺把他变成了爱智慧的人，因此，这项技艺本身也是（产生）爱的技艺。当然，我们确实看到，发问是苏格拉底自己致力于并且勉励别人去实践的事情。（*Apology* 29d2-30a2, 38a1-6）[19] 苏格拉底自称知道爱的技艺，因此，这就揭示了关于他的一个深刻真理——事实上，它是如此深刻，以至于通过制定它的那个可能神圣的“规则制定者”，这个真理似乎被编码在语言本身之中：“‘英雄’

---

⑱ *Sophist* 231b3-8：“驳斥某人对自己智慧的空洞信仰，只不过是我们高贵的智术（诡辩）而已。”

⑲ 请注意，特别是29d5处的“勉励”（parakeleuomenos）。

(hērōs) 这个名词只是‘爱’(erōs) 这个词的一个稍微经过改变的形式——英雄都是从爱中成长起来的。这要么就是他们被叫作‘英雄’的原因，要么是因为他们是智者、聪明的演说家与辩论家，擅长于提问（erōtan)。”(*Cratylus* 398c5-e5) 将“讽刺家”(eirōn) 加到这个词源学的混合上，你们就会觉得苏格拉底——发问者、爱者、哲学英雄、“讽刺家”——真的就具有神的恩赐！(*Apology* 30d7-e1)

将爱的技艺与发问的技艺等同起来，虽然与苏格拉底通常的“操作模式”(modus operandi) 和对智慧的否认一致，但并非完全没有问题。因为狄奥提玛，作为教给苏格拉底爱的技艺之人(*Symposium* 201d5)，将其刻画为导致科学知识的东西。(211b8-d1) 那么，在假正经地否认智慧的同时，苏格拉底是否真的拥有智慧呢？阿尔喀比亚德觉得他在苏格拉底身上瞥见了“真正美的事物”(219a1)，他是对的吗？或许，我们足以在此找到一条由狄奥提玛本人提出的出路。她相当确信，苏格拉底可以在爱的技艺（所谓“较低层级的秘义”）方面被教导，在其中，这个哲学式的爱者，当他发现一个身体与灵魂都美的少男时，便产生出关于德性的美的言论。(209a1-c7) 但是，关于获得了美的科学知识的那方面，狄奥提玛是更加慎重的：“至于那些与（美本身的）终极启示相关的方面，为了它们起见我已经教给你其他的东西（‘较低层级的秘义’），我不知道你是否有能力领悟它们。”(210a1-2) 值得注意的是阿尔喀比亚德自己对苏格拉底言论的描述——“它们被辞藻和习语从外面包裹起来，就像无法无天的萨提尔的兽皮那样”，还有“什么驮东西的驴子啊、铁匠啊、鞋匠啊、皮匠啊”，尽管这也确实符合我们看到的苏格拉底在所谓早期
136 对话中给出的言论，但却不符合苏格拉底从狄奥提玛那里学到的那些崇高的课业。正如苏格拉底从她那里学到它们这一事实，就像很多人都认为的那样，意味着它们并非出自苏格拉底，而是柏拉图式的——就像我在别的地方说的那样，这是柏拉图在苏格拉

底的美中生产出来的某种东西。(Reeve 2004: 96)

《吕西斯》告诉我们，“这是一个欲求的东西，欲求它所欠缺的东西”(221d7-e2)。《会饮》却更加刺耳地传达了上述信息：“没有到手的、不在眼下的、人们没有的、不属于自己的、人们欠缺的东西——欲求和爱欲所欲求的就是诸如此类的东西。”(200e2-5) 在《理想国》卷九，这一对欲求的描绘明确地与理念论连在了一起。饥饿、口渴之类的东西，都是“联系于身体状态的某种空虚”，而“愚昧和无知”则是“联系于灵魂状态的某种空虚”。食物填补前者，“真正的信仰、知识、理性，总而言之，所有德性”则填补后者。但是，这些填充物并不是同级别的。食物的填补是暂时性的，因为它很快就被消化并排泄掉了；德性的填补却是永久性的，因为就像某种始终如其所是的东西，与食物相比，它更多地带有“纯粹存在”的性质，而且“更加真实”。(585a8-b8) 因为那些更加真实的事物——完全是其所是的东西——就是柏拉图的理念（*Republic* 475c6-480a13)，所以只有当真正爱少男的人抵达了这些事物（或者，更为确切地说，美本身）时，他的欲望才会得到满足，他的空虚才能真正得到填补，他的幸福才能得到确保。(*Symposium* 210e2-212a7) 辩论对爱而言是非常重要的，部分是因为它揭示了这些空虚的存在——这些空虚，因为被关于知识的虚假的自负隐藏或遮蔽了起来，所以在情欲上是毫无生气的（惰性的）。饥饿的显露从而变成了某种喂养：“一个人嘴里塞满了食物，以至于他什么也吃不进去，结果可能饿死，那么给他食物是要把他的嘴塞得更满，还是要从中拿走些什么，以便他能够开始吃呢？”(Kierkegaard 1941: 245n)[20]

苏格拉底在《斐德若》中告诉我们[21]：一位哲人遇到一个

---

[20] 我将对这一段的注意归于 J. Lear 2004，没有任何研究苏格拉底式讽刺的学者能错过这本书。

[21] 我非常感谢迪斯金·克利鼓励我重新阅读这些文本。

“有着神一般的脸庞或者非常美丽的身体外形”的少男时，“他凝视着这美，敬它如敬神一般，倘若不怕自己看起来好像彻底疯了一样，他会对其心上人献祭供奉，好似对某个神的神像一般”(251a1-7)。在这个方面，他与任何一个在自己的守护神（因为性格决定的）的合唱队中瞥见的“理念”记忆犹新的转世的爱者没有任何不同：

137 每个人都根据自己的性情从美的行列中挑选自己的情伴，把他塑造装饰成一个“神像”，仿佛他就是自己的神，以便供奉他并举行自己的神秘义式。因此，宙斯的信徒会寻找在灵魂方面好像宙斯那样的人去爱，如此他们就会去看对方是否在本性上倾向于哲学；他们一旦找到这样一个人，就会爱上他，就会尽一切可能把他变成这种爱智慧的人。因此，如果他们以前没踏上这条道路，那么现在就要着手这样做，向任何可以求教处学习，或是自己钻研；当他们遵循自己内心的踪迹发现了自己的神的本质，他们就通过强制自己热切地凝视那神，并且通过记忆抓住他，为他狂迷，他们就从他那里获得了自己的习性与道路，达到这样的程度以至一个人有可能分享神；因为他们认为其情伴对这些事情负有责任，于是他们也就更爱他，他们就像酒神的女祭司那样把从宙斯那里汲取的甘泉全都拿来浇灌他们情伴的灵魂，使他尽可能变得好像他们自己的神。

——*Phaedrus* 252d5-253b1

在此，少男的脸庞、身体、灵魂就都是“神像”，而哲人则被它们吸引，经由“回忆”（anamenēsis）去爱智慧，像神一样，并给他的情伴以哲学的教育。正是在他体内，而不是在少男体内，流动着一种奇妙的液体：

> “滋养……流到”他身上(epirrueisēs de tēs trophēs, 251b5);“他透过双眼而接收到一股美的川流”(daxamenos gar tou kallous tēn aporroēn dia tōn ommatōn, 251b1-2);而且,由于他凝视着情伴的美,他的灵魂“就从那里接收到在川流中冲向他的粒子”(ekeithen merē epionta kai rheont’… dechomenē, 251c)。
>
> ——Nightingale 2004: 157

此外,这种汇流的作用并非饱足或填补,因为在“川流”(rheonta)中“冲向”(epionta)哲人的“粒子”(merē)就是“欲求”(himeros)。(251c6-7)正是这些现在被激活的欲求,反而最终使哲人能够“热切地凝视”宙斯的学习与研究。他汲取的液体就像来自这个神圣之源的甘泉,真正地滋润着他,然后他又拿它来浇灌其情伴的灵魂。(253a6-b1)如果说这种浇灌的作用是 138
把后者变得“尽可能像他们的神”,那么我们就可以推断,它必定充当着对其欲求的刺激而不是满足其欲求的东西,也将他导向了对哲学、宙斯以及柏拉图式理念的欲求。颠倒阿尔喀比亚德给出的描述——通过“神像”这个术语的使用而得到纪念——几乎不可能更加完整。因此,当他提到“对哲学的疯狂与巴克斯式的狂热”(*Symposium* 218b4)时,我们就可以确信,他心里想的不是这一明确分列“在右手边的那部分疯狂”,而是那些在左手边的坏的疯狂,前者等同于“神圣的”、非生殖器的、哲学式的爱,后者则等同于性爱。(*Phaedrus* 266a3-b1)

即使一位哲人攀登到狄奥提玛梯子的顶端并看到美的理念,他体内所拥有的东西,对于他所钟爱的少男而言,也不是什么会填补其空虚的东西,而是会激活这些空虚、将它们变成哲学探索的有效动机的东西。我们可以说,无论多么有智慧、多么有学问,也没有哪位柏拉图式的哲人能比苏格拉底对别人那样更有智慧和学识了!一个人必须了解自己的理念。出于这个原因，用“神像”这个术语来描述这样一位哲人身上确实拥有的东西就是特别恰当的。因为神像原本就“与形似或模仿的概念、严格意义上象形表象的概念”没有“任何关系”。相反，它的目的“可以说，在于建造一座抵达神性的桥梁”。然而，“在同一时间且在同一形象中”，它又必须“从那个领域中标记出其相对于人类世界的距离”。它必须使神的力量显现出来，但它也必须强调“在神性中不可抵达的且神秘莫测的东西、其陌生的性质、其相异性”（Vernant 1991: 152-153）。就像一位柏拉图式的哲人对另一个人来说，身上所拥有的东西那样，神像是一座桥梁，连接到别的东西——一种它自身必须超脱诸种形象的形象。（*Symposium* 212a4-5）

将“神像”作为人与神之间的桥梁，这种观念必定会让我们想起狄奥提玛将爱若斯刻画为一个“灵明”（daimōn）的描述——“介于神与凡人之间”（202d11-e1）的某种存在。“总是贫兮兮的”“粗鲁且不修边幅”“打赤脚”“居无定所”“勇敢无畏”“终其一生都热爱智慧”，爱若斯听起来明显相似于苏格拉底本人（203c6-d8），阿尔喀比亚德实际上就将他描述为一个“真正的灵明”（219b7-c1）。但是，那意味着苏格拉底在有关方面也明显相似于一个“神像”，而且“神像”也像他。早前提到阿尔喀比亚德的那些可以打开的西勒诺斯其实都是些雕像模具，与这种推测一样，这也有将苏格拉底里面的“神像”变成他自己的雕像的效果。尽管阿尔喀比亚德声称，他在试图勾引苏格
139 拉底之前曾看到过这些“神像”，但值得注意的是，在其颂词的倒数第二节，苏格拉底作为一个德性模范的形象是极其重要的。无论在对阿尔喀比亚德美丽身体的抗拒中，还是在波提狄亚之战或德利乌姆之战中，他都是智慧、节制、刚毅、勇敢的典范。（219d3-221c1）

“富于机智地大谈德性”（euporei logon peri arētes）这个措辞，狄奥提玛将其用于孕育，恰当地说是对少男们哲学式的爱

(209b8)，与阿尔喀比亚德最后关于苏格拉底所说的话有相似之处，事实上，这也是他最后直截了当的话："又是老一套……只要苏格拉底在周围，别人就不可能沾到美少男。现在，瞧瞧，他多么富于机智地（euporōs）找了一个令人信服的理由（logon），好让这家伙（阿伽通）在他身边躺下。"（223a6-9）这些话都是精心准备好的。苏格拉底说："我预言得准吧？我刚才就说阿伽通会讲得很精彩，而我则会不知所措（aporēsoimi）。"厄里刻希马库斯回答："至于你会不知所措，我可不信。"苏格拉底回应说，这是第三次用到这个动词："在如此优美而且如此多彩的颂词之后，我又如何不会不知所措呢？"（198a5-b3）在狄奥提玛关于波罗斯（Poros，丰盈之神）和潘妮娅（Penia，贫乏之神）的故事中，我们发现了它们何以潜在地有欺骗性：

> 因为爱若斯是波罗斯与潘妮娅之子，所以这是他的命运：首先，他总是贫兮兮的，远不像大多数人以为的那样，既文雅又漂亮；相反，他粗鲁且不修边幅，打赤脚，总是随便躺在地上，什么也不盖，睡在门阶上或干脆露天睡在路边。因为他拥有他母亲的天性，他的生活总是与贫乏相伴。但是，他也像他父亲，总在图谋善好的和美的东西，因为他勇敢无畏、热切且硬朗，是个很有本事的猎人，经常有些鬼点子，欲求智慧，脑子转得快，终其一生都热爱智慧，擅于施魔，是个巫术师，还是个智者。就天性而言，他既非会死的那类，也非不死的那类；但有时候，在同一天，他一会儿活得朝气蓬勃，只要他富于机智，可是过一会他又死气沉沉，不过很快又活过来，这是他父亲的天性所致，尽管他源源不断赢得的又源源不断地流逝。因此，爱若斯既不富也不亏（aporei）；相反，他处在智慧与无知之间。可以这么说：没有哪个神爱智慧或欲求变得智慧，因为神已经是有智慧的；如果别的什么人有了智慧，他也不会爱智慧。另外，愚昧无知的人既不

> 140 爱智慧也不欲求变得智慧；因为愚昧无知者的麻烦恰恰在于，尽管不美不善好，也不智慧，但却觉得自给自足了。谁不觉得自己欠缺什么，谁就不会欲求其认为自己并不欠缺的东西。
>
> ——*Symposium* 203c5-204a7

苏格拉底凭借扮演被追求的少男（而不是进行追求的年长的爱者）（222b3-4），扮演“神像”的来源（而不是其接受者），把雅典人的娈童恋颠倒了过来。与此一样，凭借他的发问技艺，他也将“茫然”（aporia）变成了“欣然”（euporia），把空虚变成了机智。然而，作为一位哲人，他所欲求的，并不是像阿尔喀比亚德声称的那样，与阿伽通（“至善君”）躺在一起，而是与分享他名字的那个柏拉图式的理念交媾。不然，阿尔喀比亚德的暗示就是一种对秘义的真正亵渎——这一次不是厄琉西斯秘义，而是狄奥提玛以其为模型建立的那些哲学的秘义。（Sheffield 2011b）

关于阿尔喀比亚德体验到的，苏格拉底在他身上引出的“茫然”的方式，我认为，我们也可以说同样的话：

> 当时正是冬天，我把我自己的斗篷裹在他身上，然后钻进他破旧的大衣下面，双臂环抱着这个真正的“灵明”，这个令人惊异的男人，就这样挨着他躺了整整一宿。再说，苏格拉底，你不会说我讲得不实吧。可是，我做了这一切，他却如此轻蔑我的青春美貌，以至于他嘲弄我的美貌，还极其无礼地羞辱它；而在这方面，至少，我还真觉得我是那么回事，诸位法官——你们也许得当回法官，来评判一下苏格拉底的傲慢——要知道，我对诸神和女神们起誓，我就这样跟苏格拉底睡了一夜，直到我醒来，那感觉简直就像是跟父亲或者哥哥睡了一夜似的。你们能想象我在那之后的心情吗？我觉

> 得自己受到了侮辱，可我还是倾慕他的天性、节制与勇敢，因为我遇见了一个我从未想过会遇见的如此智慧、如此刚毅的人。结果就是，我既无法生气，跟他绝交，也无法足够富于机智地（ēuporoun）把他争取过来。因为我很清楚地知道，钱财远不能使他动心，他比刀枪不入的阿贾克斯（Ajax）还要厉害，而我唯一想到的就是靠那个才可以俘获他，可他还是从我这里逃走了。如此我就不知所措了（ēporoun），只得听这人使唤，做他的奴隶，换作别人，任何其他人都没有这样被人使唤过。
>
> ——*Symposium* 219b5-e5

这个事情本来应该被体验为一种可以导向善好或美的理念 *141*
的资源，但事实上反而被体验成一种真正的丧失，只能通过——经由诱惑与贿赂（这是阿尔喀比亚德似乎承认的唯一真正的策略）——占有苏格拉底本人和他被想象包含的基于“神像”的智慧来补偿。只有加入苏格拉底引导的那种在哲学上被审查的生活才能赢得苏格拉底的爱，这种思想似乎遥远到令人绝望。

《理想国》卷六中的一个重要段落强有力地表明，阿尔喀比亚德的这种消极解释其实是柏拉图自身解释的一个重要组成部分。在这段话中，苏格拉底正在说明，为什么哲人们都拥有不应得的坏名声，以及他们沉思柏拉图式的理念的灵魂有着怎样的真实效果：

> 大众对哲学的反感是由那些门外汉引起的，他们闯进不属于他们的领地，就像一群纵酒狂欢的人（epeiskekōmakotas），相互辱骂，放纵自己对争吵的爱好，而且还总是进行人身攻击——这些是与哲学最不相称的事情了……因为那些其心灵真正指向永恒事物的人，确实没有闲工夫关心凡人的琐事，

也不会参与他们充满恶意和仇恨的争斗。实际上，他钻研并沉思的都是一些有着永恒不变秩序的事物，看到这些事物既不会伤害其他事物，也不会相互伤害，全都处在理性的秩序中，他就模仿它们，并试图尽己所能地变得与它们相像。或者说，你认为有什么方式能阻止一个人与他所尊崇的事物相联系而不模仿它呢？……那么，通过与那些有序（kosmiōi）而神圣的事物相联系，哲人们就在人力可达的范围内使自己变得有序而神圣。但是，你要记住，总是存在着大量的诽谤中伤（diabolē），且无处不在。

——*Republic* 500b1-d2

请注意，阿尔喀比亚德指控苏格拉底“辱骂”他（*Symposium* 213d2），并继而给出了一个完全关于人的颂词，因此这是尽可能地“反对哲人苏格拉底”的。于是，后者认为这是有意诽谤中伤便不足为怪了：“好像你并没有把它全都说出来，你真正的目的是挑拨离间（diaballein）我和阿伽通的关系。”（222c7-d1, 222d6）最后，有“一群纵酒狂欢的夜游神”（kōmastas）在《会饮》结束时到来（223b1-2），他们发现阿伽通的门是“打开”的（223b3），就好像阿尔喀比亚德觉得他发现苏格拉底是“打开”的那样，便闯了进来，又把所有“秩序”（kosmōi）全搞乱了。（223b4-5）这种重复过于显眼，不可能是纯属偶然的意外。

142 这些纵酒狂欢者真正破坏的秩序是由厄里刻希马库斯以宴会主人的身份建立起来的：“我提议咱们从左到右顺着来，每个人尽己所能做一篇优美的颂词来颂扬爱若斯。”（177d1-2）当阿尔喀比亚德最后抵达宴会时，厄里刻希马库斯也试图将这个规则强加到他身上：

在你来之前，我们就已经说好了，从左到右顺着来，每

> 个人都要对爱若斯发表一篇颂词，要尽力讲得漂亮。我们中其他人全讲过了；但是，你还没有讲，酒却已经喝了，按规矩现在该你讲讲了。你一讲完，就可以随意定个题目给苏格拉底讲，他再给他右边的人定个题目，就这么轮下去。
>
> ——*Symposium* 214b9-c5

然而，正如我们所见，阿尔喀比亚德没有真正遵循这个规则，因为他讲的不是爱若斯，而是一个人（214d2-10），尽管这个人很像爱若斯。不过，后来，当阿里斯托德莫斯醒过来的时候，他却发现秩序被恢复了："只有阿伽通、阿里斯托芬和苏格拉底还醒着，用个大碗从左到右顺着喝酒。"（223c4-5）我认为，这暗指阿尔喀比亚德与那群纵酒狂欢者——以及他们所代表的混乱——都走了。但或许，他们像某些其他人一样，不过是睡觉了。

这个秩序，这个围绕着阿伽通的桌子的爱（或者关于爱的逻各斯）的运动，的确是宴饮式的，但它也是有寓意的。它最初也最明显地与《斐德若》中的辩证法从爱中看出的那种秩序相联系，如我们所见，在《斐德若》中，善好的、哲学式的爱被等同于明确分列"在右手边（dexiai）的那部分疯狂"。（266a3-b1）但是，它也同样联系着"相同的运动"，在《蒂迈欧》中，创世神使相同的运动"沿着外缘向右旋转"（36c5-6）。因为就像辩证法一样，就像苏格拉底宣告自己是一个爱者的分裂与聚集（*Phaedrus* 266b3-4）一样，这个运动也联系着哲学："只要论证涉及的是一个理性的对象，而且相同的圈也很好地运转（euporos）并把它揭示出来，那么必然的结果就是理解与知识。"（*Timaeus* 37c1-3）

当我们转向狄奥提玛所做的从哲学上去除先前讨论过的波罗斯和潘妮娅的故事的神话色彩之时，《会饮》中 epi dexia 的寓意就浮现出来了。如果那些已经充满智慧并因此触及所有柏

拉图式理念的人既不爱什么也不欲求什么，那么对于用爱的技
143 艺来达到教育目的的哲人又会发生什么呢？他的爱是否会因其成功而有所损毁呢？在狄奥提玛看来，答案是否定的。哲人的欲求，像所有爱者的欲求一样，并不是暂时地拥有美或善好的东西，而是把它变成自己的“永恒”。（206a3-13）因此，隐藏在一切欲求或爱中的就是“对不朽的爱”（207a3-4）。但是，人类所能达到的对**这种爱**的满足与诸神所达到的那种永久的满足有着天壤之别：

> 凡人的天性（会死的自然）尽其所能地追求永远存在并且不朽。达到这一目的的唯一办法就是生育，即不断地留下新的不同的东西来代替老的东西，因为即使在每个单一的生命体被说成活着并且同一的那段时间中（譬如，一个男人从小到老都被说成活着并且是同一个人——可是他身上从来没有同一的东西，尽管他被称作是同一的），他还是在不断地新陈代谢：头发、肌肉、骨骼、血液，乃至整个身体。不仅那些关乎身体的事情，而且那些关乎灵魂的事情，其性格、习惯、想法、欲望、快乐、痛苦、恐惧，它们中的每一个也从不作为同一的事情出现在一个人身上；有些在生成，有些在消亡。更不寻常的事情还在于，不仅知识的有些项在我们当中在生成，有些项在我们当中在消亡，关于知识的项我们从来都不是同一的，而且每个单一的知识的项也以同样的方式被影响着。之所以要学习（实践），就是因为知识在离我们而去；遗忘就是知识的离去，但是学习（实践），通过引入新的记忆来替代那些离去的东西，就把知识保存下来，使它显得还是原来的样子。凡会死的都是以这种方式被保存下来的：不是像神灵那样保持永远完全同一，而是随着自己的离去与变老，留下自己曾经所是的那种种类的一个新的不同的东西。唯有以这种方式……凡会死的才在身体和其他方面享

有不朽；只不过不朽的方式非常不同。[22]

——*Symposium* 207d1-208b4

因此，当哲人抵达美本身的时候，他的任务，恰恰因为他是 144
有死的，就绝对没有完成。处于跟美的接触中，知识（他对美的知识或沉思）的每一项都必定产生像它的另一项——正如，如果哲学家自己活着，那么他的每一个人生阶段或时间切片——我们这么称谓它们——都必定产生另一个人生阶段或时间切片。

正如德里克·帕菲特（Derek Parfit）在我们自己的时代中所论断的，这种思考方式的一个效果便是模糊或软化“自己”与“他人”之间的区分，以及由此而来的“利己主义”与“利他主义”之间的区分。（Parfit 1984: 199-347）我认为，柏拉图意识到了这一效果并试图利用它，这一点是毫无疑问的。一位哲人在关于美本身的真正的美中所产生的，是他自己的“真正的德性”这个好东西。他首先关心的也正是对它的培养。然而，因为他是一个不断变化的或者说新陈代谢的造物，为了保持德性——为了保住那个好东西——他不得不做的便是让自己在后来的阶段同样具有德性。这个后来的自己，作为他自己拥有善好事物的例子，是他所爱的东西；出于同样的原因，他也爱着现在的自己，就像这样一种情况：《理想国》告诉我们，当一个人变得有德性，他便因此而“变成了他自己的朋友（philon genomenon heautōi）”（443d5）。[23] 于是，孕有德性并且总是准备在真正的美中生育它的

---

[22] 一个非常有趣的问题是：这个说明适用于所有环境下的人类灵魂的各个方面，还是如《理想国》中表明的那样，仅仅适用于“它在人类生活中获取的理念”，当包上身体性欲的外壳，其真正的本质，就像海神格劳科斯（Glaucus）的本质那样，是经过伪装的？（612a5-6）当与身体分离且其他元素都在具体的灵魂中呈现时，理性的元素是真正不朽的、神圣的，是一个知识从中永不漏出的容器。倘若这是真的，那么适用于诸神的事情就会适用于它。

[23] 感谢詹姆斯·莱舍让我想起这则文本。

哲人遇到一个他觉得美的——用美本身作为美的标准（211d3-5）——少男，便“试图教育”他。也就是说，他试图把这个少男也变成一个有德性的爱智者，即他自己的某种“同类”。假如他成功了，这个少男就会是他的“衍生物”（208b4-6），他就会像爱他自己的未来那样去爱这个少男，而且正是出于同样的原因，这个少男支持着他（他现在的自己），就像他们所做的那样。利己主义与利他主义走得更近，自我利益也与某种非个人的东西走得更近。如果我们从这个少男的观点来看待这一点，那么我们就能理解为什么苏格拉底的辩论示范确实向赫尔摩根尼斯（Hermogenes）展示了如何让吕西斯爱上他。苏格拉底声称，对另一个人的辩驳同时总是一种“自我考察”。（*Apology* 38a4-5, *Charmides* 166c7-d2, *Gorgias* 506a3-5）因而，倘若赫尔摩根尼斯与吕西斯一样是一位初生的哲人，那么他们的辩论对话就会使彼此变成对方的第二个自己，他们都会像爱自己那样去爱这第二个自己。[24] 因此，获得苏格拉底之爱的真正途径便显现出来。

狄奥提玛说：“我相信，通过触动这位美人（tou kalou）并与
145 他（autōi）保持亲密交往，他就生育了自己孕育已久的东西。”（209c2-4）她谈论的到底是少男还是美呢？一个巧妙的歧义性（tou kalou 和 autōi 可以是阳性或中性）允许她在彼此上面加上我将其作为两个分离的要素提出来的东西——哲人在美本身的真正的美中生育出我们能完全从直觉上将其看作他后来的自己的东西，以及哲人在一个美少男身上生育出狄奥提玛关于自己的理论邀请我们如此去看待的东西。

正如在《会饮》中，“从左到右”的四次重复是非常突出的，而且与阿尔喀比亚德有着深深的联系，“突然”的四次重复也是

---

[24] 我在自己之前的一篇文章（Reeve 1992a: 173-183）中指出，我们应该以一种相似的方式来理解亚里士多德关于“有德性的朋友”的观点。这些朋友都是彼此的“第二个自己”，部分是因为他们有助于把对方变成有德性的人。

如此：突然，真正的爱者瞥见了美本身（210e4-5）；突然，阿尔喀比亚德来到阿伽通的住所（212c6）；突然，苏格拉底出现在阿尔喀比亚德的生命里（213c1）；突然，一群纵酒狂欢者闯了进来（223b2-6）。在每种情况下突然出现的都是一个爱的候选对象：对于哲人之爱而言的美本身；对于苏格拉底之爱而言的阿尔喀比亚德；对于阿尔喀比亚德之爱而言的苏格拉底；至于那群（pampollous）纵酒狂欢者，他们是成功地与苏格拉底竞争阿尔喀比亚德之爱的对象，因为当苏格拉底不在身边时，阿尔喀比亚德就拜倒在“众人（tōn pollōn）的奉迎”（216b4-6）之下。

然而，那些突然出现的事情——那些使人陷入一见钟情的事情——要成为真正美的、真正被爱的东西，就必须在一个秩序中达到正确的位置，这个秩序（首先并首要）是爱者自己灵魂中的一个引起教育的秩序。这就是狄奥提玛所强调的事情：

> 凡是在这个问题上遵循正道的人，必然从小就开始向往那些美的身体。首先，如果他的引路人引领得正确……谁要是在爱的技艺上被培育到了这般境地，遵循正确的秩序（ephexēs）㉕和方式看到了各种美的事物，那么他就会在一瞬间突然行进到爱的技艺之终点，看到某种本质上美的神奇事物。
>
> ——*Symposium* 210a4-e5

但是，适当秩序的重要性并不在那里终止。要保持与美本身的接触，就必须维持如此获得的心理秩序。就像苏格拉底自己虚构的秩序性，它必须属于一种既非使人沉醉的酒，也非性欲，也非极端的冷热，也非睡眠的缺失，也非正常人性之软弱可以扰乱

㉕ 阿尔喀比亚德用这个词来描述他对苏格拉底的描述中恰恰没有表现出来的东西。

的秩序。要是将其比喻性地表达为一种运动，那么它必定是相同的圈的运动。

146 在阿尔喀比亚德到来之前，厄里刻希马库斯从左到右的秩序一直被遵守到所有在场的人都讲完，只有一个明显的例外。(214c2) 这个明显的例外就是阿里斯托芬。[26] 阿里斯托芬本应在鲍桑尼亚之后发言，可是他正在打嗝，所以把他的机会让给了厄里刻希马库斯，而厄里刻希马库斯在谴责“有许多曲调的缪斯波利海尼亚之流行疾病式的爱欲”的同时，赞扬有秩序的、和谐的、有节制的爱。[27] 因此，阿里斯托芬代表的喜剧就是作为一种“向后转”而被呈现出来的，就像阿尔喀比亚德“萨提尔戏剧，或者更确切地说西勒诺斯戏剧”（222d3-4）那样的一个反哲学方向的介入。正如在真实生活中那样，在《会饮》中也是如此，阿里斯托芬与阿尔喀比亚德都不是苏格拉底真正的朋友或情伴。

我在一开始就说，阿尔喀比亚德对苏格拉底的描述是《会饮》中的戏剧顶点。我们发现了这一点，这让我们发觉作为一个人的苏格拉底和更普遍的“人事”是多么有趣——我们有多么喜爱欢笑、喝醉与混乱。正是这个兴趣使我们与阿波罗多洛斯那些匿名的朋友站到了一起，这些人想要得知在阿伽通家里发生了什么——如我们被促使去假设的那样——的欲求使得我们的兴趣得到了极其愉快的满足。但是，《会饮》——阿波罗多洛斯和他朋友们的故事是它的一部分——却将那种兴趣判断为一种危险的非哲学，判断为一种对错误事情的兴趣。我们应该感兴趣的不是苏格拉底，而是哲学和理念。阿尔喀比亚德的颂词充满了人类的兴趣，这是毫无疑问的。不过，由于既不“流利”（euporōs）也没有“条理”（ephexēs）也不是“从左到右”，那么这是一个靠不

---

[26] 不清楚的是赞颂者阿里斯托德莫斯的情况，因为他是紧挨着厄里刻希马库斯躺下的（173a3-5），应该在厄里刻希马库斯之后发言，如果阿里斯托芬没有抢占他的机会的话。

[27] 注意在 187a5 and d5, 188a3 and c3, 189a3 处的“调正”（kosmios）一词。

住的叙事者的作品——它是这样一种生活的产物：在羞愧与被大众认可的欲求之间被撕裂，自我坦白本身并没有很好地运转（ēporoun，219e3）。然而，在某种程度上，因为“神像”这个术语的概念比重以及柏拉图运用它的技巧，对于这个颂词存在着这样一种解读：这个颂词中呈现的苏格拉底的形象是令人惊异地正确的。苏格拉底及其言论的确在自身中具有德性的神像，只是这些神像并不像一个好色的爱者拥有胚胎的精液那样容易被获取。要抓住它们，你就必须改变你的生活。

七、苏格拉底处在“爱的阶梯”上的何方？

鲁比·布罗代尔（Ruby Blondell）

1. 在路上

147 在《会饮》中，当阿里斯托德莫斯出现在阿伽通的住处时，阿伽通询问他：“苏格拉底在哪里?”（174c12）之后阿尔喀比亚德又心照不宣地把苏格拉底与奥德修斯（Odysseus）相比拟（220c），那是漫游者的原型，这便间接地引起了疑问：苏格拉底在漫漫的“旅途”中到底位于何处?[①] 旅行的表意方式从《会饮》的第一个句子（或准确地说，第二个句子）一直贯穿到最后一个句子，那个时候苏格拉底理智的漫游与肉体的漫游正（暂时地）止息于一处。可以说，狄奥提玛著名的“爱的阶梯”的比喻是这

---

① 柏拉图的苏格拉底作为一名漫游者，正如《荷马史诗》中的奥德修斯，一直在探索他真正的“家园”。（see Blondell 2002: 158-159, Montiglio 2005: 151-155）阿尔喀比亚德特别地暗指了《奥德赛》卷四 242 行和 271 行，说明了苏格拉底远未抵达他的家，因为它们都提及了特洛伊事件。《会饮》中的第一次提及便特别引人联想，因为它讲述了奥德修斯用一个乞丐的丑陋外表来伪装自己，而只有一个人［海伦（Helen）］能够看出来。（see *Odyssey* iv 240-250）苏格拉底本人也在 198b-c 处隐含地涉及了《奥德赛》。（cf. Rosen 1987: 204）

套形象化系统的高潮。[②] 通常在希腊文本中，尤其是在柏拉图的文本中，此类形象化描述会携带一整套复杂的观念联系，其范围涵括了理智的探究、继而进行的辩论或者陈述、教导、为了德性的努力（通常是一条向上的道路），以及其他一些关于生活本身的程序。[③] 与伴侣同行或许也充当了各式各样的人类关系的象征。 148
因此，《会饮》无处不在的旅行比喻让我们对隐喻的安置问题、理智或伦理进展问题以及哲学上的关系问题变得十分敏感，这些问题尤其围绕着苏格拉底而展开。

正如许多柏拉图式的对话，《会饮》以一段字面上的旅行开始。[④] 在对话中，阿波罗多洛斯回忆了他在伙伴格劳孔的陪伴下从家到城镇的旅行。（172a-173b）这旅行变成了一个关于人际关系和对观念追求的隐喻，部分是因为它成了发现和重申他人（最有名的是苏格拉底）观念的一个机会。这便引发了关于这样的旅行人们可能想问的所有最基本的问题：谁在前面？谁在后面？谁在移动？谁又静止不动？谁想知道以及谁想告诉他？谁有兴趣致力于哲学？总之，谁在模仿苏格拉底或者谁与苏格拉底“坠入了爱河”？这种旅行的结构是十分简单的。追随者遇上引导者，他们俩一同前行，引导者给追随者描述过去的那些事件。这种对目的地（telos）有条理地追求，同那些非哲人的随意“碌碌无为”的生活形成了鲜明的

---

② 关于“爱的阶梯”作为一次神秘的旅行，特别参见 Nightingale 2004: 83-86。love 是希腊词 erōs 不适当的翻译。（see Halperin 1985: 161-163）再者，上升更像一个楼梯而不是阶梯，因为它在各个阶梯上为其同伴留下了空间（正如我们将看见的，这更适合苏格拉底的“引导”模式），并且它暗示了要上升到一个神殿，上升到一个神圣的地方。但是，传统的说法比“热烈欲求的楼梯”（staircase of passionate desire）更加悦耳。

③ See Montiglio 2005. 正如南丁格尔（Nightingale）最近（2004）所认为的那样，这种理论上的旅行对哲学探索是极其重要的。关于辩证法的“道路”，参见 Nightingale 2004: 108-110。“旅行”的表述在《会饮》文本的复杂表述结构中有特殊的意趣（例如，διελθεῖν 在 201d-e 处出现了 3 次）。

④ Cf. Blondell 2002: 64. 关于《会饮》开场的旅行以及它涉及了上升，比较 Osborne 1994: 86-90。

对比，而正是前者标示出了哲学的生活。(172c-173a)[5]

最初的旅行引入了下一个旅行：苏格拉底在阿里斯托德莫斯的陪伴下到达阿伽通的住处。正如阿波罗多洛斯开场的旅行一样，但这里更加完整和微妙，这也是对人际关系和哲学发展的一种隐喻。[6]由于苏格拉底实际上是在场的，所以这一次我们是作为一个追随的旅行者而接受这位哲人的形象的。这位哲人强调其自主性，这不仅表现为选择目的地，而且表现为朝着这个目的地持续前进。因此，苏格拉底选择不出席前一天的聚会，这个决定说明了他独立于社会习俗。(174a) 相似的是，通过“扭曲”关于宴会的不速之客（party-crashing）的谚语，他展示了对于传统智慧轻松而随意的不尊重，通过领来一个未受邀请的客人，他挑战了宴会的排他性和对礼仪的恪守[7]，阿里斯托德莫斯的紧张和尴尬把这一
149 点表达得很清楚。苏格拉底试图把阿里斯托德莫斯揽入他自己的独立道路，暗示他们俩要自主（αὐτόματοι，174b5）前行。虽然他最初告诉阿里斯托德莫斯“跟随”他（174b2-3），但他引证荷马去暗示平等的协作：“两人结伴走，我们将计划好自己应该说什么”(174d2-3，注意希腊语是双数词)。从合作着手处理生活以及交谈，是典型的柏拉图的苏格拉底。[8] 但是，阿里斯托德莫斯将会机械地“跟随”直到终点。(223d10; cf. 172c5-6) 在这个开场白中，他拒绝对他自己负责，并说他将会执行苏格拉底的任何“决定”(174b2)，并且提醒苏格拉底承担起把他“引导”到阿伽

---

⑤ 参见“四处游荡”和与非哲学式恋人的邂逅（209b），苏格拉底在性上拒绝他之后，阿尔喀比亚德在一个困惑（aporia）的状态下“四处游荡”(219e)。柏拉图对话中关于定向地旅行、游荡和休息之间的相互关系，参见 Montiglio 2005: 163-179。

⑥ Cf. Lowenstam 1985: 87; Osborne 1994: 90-91, 97-98.（虽然他们的解释与我的不相同。）

⑦ 关于这一点，比较 Stehle 1997: 218。

⑧ Cf. Blondell 2002: 120-121. 在《普罗塔戈拉》(348d-e) 中，他使用了来自荷马的同样引证去表达这种协作。

通那里的责任（174c7-d1）。尽管他对苏格拉底的这些事情富有热情，但是阿里斯托德莫斯缺乏他偶像的“厚脸皮”，并且对苏格拉底的自主性与平等协作性有所怀疑。这些鲜明的特点都回应了他无法在理智上追随苏格拉底。（cf. 223c6-d1）

尽管他有协作的提议，但是最终苏格拉底还是迫使阿里斯托德莫斯自己上路。通过使自己落单并“命令”阿里斯托德莫斯继续前行，苏格拉底颠覆了引导者—跟随者的等级次序。（174d）阿里斯托德莫斯将会可笑地证明自己在被迫练习苏格拉底式的自主和多余的引导权上的拙劣，而不会注意到他已经把苏格拉底落在后面了，并且在到达目的地时因为没有苏格拉底的陪同而备感荒唐。（174d-e）当他被一个奴隶“引导”时（174e3），阿伽通询问他为何没有把苏格拉底“引领过来”（174e8）。阿里斯托德莫斯很显然是一个失败的“引导者”，由于他没有多少知识，所以苏格拉底没有“跟随”（174e10）。虽然“落在后面”，但苏格拉底在这条道路上并未成为阿里斯托德莫斯所期望的跟随者。无论苏格拉底充当什么角色，他都以自己的方式掌控了形势，即使在阿里斯托德莫斯引导时他也依然自主前行，并且同时通过提出一个目的地来“引导”阿里斯托德莫斯，然后鼓励阿里斯托德莫斯独自前行。

在这一小段时间里，没有人知道苏格拉底在哪里——一个奴隶被派出去找他。（174e-175a）直到我们的确发现他站在邻居家的门口，可他还是拒绝一切被引领进去的邀请（175a7-9），只是与他自己的理智（nous）待在一起（174d）。据阿里斯托德莫斯所说（175b），就像他平时所做的那样，他已经停着不动，直呆呆地站在路上。这情形是“奇怪的”（atopos），或者从字面上讲
是“不得其所的”⑨，至少在阿伽通看来是这样，所以他打算让人 150

⑨ 虽然 atopos 首要的意思是“奇怪的”——丧失了它的绝大部分空间感，但柏拉图通过把它与苏格拉底标志性的理智上的困惑状态相联系，恢复了它与（理智的）游荡的关联。更多内容，参见 Blondell 2002: 73-74, Nightingale 2004: 105-107, Montiglio 2005: 154-155 and 170。

（可能是一个奴隶）把苏格拉底接过来，从而打断这种情形。（175a10-11）阿里斯托德莫斯告诫说，苏格拉底从来不喜欢被别人“引领进来”（175a-b）。必须留给他空间，让他自己做出进来的决定。阿里斯托德莫斯认为他会在某个时间点抵达（175b2-3），但是不太确定。尽管如此，阿伽通还是一直希望派人去接他过来。（175c2-4）他想消除苏格拉底的古怪和他的奇怪位置，把他拉回惯常的空间和习俗关系中：他应该和他的朋友共进晚宴，而不是一个人偷偷地在门外思索。当苏格拉底终于在他认为适合的时间抵达时，晚宴已经过半。（175c）这不仅表明他对肉体的需求不感兴趣，而且表明只有在他自己非传统的方式下，他才愿意出席社会活动，跟随别人并遵循惯例。

这样的开始场景，伴随着字面上的通往阿伽通住处的旅行，预示了这样一个疑问：苏格拉底与更深奥的“爱的阶梯”的比喻性旅行有何关联？我们不仅想知道他位于何处，而且想知道他将去往何处（以及他曾经是否抵达），谁（如果有的话）引导着他，以及他引导着谁（如果有的话）。去往阿伽通住处的旅行部分地回答了这类疑问：虽然苏格拉底经过了不少地方，但他有时是在一个并不可知的（以及潜在地不知道的）地点；他能相当自主地引导、跟随以及继续下去；无论他可能饰演什么角色，他都仅仅前往他愿意到的地方，并且鼓励别人（譬如阿里斯托德莫斯）做同样的事情；最终，他抵达了；尽管他身体的位置（最终）在一个特定的时刻能够受到限定，可是他的理智或者灵魂的位置以及活动并不能如此——至少不能总是如此。

正如苏格拉底在这字面上的旅行中扮演了几个角色一样，他承担了与狄奥提玛的阶梯相关联的所有身份。当然爱者（erastēs）这一角色是最重要的——这是一个在所有此类事件中都可以“正确地”前进的角色。完美的爱者被假定等同于人格化的爱若斯，就后者是一个相对于欲求对象的而言。

(204c) 狄奥提玛的爱若斯明显地象征着苏格拉底⑩，由此暗示他作为十分理想的爱者正攀登着阶梯。这在开场背景中被勾勒得十分清晰，在那里苏格拉底正行进在朝向美和善好的道路上，这里美和善好具体体现为美丽的阿伽通，他的名字就意味着“善好”。⑪ 但是，苏格拉底也是可欲的美丽对象。他通过 151
沐浴和穿上便鞋来使自己变得“美丽”，因此引起了他自己的美和阿伽通的美的比较。(174a) 我们甚至还听说在前一天他“避开”了阿伽通，就像一个被爱者躲开他的追求者 (174a)⑫，这再次凸显了他的可欲性，同时暗示了与即将到来的阿尔喀比亚德之间爱欲角色的反转。⑬

狄奥提玛的阶梯也牵涉了第三个人，即神秘的引导者。⑭ 正如我们所看见的，阿里斯托德莫斯的开场叙事戏剧化地描述了苏格拉底作为引导者和那种被动的、如同狗一般的跟随者之间的不同。当阿尔喀比亚德企图引诱他时，苏格拉底对于阿里斯托德莫斯的态度预示了他对这种引诱的回应：“好好考虑以后的日子，我们应该做对我们俩来说都是最好的事情”(219a8-b2；注意这里是双数，回应了 174d2)。相比那些被动的教育，比如由习俗和智者施行的教育，苏格拉底的“引导才能”是一项协作的事业，在这里引导者鼓励跟随者自己把事情弄明白。⑮ 凭借爱若斯化身

---

⑩ 这里文本的根据，参见 Bury 1932: lx-lxii。这个相等关系也被反复地讨论过，参见 Robin 1908: 194-196, Robin 1958: ci-cviii, Anderson 1993: 101-103, Osborne 1994: 93-101, Hadot 2002: 42-50。但是，正如我们将会看到的，苏格拉底在很多重要方面也不同于爱若斯。

⑪ 关于他的名字有很多双关语，最明显的一个在 174b4 处。

⑫ 措辞上（διέφυγον）暗示了这种相关性。(cf. Sappho 1. 21)

⑬ 论苏格拉底作为美的情伴，特别参见 Lowenstam 1985: 98-100。

⑭ 正如所提及的各式各样的ἡγούμενος（下面我总结的步骤 1），即“引导者”（在步骤 5 被暗示并且重现）和教导者（paidagōgos）（步骤 7，210e3）。

⑮ Blondell 2002: 95-101; cf. Burnyeat 1977: 9. 关于苏格拉底式的引导的特点，参见 Sheffield 2001a: 17-18。

的身份[16]，他通过辩证的方法来引导，他对阿伽通的反诘就是一个例子。这并不是一种个人权威，而是一种以此来施加“冲动”的方法（216a4-5; cf. 201c, 216b3-4, b6），甚至施加在诸如阿尔喀比亚德那样并不能很好地“跟随”他（223d3-7）的跟随者身上。[17] 这种辩证的冲动引起了一股驱使上升的“冲动”。（cf. 210c3）这也是协作性的。当狄奥提玛宣称爱者将会“前进或者被引导”（211c）时，这里的“或者”并不是排他性的。[18] 毋宁说，正确的“引导”会导致以自己的意愿和意志“前进”，正如在《理想国》中，在对护卫者施行更高级的教育时要将纪律和自主结合起来。[19]

阿尔喀比亚德将讲到苏格拉底拒绝情欲的引导或者说战胜情欲（προσαγαγοίμην, 219d8），将讲到他对自己行为的自主以及对“正常”行为的蔑视（cf. 220b4），在开始场景中我们已经看到
152 了对这两个特征的预示。但是，这些显著的特征并未阻止他自己在正确的道路上“跟随”正确的引导者。（cf. 210a4）他向狄奥提玛寻求启示，正如其他人比如阿里斯托德莫斯要去找他一样，都是由于爱若斯的推动。（173b; cf. 206b）[20] 她采用了一种适合教导者的命令式强调。（esp. 204b1, 201e10, 202a5-6）尽管她有居高临下的风格（以及稍微尖刻的语调）[21]，但是她的“引导”模式事实

---

⑯ 在阿里斯托芬的颂词中爱若斯是引导者（ἡγεμών）和统帅（στρατηγός）。（193b1）在阿伽通那里，他自己就是一个引导者和教师（197a），一个我们都应该跟随的引导者。（197d-e）对斐德若来说，爱若斯灌输了应该引导我们的羞愧感。（178c）

⑰ 阿尔喀比亚德对苏格拉底协作提议的误解（219b）暴露了一种类似于阿里斯托德莫斯所有的理智上的被动：他把苏格拉底的劝告视作“决定性的”（216b4, 217a2），并且仅仅欲求“听到”（217a5）他内在的智慧。

⑱ 不过，法拉利认为引导者是可选择的。（Ferrari 1992: 257）这似乎更不可能被看作在上升过程中着重强调了“引导者”。（cf. Rowe 1998: ad loc.）

⑲ See Blondell 2002: 214-216.

⑳ 注意具有联想性的动词 φοιτάω，这是对性爱的委婉说法。（cf. *Republic* 390c）

㉑ Cf. Blundell 1992: 130, Rutherford 1995: 192.

上同苏格拉底自己的教育方法有着难以置信的相似。[22] 他看来甚至已经从她那里学习到了这些模式最核心的特点，对阿伽通的反驳就是一个例子。（201e）她大概是通过提问和回答来“教导”苏格拉底的，以显露苏格拉底的无知[23]，正如苏格拉底显露阿伽通的无知一样。在另一个与苏格拉底式的步骤相似的步骤中，狄奥提玛甚至把她自己（与苏格拉底一道）放在学习者的姿态上，与一种想象中的、更博学的提问者相对照（204d），暗示她自己高超的智慧部分是辩证地从别人那里获得的，苏格拉底以同样的方式从学于她，而像阿伽通一样的其他人又以同样的方式向苏格拉底学习。在与狄奥提玛的谈话中，苏格拉底用自己取代了阿伽通，这标志了他是一个能够同时引导和被引导的人，正如他表露出的，他能自如地转换角色以适应他的目的。（201d）

于是，以下这一点是非常清楚的：柏拉图鼓励我们用所有与阶梯相关联的角色来界定苏格拉底，而这又依次对应了字面上抵达阿伽通住处的旅行所描绘的关联。但是，狄奥提玛以及柏拉图注意的主要焦点在于爱者。苏格拉底很明显被等同于这一角色。但是，我们应该在什么程度上认为他在其攀升之路上取得了进步？在他结识狄奥提玛时，他明显并未获得对美的理念（Form of Beauty）的洞见；但是，他颂词的某些片段明显地激起我们去沉思：从他们那时的交谈到这场晚宴，在这25年间苏格拉底到底进展到了什么地步？（cf. 210a, 211d3-4, 212b）[24] 简而

---

[22] 她吸收了苏格拉底辩驳和推进的两个方面。（cf. Blundell 1992: 129-130；对专门的术语的分析，参见 Blondell 2002: 10-11）

[23] 如同一个辩驳的受害者一样，苏格拉底（正如阿伽通）从“每个人”（202b）或者许多人（203c7）持有的信念开始。

[24] 提及瘟疫（201d）似乎暗示出狄奥提玛生活在公元前440年左右的雅典，大多数评论者据此推出，她与苏格拉底的交谈被想象为在这个时间左右发生（不管这种联系是否完全是虚构的，正如我认为的那样）。Anton 1974 中考察了苏格拉底在这个时期的爱欲/哲学的发展。

言之，柏拉图让我们把我题目所提的问题诉诸他的文本，并且
153 学者们很快就上钩了。因此，我现在将详细地检验这个核心问题。

2. 顶层的位置

我将从分析狄奥提玛在210a-212a处概述出的阶梯的步骤开始，并且与211b-d处的重述汇集成概要（同样在下面分别概述）。我突出了支撑我对阶梯之结构的分析的语言上的标记。

步骤1（210a4-8）：一个人要正确地（ὀρθῶς）朝目的前进，就应当（δεῖ）在年轻时开始向往美的身体。首先（πρῶτον），如果引导（ἡγούμενος）他的人引导得正确，那么就会使其与一个身体相爱（ἐρᾶν）并且在那里生育（γεννᾶν）美的言论（λόγοι）。［重述A：从一个身体的美开始。(211c3)］

步骤2（2108-b6）：然后（ἔπειτα），他应当使他自己认识到（κατανοῆσαι）以下两点㉕：任何身体的美根本上都是与其他身体的美极其相似的（ἀδελφόν）；如果一个人应当追求（διώκειν）理念（εἴδει）中的美，那么最大的愚蠢（ἄνοια）就是不认为（ἡγεῖσθαι）所有身体的美其实是一个相同的美，并且了解到（ἐννοήσαντα）这一点。他应当成为（καταστῆναι）所有美的身体的爱者（ἐραστής），并放松对单个身体的强烈爱欲，轻视它（καταφρονήσαντα）并且把它视为（ἡγησάμενον）微不足道的（σμικρόν）东西。［重述B和C：从一个身体的美到两个身体的美，从两个身体的美到许多个身体的美。(211c3-4)］

㉕ 参见Rowe 1998a: ad loc. 为αὐτόν（自己）的解释所做的辩护。

步骤3（210b6-c3）：在这之后（μετὰ ταυτα），他应当认为（ἡγήσασθαι）灵魂的美比身体的美更珍贵（τιμιώτερον），以至于（ὥστε）一个灵魂极具吸引力的（ἐπιεικής）人（τις）即便只拥有轻微的（肉体上的）光彩，也会使爱者十分满足，爱者会爱上这个人、关心（κήδεσθαι）这个人㉖，并且生育（τίκτειν）和寻找一种使这年轻人变得更好（βελτίους）的言论……［这一步没有重述。］

步骤4（210c4-6）：……以至于（ἵνα）接下来（αυ），他会被促使（ἀναγκασθῇ）去凝视（θεάσασθαι）在行为以及礼法（νόμοι）中的美，并看到（ἰδεῖν）美是贯通（συγγενές）于它自身的，从而（ἵνα）他能够认为关于身体的美乃是微不足道的东西。［重述D：从身体的美到行为的美。（211c4-5）］

步骤5（210c6-7）：在行为之后（μετά），（他）应当引导（他）（ἀγαγεῖν）走向（不同）种类的知识，以至于他能 154
够注视到下一步（αυ）关乎各种知识的美……［重述E：从行为的美到学问的美。（211c5-6）］

步骤6（210c7-d6）：……这时候（ἤδη）注视到了大量的美，不会再有处于奴役状态的卑微（φαυλος）和琐碎（σμικρολόγος），并且不会像奴仆一样去爱（ἀγαπῶν）一些个别男孩或其他人或个别行为的美，而是转向美的海洋并凝视它，在对智慧不可限量的热爱中，将会生育（τίκτῃ）大量的美、重大的（μεγαλοπρεπεῖς）言论和思想（διανοήματα）。（这一步没有重述。）

步骤7（210d6-211b5）：……直至（ἕως）在这里获得提升之后，他会瞥见到（κατίδῃ）各种知识其实是同一的，他的对象乃是有次第的美……因为无论谁被引导至

㉖ 为这里的文本所做的辩护，参见 Sier 1997: 276, Rowe 1988a: ad loc.。

（παιδαγωγηθῇ）有关可欲者（τὰ ἐρωτικά）的时刻，都是为了（ἐφεξῆς）正确地依次序凝视美的事物，在爱欲的旅行中现在终于抵达了终点［现在（ἤδη）来到可欲者（τὰ ἐρωτικά）的终点/目标（τέλος）］，他将会立即瞥见到（κατόψεται）在美的本然之中有一些东西是令人惊奇的（θαυμαστόν）美，正是为此才有了先前所有的付出（那些被担负起来的劳作）……而美将不再对他显示为（φαντασθήσεται）脸、手或者身体所分有的任何其他东西，也不会显现为某种知识或者言论，不会显现为（除了自身之外的）其他任何东西，譬如动物、土地、天空或者其他任何东西……（这一步也没有重述。）

步骤8（211b5-c1, 211c7-d1, 212a2-7）：某些人当凭借正确的引导（παιδεραστεῖν）远离那些东西从而向上攀升时，便开始注视到美，并且终点/目标也会在他的把握中。因为这是自己正确地靠近或由某人引导着靠近可欲者的方式（省略重述A-E）……［重述F：从各种各样美的理解到一种理解的终结（τελευτῆσαι），而这种理解除了理解美本身之外什么都不涉及，这样他就将最终（τελευτῶν）理解（γνῷ）美本身是什么……这仅仅会发生在他身上，即由一种对其而言可视的图景看到美，并生育出（τίκτειν）而非幻想出（εἴδωλα）德性，因为他掌握了一种真实之物而非影像，在生育（τεκόντι）和培育（θρεψαμένῳ）了真正的德性之后，他将成为神所宠爱的人，并且他自己对于那些任何有死的事物来说都是不朽的。］

155 **重述**（211b7-d1）：

A. 一个身体（211c3）
B. 两个身体（211c3）
C. 所有身体（211c5）

D. 各种行为（211c5）

E. 各种学问（μαθήματα）（211c6）

F. 美本身的学问（μάθημα）（211c6-d1）

在这些步骤中，柏拉图设想的苏格拉底位于何处呢？我将回过头来一一检验，从顶层（步骤8）开始，以及从成功的爱者凝视美本身的理念这一高潮阶段开始。既然理念在空间和时间之外存在着㉗，那么它与美的对象或者美的人就不具有可比性，或者不在一个水平上（κατά）。只能用思想或者灵魂来感知它。（212a3）那些能够通过这种方式（θεάομαι，211d2, d7, 212a2; cf. 210c3, e3）来凝视它的人将会生育真正的德性（aretē），而非德性的影像，并且变成“神的宠爱”和人所能成为的“不朽者”（譬如神）。（212a）成功的爱者在顶层孑然一人。㉘ 引导者已然消失，因为目的地已经达到了。爱欲的对象现今就是理念本身（cf. *Republic* 490a-b, 501d），它替代了之前所有的欲求对象。爱者不再需要其他的人类——或者物质世界中的任何东西——去促成他的孕育。孕育后代的隐喻从最初的“较低层级的秘义”的显现中继续保留了下来（210a6; cf. 209c），但是这里不会再有任何第二个人类父母（或者养父母）的征兆。㉙ 而且，既然爱者现在正在生育的是真正的德性，而不是（言论上的）“影像”㉚，那么他

㉗ 比较 Rowe 1998a 对 211a7-b8 的论述。

㉘ 我完全能意识到，这个说法并没有得到普遍赞同。譬如罗伊和普瑞斯就相信，被爱的个别的男孩就被一路保存到了阶梯的顶层。（Rowe 1998b: 257, Price 1997: 52-54）但也存在与之不同的看法：爱恋少男（παιδεραστεῖν）（211b5-6）这个词并未展示与此类似的人类爱欲的对象的持续呈现。（cf. Sier 1997: 150n10, 287）See Sier 1997: 149-151.

㉙ 另一个父亲或母亲（如果有的话）必将是爱者现在凝视之美的理念。对这个棘手问题的处理，参见 Pender 1992: 82-85。因为爱者需要“培育”其德性，参见 Nightingale 1993: 129-130。

㉚ 诗人、工匠、立法者很明显被说成在行动和言论中生产德性［包括实践智慧（phronēsis）］的人（209a-c, e），但是现在这些同样被证明是单纯的影像。

就不再需要任何人聆听他的言说。与此相应，在顶层也没有任何言谈的征兆。㉛ 据此可以推断，“真正的”德性是一种灵魂的状态，它将导致一个人在充分且完整地理解了“美”和行为之卓越的情况下合乎德性地行动。因为哲人并不能永久地在对理念的沉
156 思之中存在㉜，而必须从顶层走下来与他的人类同伴交流，所以这种德性将会对其他人产生间接的好处。㉝ 但是，任何这样的好处都是成功的爱者与美本身关系的附属效应，而并非其目的。他与“理念”相关联的目的是为他自己而产生他自己的德性，而非作为（qua）爱欲的对象使他人获益。

因为许多原因，把苏格拉底放置在步骤 8 是迄今评论者采用的最流行的一种观点。㉞ 苏格拉底的角色是哲学上的“引导者”，他对狄奥提玛教诲的认可或许意味着，与狄奥提玛一样，他拥有一些来自对“理念”的洞见的权威。其间的 25 年给予了他大量的时间去发展他的理智洞见。（cf. 219a）此外，他明显地告诉我们他懂得爱的知识（ἐπίστασθαι，177d8）——这对柏拉图的苏格拉底来说是一种强有力的宣告。或许这个“知识”等同于关乎理念的“单一知识”。（210d7; cf. 211c6-d1）

苏格拉底行为的许多方面充满着对顶层的暗示。比如，他对财富和令人欣羡的名声的沉思（216d7-e4），就类似于那种成功的爱者的表现（211d）。他对酒精、食物（或它的缺乏）、冷热以及其他困境——更不用说性爱的诱惑——在身体上的影响的独特的漠不关心（219e-220a）也暗示了，他痴迷地爱上了一些超越物质世界的东

㉛ Cf. Ferrari 1992: 259-60.

㉜ 比较 208a-b 处人和神本性之间的不同。论在“理念”的呈现中永久地居留的可能性，参见 Nightingale 2004: 98-100。

㉝ See Lowenstam 1985: 94, Price 1997: 50-52. 但是，普瑞斯错误地把那些受益者界定为“作为爱欲的对象的……个体”（Price 1997: 53）。“爱欲的对象”是美的理念。

㉞ See e. g. Robin 1908: 196-198, Burnet 1928: 140, Stannard 1959: 125, Taylor 1960: 232-233, Gagarin 1977: 27-28, Lowenstam 1985: 92-93, Nussbaum 1986: 183-184, Price 1997: 49, Gill 1990b: 80, Blundell 1992: 128, Lear 1998: 164, Hadot 2002: 48.

西。(cf. 211d) 对他忍耐力的强调是极其重要的，就阶梯的隐喻暗示着艰难前行来说[35]，他的与众不同正在于此，因为很清楚的是只有极少数人——如果有的话——成功地抵达了顶层。至于他的德性，它们在这个阶段显现恰好契合了他的出类拔萃。除了他那不可思议的节制（sōphrosunē）使他在勇气方面比阿尔喀比亚德（220d-e）更值得拥有奖章（aristeia）外，在言论方面他也比阿伽通更值得拥有桂冠（213e）。[36] 他不同寻常的行为或许可以被理解为其自身内部之德性的显现，它们在这里被表达为行为，而不是言论——这是真实的事情，而并不仅仅是影像。这些德性会给他人 157
带来好处，例如，通过他在行军时的勇敢和在哲学上不懈地启发阿尔喀比亚德的努力可以看出这点。(cf. 219a3-b2) 但是，这些好处并非由朝向那些受益者的人格化的爱若斯所促成。[37]

正如许多评论者已经发现的[38]，苏格拉底在许多方面与美本身的理念极其相似。与理念一样，他“突然”出现。(213c1, 210e4) 他使阿尔喀比亚德相信自己现在的生活是不值得过的——让我们回想起攀升的顶层（211d1-3），阿尔喀比亚德应在苏格拉底的陪伴下度过余生，因为成功的爱者要与“理念”同行。(cf. 211e4) 正像始终如一和不会改变的“理念”，苏格拉底总是如其所是。(221e3; cf. 213e 4) “理念”在“其本性（phusis）中就存在着令人惊奇的美”（210e），并且使我们尽可能地接近神（212a）。与此相似，苏格拉底不仅在这个特殊的场合有着不曾料到的外表上的“美”（174a），而且他自身还尽可

[35] 朝向德性的（向上）道路的隐喻通常暗示了艰苦与努力。(cf. e. g. *Protagoras* 340d) 比较 Nightingale 2004: 113-114 论《理想国》中的辩证道路的困难。在《会饮》中，这种努力也会直接朝向不朽性的较低层级的理念。(207b, 208c-d)

[36] 他们的竞争也被设置为一种关于智慧（sophia）的竞争。(175e8-9; cf. 212e7-8)

[37] 这种讨论通常围绕着阿尔喀比亚德展开，但是拉凯斯（Laches）（221b6-7）认为没有爱欲的对象。

[38] E. g. Nussbaum 1986: 195, Hunter 2004: 19.

能地敞开心扉去拥有“真实的”“黄金般的”美，而非仅仅关于意见的“铜”（218e）。此外，阿尔喀比亚德肯定他含有内在的神像，即全然美好的神的神圣的影像。(216e; cf. 215b3)㊴ 他的言论也是“最类似于神的”并且含有德性的神像。(222a)㊵ 阿尔喀比亚德对他的本性钦佩不已（ἀγάμενον，219d4），也许同时也是神像一词的双关语。㊶

总之，苏格拉底就像“理念”一样，是“令人惊奇的”——这是阿尔喀比亚德颂词中的关键词。㊷ 其中，最令人惊奇的是他的独一无二。任何人都不能与之比拟——正如在人类世界任何东西都不能与“理念”相比较一样（211a5-b2, d3-5），除非拿似神的萨提尔来相比，不过苏格拉底甚至比它还要神奇（215b8）。这种神奇使得他与理念一样，在不经意中成了他人惊讶注视的（θαυμάζω，220c6；θεάομαι，220e8, 221a6）卓然独立的对象。阿尔喀比亚德提及了苏格拉底在《云》（*Clouds*）中戏剧化的出场，这使他的身体和样貌吸引了更多的注意。对他的外表和行为举止的强调使得他在这两方面都与一般人相异，并且这是使他们着迷的一个来源。因此，对于许多观察者——阿尔喀比亚德、阿伽通、
158 阿里斯托德莫斯、卡尔米德、厄里刻希马库斯以及其他无名的追求者（erastai）来说，他同时是爱欲的目的和（或者）哲学上的追求对象。(173b, 222b) 正如他那众所周知的丑陋容貌，他怪诞的行为也凸显了苏格拉底作为爱欲对象的矛盾。这个奇怪而丑陋的身体，对雅典社会和知识精英有着非凡的吸引力，并流露出一

㊴ 神像一词的含义，无论在柏拉图那里还是在其他地方，都被给予了很多讨论。See Nightingale 2004: 163-164.

㊵ 对那些迫切需求神性的人，它们也起着一种诊断测试的作用。(215c5-6) 阿尔喀比亚德眼中的苏格拉底就在神性的边缘，这一点在214d处有进一步的暗示。

㊶ 根据皮埃尔·尚特兰（Chantraine）所述，这些词能够相互联系起来，但是这里没有证据。(1868: s. v.) 或许这里是柏拉图的一个双关语。

㊷ 213e2, 215b8, 217a1, 219c1, 220a4, c6, 221c3, c6, 222e8.

种超验之美的力量，这对肉体之眼来说是不可见的，但对灵魂之眼来说却是不可抗拒的。[43]

这一切都暗示了苏格拉底与“理念”具有一种亲缘关系，而且强化了这种印象，即他能与之交流并且在这些交流中生育出真正的德性。的确，阿尔喀比亚德是一个不可信赖的见证者。[44] 事实上，他根本的错误或许在于他把苏格拉底与“理念”混淆了，从而把苏格拉底作为了最终的欲求对象。他眼中的苏格拉底就好像一个已经从顶层带回了“真正的”德性的人，并且只须像他那样，不用付出更多的努力或代价，而仅仅花费一个晚上便可求得。因此，这便成为对他声称洞见了苏格拉底内在本性进行质疑的一个绝佳理由。然而，阿尔喀比亚德关于苏格拉底行为的报道将不再是真实的，尽管这些事实的真实性由于苏格拉底的默许而获得了强烈的认可（cf. 214e, 217b, 219c），并且在某些情况下通过其他人的目睹得到了更进一步的确证。最重要的是，这些事实包括了阿尔喀比亚德对苏格拉底的德性行为和奇特性的描述。我们看不见他内在的灵魂，但是我们可以看见那些可见的行为，正是由此他才配享勇气的奖章和言论的桂冠。

然而，苏格拉底抵达了阶梯之顶层的最重要的证据在于那些戏剧性的强大时刻，即当他在孤独中回转于自身并且放弃生理的凝视而完全代之以理智时。当然，理智的洞察对于较低的阶梯也是需要的。（cf. 210c3-5）但是，只有在理念本身被瞥见时，对于其他人以及对于诸种行为的所有需要——无论作为哲学的参与者抑或作为教育性言论的接受者——才会完全终止。只有当他的旅程到达终点时，爱者与人类世界的关系才彻底变得无关紧要。在这个时刻苏格拉底与他那有死的同伴相隔离被戏剧般地着重指明。

---

[43] 当然，很难抵达这种洞见。普通的士兵不能看见苏格拉底的内在之美，所以他们便怀有敌意（220c1），这预示了他的死亡。

[44] 在这点上，我完全同意 Nightingale 1993: 119-127 中的论述。Cf. also Belfiore 1984: 141-143, Halperin 1992: 115, Lear 1998: 159, Hunter 2004: 100.

在这里也强调了这样一个事实：他一直站在那里，仿佛就处在他旅程的终点（telos）。(175a8, b2; 220c4, 5, 7, d5)

那些内在的见证者，即在那些时刻阐释苏格拉底精神状态的人——阿伽通、阿尔喀比亚德以及在波提狄亚的士兵——会认为
159 他正忙于某种精神活动，正如他们所期待的，或者从他们自己的经验来理解他：他正在掌握一种可传达的智慧，正在寻求一个答案或者正在试图解决一个问题。(175c-e, 220c)[45] 但是，没有一个人是苏格拉底内心活动的可靠解释者。[46] 就柏拉图对话中的苏格拉底而言，他把哲学式的探讨视作某种通过与他人进行语言交流而进行的活动，那么他正在门口做的就不能是“正在寻求”或者正在解决一个问题，因为它既不包含言论也不包含其他人。如若他不再“寻求”，根据狄奥提玛，那么他也不再从事哲学。(cf. 204a) 相反，似乎合理的推断是，他正在凝视美的“理念”。事实上，我们并不知道，当苏格拉底站在门口或者孤零零地在波提狄亚站一整夜时[47]，他的灵魂中正在发生着什么。这些事件对我们来说是很难理解的。

这种难理解性表明了一种柏拉图式的企图：通过戏剧式的方法描述不可描述的东西。柏拉图能向我们展示的仅仅是苏格拉底的外表，因为如果不下降到纯粹的影像阶段，苏格拉底就无法用言论去表达处于阶梯顶层的精神状态。据此来看，没有言论能即时出现在苏格拉底门口的这段插曲之中。对于在刚才这个间歇发生了什么，他并未向阿伽通做出解释，而是转而以他的方式在宴

---

[45] 许多评论者已然追随了他们的引导。(e. g. Dover 1980: ad loc., Allen 1991: 86)

[46] 苏格拉底自己否认了阿伽通对他在门口所发生之事的描述。(175c-d) 比较他对阿尔喀比亚德关于他内在之美解释的告诫。(218d-219a) 只有阿里斯托德莫斯足够明智地小心保持了一个苏格拉底外部观察者的身份。(175b) 他无法看到以往苏格拉底的外部表现和行为，这使他不足以成为一个苏格拉底的模仿者。(cf. Blondell 2002: 107-109) 同时，他对苏格拉底外在的尊敬使他避免了以使人误解的方式对苏格拉底的内在进行解释。

[47] Cf. Hunter 2004: 32.

饮的另一个情境下生育自己的言论。同样，波提狄亚事件，除了他向太阳的一个祷告外，并未产生任何言论，这种神圣性明显地暗示了似神的理念。如果苏格拉底的确已经在凝视美的理念，那么他产生的后代将不是言论，而是内在的德性。然而，这种德性或许会在行动中彰显出来。由于阿尔喀比亚德颂词的巧妙扰乱，真实的苏格拉底被暗示出来。紧随着波提狄亚事件之后，他描述了苏格拉底的卓越胆识，这使得他配享奖章。

所有这些构成了一个令人信服的主张，即把苏格拉底放置在狄奥提玛之阶梯的顶层。但是，许多人认为这种放置本质上是非苏格拉底式的，因为苏格拉底强烈地、明显地类似于一种人格化
的爱若斯，即一个追寻智慧却从未达到智慧、在丰盈和贫乏之间 160
变动而从未成为智慧的人（sophos）（203b-204a）——这个喻象对应了柏拉图对话中众多的苏格拉底形象。我所讨论的许多证据都能从这个视角被重新诠释。或许，苏格拉底站立在门口的时候，并未沉思美的理念，而是在进行一场内心的对话，正如《泰阿泰德》（*Theaetetus*）中对思考的定义。（190a）并且，如果阿尔喀比亚德真地看见了苏格拉底的内心，那么他在那里所看见的或许是苏格拉底在开始攀升之前就已怀有的（潜在的）德性，而非他在顶层生育并且“抚养”的德性。（212a5-6）苏格拉底自己将阿尔喀比亚德对于他“真实的”美的评价抛回疑问中，并且告诫他自己或许实际上“什么也没有”。（219a）至于他特别地宣称自己“知晓”爱欲（177d; cf. 198d），对此可能的解释是，他知晓哲学思考的过程，这种解释使“知晓”悖论性地蕴涵了这样一层意思，即一个人并没有确定的知识或者“智慧”。[48]

然而，我不认为我们可以保证在不考虑这些强有力的例证的情况下，把苏格拉底置于步骤8。毋宁说，我会认为，文本的这两方面都被清晰地显示出来，所以应该严肃平等地看待它们。评

[48] See Gould 1963: 44, Lowenstam 1985: 94-98.

价者之间的这种深刻的感觉上的分歧反映了，柏拉图成功地揭示出，尽管苏格拉底本质上仍是一个寻求者，但他也已然达到了顶层。他体现了对话中（或者更加广泛地说是柏拉图作品中）已经获得的（神圣的）智慧（这是一种人类的渴望）与那些阻碍这种获得的人类条件之间的一种无法解决的张力。㊾

这种张力在《会饮》中的几个关键章节是可以感受到的，譬如苏格拉底对阿尔喀比亚德的告诫，他或许实际上“什么也没有”。(219a) 正如任何有死者一样，苏格拉底相较于“理念”而言“什么也没有”，但他仍然可能已经获得了凡人可以获得的关于理念的最完整的知识。㊿ 他的措辞把每一种可能性都敞开了，并把它交由阿尔喀比亚德自己去决定，以便让他自己看透事情的真相（σκόπει，219a2）。相似的是，他去“认识”爱欲的断言是可以用标准的苏格拉底式措辞来解释的[51]，而且他的这个断言还向我们确保了他对爱欲的理解是权威的，同时又让我们自己去弄
161 明白他通过这个断言可能要表达的是什么，让我们自己去评判这种“知识”在阶梯以及阶梯顶层获得的智慧中的地位。他关于爱欲的这种典型的自相矛盾的“知识”最终或许只是承认了人类注定只是寻求者，这种知识只是相当于分有理念的“单一知识”(210d7)：理解“理念”就是（部分地）理解这一点，即有死者必须通过哲学的方式不懈地努力以持留在理念的呈现中。

用作为寻求者的爱若斯来界定苏格拉底同样是模糊不清的，因为它在任何意义上都是不准确的或不完整的。比如，苏格拉

㊾ 论《会饮》中的这种张力，参见 Scott and Welton 2000。如果我们问爱若斯自身是否抵达了顶层，那么这矛盾就变得更加尖锐。因为，爱若斯作为永远的寻求者，这答案必须是否定的；但爱若斯作为理想的爱者，无论如何，都是与神的交流者，这答案似乎又是肯定的。

㊿ 在贝尔菲奥尔（Belfiore）的构架中，他或许既必不可少又毫不需要。(Belfiore 1984: 148)

[51] 用不同强度的措辞，他在其他地方也做了类似的断言。(cf. *Theages* 128b, *Phaedrus* 257a, *Lysis* 204c；Xenophon *Memorabilia* 2. 6. 28)

底远非一个无所寄托、肮脏邋遢的人格化的爱若斯，特别是在当前这个场合。不像那个总是赤脚的神祇，他有时也把自己清洁干净，穿上鞋子去参加宴会。[52] 在这个时刻他并不像爱若斯，他是“美的”(174a)，并且他将会表明他不仅是个爱者，而且也是个被爱者。更重要的是，不同于爱若斯（203d1)，他有一个家。这个事实有时候被轻视了[53]，但是它不应该被抛弃，因为对话最后的两个词告诉我们，他回到那里休息了（ἀναπαυεσθαι）。甚至这个短暂的结束对于柏拉图式的对话也是一个不同寻常的时刻，它使人联想到《理想国》中抵达辩证法旅程终点的哲人的“休息”（ἀνάνπαυλα）。(532e)[54] 从柏拉图那里来判断，苏格拉底的家是他日常旅行——身体上和哲学上——的终点之所在。但这也似乎是他待得极少的地方。因此，我的观点不是苏格拉底不应当被定义为作为哲学寻求者的爱若斯——很明显应当如此，而是我们不应当将自己局限于这种定义，或者说不应当坚持要解释清楚柏拉图传递给我们的混杂信息。一如以往，柏拉图想要鱼与熊掌兼得：他既把苏格拉底放在哲学寻求者的位置上，同时又暗示他是业已获得（顶层的）智慧的人。

3. 通往天界的阶梯

如果苏格拉底的确已经成功地抵达了步骤 8，那么据我所知，对于同样会把他放在那里的学者来说，它的某些推论还未被探讨

---

[52] 在《会饮》中苏格拉底不常见的穿鞋已经被给予了很多讨论。(e. g. by Osborne 1994: 96-100) 无论这意味着什么，它都清楚地把他和狄奥提玛的爱若斯区分开来了。(cf. Gagarin 1977: 26-27, Rosen 1987: 234)

[53] E. g. by Osborne 1994: 91.

[54] Cf. Nightingale 2004: 114.

过。[55] 因为狄奥提玛重点强调，一个人只有“正确地”按着相应
162 的次序进行了所有的步骤才能抵达阶梯的顶层。(210a2, 4V6, e3; 211b5, 7) 所以，尽管柏拉图实际上并未向我们展现每个阶段的苏格拉底，但他至少必须使得如下这点是合理的：苏格拉底依次走完了通向顶层之路的每一步。[56] 因此，现在让我们骤降至步骤 1，去看看是否能够找到一些苏格拉底经历过这些道路的证据。《会饮》当然是我的主要关注点，不过对于建立一个支撑背景来说，其他的对话或许同样有益。

在步骤 1 中，一个年轻人（νέος）热恋上一个美的身体——或者至少在那个时刻只是一个[57]——并且在那里生育了美的言论。(210a) 事实上，从《卡尔米德》中很容易知道，在面对特别美的个体的身体时，柏拉图的苏格拉底对于严格的身体欲求并没有免疫力。(*Charmides* 154b-d, 155d)[58] 在《会饮》中，和“许多其他人”一样，痴迷于个别少男身体上的美是狄奥提玛归之于苏格拉底的一个情形。(211d)[59] 如若他与狄奥提玛的交谈被认为发生在公元前 440 年左右，那么苏格拉底大概 30 岁——比那场宴会上的阿伽通和阿尔喀比亚德都要年轻些，并且一直

[55] Scott 2000: 33 是个例外。

[56] 通常说来，他无论已经抵达哪里都必须先经过在下的梯级，按相应次序来做。为何所有的步骤都是必要的，参见 Sheffield 2001a: 22-24。

[57] 在我看来没有理由排除对特殊个体们的一系列痴迷，而假设在每个阶段，爱者只会把上述少男考虑为他欲求的唯一对象。鲍桑尼亚（181d）和阿里斯托芬（192d, 193b）主张终身只选择一个同性伴侣，这种表面上的理想化是极不寻常的（对比 Xenophon *Symposium* 8. 2，在那里苏格拉底说，他不能回忆起他不与某个人相爱的时候）。除了要符合习俗之外，一系列的痴迷将会为过渡到步骤 2 提供自然基础。

[58] Cf. Patterson 1991: 198. 色诺芬的苏格拉底看起来承认了对于一个女性的身体的欲求。(*Memorabilia* 3. 11. 3)

[59] 这种爱若斯建立在外部的或身体的美的基础上，因为很明显在提到美少男的同时，还提到了金器和华服，同时还补充强调了对被爱者的凝视。以个体为目标（至少只要这种特殊的迷恋持续着）很明显来自这样一种欲求，即永远与被爱者待在一起并凝视他。可以比较阿里斯托芬颂词中的那种令人着迷的、对某个个体的欲求。(esp. 191a)

（公开地）是一个童子（未开发者，νέος），这便是第一个梯级所需要的。[60] 当然，在充当他的“引导者”的狄奥提玛面前，苏格拉底扮演了阿伽通式的角色。对于苏格拉底以这种方式暂时地穿上阿伽通的便鞋，柏拉图或许拥有一系列的理由。[61] 我会认为其中的一项是，这样就可以允许我们设想一个在阶梯最底层的苏格拉底——这里也是年轻并且天赋异禀的阿伽通所在的地方，如 163
若能够“正确地”前行，他或许还会以他所有的成长潜力（175e4）自行攀升。[62] 如果苏格拉底能够（假设能够）在阿伽通那里看见年轻的自己，那么或许阿伽通（以及像他一样的其他人）也能够在苏格拉底早期模型的影像中看见他们自己。这种对他曾经可能的形象的有趣回忆把不同寻常的苏格拉底联系了起来——他也是攀升中不同寻常的爱者——对我们寻常的（阿伽通式的）自身来说。

许多学者把步骤 1 产生的“美的言论”当作赞美情伴之美的常见言论。[63] 但是，在爱若斯是一个哲人，以及一个苏格拉底式的哲人将会去引导的情况下，我们期望“正确的”爱者会产生对苏格拉底的自然本性的赞颂，如在《吕西斯》中，他对道德教育的侧重，以及在《会饮》中，对真理的青睐。

---

[60] 一个男人直到 30 岁左右仍是个童子。（Garland 1990: 242）阿尔喀比亚德和阿伽通都很可能 30 出头（see Nails 2002: s. vv.），但仍然是名义上的“年轻人”，因为他们都是值得欲求的爱欲对象。（cf. 198a）

[61] 通常给出的理由（虽然不够充分）是，苏格拉底在顾及阿伽通的感受。（cf. Sier 1997: 9）一个更重要的因素是，这种替代部分地是在揭示狄奥提玛自身的苏格拉底渊源，正如我们前面所看见的。

[62] 阿伽通是鲍桑尼亚的所爱，而不是一个爱者。在他那个年龄，具有吸引力的男性或许会同时成为爱者和被爱者，前提是这不是在与同一个人的关系中。（cf. 222c-d）（Dover 1989: 1n1 and 87 引证了 Xenophon *Symposium* 8. 2，在那里被提及的是卡尔米德，他当时大约 24 岁。）苏格拉底自己便把哲学式的讲辞呈现了出来，即一个人或许能同时成为爱者和欲求的对象。

[63] E. g. Price 1997: 41, Ferrari 1992: 256. 阿伽通——和这个阶段的苏格拉底是平等的——赞颂了作为被爱者的爱若斯。

(198d-199a)[64] 轮到苏格拉底想要（ἐπιθυμῶ）赞美阿伽通时，身体上极美的阿伽通十分热切地希望被苏格拉底赞颂。(222e-223a) 但是，我们猜测这种假想的赞美看上去与常态十分不同。个体身体的美或许成为了苏格拉底"X是什么?"问题的起点，在过渡到步骤2时这点似乎可以被涉及。[65] 苏格拉底逻辑反驳式的对话——众所周知地——在任何通常的意义上都不美（cf. 221e)，但是它们的确是美的和"好的"，柏拉图有理由让我们相信，它们不仅美，而且从某种程度上说，它们在爱欲上十分有效地胜过了阿伽通言论那样的肤浅而华丽的讲演术。[66] 苏格拉底并不反对"尽可能美地"赞颂爱若斯这个原初的计划，并且暗示如果他认为这个计划被成功地完成了，那么他将不会讲他自己。(177d-e) 至于他自己修正的赞颂，他坦承自己的颂词不会像阿伽通的颂词那样漂亮，但他暗示了它将会漂亮地与真理始终如一。(198d) 这实际上可能使其成为最美的颂词，因为它不会与丑陋的谬误相结合。(cf. *Theaetetus* 194c)

164 在步骤2，爱者现在从一系列的对美的身体的爱慕，进展到对所有美的身体同时发生爱慕，并且伴随着对于任何单个个体欲求的减弱。在苏格拉底那里，对所有美的身体的爱慕并非难以见到，并且他把所有类似的美的身体都当作"一样的"。他对身体上吸引人的少男有着普遍的兴趣，这是很明显的。[67] 并且，这并不取决于灵魂上的美。在《卡尔米德》中，他追问年轻人中谁在身体上或智慧上是美的，或者两方面都是美的（153d)，并且宣

---

[64] Cf. Patterson 1991: 211-214. 对《吕西斯》的论述，参见 Nightingale 1993: 114-116。

[65] 苏格拉底努力引导希庇阿斯超越以下观点：朝向美（τὸ καλόν）只是朝向美的女孩。(*Hippias Major* 287e-289d) 在这里我不会处理他是怎样一步步进展的。在我看来，这种论断完全地（或有争议地）证据不足，但是这很明显依赖于一种与苏格拉底相关联的哲学活动。

[66] Cf. 213e, 215b-216a, 221e-222a, 223a; Patterson 1991: 197n3.

[67] Cf. *Lysis* 204b, *Meno* 76c, *Phaedrus* 227c, 257a; Xenophon *Symposium* 8. 2. 色诺芬强调了吸引力的身体基础。(see Gould 1963: 193n28, Vlastos 1991: 38n65)

称所有年轻人在这个年纪看上去都是美的。（*Charmides* 154b-c；cf. *Republic* 474d-e）相似的观点在《会饮》中被认为是理所当然的。（cf. 194d, 213c-d）阿尔喀比亚德声称，苏格拉底总是表现得像“在爱中”（ἐρωτικῶς κεῖται），他明显地并且“总是”被美的人迷住。（216d; cf. 192b7, 222b, 223a）[68] 苏格拉底自己承认他欲求亲近任何美的人（213c-d），并且通过成功地与阿伽通调笑显示了这个欲求（222c-223a）。阿尔喀比亚德的言谈（ἐκπέπληκται，216d3）暗示了步骤1中的热情——这种热情可能通过步骤2来放弃（210b5），并且回应了狄奥提玛对无人指导的苏格拉底的告诫（ἐκπέπληξαι，211d5）。但是，这样的行为（现在）是针对许多美的年轻人的。（216d, 222b）如若我们可以相信阿尔喀比亚德——他呼吁在场的同伴做见证表明我们可以相信他（216d），那么苏格拉底的行为便像是已经抵达了步骤2，但却未丧失步骤1中的爱者所拥有的热情。

当然，阿尔喀比亚德还声称，苏格拉底对美的显而易见的喜好是虚伪的。（216d3-5）但是，近来学者们有效地论证了他在这点上看错了。[69] 他将苏格拉底对美的年轻人的“真实的”不感兴趣等同于苏格拉底对金钱和荣誉此类东西的不感兴趣。（216e1-2）但是，苏格拉底绝不会佯称，甚至开玩笑地（cf. 216e4-5）说他关心金钱或地位，并且经常使他对两者缺乏兴趣的倾向十分清楚地呈现出来。[70] 然而，阿尔喀比亚德对其自身肉体的美十分自信。（217a5-6, 219c5; cf. 219a2）他完全愿意把它当作类似于金钱的通货来使用，因此推论出在苏格拉底眼中身体的美和金钱一样不值

---

[68] 216d2 处的美（καλῶν）当然是模棱两可的（它或许是中性的），模棱两可毫无疑问是柏拉图的意向，而不是阿尔喀比亚德的意向。

[69] See Vlastos 1991: 40-41; cf. Friedländer 1969a: 139-142, Price 1991: 297-298. 但是，我并不同意弗拉斯托斯的是：阿尔喀比亚德是在“现代的”意义上使用动词“虚伪”（εἰρωνεύω）的。（Nightingale 1993: 120n28 也如此认为。）

[70] 苏格拉底对金钱不感兴趣是十分明显的，如 174a 6-7, 220e 5-7 处所描述的。

165 一顾（虽然他应该知道得更清楚；cf. 219e1-2）。苏格拉底所宣称的对（阿尔喀比亚德）身体的美的“轻视”很明显地让人想起了阶梯的步骤 2。（216d8, 219c4; cf. 216e2-4）[71] 毋宁说，就像步骤 2 中的爱者，他认为个体身体的美是微不足道的。[72] 这并不意味着他不真诚地爱慕和寻求那些身体上美的同伴。他的外部行为说明了这一真相。

实际上，阿尔喀比亚德关于苏格拉底“隐秘”内在的全部谈话似乎在一种重要的意义上是很不周密的，如果苏格拉底所有的德性都被他一览无余的话。阿尔喀比亚德说他的内部“塞满了审慎（sōphrosunē）”（216d）。但是，在什么意义上，他的审慎在其内部隐藏着呢？他的行为明显是*外部的*审慎（sōphrōn），这种*外部的*（纵使是私人的）行为是阿尔喀比亚德自己所宣称的对内部看法的证据。[73] 苏格拉底实际上并没有*隐藏*任何东西。[74] 那么，为何他对身体上美的同伴的兴趣会被判定为虚伪的呢？阿尔喀比亚德之所以在这里犯错误，是因为他认为喜好美的身体一定会导致对性爱的寻求[75]，这与审慎是不相容的，因此苏格拉底的自制揭示了他以一种“蒙骗”所表现出的喜好。（222b）但是，苏格拉底如若真的不关心某人在身体上是否美（216d7），那么为何又习惯性地和明显地游荡在这样的人周围呢？

步骤 2 中多重身体的爱者（multiple-body-lover）无疑将会遇

---

[71] Cf. 220c1. 在那里，士兵们认为苏格拉底在轻蔑他们。这时阿尔喀比亚德能看到他们是错误的，因为并不是*他的*虚荣正在受到挑战。

[72] Cf. Nightingale 1993: n29.

[73] 注意他对苏格拉底内在的洞见仅仅是一个意见（doxa）。（216e7）无疑他并未就其真正所是而“看见”苏格拉底的德性，因为他认为它们是一些能用性爱来换取的东西。

[74] 如同南丁格尔有趣地指出的，色诺芬坚持苏格拉底的开放性。（Nightingale 1995: 124-125）这种辩护策略暗示了，并不是只有阿尔喀比亚德发现了苏格拉底的令人费解，如果这并不是虚伪。

[75] Cf. Price 1991: 297-298.

到一些拥有美的灵魂的爱欲对象（cf. 209b5）——或许这很好地回应了上面由他们身体的美所引起的那个辩难，并且最终认识到灵魂才是最吸引他的。这把他带到了步骤3，在那里适度地具有吸引力的灵魂甚至要胜过最出类拔萃的身体的美，只要身体的存在和呈现对他来说是“微不足道的”（210b8）。灵魂的美比身体的美更珍贵，大概是因为它很少被可朽的“垃圾”所污染。（cf. 211e1-4）步骤3中的爱者因此将会满足于只是轻微的身体的美。他显然会亲身呵护他的欲求对象。[76] 但是，含糊的一个（τις， 166
210b8）并没有排除系列的或者甚至复数的关系[77]，复数形式的心智（νέους，210c3）在这个问题中并未局限于一个。[78] 爱者在这一阶段或许会花费相当长的时间[79]，但这里没有迹象能表明他在一种排他性的关系中生育理智的后代，而不是在任何能帮助他进展到下一阶段的伴侣关系中发展出所有的或者任意的观念。他对美的灵魂（复数）的普遍欣赏可能使得系列的或复数的关系更有可能。[80]

这种开阔的视野很符合柏拉图的苏格拉底，因其对美的灵魂和美的身体普遍感兴趣，以及他缺乏同某个人专一的或忠实的终生关系——尽管他与阿尔喀比亚德有着特殊的关系。[81] 最重要的

---

[76] 动词 κήδεσθαι（210c1）常被用于对家庭成员的关心。

[77] See Rowe 1998b: 256. 普瑞斯在 210d2 and 7 的基础上论证了这里是更排他性的一个阶段。（Price 1997: 39n38）但是，在他引用的这两个部分，τις这个词分别通过ἑνός和 μίαν 使其显得更加排他。

[78] 当他遭遇一个美的身体中的美的灵魂时（209b-c），同那种非哲学式爱者的单一和持久相比，这里就有一个显著的差别。这种爱者和“正确的”爱者之间的不同，特别参见 Sheffield 2001a: 2-11。

[79] 攀升至阶梯之顶层应该花多长时间，这并不是很清楚，但是爱者从年轻时开始可能要经历好些年才能获得“灵魂之眼”以至成熟。（cf. 219a）比较《理想国》中需要许多年才能抵达对“至善”（Good）的洞见。

[80] See Scott 2000: 35-36.

[81] 关于柏拉图笔下的阿尔喀比亚德，参见 *Alcibiades* I and II, *Protagoras* 309a-c, *Gorgias* 481d。同样也是苏格拉底文献中的普遍定式。

是，步骤 3 与苏格拉底的显著倾向相一致，即爱灵魂之美胜过爱身体之美。甚至卡尔米德着实出类拔萃的身体之美也要让位于他灵魂的魅力。（*Charmides* 154b-e）[82] 在《阿尔喀比亚德前篇》中，苏格拉底宣称由于阿尔喀比亚德生机勃勃的灵魂之美而爱他，尽管他容颜已逝。（131c-d）[83] 在《会饮》中，通过对荷马的“以铜换金”的歪曲引用，他明确地表达了，内在的美要比身体的美更珍贵。（218e; cf. 210b7）所以，毫不奇怪，苏格拉底在这一步骤中的位置会在解释者那里颇为流行。[84]

同时，通过一个相当大幅度的跨越，苏格拉底对肉体之美的兴趣越过了步骤 3。经过步骤 3[85]，他不仅偏爱不丑的或适度
167 地具有吸引力的（美），而且钟爱雅典文化中那光彩夺目的超级明星：华美动人的阿尔喀比亚德和阿伽通、美貌出众的吕西斯和出类拔萃的卡尔米德。阿尔喀比亚德还补充了第俄刻利斯（Diocles）的儿子欧绪德谟（Euthydemus），又一个耀眼的美人到了苏格拉底的所爱名单中。（222b）[86] 从表面上看，苏格拉底对这些光彩夺目的美人的着迷似乎把他与步骤 3 中的爱者区别开来了。然而，他对极美身体的持续热情在这一步骤可能并没有被排除出去，只要爱者能足够幸运地发现那些超级明星身体中存在的天赋极好的灵魂。当然，所有这些美丽的年轻人似乎也确有可观的哲学潜质，而且这种潜质在比例上可能与他们身

---

[82] 身体的美尽管是值得欲求的，但对于《理想国》中年幼的守卫者来说，它也是一种远次于卓越灵魂的品质。（402c-e, 535a）Cf. also Xenophon *Symposium* 8. 12.

[83] 按照对话戏剧性的时间来看，阿尔喀比亚德大概 20 岁［在青春期的绽放（ἄνθος）之后］。苏格拉底对他身体魅力的贬低和蔑视应该被存疑。阿尔喀比亚德的美显然在许多年之后仍有吸引力（cf. *Symposium* 213c-d, 222c-d），而且在他的身体仍处盛年时苏格拉底对他依然有着浓厚的兴趣（*Protagoras* 309a-b, *Symposium* 217b）。

[84] E. g. Bury 1932: xxxviii, Wellman 1969: 150-155, Reeve 1992b: 113, Blundell 1992: 126.

[85] 这是罗伊对 210b8 的解释。（Rowe 1998a: ad loc. , 1998b: 256）

[86] See Nails 2002: s. v.

体的美是一致的。[87] 因此，我们或许会推测，苏格拉底宁愿花费时间与这些身体上绝美的人相处，因为他认为他们更有可能拥有美的灵魂。这可能完全吻合古希腊的传统和它贵族式的思想形态，它会倾向于把身体的美看作灵魂或品质高贵性的反映和补充。[88] 毕竟，身体的美也是一种卓越，并且最优秀的人将会尽可能多地拥有卓越之处。但是，苏格拉底从未做过这样的宣称，即便他这样做了，他对绝色美人的偏好也将伴随着对步骤 3 的强调而仍处于张力之中。

总体来说，柏拉图在这件事上展示了十分显著的矛盾态度。与灵魂的美相比，身体的美通常是被轻视的一方，而且有时候还会变得完全没有价值。泰阿泰德（Theaetetus），一个与苏格拉底众所周知的丑陋外表出奇相像的人，是在苏格拉底所有年轻谈话者中灵魂最美的（*Theaetetus* 143e, 185e）；普罗塔戈拉的智慧如此美好，即便阿尔喀比亚德正值盛年的身体之美都要黯然失色（*Protagoras* 309b-c）。[89] 无疑身体的美对于那些灵魂美的人来说是毫无必要的。但是，美的身体里可能居住着丑陋的灵魂，这个推论却从未被承认：那些对话从未令人吃惊地描述过美丽的傻瓜。至于在《会饮》中，阶梯上远离身体之美的跃迁是极其小心谨慎地做出的。[90] 狄奥提玛从来没有提过喜欢有美好品性的丑陋少男， 168
就像鲍桑尼亚所说的（182d7），或者从来没有提过在灵魂和谐的

---

[87] 阿尔喀比亚德、阿伽通、吕西斯和卡尔米德都以不同的方式显示出了他们理智上的过人天赋，这与他们出众的美是一致的。这同样适用于第俄刻利斯的儿子欧绪德谟，据我们所知他是柏拉图文本之外的人物。（Nails 2002: s. v.）美诺（Meno），又一个被苏格拉底看上/戏弄（*Meno* 80b-c）的英俊年轻人（Nails 2002: s. v.），似乎缺乏天赋，不过总是对当前的思想潮流有着确定的兴趣。

[88] Blondell 2002: 58- 62, Patterson 1991: 199-202. （他把举止的优雅之类等同于美，这走得太过了。撇开别的不谈，这暗中破坏了苏格拉底的丑陋悖论，更多论述参见 Blondell 2002: 70-77。）

[89] 在对话的戏剧性时间中，普罗塔戈拉将近 60 岁了，他早已不是一个身体上具有吸引力的情伴。对泰阿泰德的论述，参见 Blondell 2002: 260-261。

[90] Cf. Rosen 1987: 266-267.

前提下容忍身体上的“不和谐”，如格劳孔所说的，苏格拉底所赞成的（*Republic* 402d-e），更没有提过美的灵魂会让一个身体上丑陋的人变得美，就像苏格拉底在《泰阿泰德》（185e）中认为的。在作为欲求对象的美的灵魂那里，如果不考虑容纳它们的身体的好坏的话，那么它们是没有等级的，后面的重述似乎要离开这条道路，以避免提及诸如灵魂之类的事情。

对于这种回避或许存在着各种各样的理由。视觉可见的美作为攀升的起始点是极其重要的，因为可视范围内的美往往最容易被感知。（cf. *Phaedrus* 250b-d）毋庸置疑，越美总是越好，尽管身体之美做出的贡献微不足道。视觉为认识理念提供了一种强有力的隐喻。[91] 同时，柏拉图对苏格拉底的构想需要他坚定地避免把美的身体与美的灵魂相勾连。苏格拉底是丑陋身体中有美的灵魂的形象表征，他的灵魂如此美好，以至于在步骤3中连“轻微的”身体之美都缺乏的情况下，他还能唤醒爱若斯。然而，这种悖论的力量在于，它挑战了寄生在主流假设上的理论，即当身体之美作为补充时，灵魂之美更好。这个假设看起来不仅逗留于攀升之中，而且也存在于苏格拉底对与他相处的年轻人的挑选中。

把苏格拉底放置于步骤3的进一步原因是，爱者，诸如苏格拉底和狄奥提玛的爱若斯，都要寻觅和产生有益于年轻人的言论。(210c1-3）这里有一个明显的（辩护的）暗示是指向对苏格拉底的控告的，伴随着对苏格拉底言论的教育本性的坚持，它在阿尔喀比亚德颂词中被展示出来。(222a; cf. 218d）阿尔喀比亚德失败的引诱向我们展示了，苏格拉底是以何种方式对待那些身体美和灵魂美的人的——那种受他们启发的教育性言论。虽然这里只是一般性地了解了它的内容，不过我们都知道苏格拉底坚持花费

---

[91] 这类语言也是对秘义的暗示。(O'Brien 1984: 204, Nightingale 2004: 83-86）关于身体之美的需求，参见 Pender 1993: 77-78。

时间与他们对话（διαλέγεσθαι，217b），并且我们都知道苏格拉底那些颇为不错的交谈场景，而对方就是那些看上去美的和有天赋的年轻人。[92]

这些教育性的对话大致包括了“行为”和“礼法”两方面[93]，这使得爱者可以凭借自身的能力去欣赏这些事物的美。[94] 169
据此，他现在“被促使”去“凝视”他们的美，并且看到美是处处“贯通的”，也就是上升至了步骤4。在这个阶段，身体之美普遍地——与迷恋单个身体的美相反[95]——被蔑视为微不足道的东西。（210c5）在这时，爱者便遗弃了任何只以人为欲求对象的阶段。因为他的交谈，他仍然需要其他人作为伴侣或至少是听众。但他们的美——身体上的甚或灵魂上的——不再被需要以激励爱者去“生育”。当然，这也是更好的一步，因为所有爱者的灵魂美的和（或）身体美的人类同伴，通常总是越美越好。并且，有美的灵魂的伴侣或许能通过他在理智上的天赋帮助一个人更容易攀升阶梯。但是，再没有任何此类的美对于人类更远的前行来说是必需的。他的言论现在被有着“更纯洁”之美的非人类恋人所激励。[96]

我们有理由把苏格拉底放置在这一步吗？十分清楚的是，他认为身体的美通常而言是微不足道的。不过，在其他情况相同的前提下，他常常宁愿和美的人在一起，他也会与任何愿意聆听他的人交谈，即便他们不美（194d）——无论在身体上还

---

[92] 这在《会饮》中是通过对阿伽通的驳难说明的。在《阿尔喀比亚德前篇》中，苏格拉底致力于向阿尔喀比亚德展示教育性的言论。

[93] 灵魂—身体的非哲学式爱者在其教育性谈话中也包含两者。（209b8-c1，209d4-7）

[94] 比较朝向德性的爱若斯（*Laws* 711d）、就成为完美公民而言的爱若斯（*Laws* 643e）以及朝向最好生活的爱若斯（*Letter* VII 339e）。

[95] See Bury 1932, Rowe 1998a: ad loc.

[96] 纯洁的程度取决于美的伴侣被或不被“有死的无价值之物”（211e）污染的程度。

是在灵魂中。[97] 他也欣赏美的礼法和行为吗？关于它们的言说包含了法律、习俗和各种人类活动、行为、机构以及社会实践。[98] 虽然柏拉图的苏格拉底绝不会宣称他的爱若斯朝向这些事情，但是他的确在和许多这样的事情打交道。在柏拉图的对话中，他一直围绕着希腊的政治文化（连同相关的礼法一起）和一系列文化意义上的核心活动而展开活动。通过各色参加者的不同生活技巧和生活方式，关于后者的一些例外情况特别地表现在了《会饮》中，就像他们颂词中所反映的。其中，最重要的之一就是戏剧，这告诉我们对话的背景。通过盛赞阿伽通聪颖美好的智慧，苏格拉底展现了对戏剧魅力的讽刺的但不见得是虚
170 假的欣赏。(175e)[99] 很明显，柏拉图让苏格拉底介入戏剧竞争并且成为最终胜利者，通过他的辩证理解，苏格拉底超越了悲剧、喜剧的划分。[100]

在这篇对话中（也在其他地方），戏剧还与修辞学有着紧密的联系，这很显然是靠高尔吉亚的门人阿伽通来实现的。[101] 使用

---

[97] 柏拉图描述的苏格拉底热心地与一些天赋不高的人谈话，并且一般是同碰巧遇上的某个人谈话。(*Apology* 30a)

[98] 阿尔喀比亚德所提及的苏格拉底的行为间接地包括了前面论述的整个内容，即对他非凡的审慎、勇气之类，以及他的哲学活动的论述。重述时省略了礼法，这暗示活动能同时代表两者。在《礼法》(793c-d) 中，这两者是同样重要的（与性格一并），它们都像胶水一样把城邦黏合在一起。关于教育的活动，参见 *Republic* 444e, *Gorgias* 474e, *Laches* 180a。

[99] 这里没有理由不相信苏格拉底的反应是基于他自己对表演的经验，特别是因为出现在序幕里（προαγών，194a-b）。柏拉图的苏格拉底发表的戏剧评论表明了他对戏剧的大体熟悉，并且有一些趣事表明了这一点，特别是《云》中描述的那些。(cf. Aelian *Varia Historia* 2.13, Plutarch *Moralia* 10c-d)

[100] Cf. Rowe 1998a: ad loc. 论《会饮》中戏剧主题的竞争，参见 Bacon 1959, Friedländer 1969b: 32, Clay 1975, Sider 1980, Patterson 1982。

[101] 苏格拉底在《高尔吉亚》(463a) 中称修辞学为 ἐπιτήδευμα（纵使是卑劣的一个）。或许正是通过这样的行为，我们才能够发现，美的言论作为欲求对象而在阶梯上有其位置——是在顶层被遗弃的那些对象之一（211a7），尽管实际上它们很明显地作为爱者的后代而被提及。

语言唤起了阶梯的更高阶段，苏格拉底称赞阿伽通颂词的富丽华美和令人惊讶（198b），并明确承认他讲得庄重（μεγαλοπρεπῶς）和美妙（καλῶς）。（199c7）又一次，苏格拉底的赞美明显是讽刺的但不见得是虚假的，就他所说的来看。在《斐德若》中，苏格拉底让人们知道他是一个言论的爱好者（erastēs）（*Phaedrus* 228b-c），并且在攀升的背景下，很明显美的言论本身并没有什么不好。然而，它们和美的身体一样，在其中形式的美要远低于理智和伦理内容的美。[102] 苏格拉底欣赏阿伽通美的修辞，他也以同样的方式欣赏阿尔喀比亚德美的身体——或许比此更多，在某种程度上，它为辩证过程提供了更有前景的起点。甚至肤浅的身体之美在“正确的”爱者中也会促进理智的产生；苏格拉底同样地使用了阿伽通的华美修辞，以作为他进行逻辑反驳和他自己重新创作颂词的起点。

“会饮”是文化上被认可的、非正式而有教育性的另一种社会实践，有着被清晰界定的规矩（礼法，νόμοι），是一种苏格拉底时常光顾[103]、评论[104]和用他自己的术语重新发明的活动。[105] 以自 171
主性和非传统性为明显标志，苏格拉底可能是最后一个完全不受社会压力而参加聚会的人，他出席这场特别的聚会明显是出于自主的选择。（cf. 174a）吸引他的貌似并不仅仅是阿伽通或者他美

---

[102] 苏格拉底与他的言论等值，通过阿尔喀比亚德，这一点被察觉到了，但并未被完全理解。（221c-d）

[103] See Rutherford 1995: 179-180.

[104] Tecuşan 1990.

[105] 在《会饮》中，通过他迟到、带来未受邀的客人以及改变谈话规则，这一点被显著地标示出来。此外，柏拉图作为作者，他为了自己的目的而把会饮这个场合据为己有。譬如，这场宴会包括了向善的灵明（’Ἀγαθὸς Δαίμων）献祭酒，把苏格拉底与有益的爱若斯相等同；在会饮的酒量测试中，苏格拉底的品质胜过了其他所有人，把他与狄奥尼索斯相提并论，“他是唯一一个喝酒没有危险的人”（Lissarague 1990: 37; cf. 8-9）；他还被比作萨提尔，一个象征会饮的人物（cf. Lissarague 1990: passim）；他对真理的恪守反映了他对于会饮的观念形态（Rösler 1995；关于会饮的教育意义，参见Bremmer 1990）。

丽朋友们的在场，因为前一天他没有参加众人同样在场的庆功会。（176a）毋宁说，当某些活动能够被列入他的议程，即能够充当他通过辩证法检验以及校正教育和伦理规范的媒介时，他就会选择参加这样的活动（因此他会出席一些小的聚会）。性欲常常是聚会谈话的主题，而通过围绕着性欲的社会实践，苏格拉底似乎备受启发，这表现在他特别谨慎地在爱者和被爱者之间构造关系，并使其受规则约束。[106] 柏拉图展示了他以其独特的方式忙于这些活动（ἐπιτηδεύματα），即使要以他自己的措辞来重新塑造它们，但他仍然要表达自己对它们批判性的欣赏，并且用它们生产出有着他独特风格的教育性言论。

然而，它们的美包含在什么之中呢？在什么意义上它是处处“贯通的”呢？正如步骤 4 所指出的，这些问题在苏格拉底那里都能得到回应吗？对话的上下文暗示了礼法和行为的美本就存在于它们培育德性的有效性之中，而这反过来又取决于对辩证法的有效理解和——至关重要地——它们与真理的关系。我们或许能够有把握地假设苏格拉底同意狄奥提玛，亦即同意智慧是最美的东西之一（204b3; cf. *Protagoras* 309c-d），因此是欲求的对象。[107] 真理是智慧形影不离的伙伴，同样也是哲学爱欲的对象。（*Republic* 485a-b, 510d; *Philebus* 58d）正如苏格拉底告诉泰阿泰德的，真理把美授予了某个人的见解，而与此相对，把丑陋给予了谬误。（*Theaetetus* 194c）[108] 至于《会饮》，

---

[106] 比较鲍桑尼亚对于围绕着此类关系的合适礼法的强烈兴趣。（182a-185c）

[107] 按照定义，爱若斯几乎就是对“美”的回应。（*Symposium* 204c, *Republic* 402d6, *Charmides* 167e; cf. *Symposium* 196a4-b3, 197b3-5, 201a2-5, Isocrates *Helen* 55）进一步的评论参见本文集中李尔的文章。

[108] 在《斐勒布》中他宣称“最真的”白色才是最美的。（53a-b）比较鲍桑尼亚的观点：没有什么是“美的”，除非做得“正确”。（181a）在《理想国》中，至善是一切“正确的和美的”东西的原因。（517c1）

真理和美的密切关系将在攀升的顶层被说明。(212a)[109] 真理支持了苏格拉底各种各样的文化再造/重塑，也使他的颂词同 172
阿伽通的颂词（198d)[110]，以及他的修辞学同吕西阿斯的修辞学区别开来。[111] 因此，忠实于真理就是他与当时的文化惯例相结合时的整合力量。这也与他自己的行为相一致。他会谈论任何事情，但是正如阿尔喀比亚德所说，他说的那些总是相同的。(221e) 总是哲学这种单一的行为胜过所有其他的行为[112]，苏格拉底在其他地方告诉我们，他以这种方式处于爱之中。(*Gorgias* 418d)[113] 这个行为朝向统一，而对它的洞察则被不同种类的理智和文化活动，以及它们的普遍有效性所分享，如同哲学磨坊的谷物一样，当苏格拉底在对话的结尾处争论悲剧和喜剧是一个且相同的专门技术时，这个统一就被阐明了。(223d)

如若行为的美基于它们与真理和智慧的关系，那么爱者出于自身的需要，就能从对学问之美的认知中看见这是一个短暂的步骤。所有这些需要被补充的是，对那些学问分支的欣赏并不直接关乎道德和政治的改善——想必是正如数学那样的抽象研究。[114] 这便把我们带到了步骤5，在那里爱者总体地洞察到了“各种知

---

[109] Cf. Stokes 1986: 180.

[110] 真理的缺乏标志出了阿伽通颂词的缺陷，而他的颂词被公认为是美的。(201b-c)

[111] *Phaedrus* 277a-c; cf. 272d-273a, *Apology* 17a-c, *Gorgias* 521d-522c. 当然，苏格拉底自始至终献身真理，这是众所周知的。(cf. e. g. *Gorgias* 458a-b)

[112] 对比那些不能超越个别活动去洞察的爱者的琐碎见解。(210d2-3) 哲学超出了这些个别性，因为它在所有人的活动中致力于解答什么有（或没有）价值。

[113] 关于柏拉图为理智的状态和活动而使用爱欲的语言，参见 Halperin 1985: 71-72。

[114] 然而，从更宽泛的柏拉图式视角来看，这里不是一个真正的区分。比较《理想国》501d，在那里单词“活动”（ἐπιτηδεύματα）便涉及了“哲学王”教育的全部课程，包括高度理论化的较高阶段。在《会饮》中，诸如知识的伦理意义一类很显然可以从以下事实看出：智慧地抵达了攀升的顶层，从而产生了真正的德性。(212a)

识”（ἐπιστῆμαι）的美[115]，在这个过程中，这种洞察将会在阶梯顶层的那种“单一知识（ἐπιστήμη）”中达到高潮。（210d7）苏格拉底在沿着这条统一之路攀升，这点对话结束部分有暗示，即他将两种典型地被视作相互排斥的、不同的“知识”（ἐπίστασθαι）统一在一起。（223d）

步骤 5 使爱者的眼光转向了“美的海洋”（步骤 6）。人类世界所有重要的美的项目——身体、灵魂、文化上的实践、理智上的成就——在这里被一览无余，它们共同的美可以被洞
173 察，它们相对的美也得到恰当的理解。[116] 因此，遗弃之前任何阶段中对个别事项的依赖就被重申了。（210d1-3）用灵魂之眼凝视“美的海洋”的爱者，能够洞察人类世界中所有事物在真实层次上的美，相当于一个红外线传感器能让观测者“看见”一个物体的温度。肉眼可以让我们猜测风景中哪里更温暖，但是这种猜测可能完全是错误的（例如，我们经常错误地把热和光等同起来）。美的真理也一样：肉眼需要哲学洞见（灵魂之眼）的帮助，以在真理的强度上感受美的风景。美的灵魂通过丑陋的身体放出光芒，正如红外线传感器能够在冬天显示核反应堆的灼热核心。较之前的阶段而言，美少男和个别的行为在步骤 6 并没有少一点美（210d2-3）[117]，但总的来说，两者只是“沧海”一粟，在那里知识的美使一切相形见绌，就像太阳的光辉比之于萤火之明。对“海洋”的领略鼓舞爱

---

[115] 关于柏拉图衡量某物是否是知识的标准，参见 Patterson 1991: 205-206。

[116] 一些美的事物，如艺术作品和自然世界，并未被明确认定为爱若斯的对象，但有暗示，即在阶梯顶点所有样式的特殊事物都被舍弃了，譬如金器、霓裳和自然世界。（211a5-b, 211d3-4）大概这些东西比之于人类的身体还要缺乏重要性，因为它们没有灵魂。因此，苏格拉底有可能喜欢美好的风景，但是它远不如欲求接近那些美的身体和它们的灵魂重要。（*Phaedrus* 230b-d）至于艺术作品，在诗的例子中，他同时表现出了爱欲和非难，就有传说色彩。（*Republic* 607e-608a）

[117] 甚至在顶层，这个世界美的东西也仍然是美的。（211b2, 211d4）这是一种宽泛但无力的“包容性”解读，与 Vlastos 1991: 40 中的解读相似。

者明确地生育哲学的言论[118]，而这样的言论丰盈、美好并且“大气”（210d），就像大海[119]，其中充满了宏伟壮丽的思想。

苏格拉底对美的身体、灵魂、行为以及知识本身同时存在着的欣赏能力——反过来是重要性的次序——把他合适地放在了这个阶段。至于宏伟的言论，毫无疑问，他在《会饮》中的颂词就是柏拉图所有著作中最宏伟、最充实并且最有理智力量的。至此，他已做好了准备去瞥见美本身的理念，正如步骤
7 中的爱者。步骤 7 区别于步骤 8 的地方仅仅是在这里，爱者 174
只是瞥见了统一的关于美本身的理念的知识以及那理念本身，但还没有“掌握”它，因此他仍然前行在攀升的道路中（伴随着引导者的持续帮助，他的存在在这个阶段被着重强调了；210e3）。苏格拉底在这个阶段的存在是通过以下事实被暗示出来的，即他宣称只有确信——而不是知识——才关乎狄奥提玛告诉他的“秘义”。（212b; cf. 198d）[120] 此外，他声称自己的智慧像梦一般不可靠（175e），这是针对意见（相对于知识）的常见的柏拉图式隐喻。[121] 苏格拉底和狄奥提玛之间的不同在这里也是十分重大的。她神秘的、超越凡人的权威性与苏格拉底的确信

---

[118] “哲学中的”（210d6）奥秘的措辞必须涉及生育这些言论的爱者的活动。（cf. 218a5）我赞同潘德（Pender）的解释，即哲学是美的爱欲的对象（1992: 81-82）；哲学作为欲求对象而呈现，在柏拉图其他作品中不难听到这样的共鸣。但是，根据潘德自己的标准——隐喻的“逻辑”，哲学在这里不能作为爱欲的对象，因为它是一种活动，不能简单地等同于激励爱者在步骤 6 上生育言论的美的“海洋”（虽然通过活动，它也会展现为美者，从而成为“美的海洋”的一部分）。毋宁说，是活动让我们能够获得作为欲求对象的知识。

[119] 更美的爱欲对象生育更美的（并且更“不朽的”）后代。（209c）因此，每个阶段生育的言论便要比激励它们的美更美。（Santas 1988: 43）与之类似，《理想国》中真理的爱者（501d）也是真理的生产者（490a-b）。

[120] Cf. Penwill 1978: 157. 但是，在我看来没有理由去怀疑苏格拉底的声明，即他已经对狄奥提玛所说的心悦诚服。（cf. Rowe 1998b: 240-241, O’Brien 1984: 186-190）

[121] See Gallop 1971.

形成了对比，但这种确信奠基在对她教诲的信念上并不牢靠，这些教诲至少还被苏格拉底认为提供了某种洞见，如果不是引导的话。(cf. 212b) 由于上述原因，步骤 7 被一些解释者所喜爱。[122] 它带给我们一个圆满的循环。

4. 不在任何地方的人

在《会饮》中，柏拉图利用了宴饮的背景，用他标志性的角色扮演、自我模仿、故事叙述和游戏[123]去呈现苏格拉底在不同阶段的姿态（一切都是通过若干层次的叙述回想起来的），从宴会上的苏格拉底到阿尔喀比亚德回忆中的苏格拉底，再到那个与近似虚构的狄奥提玛交往的“假想的苏格拉底”。[124] 这种万花筒式的描述的（或者我试着要论证的）一个效果是，苏格拉底或多或少能够被看作占据了“爱的阶梯”的所有步骤。

我们怎样来理解这种情况呢？或许我们可以设想，苏格拉底正在按照既定的顺序攀升阶梯，随着时间的流逝，他有序地踏过了每个阶梯，直至他牢固地并且永远地站在顶层，当我们暂时瞥见他那些走过的时刻时，他已经遗弃了较低的步骤。[125] 但是，在实际上不可能用任何违背时间的方式记述他在阶梯上的位置。或者，有人会认为，他在顶层的存在在某种程度上似乎是由那些只属于较低步骤的行为来表现的，这是一种强“包容性的”解读。
175 譬如说，他对美的年轻人的爱欲回应或许可以被看作与他在顶层

[122] E. g. Penwill 1978: 159.

[123] 关于会饮的这些方面，参见 Lissarague 1990。在它们同柏拉图对话的联系方面，Hunter 2009 是十分有帮助的。

[124] 这是布里（Bury）的说法。(Bury 1932 on 210a)

[125] 这似乎是斯科特（Scott）的观点（Scott 2000: 31-34），虽然他没有把苏格拉底放在顶层。

的存在并不矛盾，甚或是对他在顶层存在的一个表达。[126] 但在我看来，这与攀升的修辞并不一致，也与爱者对遗弃阶段的轻蔑，以及爱者在每个新的阶段都会将他的热切关注转移到新的对象上相悖。[127] 这个转移最强烈地表现在从步骤6向步骤7的过渡中。这里有一个脱离通常世界的质的跨越[128]，世间万物中表现的美与美本身断然分离，美本身显然要从这类显现中超拔出来。美的“海洋”囊括了理念在世界显现的总和，但是迈出这至关重要的一步的爱者将会看见，所有这样的对象都在它们的真理之光中，正如“可朽的无价值之物”与理念自身相比较。(211e) 与阿尔喀比亚德的身体一样美的东西或许是，其美仅仅显现为一种可见的、表面的美——肉体以及皮肤的色泽，成功的爱者现在对此不屑一顾。[129] 甚至他的灵魂也是个别的、微不足道的东西。爱者全神贯注的凝视不能同时停留于人类的身体、灵魂、行为以及美的“理念”上。他不能既参与世间的吃喝行为，同时又凝视那夺去了他任何此类欲求的美不胜收的景象。(211d-e)[130] 这样的美无疑将会

---

[126] E. g. Kosman 1976: 65-67, Irwin 1977a: 169 with 323n58. 这个问题无关乎他是否仍然非爱欲地关心其他人。（两者似乎常常被混淆，如 Irwin 1995: 310。）比较 Scott 2000，虽然我并不像他一样确信，营救阿尔喀比亚德是苏格拉底特殊友情的标志。(Scott 2000: 36) 他也救了拉凯斯一命（221b6-7），并且他的勇气会指引他去保护战场上任何有需要的同伴。不过，友爱（philia）可能是在阶梯顶层的爱者生育的德性之一。

[127] 正如艾伦在过去所承认的（Allen 1991: 82），一种强包容性的解读与阶梯的隐喻是相矛盾的。这也与《理想国》中所说的洞穴喻相同，它暗示了哲人不可能待在洞中凝视理念。

[128] 这一点我赞同陈康（Chen）（Chen 1983），虽然他完全忽略了阶梯的隐喻。普瑞斯间接地否认了这一点，他认为有必要避免这种“急剧的断裂”（Price 1997: 50），但这种断裂是狄奥提玛自己标示出来的。通往天界的楼梯是为这种鸿沟搭桥，而不是消除它。

[129] 这并不意味着，他通过美来蔑视阿尔喀比亚德的美。但是，这种美也总是丑的。(cf. *Republic* 479a)

[130] 狄奥提玛在这里的观点是，美的少男的爱者甚至会不吃不喝，以持续不断地凝视他的爱欲对象，如果只有这样才可能的话。这暗示了理念的爱者同样必须从凝视中获得短暂的休息，以处理俗世事务，比如吃喝，否则他将饿死。

使爱者彻底无视这世间的美，正如《理想国》中对至善之理念的洞见使那些重返洞穴的哲人失明了。[131] 充其量，美在世间的显现只不过处在成功爱者之视野的边缘。

176 第三种可能性是，苏格拉底应该被解释为在阶梯上上下晃动，正如史蒂夫·罗温斯坦姆（Steve Lowenstam）所认为的那样。[132] 我发现从一些方面来说，这似乎是合理的。首先，对于一个人来说，永久地居于阶梯之顶层是不可能的。暂时以自我为中心的苏格拉底将会很快地返回，去和他那些有死的伙伴待在一起。（cf. 175b2-3, c4-5）甚至他间或还必须进食和睡眠。其次，这个解释让人想起了与苏格拉底极其相像的作为灵明的爱若斯的行为，他奔波于神圣领域与凡俗世界之间，处在一个动态的解释、沟通——“交往与对话”（ἡ ὁμιλία καὶ ἡ διάλεκτος, 202e-203a）——过程中。根据这样的解释，阶梯为纯粹的有死者可能会怎样模仿神明提供了一种更少神话性质的、更系统的说明，并考虑到了这样的事实，即甚至我们之间在哲学上最高贵的人也必须不时地从上面下来。这种解释的一个优势在于，它让我们承认，譬如，在步骤 3 时，苏格拉底对作为爱欲对象的阿尔喀比亚德有着真实的爱欲回应，同时也接受他在顶层之时个体并不是他的爱欲对象。换句话说，它给予了我们一条不同的路径去解决“包容性”的问题，让苏格拉底在柏拉图所呈现的不同时刻里，把各种各样的爱欲关系具体化，而不用破坏哲人在与理念交流过程中的高贵独处。

我相信这个解释本质上是对的。同时，柏拉图对苏格拉底的复杂呈现并不对应攀升过程所要求的那种“正确地”和“有序地”上下阶梯。我们无须担心下降是如何发生的。毫无疑问这是由于，在更具挑战性的阶段，无法成功地维持一个人在理智上的

---

[131] See Nightingale 2004: 102-105. 正如经常被注意到的，视觉语言在阶梯上攀升得更高，像是在弥补这样一个事实，即文字上的洞察正变得多余。

[132] See Lowenstam 1985: 94-98. 但是，罗温斯坦姆仅仅着手处理在可朽领域与顶层之间的摇摆，而不是较低步骤的次序性问题。

洞见。或许一次跌倒就会一下子跌至阶梯的底部，正如苏格拉底瞥见卡尔米德衣服里面时瞬间发生的那样。但是，这样的错误可能要求一个人重新“正确地”攀爬阶梯，每一步都按合适的步骤进行。[133] 譬如，我们并未见到苏格拉底从卡尔米德的身体之美重新开始，以便在转向灵魂之前，总体上认识身体的美。这里也没有任何证据能表明，他在隔壁门口的驻足，或者波提狄亚的插曲，
是达到了一系列攀升的顶层。的确，就我们所知，对个别美的身 177
体或灵魂—身体复合体（即阿伽通的，174a）的欣赏在门口这段插曲之前，而不是对一种至高无上的知识的讨论或者对美的“海洋”的沉思在门口这段插曲之前。

苏格拉底是在阶梯上反复上下的人，就像作为灵明的爱若斯一样，毋宁说，这样的理解源于柏拉图一幅构思巧妙的印象派图画——或者更确切地说，一幅立体主义图画，它背离了整体视角的逻辑规则，同时从不同的角度向我们展示对象的各个方面，从而创作出一幅复合图景，它传达了比任何时候都要逼真的效果。苏格拉底处处皆在，因而也就在无人之境。我们不能把他摁在或者嵌入一个有序的序列。甚至在他似乎暂时安顿下来的时候，也很难把他放置到哪一个阶梯上。如果我们稍不留意，那么看起来是在这一阶段的证据就会转而成为在另一个阶段的证据。[134] 他是 atopos，“没有固定位置”，这个与众不同的术语在《会饮》中非常重要。苏格拉底的“非位”（atopia），正如我们所看到的，在开场时已经被预示了，根据阿尔喀比亚德，这是他真正的本质：这事情使他成其为他之（独特的）所是。（221c-d; cf. *Alcibiades* I 106a）苏格拉底作为欲求对象，这种神秘性是其魅力的核心，正如阿尔喀比亚德，他在过分地解决这种神秘的努力中清楚地表现

---

[133] 业已看见理念自身的记忆或许在重复攀升中助推了一个人的前进，譬如，使某个人更容易认识到理念在身体上或者灵魂上的显现。但是，这里没有证据表明，实际上跳过任何一个步骤是可以的。

[134] 同样的情况也适用于他从引导者向跟随者以及从主体向欲求对象的转变。

了这一点。[135]

苏格拉底（双重意义上）单个的身体，将他的各种身份放置于一个人类可能性的容器中。他是一个透镜，通过他我们可以洞察攀升的各个不同阶段；他也是典范，依之我们可以判断爱者“正确的”表现。因此，他招致了模仿。[136] 但是，他的非位拒绝模仿。[137] 权威邀请的力量把苏格拉底放到了阶梯之上，如我一开始所强调的，它本身在这里就有重大意义。柏拉图*引起了*我们的欲求，只有拒绝把苏格拉底稳妥地放置到任何一个阶梯上或者一个有序的阶梯序列里才能抵消这种欲求。[138] 这种欲求和对它的抵消诱使我们仔细审视苏格拉底的攀升，寻找他经过的踪迹，同时防止我们把这些踪迹拼凑成一系列前后连贯的路标——正如互联网上的行车路线，凭此我们可以在任何径直的或者舒适的意义上追
178 随苏格拉底。柏拉图使我们转向接受“领会”苏格拉底或者他的智慧，正如阿尔喀比亚德或阿伽通在其自己的方式中所做的那样。(175c-d, 219b) 他禁止我们把他当作我们的“引导者”，比如阿里斯托德莫斯那种毫无头脑的方式，当他要走自己的路时便失去了信心。我们必须在我们自己阶梯的底部开始（正如他被公认地那样做），以及回应他行动着的难以理解的“引导者”模式，通过从自己所坚持的有所区别的自己那里（而并非“领会”苏格拉底）赶上他的独立性，这便允许我们去“领会”美本身。(211b7, 212a4-5)

形容词“令人惊奇的”是阿尔喀比亚德对苏格拉底赞颂的主旋律。他那困惑的惊奇以一种表面看来单纯的用法在对话一开始

---

[135] 论苏格拉底的神秘性，参见 Nehamas 1998: 91-92, Blondell 2002: 69。

[136] 关于普遍的希腊假设，即人们会模仿文学作品中的角色，参见 Blondell 2002: 80-86。

[137] Cf. Blondell 2002: 106-109.

[138] 通过提出不可回答的问题，柏拉图同时引起并阻碍了读者的解释欲望，参见 Halperin 1992。

便有所预示了，当阿里斯托德莫斯问阿伽通第一个问题“苏格拉底在哪里？”时（1754e12），便使用了单词“惊奇”（θαυμάζω）：“我十分惊奇他会在哪里？”（175e12）不像阿里斯托德莫斯，我们不能在那里派遣一个奴隶去把苏格拉底给我们找来。但我们能心怀感激地生活在我们自己的惊讶之中。当然，这也是哲学的开端。[139]

---

[139] *Theaetetus* 155d; cf. *Symposium* 205b, 208b.

八、落幕后的悲剧

黛布拉·尼尔（Debra Nails）

179 柏拉图把悲剧之悲和喜剧之喜、高度的庄严与极度的庸俗通通编入了他的《会饮》，这一观点无甚争议。即便有人忽略了从庆祝阿伽通的悲剧获奖到醉酒狂欢，即 kōmos，所贯穿的上述特点，那么结尾处还会有提醒。伴着周围人的鼾声，苏格拉底正在与阿伽通和阿里斯托芬推杯换盏，“（苏格拉底）逼他们承认，同一个人可以兼长喜剧和悲剧，擅长悲剧的诗人也是喜剧诗人”（223d2-5）[①]。围绕苏格拉底这段临别发言已经有了各种各样的解读，大多数认为柏拉图的《会饮》集悲剧、喜剧和哲学三者于一体。[②]

虽然早有人指出《会饮》的悲剧是什么以及《会饮》中什么

---

① 罗伊译。《礼法》中的回应：“不看喜剧而想了解肃剧是不可能的，这就正如在一对矛盾中任何一方都不能离开对方而存在。”（VII 816d9-e1，布里译）如果任何一个人能够保持清醒的话，我们很乐意看到这个诘问接下来会有什么进展，因为无论阿伽通还是阿里斯托芬都没有尝试过对方的文体，要是他们中的任何一方已经认同苏格拉底的评判标准，那么他一定早已承认自己并不擅长写诗。（Rowe 1998a: 214）关于柏拉图对二值原则更加概括的描述，参见 *Republic*I 334a1-3，文中提到，擅长护卫的人同样擅长偷盗。（cf. *Republic* III 409d8-10, *Charmides* 166e7-8, *Phaedo* 97d1-5）

② 克利称其为“一种新的哲学式戏剧模式，从它模仿的对象来看，它融合并超越了悲剧和喜剧”（Clay 1975: 250）。瓦尔迪（Wardy）称其为“一种一度融合又超越了戏剧种类的文学样式”（Wardy 2002: 58）。尼采（Nietzsche）甚至提出了一个融合三者的最大合体：“只有易懂的才是美丽的。”（Nietzsche 1967: §13）

是悲剧的，但是《会饮》显然是有趣的而非悲惨的。我会认为彼得·布莱肯哈根（Peter H. von Blanckenhagen）的观点是正确的。（Blanckenhagen 1992）在他看来，《会饮》在落幕后引发了一场悲剧。后文中乔纳森·李尔对此有更细致的阐释。（Jonathan Lear 1998）但是，关于究竟是谁的过失造成了悲剧性的后果以及这些 180
后果是什么等问题，我有自己的看法。我提前给出我的结论，从根本上说，对贯穿柏拉图所有对话的悲剧最合理的解释是从认识论的角度来阐发的：如果对至善没有了解，那么我们不但更容易犯错，而且有时还可能遭受由此带来的灾难性后果。确切地说，《会饮》展现了两个悲剧。但是，如同那个时代所有的舞台悲剧，它们引发的最具戏剧性的事件发生在会饮落幕之后。在阿伽通获胜后的几个月内，凡是在公元前416年那个隆冬的夜晚和他一块庆祝的人，有一半因为被指控不虔敬（asebeia）而遭处死或流放。同样因为被指控不虔敬，苏格拉底在公元前399年被判处死刑，而且这恰好在《会饮》构建的那个充满戏剧性的日子之后的几个星期。两起灾难都肇始于雅典人的无知——理性的缺失和对宗教的狂热。不仅城邦（polis）利用它的民主，以草率地处决、流放、没收财产、剥夺权利等方式将成百上千黎民百姓安稳的生活与幸福的图景毁于一旦，而且雅典人还利用民主杀死了这个城邦最好的朋友——苏格拉底，因为错把他当成了敌人。

重访布莱肯哈根的舞台和演员

布莱肯哈根对《会饮》中的人物有过充分的描述（Blanckenhagen 1992: 62），他认为：

柏拉图仅仅写了一个历史小说，这个简单的事实表明：

> 他期望读者留心场景设定和人物特点，并且将心得体会运用到阅读中。这反过来对读者提出了要求：我们如果想要对柏拉图说的话有所了解，那么就应当在文本内和文本外收集所有涉及柏拉图时代之行为方式的信息。③

单是对史实的忽视已足以妨碍我们对这篇对话的理解，更别
181 提以下两种情况。第一种比较少见，即从可信度不高的资料中摘取零零碎碎的人物生平，来给已有的理解增添些许感伤的成分，进而强化这种理解。④ 第二种则几乎不可避免：在叙述背后运作的是我们对苏格拉底和他身边的人长期以来形成的设想，这一背景默默地弥补了我们所不知道的。由于缺少有效的反例，苏格拉底被贵族青年簇拥着的场景成了我们仅有的知识储备。甚至布莱肯哈根都默认了这一点（Blanckenhagen 1992: 56, 61-62），因而把柏拉图的对话叫作“历史小说”。与我相比，他还在柏拉图对苏格拉底同伴的描写中看到了更多诗艺上的不拘一格。虽然与柏拉图当时的听众和读者相比我们所知甚少，但是柏拉图笔下的人物会随着我们对他们了解的增加而变得更容易理解，这对我们来说依然意义非凡。我们掌握了在阿伽通家聚会的大部分人的独立有效的信息。我想指出的是，有些信息对我们理解《会饮》中的悲剧至关重要。

于是，有必要先介绍一下悲剧的人物和场景，并且增添一些

---

③ 布莱肯哈根著作的出版日期容易误导人，不仅因为这本书在他死后才出版，据说是基于“七年前”的一篇演讲稿（Blanckenhagen 1992: 68），而且因为布莱肯哈根关于柏拉图《会饮》的观点于1959年已经在芝加哥大学产生了持续的影响。当时列奥·施特劳斯做了一系列的演讲，直到2001年讲稿才出版。（Strauss 2001: VII）布莱肯哈根在两个时代交汇之时辞世，这时电脑的应用使人们有更多的方法查找到他曾认为重要的信息。我猜想，思虑如此缜密的学者在重申观点之前一定会希望补充一些当代的证据。所以，在此我不会就细节问题和他争论。虽然我的描述与他的描述有些细节上的差异，但我依然尊重他将自己清晰阐述的细节收集起来的意图。

④ 例如，努斯鲍姆对阿尔喀比亚德死前的梦的论述。（Nussbaum 1986: 199）

在布莱肯哈根提出他富有影响力的观点时不为人知的信息。⑤ 在阿伽通的庆功宴上有 4 对男子，他们反映了 4 种不同的关系。⑥ 这些关系都开始于 16 年前战争尚未爆发的时候，因为我们早在柏拉图的《普罗塔戈拉》中就见过他们：鲍桑尼亚和阿伽通已经是恋人关系，厄里刻希马库斯和斐德若则是朋友关系，阿里斯托芬和库达太努斯（Cydathenaeum）的阿里斯托德莫斯则是同乡（fellow-demesmen）关系，彼此负有社会和公民的责任。⑦ 苏格拉底的相好是刚长出第一缕胡须的阿尔喀比亚德，自从后者被派往波提狄亚之后，他们俩已有一年未谋面。当时，苏格拉底正在引起青年和智者的注意，比如普罗塔戈拉。（*Protagoras* 361d7-e6）但在雅典，苏格拉底并不是很有名，即便在自己家乡也是这样。（see *Laches* 180b-181a）当普罗塔戈拉、希庇阿斯和普罗迪库斯在城里让付了学费的学生试听时，只有苏格拉底 *182*
一人考虑到更高等的教育。所以，有钱、有人脉的卡里阿斯（Callias）［他和伯里克利（Pericles）的儿子是同父异母的兄弟，后来他的妹妹嫁给了阿尔喀比亚德］组织了一个集会，在雅典的任何人都可以参与。

回溯至公元前 416 年，始于公元前 421 年的脆弱的尼西亚斯和平时期，在战后给人们以喘息的机会。《会饮》中的人物现在

---

⑤ 预告："公元前 416 年，柏拉图还是个 8 岁的小孩，尽管他可能很早熟，并且日后悉听苏格拉底的教诲，但我还是不把这篇对话当作历史来读。"在重现真实人物和他们之间的关系方面，柏拉图花了些心思：考古学家和古典学家发掘的遗迹越多，柏拉图的话就显得越可信。关于当时的文献对每个人物的记载和相关细节，参见 Nails 2002: s. vv.。

⑥ *Pace* Waterfield 1994: 81-82.

⑦ 某人与他的城邦同乡同胞（fellow demesmen）的特殊关系以及应尽的义务，在文学作品中被证实或者被间接暗示了，比如 Plato *Laches* 180b-d（cf. 187d-e），*Apology* 33e，*Phaedo* 115c3、Aristophanes *Clouds* 1206-1210，1322，*Ecclesiazusae*（Assemblywomen）1023-1024，1114-1115，*Acharnians* 333，*Knights* 319-320，*Plutus*（Wealth）253-254、Lysias *For Mantitheus* 16. 14，*Against Epicrates* 27. 12。

已经是成熟的男性[8]，而且至少有3个人——苏格拉底、阿尔喀比亚德和阿里斯托芬——在此期间结婚。米里努斯（Myrrhinus）的斐德若——匹索克勒斯（Pythocles）的儿子——也将在年内和他的大堂妹结婚。也许是战争导致了太多人时运流转，他和厄里刻希马库斯都变得家徒四壁；医生阿库美诺——厄里刻希马库斯的父亲——也是斐德若的朋友，和苏格拉底的圈子比较熟悉。（*Phaedrus* 227a5）斐德若是这个圈子中年纪最小的，虽然他至少已经29岁。阿伽通至少31岁，但由于他把胡须剃得很短，所以看上去最年轻。厄里刻希马库斯不会超出32岁太多。20岁时已经谢顶的阿里斯托芬刚刚34岁。彪悍的阿尔喀比亚德时年35岁，鲍桑尼亚未满40，而苏格拉底已经53岁。

时至公元前416年，阿里斯托芬已经以阿伽通的朋友——苏格拉底和阿尔喀比亚德——为原型创作了喜剧。似乎在这一年，他已经放弃了原本准备用于重演的《云》的改编本，从此，便再没有将苏格拉底搬上舞台。[9] 在当时柏拉图和阿里斯托芬的听众们看来，阿里斯托芬后来在公元前411年的喜剧《地母节妇女》（*Thesmophoriazusae*）中毫不留情地把俊美的阿伽通塑造成一个雍容华贵的亚细亚变装皇后，冒犯了雅典人的情感，从而名声大噪。阿里斯托芬居然能被邀请，这已属非同寻常，这个怪异的男人还以别的方式让自己显得与众不同：他的颂词和狄奥提玛的颂词针锋相对，他故意不按顺序发言，他叫厄里刻希马库斯不要说话，还有意忽略了阿里斯托德莫斯[10]，对苏格拉底的发言他也有过短暂的不满。总之，他是一个脾气暴躁的家伙，尽管经他改编的民

---

⑧ 然而他们足够年轻，能够记住他们遇到过的老师讲的课。（cf. *Protagoras* 177b1-5, 185c5-6, 208c1）

⑨ Henderson 1998b: 3n2.

⑩ 见图8-1，阿里斯托德莫斯睡在厄里刻希马库斯的卧榻上，本应该紧接着阿里斯托芬（他和医生调换了次序）发言；可是，阿里斯托芬却明确地说“只剩下阿伽通和苏格拉底”（193e2-3）。

间故事是那么引人入胜。⑪

和他形成鲜明对比的是，悲剧作家阿伽通——提撒美诺斯（Tisamenus）的儿子——却彬彬有礼，乐善好施，对阿里斯托德莫斯尤是如此。在这篇对话里，他基本没有解释为什么会相信阿里斯托芬后来对爱的解释。⑫ 这是他获的奖，他发出的邀请，他的庆功宴，没有迹象表明他因为装腔作势而惹人厌嫌。他的爱人，克拉美斯（Cerameis）（一个紧邻雅典西北部城墙而设的乡）的鲍桑尼亚⑬，对他在对话中所赞美的同性之爱的生活似乎十分中意。 183

受阿里斯托芬的《云》等喜剧的影响，公元前416年，"苏格拉底"成了雅典城家喻户晓的名字。这或许还和他出了名的丑陋面容和极少洗澡、从不理发的生活习惯有关。苏格拉底早年对自然哲学的兴趣和战争中的出色功绩现在都已成往昔。他认真履行自己的所有公民义务，包括宗教祭祀，可是人们却觉得他越来越怪异——他宣布了私人的灵明（daimonion），还反对诗人编造故事把不公正归咎于雅典诸神。他有房产，却极为清贫：把房子算在内，他所有的家当只值五个命纳（minae），这点钱才够听修辞家欧厄诺斯（Evenus）的一节课。⑭ 他刚娶了克珊提普（Xan-

---

⑪ 多佛就阿里斯托芬的发言缺乏原创性进行了饶有趣味的论证。（Dover 1966: 41-47）这个观点应该能够减轻人们的这样一种困惑，即柏拉图总是以一种赞赏的口吻谈及苏格拉底的遭遇，但实际上却并不轻松。

⑫ 我注意到他拒绝（abrogate）成为主角（symposiarch）。这个成熟男子的相貌具备了一些特征，也许是他剃得很短的胡楂使得他被叫作"青年"（νεανίσκος）。布莱肯哈根却列举了其他细节表明，在这篇对话中阿伽通被描绘得女里女气，尤其是他把爱神比作一幅自画像，以及从175d到最后都一直有人拿阿伽通年轻的外表开玩笑，体现得最明显的是他邀请苏格拉底睡在他的卧榻上。（Blanckenhagen 1992: 58-62）Bury 1932: xxxiv-xxxvi 中并未发现此类证据。

⑬ "Pausanias"和"Alcibiades"都是源自斯巴达的姓氏。

⑭ 关于苏格拉底的净资产，参见 Xenophon *Oeconomicus* 2. 3. 4-5；有关欧厄诺斯的收费问题，参见 Plato *Apology* 20b9-c1。苏格拉底暗示，在朋友们的资助下他愿意缴纳的罚金数目相当于他净资产的6倍。

thippe），夫妇俩的第一个孩子即将出生。克珊提普的嫁妆可能勉强维持生计，因为这个原因，他们的第一个孩子兰普洛克勒斯（Lamprocles）据推测用的是克珊提普父亲的名字，而不是苏格拉底的名字。苏格拉底和他童年的伙伴一直维持着亲密的关系，比如司菲都斯的凯勒丰（Chaerephon of Sphettus）、阿罗派克的克里同（Crito of Alopece）。苏格拉底没有可靠的谋生方式，把时间用来和任何愿意的人交谈。公元前416年的这个晚上，苏格拉底暴露了一个我们只在《会饮》中才见的习惯。在去阿伽通住处的路上，他陷入了一种奇特的出神状态。阿尔喀比亚德在后文会提到，苏格拉底在战争中也出过神。

克里尼亚斯（Clinias）和狄瑙马珂（Dinomache）之子，斯卡伯尼（Scambonidae）的阿尔喀比亚德，父母均来自雅典的名门望族，从小生活在伯里克利家（那是母亲大表姐的家），刚到允许的年龄就被选作雅典的将军。参加会饮时，他家境富裕，身强体壮，还是众人领袖，权力和声望都如日中
184 天。但是，他生性骄横傲慢，行事放纵不羁。他的屁股后面总是跟着一大群拥趸——从表兄弟，到同乡，甚至包括已婚男性。他们中一些人的名字为我们所知⑮，所以，若是他们没有随着阿尔喀比亚德来阿伽通住处狂欢，倒是怪事了。阿尔喀比亚德娶了卡里阿斯的妹妹希帕莱特（Hipparete），有两个孩子。他的妻子刚过世，可能是因为分娩第二胎时难产，现在孩子还是婴儿，但他却早已挥霍掉妻子数目可观的嫁妆。当狄奥提玛谈及名誉和荣耀的爱慕者时，她说的可能就是阿尔喀比亚德，“为了名声甚于为了儿女，人们不惜历尽艰险、倾家荡产、不辞辛劳，乃至献出生命”（208c6-d2）。至于他和苏格拉底到

⑮ 关于费古斯的阿尔喀比亚德（Alcibiades of Phegous）、斯卡伯尼的阿德曼图斯（Adeimantus of Scambonidae）和斯卡伯尼的阿克希库斯（Axiochus of Scambonidae）（见表8-1），大量的碑文、喜剧、法庭演说和历史文献都有记载。（see Nails 2002: s. vv.）

底是什么关系，一直存在争议[16]，但毫无疑问的是，在雅典学园初创之期，阿尔喀比亚德就因其雄心壮志和英雄（或者不如说是坏男孩）气概而远近闻名。

出现在《会饮》名单上的另外一位，是曼提尼亚的狄奥提玛。鉴于苏格拉底说她推迟了雅典遭受瘟疫的时间，两人至少已经在苏格拉底 30 岁时相识。她出现在一段追溯中。也许她就是那些“男祭司和女祭司”中的一员，苏格拉底常说自己从他们那里听到了一些事情（*Meno* 81a9），但大多数的学者认为她完全是一个虚构的人物。狄奥提玛是否是虚构的，其实并不重要。她是一个虔敬的女祭司，在所有的知识门类中，她认为预言和巫术最为重要。（*Symposium* 202e7-203a1）因此，即便她提供的是美本身或者善本身，她的解释也不能让哲人满意，而且也不及在线段喻顶端所找到的，比如万物最根本的、非假设的原则。（*Republic* VI 511b5-6）[17] 她是一个已经进入较高层级的精通厄琉西斯秘义的神秘家（mystagogue），因此她怀疑苏格拉底能否跟得上她。（209e5-210a2）[18] 在我看来，苏格拉底并未跟随她。神秘宗教与修辞术、数学或者精美的诗歌一样，最多不过是通向哲学的阶梯罢了。我 185
们如果期望从狄奥提玛身上学到深邃的哲学，那就太高估她了，因为她既不是苏格拉底也不是柏拉图。[19]

---

[16] 尽管色诺芬（*Memorabilia* 1. 2. 47）是阿尔喀比亚德的批评者，伊索克拉底（Isocrates）是他的支持者（*Busiris* 11. 4），但他们都说阿尔喀比亚德为实现自己的政治野心而利用苏格拉底。

[17] 不要和至善的理念混淆，尽管学界几乎同意这种混淆，本文集中劳埃德·格尔森的文章也持这种观点。至善，尽管是一切事物中正确和善好的原因（VII 517b 4-c7, 527b-c），但却不是一切的原因——比如，不是事物中恶的原因（cf. *Republic* II 379b3-16），也不是恶的理念的原因（cf. *Republic* V 476a5-8）。我曾在别的文章中有过更详尽的论述（Nails 2001），但我这篇文章并不是基于两者的区分。

[18] 比较苏格拉底在《理想国》（VII 533a1）中对格劳孔说的话。

[19] 后面我将回到狄奥提玛。本文集中鲁比·布罗代尔的文章对女祭司所描述的入教步骤前后次序的强调，使我更加坚信，神秘宗教不可能通达真理、美、智慧和卓越。

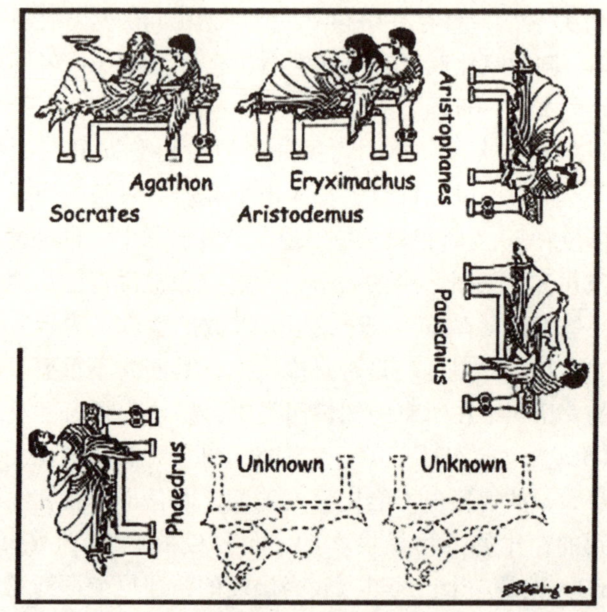

图 8-1 《阿伽通所设会饮的座次图》(Seating arrangment of the guests at Agathon's *symposion*),假设一个房间里有标准的 7 个卧榻,那么至少还有两个不清楚坐了什么人

关于对话的场景设置我们也有一些了解。公元前 5 世纪,大型宴会厅并不常见,但是会饮中的座次安排暗示房间里可能有 7
186 个卧榻(见图 8-1),因为至少另外有两个客人的颂词没能给人留下印象。(180c1-2)在方形房间里把卧榻放在微微隆起的平台上是标准的摆设方式,所以卧榻数要么是 7 要么是 11,总是奇数,以免把门挡住。[20] 照明来自宴饮者背后墙上悬挂的油灯。宴饮的

---

⑳ 十分感谢特里·但凌(Terry Echterling)绘制了图 8-1,其原型来自我在 2005 年组织的一个柏拉图研讨会上为阿伽通的饭厅(dining rooms)布局所画的拙劣草图。博奎斯特(Bergquist)记录了从远古到希腊化时期饭厅的演变(Bergquist 1990: 37),在房间的布局上我利用了她的研究成果:房间的墙有 4.5 米高,对角线大约 6.4 米(面积约 20 平方米)。考虑到一张卧榻上可以睡两个人,所以可能不止两个客人的颂词被忽略了。

场所位于所有房间的中心，所以和阿伽通同住的深居简出的女性亲属们（176e8）很可能就住在毗邻的没有通常的门的房间里。需要注意的是，到公元前416年，战后的遗孀和孤儿已经通过一个高度规范的体制被再次分配到权益（kurioi），女性人口的增加正对城市产生着影响。人们在以女性为主导的阿里斯托芬的戏剧中找到了蛛丝马迹㉑；阿瑞斯塔库斯（Aristarchus）曾向苏格拉底抱怨说，战争使他家里的妇女剧增，以至于自己已无力供养（Xenophon *Memorabilia* 2.7）；战争期间，雅典还通过了一项法令，允许男性和自己妻子以外的女性生育后代。这些都是对话内部的故事发生于战时的背景。㉒

此外，还有一个社会问题有助于我们理解整篇对话：雅典的男性公民至少到30岁才结婚，从青年到长出第一缕胡须，即所谓的情伴（erōmenos）时期持续的时间很短。那么，以后的几十年怎么办？漂亮的雅典姑娘全被关押，正如肯尼斯·多佛所说，“嫖妓……永远不能给予他情感上的满足，无法体会到自己本身被珍视、被接纳的感觉”。无论父母怎么反对，无论法律如何禁止，年轻男性间继续保持的性关系成为情伴阶段适宜的延伸。㉓ 同性伴侣间年龄相差最多不过几岁（Dover 187
1989:86），不只是被爱者，爱者同样能够享受到肉体的欢愉。（Dover 1989:204）那种认为鲍桑尼亚和阿伽通之间存在代沟

㉑ 《吕西斯特拉忒》（*Lysistrata*）和《地母节妇女》均写于公元前411年，《公民大会妇女》（*Ecclesiazusae*）写于公元前392年或公元前391年。

㉒ 这项法令在Diogenes Laertius 2.26，Athenaeus 556a，Aulus Gellius *Noctes Atticae* 15.20.6中均有记载；但由于公元前4世纪时原有的法律准则已经被恢复，所以它并未被长期实行。这就是为什么现在有苏格拉底娶了第二个妻子米尔托（Myrto）的传说。（see Nails 2002:209-210）更多关于《会饮》中柏拉图对女性意象之使用的颇有洞见的观点，参见本文集中安吉拉·霍布斯的文章。

㉓ 文学作品中关于重罚鸡奸的公民的描述和对股间性交的猜测（e.g. Dover 1989:103-105，Halperin 1986，1990:94-99），在现实行动层面并非全然令人信服，因为被捕被起诉的可能性是很小的，而且“古老喜剧”中的证据比法庭上的证据更具有决定性。

的观点颇有意思，但却和柏拉图的文本冲突：《普罗塔戈拉》中卡里阿斯的客人似乎都是生于公元前50年代晚期或者40年代早期的年轻人，不包括苏格拉底和克里底亚（Critias）自己，他们俩都和那些物色有钱学生的人保持距离。值得评论的是阿伽通的美貌和青春，而非他伴侣较长的年纪（Dover 1989: 204），将成年男性和少男绘在花瓶上是很普遍的习俗，但并不会表现做爱行为。此外，阿伽通和鲍桑尼亚不可能已经在雅典同居（尽管同居可能是他们去马其顿的动机）：屋宅（oikos）是一个跨越世代的处所，它将公民义务赋予每一位成年男性，即使他和另一位男性保持了长久的性关系。所以，阿伽通的庆祝会设在他自己家，而不是鲍桑尼亚家。㉔

寻找悲剧

柏拉图能够写出催人泪下的悲剧，同样能写出令人捧腹的喜剧，这已是共识：《斐多》中对苏格拉底之死的描写和《拉凯斯》中丝提西劳斯（Stesilaus）的故事便是明证。我们同样有证据表明，柏拉图有时会把悲剧广义地理解为一种不仅包含严肃话题，而且包含将琐事写得颇有喜感的文体。（cf. *Republic* X 595c1-2, *Laws* VII 817a2-b5）我倒想看看，当我们把《会饮》223d2-5 和这些不太重要的说法联系在一起会有什么进展。抛开专业术语，我们从克里斯多夫·吉尔（Christopher Gill）简约主义的判断开始，他认为223d2-5 处的评论“似乎是为了突出柏拉图自己利用哲学融合喜剧和肃剧的能力”（Gill 1999: xxxix）。㉕ 这一论断的逻辑必

㉔ 对阿伽通和鲍桑尼亚之关系的截然不同的理解和对他们所处环境状况的不同描述，参见本文集中吕克·布里松的文章。

㉕ 比照 Arieti 1991: 110, Nightingale 1995: 2。

然性少于苏格拉底所祈求的[26]，而且对知识（ἐπιστήμη）只字未提，但它至少已经将一些对223d2-5有分量的解释排斥在外。[27] 188

《会饮》中大量佐证吉尔极简主义的喜剧元素让人叹为观止：污物、食物、吵吵嚷嚷的醉汉、服役的奴隶、抢座位游戏（musical chairs）、被破坏的规定、以不得体的方式变得得体、事物混乱不堪、每次都让人心烦意乱。[28] 在一次罕见的角色调换中，脚穿凉鞋的苏格拉底（特意梳洗干净）请来本来未被邀请的阿里斯托德莫斯——一个来自库达太努斯的脏兮兮的、打着赤脚的矮子。柏拉图同样在他最精彩的闹剧式的场景里有额外奉送：未被邀请的人到了，受邀的却没到；医生的发言措辞直白，与此同时，他的病人大声地打着嗝，不停地吸气、喘气、漱口、打喷嚏——依

㉖ 因此，1989年尼哈马斯（Nehamas）和伍德拉夫（Woodruff）（一个人还是两个人）对223d2-5的翻译（“authors should be able…tragic dramatist should also be…”）有误导之嫌，但是他们在希腊文上赋予的较弱的含义已经被Nightingale 1995、Corrigan 1997等著作沿用。

㉗ 莫里（Murry）否认诗歌是一种技艺（τέχνη），尽管“一门技艺的专家会掌握该领域的所有知识”（Murry 1996: 107-108）。有了知识，一个人就能准确地评价诗歌，但是知识却不能保证他能进行喜剧或悲剧创作，所以莫里指出223d2-5处的评论是“带有假设意味的”（Murry 1996: 107, 174，比照Shorey 1937: 233n395a论作为灵感的诗歌，以及Schein 1974）。她总结道：“如果写诗的确是一门技艺，那么同一个诗人一定既能写悲剧，又能写喜剧。然而，这样的诗人根本不存在，所以我们据此判断，诗不是一种技艺。”此论断和《美诺》中的说法具有同样的论证形式与缺陷：“如果美德是可教的，那么必定有教授美德的老师，但由于没有这样的老师，所以美德不可教。”吉尔极简的阐述也排斥了施特劳斯和罗森的观点，后两者都认为这段话揭示了一些与苏格拉底有关的事情。他们说，唯有凭借“天生的禀赋”，一个人才可以既能写悲剧又能写喜剧（d3-4）；然而，依靠技巧，悲剧作家能写喜剧，但喜剧作家却不能写悲剧。阿里斯托芬在阿伽通之前睡着就证明了这一点。他们告诉我们说，我们应从中认识到：苏格拉底能写喜剧却不写悲剧，因此他未著一字。两人对文本的理解如出一辙，罗森认为是施特劳斯的功劳。

㉘ 瓦尔迪系统地提出了对话中涉及的29对重要的对立项，并提供了对他人的旁白。（Wardy 2002）他按照在检验中对立的强弱程度来分析“对立项”。他暗示自己已经罗列得十分详尽：我只漏掉了“民主的”和“等级的”（hierarchic）这一对，它不但对喜剧和悲剧同时具有历史意义（Aristotle *Poetics* 1448a28-b2），而且是《会饮》的重要组成部分。

次尝试医生给出的治疗方案直到打嗝被止住，刚好紧接在这个直白的人后面复述一个独立的喜剧故事；阿尔喀比亚德醉醺醺地讲述一个如耐心女神（Patience）般端坐在纪念碑上的苏格拉底的故事。

严肃（σπουδαῖος）的内容无法自由流淌。学者们过去一直没法区分悲剧元素（除非有喜剧元素做对比）和轻触严肃主题。举个例子，正如其他人所详尽指出的，无论与入教和启示有关的描述，还是所展现的具体行为，秘义（mysteries）一直都是贯穿对
189 话的主题。[29] 雅典的民主则是另一个主题。与同侪会（hetaireia 或 sunōmosia）相较，《会饮》曾是一个没有固定成员也没有宣誓的民主机构，它有意强调每个人分得同样份额的食物和混合酒，大家一起娱乐，从左至右轮流发言。[30] 柏拉图在对话中增添了其他民主的暗语。比如，相较于父姓称呼，他更常用乡名称呼，一开始阿波罗多洛斯就被直接称作法勒雍人（Phalerian）。（172a4）[31] 这天晚上的飨宴（symposiarch）终究要收场，但客人们能够随性而饮。这里没有等级的差别，故而不同的人时不时提出活动建议，有时言语间夹杂着一些适用于公民大会（如 176e4-177e8）或者法庭（如 219c3-6）的语汇。阿尔喀比亚德赴宴时头戴常春藤和紫罗兰花冠，在这里，紫罗兰是雅典的象征（Pindar fr. 76 Bergk）[32]，而常春藤则与狄奥尼索斯有关。除了积极的和中立的表述，还有一些表述较消极，例如，“对于一个有智识的人来说，少数聪明人比一大群不明事理的人更让人惊慌”（194b7-8），狄奥提

---

[29] See Bury 1932, des Places 1964: 17-18, des Vries 1973, Maraguianou 1985: 248-251.

[30] Schmitt-Pantel 1990: 19, Wecowski 2002.

[31] 尽管厄里刻希马库斯和他的父姓（176b5）一同被介绍，这让我想起阿库美诺，在场认识医生的人几个月后会有同样的命运。关于法勒雍人（φαληρεύς），参见 Sider 2002: 260-262。

[32] 被 Nussbaum 1986: 193 引用。

玛对常人和有知识者所做的相似区分（202b8-9; cf. 208c2-d2），阿尔喀比亚德使用的格言“一个医生顶得上所有其他人的总和”(214b7)。以上每个例子中，知识都比数量更为重要。对话中其他的严肃话题大多出自狄奥提玛之口：美和善、一个人所能过的最好的生活、人的不朽性、苏格拉底和阿伽通的诘难中提到的方法等。所有这些都是举足轻重的问题，但是它们没有达到悲剧的标准——这一定是由 223d2-5 引发的期望。

现在，我把目光投向那些同意《会饮》的悲剧发生在台下但却认为阿尔喀比亚德才是对话中的悲剧人物的人们。阿尔喀比亚德色诱苏格拉底未果，随即远离了哲学，肆意挥霍自己的天赋，虚掷前程，最终背叛了雅典。多佛的一个重要见解（提升阿尔喀比亚德的重要性，降低狄奥提玛的重要性）如今已经得到了广泛的认同，我就从这一观点谈起。[33]

多佛认为（Dover 1966, 1980），阿里斯托芬的颂词“是《会 190
饮》中唯一一个让现代读者觉得是基于可省察的事实的发言”(Dover 1980: 113)，因为“对他（柏拉图）笔下的大多数人来说，他们所知的最强烈的情感体验就是同性间的回应”（Dover 1980: 5)，古人同样会发现阿里斯托芬的颂词比狄奥提玛的颂词要更符合实际情况。多佛超出 erōs 的范围，将其定义为对高潮的欲求，他称之为一个人对另一个特殊之人的“偏爱”。这个人因为另一个人而获得自我的整全，为了后者，他的 erōs 保持长久不息，不管那些潜在的似乎更具吸引力的伴侣，甚至也不顾至高无上的美对自己的吸引。据此，他认为，阿里斯托芬的立场与狄奥提玛的立场相左（Dover 1966: 47-50)，因为后者对 erōs 的描述恰好排除了所有个人和主观的因素。所以，多佛声称，狄奥提玛所持的立

---

[33] 除了下文我将探讨的诠释，学界存在的话题、观点远比这种立足知识论的诠释要繁多和复杂。参见 Vlastos 1973b, Erde 1976: 164-167, Kosman 1976, Gagarin 1977, Patterson 1982, Price 1981and 1991, Rowe 1990 and 1998a, Scott 2000, Penner and Rowe 2005: 300-307，它们都与柏拉图在人际关系方面的观点有关。

场与阿里斯托芬的立场大相径庭。

努斯鲍姆对此颇为认同（Nussbaum 1986: 197-199），但出于对人类行为的关注，她将这一观点运用到特定个体之上。在她看来，没有人能在多佛的意义上偏爱另一个人的同时，还能偏爱绝对知识。[34] 一种是对另一个人“独有的激情”，比如阿尔喀比亚德对苏格拉底的情欲；另一种是苏格拉底式的“稳定的理性”，据说也是狄奥提玛的方法所达到的效果。[35]“摆在我们面前的是两种价值，两种知识。两者互不相容。”[36] 在努斯鲍姆看来，“你不得不有所忽略。哲学并非充满人情味，但是我们也因人性及其导致的后果而感到战栗：它让我们感到自己身处光的洪流中，动弹不
191 得。这注定是我们的悲剧”。在对话中，这“在阿尔喀比亚德身上，以及关于他的事迹中体现得淋漓尽致”。努斯鲍姆视域下的《会饮》把一个敏感的、激情四溢的阿尔喀比亚德当作“理性的石头”一般的苏格拉底之外的替代。关于后者，她写道：“在他上升到理念的过程中……就像极了一个理念——坚硬、不可分割而冷漠。”（Nussbaum 1986: 195）努斯鲍姆的结论是，读者必须在两者间做出抉择：是阿尔喀比亚德还是苏格拉底，是诗歌还是哲

---

[34] 此观点衍生自“偏爱”的一层含义，虽然流于细枝末节，但她的理论依据要丰厚得多。See Vlastos 1973b.

[35] 作为个人知识与客观知识不可调和论的支持者，努斯鲍姆指出，“当苏格拉底颇有洞见地谈及这两个相互冲突的事物时，他是严肃的”（Nussbaum 1986: 198）。但是，苏格拉底在对话中并未做努斯鲍姆所做的声明。努斯鲍姆可能模糊地意指瞥见美是“一瞬间”（ἐξαίφνης, 210e4）的事情，她还把这一过程描述为“视域中的变化”。但是，现在我们姑且别急于判断苏格拉底到底有没有提倡过较高层级秘义的体验。

[36] 尽管《会饮》中没有灵魂三分法，但是我们可能会想到弗洛伊德早期的灵魂水压模型理论，就像柏拉图在《理想国》（VI 485d）中做的分流；假设灵魂的能量有限，那么在一个支流上能量的增加就一定会造成其他支流成比例地减少。或者借用《理想国》（IX 588c7-589a10）中的比喻，把满足淫欲比作“喂野兽”，会减少来自智性的灵魂能量。即便有这些比喻，也达不到努斯鲍姆描绘或构筑的东西。三千年人类历史都在佐证三分法的无用性，但我仍将柏拉图对灵魂的一些描摹当作有益的比拟，而不是教条。

学，是追求私人知识还是追求客观知识？

要么（1）如努斯鲍姆所言，确实有两种截然不同、互不兼容的知识，一种是私人的，一种是客观的；要么（2）人类（也就是我们所有人，因为她说，这是“我们的悲剧”）把本来只有一种的知识理解成了两种。无论是哪种情况，她都不可能是对的。如果（2）成立，这个问题就是人类的一个弱点：普遍无法在追求稳定而根本的知识的同时，还能够维持对心之所向的不稳定的认知（包括对自我的认知，对人际关系的认知），从而导致人们误以为知识本身就有两种。治疗这种无能的方法是辩证哲学，后者会引起如下认识：知识是稳定的，而通过激情获得的不稳定的认知无论单独来看多么有价值，都不属于知识。这一结果没有达到努斯鲍姆的预期，但是它留下的完整事实恰好适用于下面关于李尔笔下的苏格拉底的探讨：由于我们人类深受最亲密的人际关系的影响，所以我们应该特别注重与亲近之人的相处之道。

我们还是考虑代表努斯鲍姆的观点的情形（1）：存在两种互相独立不可调和的严格意义上的“知识”。㊲ 努斯鲍姆认为，文学有一种充满阿尔喀比亚德式诗性的个人化的认识论价值。因为，“在可预见的一生中，我们不可能都为了过得更好而去体验所有我们应该了解的事物”（Nussbaum 1986: 186），而文学则提供了某种补偿。它提供幸福生活所必需的知识。㊳ 但是，如果文学仅仅扩展私人知识而与客观知识无涉，那么我们阅读柏拉图对话一类的哲学化的文学作品的结果就是，没有增加丝毫的客观知识。此外，由于无处获取客观知识，我便不能估量通过自己对他人经验的独特体验（或者至少是通过阅读他人拥有的或想象的经验）而获得 *192*
的私人知识的价值。我无从知晓自己的理解是否正确。然而，如

㊲ 比较“知识片段”（αἱ ἐπιστῆμαι，207e6）和理解或“多种知识”（τὰς ἐπιστ-ήμας...ἐπιστημῶν，210c7-8）等无关痛痒的表达。

㊳ 如果所言不虚，鉴于她用了“应该”一词，那么阅读文学作品就成了我们所有人应尽的义务。

果文学知识成为连接私人知识和客观知识的桥梁，那么，即便此刻我对客观知识毫无头绪，归根结底，私人知识和客观知识都并非不可调和，人们也就不需要面对二选一的难题。一个人能够拥有两种知识，而且能够在两者之间来去自如。

我们先姑且不管文学是否扩展了私人知识，或者它是否沟通了私人知识和客观知识，而必须进一步追问苏格拉底所质疑的关于诗人的认知权威等问题。柏拉图亲自体验过他笔下的阿尔喀比亚德的生活吗？还是从文学作品中学到的，或者是从他人的描述中推断出来的？作为努斯鲍姆所举的例证之一，柏拉图既掌握了私人知识又掌握了客观知识，这暗示了一个似乎正确的观点：不需要选择。当写到“通过与爱者的亲密关系”，阿尔喀比亚德比苏格拉底更能“说出真切的、准确的话语（故事）”时，柏拉图在暗中施展着影响。（Nussbaum 1986: 191）我们没有发现任何迹象能表明，对这些想象、情感等的体验是知识的例证［而非它们看上去的样子，也是苏格拉底在其他文本中所主张的：它们是可变的暂存者（volatile ephemera）］。即便苏格拉底和阿尔喀比亚德在知识天平上各执一端，也必然符合这样一个前提：一个人选择过一种信守对另一个人的承诺的生活，在这种情况下，他已经不再适合寻求绝对知识，至少这个寻求过程不再充满激情。如果绝对知识——正如狄奥提玛所描述的——是处于爱的阶梯顶层的生活，是对神圣的美（e4）的独占性和原初性的凝思，那么，确实，对另一个个体充满激情的承诺就是不可能的，但是这远不能解释苏格拉底为什么会在狄奥提玛说她不知道苏格拉底是否听懂她的话之后，欣然接受了这一席神秘的入教谈话。

狄奥提玛继续讲述关于艰难的上升过程的预言和寻求者的回报——“生育真正的德性，因为他正在掌握真理”（212a2-5）。[39]

---

[39] 虽然我更倾向于把“ἀρετή”译作“卓越”（excellence），但《会饮》的译文几乎清一色地译为“德性”（virtue）。

他会享有诸神之爱并获得属于人的不朽。（d5-7）即便上升导向德性、知识和幸福（由于我承认三者间的紧密联系），我们也不一定非要选狄奥提玛的路。我个人倾向于一条别样的路，纵然它会更加漫长且险阻重重。在神秘的女祭司狄奥提玛看来，“对一个人 193
来说，值得过的”生活就是对美（to kalon，211d2-3）的纯粹沉思式的生活；众所周知，哲人苏格拉底对一个人唯一值得过的生活有完全不同的认识（*Apology* 38a5-6），而且他道出了这种选择对于他的同伴们生活的意义。[40]

努斯鲍姆似乎已经将哲学和神秘宗教混为一谈，然后对苏格拉底妄下结论。因此，她否认哲人能够过上任何神秘宗教都无法染指的多姿多彩的生活。蹊跷的是，《会饮》在其他学者身上产生了同样效应：他们都模糊了哲学与宗教之间的界线。例如，多佛盛赞阿里斯托芬的观点比狄奥提玛的观点更具基督教意味［他引用了《约翰福音》4.8，神是慈悲的，Dover 1966: 48）］，而科斯曼（Kosman）则引述了有关化身的神话（Kosman 1976: 67）。

在我看来，这些混淆都是“离谱的谬论”（φλυαρίας θνητῆς，211e3），我们都应该竭力避免。但这一观点又是如此普遍：与此相关的一类观点认为，存在某个超验的、超自然的理念之境，“柏拉图式的天堂”不但与具体可感知的、可度量的事物相对立，而且与之相分离。我承认，柏拉图对属天的世界和属民的世界“两个世界”的划分，为割裂美的事物和美本身的阐释打开了方便之门。狄奥提玛认为，抵达阶梯的顶层能让入门者（initiate）得以察见，昔日认为美的事物都仅仅是无谓的有死者（phluarias thnētēs）。与此相对，苏格拉底曾说：“我要简洁地、执拗地甚至愚蠢至极地坚持这一点：没有任何事物使它（一件事物）成为美

---

[40] 有意义的人生（βιωτὸν ἀνθρώπῳ）和无意义的人生（οὐ βιωτὸς ἀνθρώπῳ）在《申辩》（38a6）中是如此相似，以至于人们总是将两者联系在一起，柏拉图在其他对话中没有使用过此短语。

的，除非美本身在场（παρουσία），或者它分有（κοινωνία）美本身，或者它与美本身之间有某种我们已经提到的联系。不管你如何描述这种联系，我将不再坚持有关它的具体细节，只坚持这一事实，即所有美的事物都因美本身而美。”（*Phaedo* 100d4-9, trans. Grube）尽管线段喻提供了从第一原则（这里指理念）下降到关于具体事物的结论（*Republic* 511b6-c2）的推演。但是，美的理念性知识[41]，虽然明显暗示了路径顶端的清晰、真实和现实性，但是，用狄奥提玛的话说，却没有增强辨别具体事物中的美的能
194 力。或者不如说，当认知者站在上升路径的顶端回头顾盼时，那些具体事物就成了众多毫无价值的东西。并不是我故意夸大其词，但这条路径的两段确实引发了对理论科学和宗教的比较，即万有理论（theory of everything，某些物理学家亲切地称其为 TOE）[42]的知识与对美善的神秘凝思的比较。这样一种景象使人的注意力不能集中在通向第一原则的较高的那段路径和随后的演绎上（对于较低的那段路径，狄奥提玛一无所知）。被归于柏拉图名下的“另一个世界”的观点，根本不能把图像、情感、欲求等努斯鲍姆眼中的私人元素，转化成她所谓的私人知识的东西。

乔纳森·李尔和努斯鲍姆一样关注年轻的阿尔喀比亚德纤柔的情感。（Jonathan Lear 1998: 148-166）他毫不避讳地将苏格拉底对阿尔喀比亚德的冷漠当作整篇对话的悲剧性焦点所在。但是，他由于掌握了丰富的精神分析的理论工具，便不需要求助于努斯鲍姆一分为二的知识论。他把对话放置到其历史语境中来考量，从而采纳了布莱肯哈根的建议[43]，认为因为苏格拉底没能阻止阿

---

[41] 出于对当前论证来说不太重要的原因，我倾向于用这种方式来表达别人所说的“关于美的理念的知识”（knowledge of the form of the beautiful）。

[42] 其他人把它叫作 GUT（grand unified theory）。

[43] 当谈及阿尔喀比亚德试图引诱苏格拉底时，布莱肯哈根说：“那天晚上阿尔喀比亚德遭受到的情感挫败，堪为他神经质的个性和破坏性极强且多舛的一生的缩影，而这一事件为该观点提供了很好的支撑。”（Blanckenhagen 1992: 67）

尔喀比亚德背叛雅典，所以他对该事件后来对整个西方文明造成
的影响负有责任。[44] 李尔认为，狄奥提玛已经给出了忠告，“美的
事物仅仅具有工具价值：它们会被利用，被踩踏，就好像梯子上
的横档。当一个人已经爬过了梯子，就应该一脚把它踢开”（Jon-
athan Lear 1998: 163）。李尔对《会饮》分析的亮点在于他对爱者
抛弃情伴感到义愤不已。在狄奥提玛的意义上（211b5-6），正确
的娈童恋几乎总是以情伴的容颜衰老、爱者的移情别恋而告终。
然而，常人的苦痛对女祭司来说无关痛痒，在她们看来，美的男
孩和美的雕像是可以相互交换的——只要最终能够实现对美的事
物的凝思。李尔认为，苏格拉底在处理与阿尔喀比亚德的关系时
遵循了狄奥提玛的忠告，以至于落下话柄。尤其当阿尔喀比亚德
试图引诱苏格拉底时，苏格拉底已经脱离了真实的生活，不会有 195
任何生理反应，所以阿尔喀比亚德成了被拒绝的爱者，并在 15 年
后悲剧性地背叛了雅典。仿佛精液本身能够教导人[45]，布莱肯哈
根早就对此有过抱怨，“要是苏格拉底和阿尔喀比亚德睡在一起的
时候，不是‘像一个父亲或老大哥’而是一个真正的爱者，他可
能早就已经把这个全雅典最有天赋的人身上的诸多天赋引向了经
典的伯里克利式的方向，并且把他塑造成雅典有史以来最好的政
治家了”（Blanckenhagen 1992: 67）。让我们更仔细地考察阿尔喀
比亚德这个案例。

---

[44] 此处我没有使用“后果”一词，因为后者需要下一个定论说，即便阿尔喀比亚德后来离开了苏格拉底，苏格拉底也应该为阿尔喀比亚德的部分行为负责，但是我相信它揭示了李尔—努斯鲍姆观点中的另一个重要问题。同样，我也不讨论阿尔喀比亚德是否本可以在西西里岛一役中取胜，从而避免公元前 411 年的寡头政治，战争的再次爆发以及公元前 404 年发生的所有事件，因为有太多变数存在。努斯鲍姆提到历史语境，但是我认为其证据并不充分，因为，通过反复提及阿尔喀比亚德并未参与的对神像的亵渎活动，他居然把虚构事件和文学作品置于优先考察的位置。

[45] 这是时人虚构的一个说法，并且在对话中被多次暗示，与此有关的证据见本文集中吕克·布里松与大卫·里夫的文章。See also Sheffield 2001a: 17-18.

《会饮》（217a2-219d2）中描述的引诱有可能最早发生于《普罗塔戈拉》时或稍早些的时候[46]，判断依据是开篇写到，希波克拉底（Hippocrates）以为阿尔喀比亚德是苏格拉底的情伴。（*Protagoras* 309a1-b 4）如果阿尔喀比亚德此时勉强算年轻的话，那么不久后他就不再适合做苏格拉底的情伴了，因为让一个胡子已经长成的男子做情伴不合情理。那么，苏格拉底真的听了狄奥提玛的建议把梯子踢开了吗？李尔并没有说苏格拉底有意利用阿尔喀比亚德，只是说苏格拉底用冷漠拒绝了这个青年。但是，如果事实果真如此，那么苏格拉底的冷漠就显得太草率、太欠考虑了："既然阿尔喀比亚德已经深陷情欲无法自拔，在苏格拉底看来，他（阿尔喀比亚德）完全可以自慰。因此，导致的人类状况如何，苏格拉底并不关心。"（Jonathan Lear 1998: 164）我们有充分的理由质疑这一说法，因为它违背了苏格拉底不伤害他人的原则，这一原则也恰好成为区别狄奥提玛和苏格拉底的标准。如果苏格拉底知道马匹一旦被虐待就会变得更加暴躁（他确实知道），那么他就不可能认为，一个人被践踏、被踹开之后会毫发无伤。（*Apology* 25a13-b6）苏格拉底倾其一生来省察他人，努力提升他们的灵魂，这进一步证明了他是认真对待他的使命的。再说，从阿尔喀比亚德对当天晚上的描述可以看到，苏格拉底待他像儿子或弟弟（*Symposium* 219d1-2），而并不像陌生人，并不冷漠。而且，至少在《普罗塔戈拉》中提到后的3年，即公元前429年，打完波提狄亚之战的军队正在回乡途中（Thucydides 2. 79. 1-7），苏格拉底还奋不顾身地救了阿尔喀比亚德一命。这同样是对冷漠猜测的驳斥。

然而，救了阿尔喀比亚德没多久，卡尔米德就成了苏格拉底
196 的最爱，但据阿尔喀比亚德所说，卡尔米德也像其他人一样被拒绝了，从而佐证了李尔的观点："苏格拉底用他的语言慢慢地把他

㊻ 战争正式开始之前，约公元前433年或公元前432年。

们通通杀死。苏格拉底是一个毁灭性的诱奸者……如果一个人想用明显的性行为来替代思想造诣的话。”（Jonathan Lear 2000: 102）[47] 一种颇为不同却更加符合苏格拉底省察自己和他人之使命的解释认为，苏格拉底对待他喜爱的人和别的青年，不是真正的娈童恋，甚至不是正确的教育法，而是苏格拉底所独有的正确的psychagogia，即“灵魂引导”。[48]

无论被理解成“渗透式”模式（*Symposium* 175d4-8）还是“传播者—接受者”模式（*Meno* 73c6-8），又或者是“满罐水—空罐子”模式（*Protagoras* 314b），教学都不能被用来解释哲学式地、辩证地寻求智慧和真理的过程，所以苏格拉底再三强调自己不是一个老师。[49] 因此，他没有任何“教义”可以传达给“学生”或者“门徒”。苏格拉底并不转让信息，而是运用一种激发对话者更能自由思考的方法，通过增强他们分辨好坏的能力[50]，来使他们更容易获得德性和幸福。虽然苏格拉底喜爱美本身，或者如阿尔喀比亚德所说，尽管他的身体充满吸引力，但苏格拉底很有可能认为，满足阿尔喀比亚德的情欲不会让阿尔喀比亚德变得更好，反而有可能让他变得更糟。要提防和病患性交的医生以及和学生性交的教授，因为病患或学生的爱欲不会被导向恰当的知识对象，而是导向教导者或神秘家，不是增添，而是完全取代。关于教育的进程，柏拉图了解得很清楚：很难知道到底什么是善好，学生很容易被误导，这使得“不毒害学生”成了十足的高标准。

---

[47] 贝尔菲奥尔却持相反的观点，他认为阿尔喀比亚德因他爱的苏格拉底而达到提升。（Belfiore 1980: 136-137）

[48] See Teloh 1986: 2, Sheffield 2001a: 17-25. 特洛（Teloh）和谢菲尔德认为，对话中的教育过程对前途（prospects）拿捏得十分细腻，且持积极乐观的态度。See Rawson 2006.

[49] 不是雅典人所理解的“老师”。（see e. g. *Meno* 81e3-82a3, *Apology* 33a3-b8）正如我在其他文章（Nails 1995: 213-235）中论述过的，柏拉图的对话集解释并且沿用了苏格拉底的辩证法，而且在探寻中有同样积极的结果。

[50] See Sheffield 2001a; cf. Gagarin 1977.

即便现在也很常见的是，对智慧的爱始于对苏格拉底的迷恋。柏拉图的对话操纵着那种情感纽带，为了达到理念知识而对纽带施加影响，像极了《会饮》中爱的阶梯，因为一个人的爱欲以及情感或灵魂能量的投入，必须被转向乃至重塑。例如，柏拉图笔下的苏格拉底告诉阿伽通："这是无可争辩的事实，因为要反驳苏格
197 拉底是很容易的。"（201c8-9）[51] 这种灵魂引导的关系（苏格拉底作为阿尔喀比亚德、卡尔米德和其他人的辩证引导）是一个应该被扩建而非抛弃的舞台。[52] 情欲之箭必须掠过苏格拉底而直奔真理。

柏拉图的对话作用于整个灵魂，基本上以理智为主，但没有忽视情感。他长期的探索道路、研究性课程，全部都依靠读者或者听众对智慧而不是对苏格拉底的欲求，对真理而不是对某个人的欲求。当 erōs 被引向智慧、真理的时候，对话中苏格拉底的积极参与甚至他的出现都可以被削弱……乃至消失。柏拉图能够引导如此多的人朝向一个方向，这标志着他作为一个哲人、教育者和文学创作者的天赋。

布莱肯哈根曾把阿尔喀比亚德称为"人类为苏格拉底的学说所做的牺牲"（Blanckenhagen 1992: 67）。鉴于阿尔喀比亚德的遭遇如此凄惨，努斯鲍姆和李尔有必要抑制对话中为我们与柏拉图的听众所熟知的苏格拉底的生活习惯和个性特点。这是任何援引历史情境例证的人都会产生的方法论上的质疑。其中一个被抑制的特点被狄奥提玛指了出来（208e3-6）：有些男人"更加注意女性"——用它来形容柏拉图和色诺芬笔下的苏格拉底十分贴切。例如，没有任何证据可以证明苏格拉底对克珊提普没有爱欲，尽管人们普遍如此怀疑。两种情况都没有太多的依据，但需要提及

---

[51] "多思索真理，少关注苏格拉底。"（*Phaedo* 91c1-2）这一观点在对话中多次出现，但并非总是出自苏格拉底之口。Cf. *Phaedrus* 275b, *Republic* I 349a-b, *Gorgias* 473b.

[52] 精神分析中的关系转换亦是如此。

一些前提。第一，没有必要通过否认苏格拉底被卡尔米德吸引（*Charmides* 155d3-e2）以及他频繁提及年轻俊美的男子，来证实苏格拉底的情欲更多地指向女性（正如狄奥提玛所说）。不仅阿尔喀比亚德和卡尔米德，而且包括欧绪德谟和其他人（*Symposium* 222b1-2）在内，所有人的情欲挑逗都被苏格拉底拒绝了。第二，这一点涉及他被阿尔喀比亚德吸引的本质，因为他苏格拉底进入了公元4世纪大众想象的人物之列。[53] 在《普罗塔戈拉》中，苏格拉底以阿尔喀比亚德在辩论中获胜的标准来衡量两人的关系， 198
承认他的注意力从阿尔喀比亚德的身上转移到了普罗塔戈拉的智慧上。(309b7-9) 这一描述在《会饮》(216d7-e6) 中被阿尔喀比亚德所证实。[54] 第三，色诺芬认为克珊提普不讨人喜欢，但柏拉图并不支持这一说法，相反，他在《斐多》中介绍克珊提普的时候充满了同情（她在60a5-8处说的话很无私）。应该补充的是，历史上的苏格拉底在70岁高龄时，依然性欲活跃还生育小孩。因此，李尔（1998: 159）和努斯鲍姆（1986: 195）用不着担心，当苏格拉底面对欲火中烧的阿尔喀比亚德时会无动于衷，好像他是一个清心寡欲、恪守独身的卫道士。我们都知道他不是。而且，从苏格拉底积极的社会生活以及周围人渴望与他为伴的事实来判断，把他叫作一块理性的顽石似乎也有失公允。相反，苏格拉底看上去是所有人中最快乐的，即便外貌丑陋，他也能在与其他人

---

[53] 《阿尔喀比亚德前篇》(不是柏拉图的手笔，但很可能写于学园初期) 展现了对苏格拉底与阿尔喀比亚德关系的早期兴趣：苏格拉底称自己是阿尔喀比亚德的有情人。(103a 2) 之所以说这篇对话是“柏拉图式的”，是因为最初的学园文章都以原始文本为核心，并对当时的学园思想做了饶有趣味的阐明。Cf. Thesleff 1982: 85.

[54] 如果阿尔喀比亚德在这件事上没有掺杂主观偏见，那么同样的描述就可能有力地证明了真实的苏格拉底对待年轻俊美的男子的态度，就像狄奥提玛或者具有较高层级的秘义之体验的修行者。但是，这同时又会产生诸多疑问，比如为什么苏格拉底在对话（*Charmides* 155d3-e2）中坦言自己的的确确感到了难以抗拒的情欲吸引力。如果一个人把《会饮》看作，要经由神秘宗教来通达德性和知识的美学统一的话（正如《斐德若》推荐了修辞，《泰阿泰德》推荐了数学），那么他就不会否认对话涉及的形而上的难题都能够被解决。

的交往中完全自得其乐。他和亲密的同乡、儿时的伙伴一起慢慢变老，被众多新朋友围绕，有妻子和孩子。他面对死亡时的那份平静震撼着他们所有人。哲人的人生似乎确实是最好的人生，而苏格拉底是最幸福的人，因为他的所欲所想都是那么美好。他不是《泰阿泰德》中那个离题千里的哲人。

李尔在其对冷漠的苏格拉底的描述中，通过解释那个偏离主题的哲人（173e2-5），更加明显地暴露了自己话语中的纰漏。[55]他说，苏格拉底“达到了人类最神圣的状态，尽管他还混在人类的圈子里，但是他已经不是其中的一分子了”（Jonathan Lear 1998: 164）。这就是雅典人眼中被误解的似乎病得不轻的苏格拉底（像努斯鲍姆笔下的怪物）——一个与现实世界中的实践生活格格不入的哲人，由于追求死亡，他或许还和自己的身体相抵牾。但是，柏拉图对话中那个充满人性光辉的苏格拉底绝不是这样。鲁比·布罗代尔认为，“与离题的哲人相反”（Ruby Blondell 2002: 299-300），苏格拉底

> 199 成了肉身之人的肉身榜样。他的理想之无法企及恰恰因为它脱离了实实在在的人类生活的环境。因此，苏格拉底要与自己的范型（paradeigma）相似，并不是肤浅地依样画瓢（任何有肉身的人类都无法做到），而是通过追求相同的中心价值，这种方法对身处具体境遇以及与讨论中的理想状态相差甚远，乃至根本相反的人来说很适合，也就是结构性模仿的方式。与哲人不同，他可以谈论物质生活和社会生活。

照这个观点，现实世界中哲人的生活并非一定导致悲剧，也

---

[55] 阅读 Jonathan Lear 1998，尤其是李尔对发生在对话结束后的事情的强调，促使我去探究《会饮》中的悲剧性，同时促成了这篇论文的写作。一个人即使不同意李尔，也会因为李尔富于启发性的洞见而灵感迸发。

不必然悲惨。然而，如果把柏拉图哲学的目的和神秘主义（努斯鲍姆）的目的混为一谈，或者把哲学范式和有血有肉的哲人（李尔）混为一谈，那么悲剧就无法避免。但我怀疑，一切不止单纯的混淆那么简单，一种更深层的担忧不仅引起了这两位当代学者的注意，而且还在《泰阿泰德》的中心部分引起了柏拉图的注意。首当其冲的疑问就是：我们哲人应该怎样生活，以及为什么要这么生活？

一个跟随自己对最高真理之渴求的人，对旁人来说是无法理解的，他甚至还会遭人忌恨，受到不公正的待遇。这一切都是可以避免的吗？[56] 苏格拉底式的哲人的确让绝大多数人难以理喻，不过哲人们对此也毫不在意。尽管在洞穴中占据多数的人数量很庞大，但来自他们的认可和荣誉却一文不值。更难以理解的是哲人对其他人的爱慕，而无论后者怎么努力，也无法理解哲人的生活。[57] 一个虽然不太常见但却更令人痛心不已的例子见于《克里同》，苏格拉底儿时的伙伴劝他逃走，而苏格拉底（为自己的选择）给出了有史以来最笃定的理由：为恶永远都是不对的。因为 200
无知常常导致毁灭性的后果，而教育是我们对抗无知的武器，哲学教育（诘问法）更是所有道德教育中最有效的形式，所以一些哲人由于受到自身对善恶理解的鞭策而冒险进行哲学教育。另一些人可能简单地断言，满足对最高真理的渴望是通向善举的捷径，它比任何别的方法都更可能实现幸福（eudaimonia）。哲人面临多

---

[56] 这是2004年詹姆斯·莱舍向我提出的问题，从那时起它就一直萦绕在我的心里。对于他的质询，我深知自己还没有找到完满的答案。

[57] 爱慕的念头以及下面会出现的立志教育事业，体现了在俄国贵族（王子）皮特·克鲁鲍特金（Peter Kropotkin）的文章中发现的广义的爱若斯："柏拉图理解的Erōs不仅仅是两个存在者之间的互相爱慕，而是以存在于个体欲望与社会其他成员的欲望之间的规定为基础的社会习俗。他的Erōs也有现代意义上的合群的冲动、相互的同情等含义，这种情感可以从之前提及的动物和人类生活的事实中辨别出来。它普遍存在于世界上每一个鲜活的生物体中，**如同自我保护的本能一样，成为生物体的生命中不可或缺的一种生存样态**。"（Kropotkin 1924: 94）

少风险，通常取决于政治、社会状况，而个人的影响微乎其微。随着哲人在年轻人的教育中扮演越来越重要的角色，他也许就越有可能遭遇忌恨与不公，但在报复面前，现世的哲人心如止水。苏格拉底和柏拉图都把青年教育放在他们身体力行的哲学式一生的首位，二人颠沛于斯却从未言弃。纵然误解、鄙夷与不公定然降临哲人的生活，但投奔真理的爱若斯永远不会安于幻灭不息的表象。因此，哲学成了现世哲人不二的生活方式，他们把对真理的寻求看得与呼吸同等重要。

落幕后的悲剧：对秘义的亵渎

《会饮》的悲剧没有发生在对话内部，它不是阿伽通的(58)或者鲍桑尼亚(59)的颂词，不是阿里斯托芬的民间传说(60)，不是阿尔喀比亚德没能成功引诱苏格拉底和他发生性关系的失落，不是我们被迫在两种不相称的知识间做出选择的遗憾，也不是一出由苏格拉

(58) 悲剧作家阿伽通的颂词（194e 4-197e8）采用了赞颂（encomium）的修辞结构，充满了华丽的辞藻和考究的诗节，因而呈现出一种悲剧的风格，即便其间穿插了些许风趣的段子［孩子（παιδιᾶς)，与迅捷（σπουδῆς）中道（μετρίας）相结合］。多佛将阿伽通颂词的结尾部分（197d1-e5）多样的诗节进行了整理（Dover 1980: 123-124）；对比 Hunter 2004: 73。

(59) 克里根（Corrigan）评价说，“鲍桑尼亚颂词中耸人听闻的事实”是“赤裸裸的非道德主义”（Corrigan 1997: 61）。什么是非道德主义？他接着说，苏格拉底之前的所有颂词都有一种“光怪陆离且支离破碎的模糊性”，这听上去令人颇为惶恐，但不是悲惨。

(60) 沃特菲尔德（Waterfield）称“阿里斯托芬的学说令人伤心的地方在于”（Waterfield 1994: 81），它是一个“关于人类的原罪及其后果的悲惨故事”（ibid.，95）。人类一直处在对“整全”的“没有被填补也无法填补的渴望”状态中，这种渴望只能偶尔通过性得到暂时的、部分的缓解。瓦尔迪“意识到成为永恒的统一体是他们一直以来的追求，所有的爱者都会立刻采纳赫斐菲托斯（Hephaestus）把他们融在一起的建议（192e5-6）”（Wardy 2002: 20）。他在这一事实中发现《会饮》的悲剧所在时，表达了几分同情。因此，这一观点更适合被看作“可悲的”。

底冷淡阿尔喀比亚德所引发的落幕后的悲剧，甚至不是阿尔喀比亚德对雅典的背叛，至少我这样认为。《会饮》中的两大悲剧和其发生的时间相应，公元前 416 年后几个月（宗教狂热）和公元前 399 年（宗教抵制）。[61] 轻率的宗教狂热相当危险，错误的源头 201
即一种顽固的、隐而不显的无知能在男女教徒间得到延续。在对话中，狄奥提玛是一个暧昧不明的角色。

就在阿伽通的庆功宴结束后的那个夏天，惯于追名逐利的阿尔喀比亚德，在奥林匹亚运动会上创下了一项历史新纪录，在马车竞速中他同时驾驶 7 匹马，并最终获得第一名、第二名和第四名。[62] 次年春天，阿尔喀比亚德已经下定决心带领雅典军队入侵西西里岛，并且不顾尼西亚斯（Nicias）的反对征得了公民大会的同意。[63] 他和尼西亚斯同时被选中领导军队，而作为第三将军的拉马卡斯（Lamachus）则专门协调二人的分歧。故事发展到这里开始变得复杂起来（参见表 8－1），对事件发生先后顺序的掌握变得尤为重要。人们开始为入侵之战做准备。雅典城所有的赫尔墨斯神像几乎在一夜之间被亵渎。由于赫尔墨斯是差旅之神，所以亵渎行为被认为是不祥之兆，与此同时关于一场针对民主制的阴谋的谣言也不胫而走。统治者下达命令，悬赏与任何不虔敬行为有关的信息。正当军队登船之时，一个名叫安德罗马库斯（Andromachus）的奴隶指控阿尔喀比亚德和其余九人之前在一个私人房间里亵渎了厄琉西斯秘义。被指控的人中，一个被处死，其余八人逃离雅典后，他们的财产被没收，公民身份也被剥夺。阿尔

---

[61] See Furley 1996. 哈尔珀林说："我们阅读《会饮》时对它的悲剧性已经有所了解，对话中的人物刚开始他们的发言就已经被我们画上了叉，他们虽然被浓密的阴影包围但自己却浑然不知。"（Halperin 2005: 56）

[62] See Thucydides 6. 16. 2, Isocrates *On the Team of Horses*（fr. 16）34, Demosthenes *Against Meidias* 21. 145. 但是，直到公元前 397 年，阿尔喀比亚德的儿子还因为父亲对其中一架参赛马车没有所有权而遭到起诉。See Nails 2002: s. v. and Excursus 1.

[63] Thucydides 6. 8-26. 对西西里岛的入侵，以前所未有的彻底的灾难性的失败而告终，折损了大量兵力和士气，并于公元前 411 年导致了民主制的迅速垮台。

喀比亚德要求法律审判，但他的敌人最终获胜。[64] 军队还是出发了。随后当权者从外籍居留者透克尔（Teucrus）那里得到消息证明，斐德若等曾亵渎了神明。透克尔还指证厄里刻希马库斯等曾亵渎了赫尔墨斯神[65]，这些人都逃离了雅典。[66]

表 8-1　《〈会饮〉之后的历史事件》（主体故事发生的时间为
202 **公元前 416 年，《会饮》的写作时间为公元前 399 年）**

庆祝阿伽通的胜利	之后被起诉的因由	起诉者	下场
阿伽通（提撒美诺斯之子）			
鲍桑尼亚（克拉美斯人）*			
斐德若（米里努斯人，匹索克勒斯之子）*	亵渎神明秘义	透克尔（外乡人）	离乡外逃
厄里刻希马库斯（阿库美诺之子）*	玷污赫尔墨斯	透克尔（外乡人）	不详
阿库美诺（厄里刻希马库斯之父）	亵渎神明秘义	卢杜什（Lydus）（奴隶）	离乡外逃
阿尔喀比亚德（斯卡伯尼人，克里尼亚斯之子）*	亵渎神明秘义	安德罗马库斯（奴隶）	缺席审判，前往西西里**，被召回，叛逃斯巴达
	亵渎神明秘义	阿格赫斯特（Agariste）[达蒙（Damon）之妻]	

[64] 这八个人逃走的说法来源于 Andocides 1.16。他于公元前 400 年提供了证据。多佛援引修昔底德（Thucydides）的记载指出，他们中的一些人（比如阿尔喀比亚德的三个同伴）可能在阿尔喀比亚德的保护下获得了暂时的自由，最后他们一起从图里（Thurii）逃走了。（Dover 1970: 280n1）

[65] 参见本文集中马克·马克弗伦的文章，关于厄里刻希马库斯在整篇对话中所扮演的重要角色，他有许多洞见。

[66] 透克尔同时暗示自己也有不敬之举，但是作为告发其他人的交换条件，他的罪责得以豁免。随后，他在泛雅典娜节（Panathenaea）获得奖励。斐德若从未被控告亵渎神明，尽管他确实不经意间说过错误的观点。（Nails 2002: 233-234）

续前表

203

庆祝阿伽通的胜利	之后被起诉的因由	起诉者	下场
苏格拉底［阿罗派克人，索福尼斯库斯（Sophroniscus）之子］*	不虔敬（asebeia）	梅利多斯（Meletus）、阿奴图斯（Anytus）、莱孔（Lycon）	被处死
阿里斯托德莫斯（库达太努斯人）			
阿里斯托芬［库达太努斯人，菲利普斯（Philippus）之子］			
曾在阿尔喀比亚德阵营者	**之后被起诉的因由**	**起诉者**	**下场**
阿德曼图斯［斯卡伯尼人，莱乌库斐德斯（Leucolophides）之子］*	亵渎神明秘义	阿格赫斯特（达蒙之妻）	与阿尔喀比亚德一起被逐
阿克希库斯（斯卡伯尼人，阿尔喀比亚德之子）	亵渎神明秘义	阿格赫斯特（达蒙之妻）	与阿尔喀比亚德一起被逐
阿尔喀比亚德（费古斯人）	欺骗	迪奥克利德斯（Diocles）（勒索者）	与阿尔喀比亚德一起被逐
被苏格拉底拒绝者（222b1－2）	**之后被起诉的因由**	**起诉者**	**下场**
卡尔米德（格劳孔之子）*	亵渎神明秘义	阿格赫斯特（达蒙之妻）	离乡外逃，公元前404年返回
欧绪德谟（第俄刻利斯之子）			

*：也出现在《普罗塔戈拉》（433）中，在希波尼库斯（Hipponicus）之子阿罗派克（Alopece）的卡里阿斯的家中。

**：阿尔喀比亚德一直协助斯巴达人（Spartans）和波斯人（Persians），直到公元前411年寡头政治倒台；然后，他接受了达达尼尔海峡希腊舰队的命令，于公元前407年返回雅典4个月，但是年又被取消任命，于公元前404年被杀。公元前407年或公元406年阿德曼图斯被任命（非选举）为将军，于公元前406年或405年和公元前405年或404年再次服役。阿克希库斯于公元前407年再次活跃于雅典政坛。

204 斐德若的房子里住着狄奥提翁（Diogition）和3个孤儿，他的现任妻子回娘家去了。局势变得越来越紧张。第三个控告人阿格赫斯特（达蒙之妻，《理想国》和《拉克斯》中出现过）指控阿尔喀比亚德和他的两个同伴在柏拉图的叔叔卡尔米德的家里行过亵渎神明之事。城邦快舰被派去把阿尔喀比亚德抓回雅典，所以阿尔喀比亚德在图里弃船而逃，投靠了斯巴达人，并为他们在西西里岛乃至雅典本土击败雅典军队出谋划策。厄里刻希马库斯的父亲阿库美诺被奴隶卢杜什指控亵渎神明，阿尔喀比亚德三分之一的朋友都被指控协助阿尔喀比亚德进行威胁敲诈活动。最终，真正的赫尔墨斯破坏者被确证（在一个饮酒聚所里）和处决[67]，所以一些听候审判的罪犯（包括柏拉图的表哥克里底亚）得以释放。

此间几个月，雅典城被宗教狂热的浪潮席卷。除去早先遭受迫害和被草率处决（实属误判）的人，以及后来被常规处决的嫌犯，大约有50人逃离雅典并在缺席状态下被判处死刑。他们都被剥夺了财产和公民身份，他们的家人也因此遭受牵连，直到公元前407年，没有一个人回国。此外，这次风波还使雅典错失了阿尔喀比亚德的领导，人们有时把西西里之战中雅典的溃败也归因于此，苏格拉底还因此受到谴责。

我之所以关注亵渎事件，是因为《会饮》确实明确解释了那些来自奴隶和一个妇人的指控究竟因何产生，而且也预示了这次欢乐聚会结束几个月后所发生之事。亵渎神明秘义（应处以死刑）指的是泄露有关神明的秘密，不论将它们做出来、滑稽地表演出来，还是谈论仅限于修行者听取的教内秘传。阿伽通的奴隶们在服侍的时候走来走去，对周围发生的事略知一二；妇女们可能就在房子里的某个地方或者就住在隔壁。有两个人的颂词很有感染力。狄奥提玛的颂词当然算一个。她不仅谈及较高层级的秘

[67] See Thucydides 6. 60-61, 6. 88-93. 多佛称，尽管修昔底德似乎对安多西德（Andocides）的证词有所怀疑，但雅典陪审团却对他的证词表示理解和认同。

义，而且一开始她就说她自己还会用恰当的语汇（209e5-210a3），后来她确实是这么做的。另一个是阿尔喀比亚德的颂词。半醉半醒间，他显然说了一些会让任何偶然间听到他们谈话的奴隶或者妇女格外留心的话，“我本来绝不会对你们讲，要不是因为，第一，俗话说‘酒中和孩子的口中有真话’——男仆们在不在场都没有关系”（217e2-4），还有“我把自己的事讲给你们听，你们会体谅我当时所做的和今天所讲的。不过，仆人们，或者有谁是圈外人（βέβηλος）、不够档次的人，就得用大门闩把耳朵闩上”
（218b6-8）。柏拉图的描写让我们能够很容易想象，阿尔喀比亚德 205
早在别的场合说过这些话。但是，当一个人举报自己偷听到的秘密会得到奖赏时，或者一个人认为假如不虔敬的罪行不被根除，那么雅典就会受到神的惩罚时，他就很可能去告发。

有人幸免于难吗？苏格拉底只是短暂地逃脱。阿伽通和鲍桑尼亚离开了雅典并于公元前408年左右加入了位于马其顿的法庭。阿里斯托芬毫发未损，他修订了于公元前406年上演的《蛙》（*Frogs*）的主题，为雅典城失去阿伽通的诗歌而感到痛惜（83-85），还将厄琉西斯信徒的整套合唱（从316行始）搬上了舞台。该剧在阿哥斯波塔米（Aegospotami）的海难举行首演，当时雅典人忧心忡忡，害怕斯巴达人会驶入海港来血腥屠城。阿里斯托芬从悲剧中摘录了一句诗来写雅典人如何把希望寄托在阿尔喀比亚德身上，尽管阿尔喀比亚德被逐出境，但这份希望依然存在，这个城市“渴望得到他，憎恶他，想要占有他”（1425）。[68] 但是，即便在那时，阿里斯托芬依然在抨击苏格拉底。[69] 除了阿里斯托芬本人，苏格拉底是出席阿伽通庆功宴的客人中唯一还留在雅典城的人：

---

[68] ποθεῖ μέν, ἐχθαίρει δέ, βούλεται δ' ἔχειν. 这是狄奥尼索斯在冥界对埃斯库罗斯说的话，摘自 Ion *Guards* fr. 44。

[69] 他还在公元前414年演出的《鸟》（*Birds*）中攻击了苏格拉底。（1280—1283、1553—1555）

你最好别和苏格拉底坐在一起，
喋喋不休。
放弃诗歌，
放弃任何
高雅的悲剧艺术。
你这样在故作深沉的诗句里
和没有意义的对话中
浪费时间，
真是再清楚不过的蠢行为。

—— Aristophanes *Frogs* 1491-1499, trans. Henderson

落幕后的悲剧：苏格拉底之死

《会饮》的框架之所以表现出对很久以前的那次宴会的兴趣，很可能是因为受到苏格拉底被指控的消息的影响。公元前 399 年的春天是整个结构中最具戏剧性的一天，恰好是在初次听说苏格拉底紧随游叙弗伦到法庭之后，和苏格拉底接受审判以前。[70] 从梅利多斯的初次指控到苏格拉底被执行死刑，中间有几个月的时
206 间，也就是几乎从控告苏格拉底的告示公布在广场的公告板上，到选定初审日期（ἀνάκρισις）这一整段时间。《泰阿泰德》和《会饮》都提到人们在对话中和苏格拉底核对事实，以求在过渡期间把听说的故事弄清楚。[71]

雅典城还经历了许多别的事情，它们被更加重大的事情所掩盖，尽管也是由它们所引起——西西里战败、反军叛乱、四百人

[70] 我刚要接受公元前 400 年这个模糊的、充满戏剧性的日期作为《会饮》框架发生的时间（Nails 2002: 314），又被大卫·奥康纳说服，采纳了这个更加准确的日期。

[71] 这是苏格拉底死前，在这些对话中有苏格拉底式对话（logoi）文体的证据。

执政、斯巴达人的胜利、三十人僭主统治、内战以及和谈失败。比如，成立于公元前 410 年的一个委员会于公元前 404 年完全修改了礼法，公元前 403 年成立的一个机构为了应对雅典新近的变迁，在公民大会的支持下增加了新的礼法。大约公元前 403 年或 402 年，一个新的礼法时代宣告到来，与此同时一种官方的宗教历法被采纳，此后所有的诉讼都以公元前 410 年至公元前 403 年通过的礼法为准。任何针对这些礼法的更改都是非法的，所以苏格拉底对“一天式审判”的礼法的质疑（*Apology* 37a7-b2）是没有法律依据的，和他被指控为不虔敬相关的礼法相比少得多。控告者只能证明，苏格拉底在 70 年的生命中只是在某些时候犯了不虔敬的罪。

雅典法庭在世纪之交受理的不虔敬的案例增多，这源自一次宗教抵制运动。在许多雅典人看来，宗教抵制的是智者和自然哲人的潜在威胁，因为后者使得整个城邦的年轻人质疑传统，并且反思诸神在雅典城邦事务中所起的作用。阿里斯托芬的《云》证明了这一点：用诡辩和吹毛求疵取代了对习俗的尊重和对神圣现象的自然主义式的解读。柏拉图的对话居然也证实了苏格拉底自然主义式的解释和兴趣（*Theaetetus* 152e, 153c-d, 173e-174a; *Phaedo* 96a-100a）；苏格拉底坦言自己接受不了诗人对神之恶行的杜撰（*Euthyphro* 6a-c），尽管诗人笔下争吵不休的诸神曾经是雅典城的守护神。苏格拉底对梅利多斯质问，使普通的陪审员很难在智者或智者训练的学生（只是为了赢得法庭辩护，而不管是否有罪）的交叉提问中做出甄别。苏格拉底对自己灵明（31d1）的辩护，以及称自己的行为是受了阿波罗的指派（20e-23b），似乎只是加深了陪审团对他本人的误解。就算苏格拉底按一贯的作风对此守口如瓶并且同时履行自己作为城邦公民的宗教义务，虽然青年们会认为他的魅力无法抵挡，但结局还是一样。[72] 当整个大环境弥

---

[72] 在《游叙弗伦》（3c7-d2）中，苏格拉底对自己的境遇有准确的判断。

207 漫着一种反理智的宗教的不宽容，哲人的生存境遇就会每况愈下。在公元前416年还是无伤大雅的荒诞之举到了公元前399年却被判定为罪孽深重的不虔敬。

和其他一系列对话一样，《会饮》以与《泰阿泰德》中相似的苏格拉底之死为开端，随着《斐多》中因无法避免的苏格拉底之死而生出的古希腊式悲剧感而发展。起初，我们对此浑然不觉。初读这些对话时，我们中的大多数人会带着一份对苏格拉底的同情，赦免苏格拉底而把雅典人送上良心的法庭。随着我们对文本的认识不断加深，对那杯毒芹的预知，我们的理智判断和感性情绪得到提炼升华，最终我们在对话的内部看到，所有谴责苏格拉底的证据在我们面前铺陈开来。苏格拉底居然没有责怪雅典人，就因为一个听起来很熟悉的原因：他们并非有意为恶。我们知道，苏格拉底说，因为被指控败坏青年，自己应该被带到一旁接受教导，而不是被逼上法庭，因为就算他败坏了青年，他也不是有意的。（*Apology* 25e6-26a4, 30b5-7）他以同样的口吻谈到雅典人，“无论它（城邦）用什么词来定义它（善），后者肯定是城邦制定礼法的指向”（*Theaetetus* 177e4-6, tr. McDowell）。因此，雅典人不应该受到责难，而应该得到我们的理解和教导。教导雅典人正是苏格拉底毕生的志业。没有任何针对好人苏格拉底的阴谋诡计。他所遭受的磨难源自一个灾难性的错误，一个误解。这个误解如此之深，以至于不可能在法律宣判苏格拉底死刑的当天得到澄清。这，才是更沉重的、更大的悲剧性之所在。[73]

---

[73] 这篇论文比我2005年8月在古希腊研究中心柏拉图《会饮》研讨会上呈交的版本更加凝练，条理也更加清晰。我非常感谢与会者针对拙文的点评和讨论，它们深化了我的理解，也使我的文章日臻完善。在这里我尤其要向鲁比·布罗代尔、詹姆斯·莱舍、威廉·列维坦（William Levitan）、弗里斯比·谢非尔德以及研究中心匿名读者的有力批评和建设性的意见表示由衷的谢忱。论文一部分的修改版已于2006年4月呈交渥太华大学哲学系。

九、柏拉图式的爱的德性

加布里埃拉·卡罗内（Gabriela Carone）

在《会饮》（201-212）中，苏格拉底关于爱欲的颂词报告了他与曼提尼亚女祭司狄奥提玛的对话，表面看来他的颂词是违反直觉的。首先，我们根本不清楚它关于人与人之间的爱欲说了些什么；而且，即使它说了些什么，看上去它也可能只提供了一种与我们现在流行的“柏拉图式的爱”（Platonic Love）之观念相当一致的观点，这种观点不涉及任何个人的献身，并且是精神性的而非肉体性的。如果它根本没说什么，那么这个颂词应当如何帮助我们理解我们实际生活中普通的爱欲呢？[①] 在这篇文章里，我希望通过仔细考虑各种各样的反对意见来为以下观点辩护：这个颂词从描述的和规范的角度为增进我们对爱欲的理解提供了有用的手段。 208

我们可以通过简要地概括这颂词的主要断言来开始：（1）爱欲是一种指向美的心灵（mind）状态；（2）爱欲是一种表达人类渴求幸福的心灵状态[②]；（3）爱欲是一种永久拥有美的东西的欲求，并且是对一种达至永恒的生育方法的欲求；（4）心灵或精神的生育比肉体的生育具有更高的价值，并且因此保证了对美更高

---

① 例如，里斯多夫·罗伊就怀疑一个人能够以“关于人际关系的一般信息”（Rowe 1998a: 7）的方式从这本著作中提炼出许多东西。

② 这里对于“心灵状态”的讨论打算以非强制的方式进行。例如，关于爱欲作为一种状态（diathesis），参见 207b1, c1。

或更多的分有；（5）美之最高显现——美之理念，在一种包含某些步骤——通常被称为“爱的阶梯”（个体的肉体仅仅是“爱的阶梯”的第一级）——的过程之后可以达到，并且它最终显示为我们所有人都为之奋力争取的严重缺乏的特性。

直观地看，断言（2）可能是对的，毕竟，很少有人会不同意一个人在寻求爱欲的某个对象时是在寻求幸福；然而，其他的断言看来是易受到反对意见驳斥的。例如：

209 断言（1）似乎表明，当我们爱欲时，我们所爱欲的是一种普遍的特性——美，而非某一个个体。这可能因各种各样的理由而出现问题：首先，它似乎忽略了我们所爱的这一个人的独特性，这种独特性不能被还原为一个人作为某种普遍特性的一个特殊范例（让我们称它为“独特性问题”）。其次，可能有人会认为，一个人可能恰恰被吸引并且爱上某个人的诸丑陋的方面，所以宣称美是所有爱欲所指向的东西恰恰是错的。至少，它没有直接表明，我们全都被美吸引并且仅仅被美吸引（我们称这为“被美吸引的问题”）。

断言（4）可能也会遭到抵制，如果它被认为在表明这样的观点：首先，例如，致力于理智上的努力或艺术上的创造（在美中通过书、教育或艺术作品生育）的一生被认为胜过献给生育孩子的一生。其次，如同一个人会被他人吸引一样，人也能够“爱欲”艺术、哲学或其事业。

断言（5）可能是最受批评的对象，因为它似乎在暗示：首先，柏拉图式的爱在其巅峰状态排除了对个体的爱欲；其次，一个人所爱欲的个体至多可以具有作为一种手段的价值——或被列在爱的阶梯中，而不具有作为它自身中的目的的价值。

我承认，在这些方面的许多地方，文本似乎在挑战我们的直觉，然而，我相信，它应该得到比一个人初看时可能给予的更多的信任。因为，甚至在狄奥提玛说的某些和我们对爱欲的普通前见没法很好地协调的地方，我也希望表明，她拥有足够的理由来回应我们的反对意见。我认为，这个颂词的效力在于，它在一定程度上处理了我们可能共有的前理解，但由此向我们显明，如果我们要完全满意，那么从这些断言中推导出来的结论就可能显著地不同于许多我们以之开始的关于爱欲的普通理解。

爱欲和美

《卡尔米德》已经提出了某个关于精神行为的个体化的观点，这个观点似乎也出现在《会饮》中。根据这一主张，某个行为通过被引向一种独特的对象而得到界定并被打上个体化的烙印。③因此，怕是对可怕事物的怕，听是对声音的听，爱欲（love，erōs）是对美的爱欲。（cf. *Charmides* 167d-168a）这一最后的断言在《会饮》中得到了进一步的详细阐述，在其中，苏格拉底将爱若斯人格化为一种灵明或半神，他坚持认为“爱若斯（erōs）是对美的爱欲， *210*
不是对丑的爱欲”（201a9-10）。④ 因此，我们就有了相连接的断言：（1）爱若斯是“关于”某种东西的爱欲；并且（2）爱若斯是对某种美的东西的爱欲。让我们依次分析这两个断言。

至少，某些情感是关于某种东西的情感，这一观点有其当代的共鸣。因此，加布里埃莱·泰勒（Gabriele Taylor）提到了某种情感的对象之“可确定的”特质，经由此，这种情感首先被引向那一对象⑤：例如，只要其对象被感觉到是危险的，怕就存在着，即使“危险的”容许进一步的确定（例如，它有锋利的爪子和富于攻击性是我怕的特殊对象之某种确定的特质）。根据泰勒，详述某种可确定的特质的能力使我们能够评价我们的诸种情感是合理的或不合理的（如果事物归根到底不具有我相信它所具有的

③ 这里参见我的论文：1988:273-274，2001:118。

④ 所有翻译都是笔者做的。

⑤ Cf. Taylor 1979:165.

特质，那么这种情感就是不必要的)：到了这种程度，对我们的情感使用理智的检查就是可能的。然而，泰勒没有发现“爱欲”所关涉的某种可确定的特质，在某种程度上，这似乎使这种情感初看起来比其他情感更难处理。

通过这些阐明，在《会饮》中，狄奥提玛的颂词通过告诉我们爱欲的对象之可确定的特质是美，似乎将为关于这种特质的问题提供一种更乐观的回应。然而，这个答案是否令人满意，是另外的事情，并且，我们可能会惊讶，在何种程度上，我们被允许将她关于爱若斯（erōs）的谈论同我们通常称为“爱欲”（love）的情感联系起来。

诚然，古希腊术语 erōs（爱若斯）看起来在含义上比我们的英语 love（爱欲）在某种程度上更受限制。爱若斯的独特之处，也即不同于其他种类的爱的特征在于，它是一种欠缺——它引发充实这种欠缺的欲求。性欲是爱若斯最基本的显现，但爱若斯也将包含任何一种为得到源于某种欠缺的东西的奋力追求。因此，当彼特爱上玛丽时，他的情感（这种与爱若斯相关联的情感）部分地在于他需要玛丽来使他的人生更充实；只要后一种状态没有被实现，他就一直想念她。(从这一点来看，可以说，一个人也能够对阅读感受到爱若斯，如果那种欲求起源于某种欠缺并且将阅读描绘为将提供满足的对象。这样设想，我对阅读的爱欲也将是爱若斯的一个范例，并且我们将看见狄奥提玛后来是如何发挥这一点的。)通过对照，我们看出当彼特关切玛丽的幸福时，他可能不处于某种需求状态；他可能有自发地、仁慈地帮助她和保护她的倾向。只要彼特处于后一种心灵状态，我们就可以说他处于友爱（philia）状态（阿尔刻斯提在
211 为她的丈夫而死中展现出来的这种类型，*Symposium* 179b-c)⑥，

⑥ 即使爱若斯也能是这种经验的某个成分，正如被明确地证明的。(cf. 179c; Nehamas and Woodruff 1989: xiv)

或处于慈爱（agapē）状态。从而，基督徒选择用 agapē 这个词来意指上帝的“慈爱”，显然，他们不能选择 erōs（爱若斯），因为爱若斯本身已经表达出源自某种需求的欲求和吸引，某种像上帝这样更高的存在不可能对其较低级的生物感到这种需求。同样，在《会饮》中，狄奥提玛认为，只要神是完善的，他就不欠缺任何东西，这就暗示，他没有感受到爱若斯。（cf. 202c-d, 203e-204a）⑦

因此，英语“love”只部分地与古希腊语 erōs 相重叠。但是，尽管有这种限制，颂词关于我们爱欲中性爱的部分还是有许多洞见可说，在这种情况下，即使性欲没有被从爱若斯中排除，爱若斯也无须排他地是性爱的。

爱若斯的定义呈现在《会饮》（199e-200b, 204d-e）中，作为论据的部分可被重构如下：

(1) 爱若斯是一种欠缺或渴求美的东西。

(2) 如果 A 欠缺或渴求 B，这就意味着：(i) A 没有 B，尽管 (ii) A 欲求得到 B，或使 B 成为自己的。

(3) 因此，爱若斯欲求使美的东西成为自己的。

前提 (1) 和 (2) 表达了爱若斯的构成性特征；前提 (2) 表明，爱若斯与普通种类的“欲望”（epithumia，cf. 200a-b）相关，并且严格说来，它包含寻求其满足的欠缺；确切地说，前提 (1) 添加上爱若斯是一种对美的东西的欲求。（通过与其他种类的欲求对比，这种独特的区别值得强调，这些欲求也可通过它们的特殊对象而被个体化；例如，渴是对饮料的欲求，饿是对食物

---

⑦ 关于《会饮》中的 erōs、philia，参见 Ludwig 2002: 212-220；关于 erōs, philia, agapē（柏拉图的作品中并未出现有这一词义的名词）三个词，参见 Santas 1988: 8-9；关于基督教《圣经》中的 agapē，参见 Nygren 1953, Osborne 1994: 24-51。

的欲求。[8] 当然，这些对象可能重叠。如果根据《会饮》，只要我觉得食物是美的，那么我对食物感觉到爱若斯就将发生。[9] 这就是说，美是所有事物为使某人对它们感到爱若斯所必须具有的性质。）前提（2）看起来是没有问题的（尤其是，如果与其他形式的 love 相对比，一个人接受 erōs 这个词的上面所描述的希腊用法的话），前提（1）看起来更难于把握。

狄奥提玛宣称，实际上，爱若斯“是对美的东西的爱欲”（204d），但她立即继续说到，一个人可以用“善好的”代替“美
212 的”，由此，爱欲可被表达为某种使善好的东西成为一个人自己的东西的欲求。（204e）轻易将“美的”和“善好的”交换可能会使我们感到困惑［毕竟，《卡尔米德》中已经宣称，善好的东西是另一种官能即意愿（boulēsis，167e）的独特对象］。然而，《会饮》远远没有将道德与审美价值分离。它使用了 kalon（美的）和 agathon（好的），这两个词合起来能够有助于描述某个对我们有吸引力的对象之有价值的方面。[10] 根据这一观点，例如：犯罪是令人厌恶的，不仅因为它在道德上是应受谴责的，而且因为它在审美上是丑陋的。（毕竟，在英语里，我们也可以称一个善好的理论为一个美的理论、一个坏的行为为一个丑陋的行为。）然而，构成这一断言之基础的有趣暗示是：柏拉图看起来相信，对任何对象——无论它可能是什么（玛丽或哲学）——的爱若斯都是对作为美的东西的对象的爱欲；爱若斯绝不可能是对某个作为丑陋的东西的对象的爱欲。在早期对话里，柏拉图已经以同样的方式让

---

⑧ Cf. *Republic* IV 437d-e.

⑨ 例如，《理想国》（IX 573d）中的 erōs（因为生长于僭主的灵魂中）与盛宴和奢侈相联系。例如，关于荷马那里的“对食物和饮料的 erōs”，参见 Hunter 2004: 16。

⑩ 比较 Nussbaum 1986: 178n：“美的（kalon）东西意味着包括世界上所有有价值的东西”，以至将它表达为“valuable”（有价值的）可能更准确；比较 Price 1997: 16 中关于这两种观念之间的微妙区别。关于这里柏拉图客观主义者式的假设之效力，参见 Gentzler 2004。

苏格拉底宣称：一个人的意愿只会是对善好的东西的意愿。[11] 如果这一理论在《会饮》中得到坚持，并且如果它同等看待“善好的”和“美的”，那么这里就有一个暗示：一个人感受到的所有爱若斯——无论它们可能看起来有多么不合理——都包含对善好的东西的意愿。

到目前为止，我们称之为爱欲的“目的论的”观点[12]一定会成为批判的对象，它可被这样反驳：欲求根本无须是对善好的或美的东西的欲求，并且，在这里，泰勒的论点可能看起来特别切中要害（poignant）。在热恋的例子中，例如（柏拉图肯定将其看作爱若斯的某种类型），虽然认识到这样的吸引是坏的或不合理的，一个人仍可能被另一个人所吸引。进一步来说，一种性受虐狂类型的人格可能对有施虐倾向的人感受到吸引力，即使发现他们对待自己不仅是坏的和痛苦的，而且是丑陋的。以这样的方式，在《美诺》这篇对话中，美诺就反对过苏格拉底：人们意愿和追求坏的东西而非善好的东西，这是可能的。然而，苏格拉底反驳道：如果某人意愿坏的东西（它也是有害的），一定是因为他以某种方式发现它善好，因为没有人愿意被伤害和变得痛苦。（cf. *Meno* 77b-78b）同样的反思也能够适用于《会饮》：如果一个人爱欲丑陋的东西，那一定是因为这个人发现它美。

为了说明这个论点，让我们考虑接下来的两种设想： *213*

（1）汤姆被确实又坏又丑的玛丽所吸引，即使他发现她又美又善好。

（2）汤姆被玛丽的丑陋方面所吸引。

---

[11] See e. g. *Gorgias* 466b-468d, *Meno* 78b; cf. *Protagoras* 358c-d, my 2004: 61-67.

[12] 《会饮》中的爱若斯能够以许多方式被说成目的论的：（1）只要爱欲被指引向善好的东西；（2）只要爱欲在本性中有一个目的（206-207）；（3）只要爱欲对人来说是有用的（204c）。

《会饮》将以上文所描述的方式承认设想（1），但会否认汤姆被作为丑人的玛丽之丑陋方面所吸引。而是，汤姆被玛丽的丑陋方面所吸引，只要他发现这些丑陋的方面是美的。也就是说，或者尽管汤姆发现玛丽美，但大多数人可能发现玛丽丑；或者，玛丽可能确实丑。在后一种设想中，“汤姆被确实又坏又丑的玛丽（只要他发现她这样）所吸引”再一次被否认；而是，设想（2）将被认为是设想（1）的一个例子：汤姆必定以某种方式发现玛丽美；否则，他就不被她吸引。这在善好的/美的主观和客观方面之间引入了某种区别，并且违背了关于诸如美这类性质的实在论（审美的和/或道德的）的某种形式，这一理论反对将美还原为一个人自己对美的感知。尽管这一理论可能是有争议的，但确定的回报却很明显。因为，正如我们将要看到的，恰恰是因为这种还原不能被实行，一个人才能有根据来改变自己的感知：一个开始被这种“错误的”类型的人（比如说某种有施虐倾向的人）吸引的人具有成长的可能性，只要她意识到她的引导她做出原来的选择的价值判断是错误的。这就是说，无论对“美”（并且对那件事而言的善好）的判别因人而异看起来多么流行，在仔细的检审之下我们都将看到：通过假设作为一种客观价值的美/善好的存在，《会饮》为我们提供了诸种标准，我们通过这些标准来做出我们的选择，以及评价它们的正确性或相反的情况。⑬

如果是这样，那么现在看起来可能会出现一个新问题：狄奥提玛是在宣称一个人对（客观的）美感受到爱若斯，还是对其相信是美的东西感受到爱若斯？后者看起来可能会损害客观性，使我们丧失拥有那些看起来有用的标准。另外，如果这一宣称是：我们所有人对客观的美感受到爱若斯，那么我们将肯定地说，狄奥提玛会否认汤姆真的爱欲玛丽（很明显，其美的方面实际上是丑陋的），即使他相信他爱欲她。

---

⑬ 参见注释22。

也许，这后一个问题能因其反事实而得到解决：如果汤姆了解得更多，那么他将绝不会被玛丽的那些方面所吸引。[14] 现在，下面的情况就是可能的：伴随着她的“坏的”品质（例如，令人 214
反感的闲言碎语的习惯），玛丽应该（并且确实，我将证明，根据柏拉图的形而上学，玛丽必定）也具有一些“善好的”品质（例如，对穷人和善）。情况可以是，汤姆因玛丽（甚至客观的）善好的方面而非坏的方面而爱欲玛丽。这一理论所要否定的是：汤姆可能因玛丽“坏的”品质而爱欲玛丽，除非他以某种或其他方式（错误地或正确地）发现这些品质是“美的”。并且，正如我们将要看到的，这是“爱的阶梯”的开端；一个人通过爱欲一个个别的、可感知的美之样本开始，这种样本容许对立面并存（只要在具体事例的领域里，任何东西容许其相反的性质，以至它以某种方式是美的而以另一种方式是丑的；或者对一些人来说是美的而对另一些人来说不是美的）[15]：到这个地步，就有了主观性和不同品味去引导一个人选择的余地了。然而，攀升到一种更牢固和一致的美之标准的可能性，也将意味着根据这些所获得的标准来重新评价、改正或改变其选择的可能性，那么这里就有了对“被美吸引的问题”的第一个回应，并且我将会返回到这个问题。

在美中生育、爱欲之能力和独特性问题

爱若斯表达了一个人对幸福的基本渴求，这个主张现在看起来刻画了一种一般的直观。即使我们可能认为这种渴求是人

---

⑭ 关于涉及我们对善好的东西的普遍欲求的早期对话中的一个类似问题的某种解释，参见我的论文 2004：61-67。并且，如果一个人发现某个人没有他曾经相信她有的这种品质，那么他可能愿意承认：他没爱上这个人，而是爱上她的“理念”（idea）。

⑮ Cf. *Symposium* 211a.

类共同的（亚里士多德认为可能有例外）[16] 有争议，但正如我们在《美诺》中看到的，没有人愿意痛苦这一主张在这种哲学里是不证自明的。这两篇对话中的对话者都毫不犹豫地同意这一主张。然而，在这种关注里，有趣的东西不是太多关注他们是否应将这一主张当作不证自明的，而是对它的承认会带来什么样的结果。按理说，我们被引导到了一些十分反直觉的结论上，正如它们可从以下论证（204e-205a）中被推论出来那样：

（1）拥有美的和善好的东西是幸福的。

（2）每个人都希望是幸福的。

（3）意愿拥有美的和善好的东西就是在爱欲之中。

（4）因此，每个人都在爱欲中。

215 有许多因素可能使我们质疑这一论证的可靠性。首先，使我们的欲求分享美的和善好的事物，“在爱欲之存在”中共同延展，看似太宽泛了。其次，如果我们所有人都有那种欲求，那么我们都是在爱欲中这一结论看起来就令人感到困惑。如果我们都已经在爱欲中，那么为什么还有一些人感到他们如此强烈地愿意在爱欲中存在呢？［毕竟，甚至狄奥提玛也承认，在日常会话中“我们说一些人在爱，而另一些人并不”（205b）。］

然而，以下情况是可能的：通过这一主张，狄奥提玛可能在努力表明，对爱若斯的经验不比它看起来的样子离我们更远；只要我们对某种东西（称它为一个人或运动、哲学、一个理想）感受到激情，那么我们就是某种类型的爱者——我们所有人都是，无论对善好的东西还是对坏的东西的爱欲。因为，没有发动的燃料，我们就没有活动能力。恰恰是爱若斯提供了这种发

---

⑯ See *Nicomachean Ethics* 1. 4. 1095a17-19.

动的能量[17]，并且美是所有各种形式中的爱若斯的共同目标。稍后，我们被告知可以看见一个“美的广阔海洋”，在其外观的影响下，我们将认识到所有这些在种类上看起来如此无关联的和不同的东西的亲缘关系。(210c-d)

但是，这一点看起来甚至可能很难理解。努斯鲍姆有力地表达了她的回应（Nussbaum 1986: 180）：

> 仅仅试着认真地考虑这一点：这个令人惊叹的被爱者的身体在品质上确实与这个人的思想和内在生命一样。相应地，这两者在品质上与雅典的民主制的价值一样，与毕达哥拉斯几何学的价值一样，与欧多克索斯天文学的价值一样。我们观看一个身体，并且在其中看到的善好、美之色调和风格确实与在数学证明中看到的一样——确实是同样的，仅仅在数量和位置上不同，这种情况会是怎样的……

它展现了弗拉斯托斯曾提出的[18]并且努斯鲍姆试着强调的关于以下事实的新问题：在狄奥提玛的颂词中，《会饮》似乎在表明，我们的爱欲只是对在一个个体中的可重复的品质的爱欲，这样就错失了它们的“独特性和整体性”（我已经将之称为“独特性问题”的东西）。现在，对于爱欲为什么不是对整体的爱欲，《会饮》给了我们一个答案：“爱欲既不是对另一半的爱欲，也不
是对整体的爱欲，我的朋友，除非它恰恰是善好的。”（205e）通 216
过讲述关于这样一些人——由于宙斯的惩罚，这些最初是圆的整体的人被切成了两半，因此寻求着他们不可替代的“另一半”——的神话（189d-191d），《会饮》中之前的赞颂者阿里斯

---

⑰ 这里参见《理想国》中所有欲求被联系于灵魂的部分，但爱若斯也能被看作能被转移到不同渠道的动力的唯一来源（IX 580d, VI 485a-e），如同我在我的论文2004: 69-71中已经论证过的。

⑱ Scc Vlastos 1973b.

托芬已经生动地描述了什么是对某个人的欲求。尽管这个神话可能很好地刻画了一种通俗易懂的经验（我们可能想见到甚至渴求见到使我们完整的“那个人”）⑲，但狄奥提玛通过告诉我们美这一性质而非“另一半”之类的东西是我们渴求的，将这种渴求去神秘化了。即使我们同意阿里斯托芬颂词直观上的吸引力，但这里的关键仍然在于：即使我们遇见另一半，但另一半人之类的东西也不可能满足我们对整全的根本欲求；要理解这一点就是要踏上爱的阶梯：

> 着手诸种爱欲之事或被另一个人引导的正确方式是：从这里诸种美的东西开始，并且用它们作为梯子，为了美（Beauty）的缘故，一个人一直向上攀登，从一个身体到两个身体，从两个身体到所有美的身体，再从美的身体上升到美的操守［或行为之形式，epitēdeumata），从美的操守上升到美的学问，从美的学问开始，这个人停止于仅仅是这一美之学问，直到最后，这个人认识到美之所是。这里，如果在生活中的任何地方……人的生活是值得过的话，即在对美本身（Beauty Itself）的凝视中……它是晶莹剔透、如其本然、精纯不杂。
>
> ——*Symposium* 211b-e

这第三个过渡标明了在诸阶梯之间的一个重要转变，这一转变也能够就不同类型的生育得到描述，这些类型的生育源于一个人对不朽的基本欲求或对美的东西的永久拥有的基本欲求：《会饮》先前就已经描述了灵魂的孕育而非身体的孕育的东西。

---

⑲ 一种类似的想法似乎构成了讨论爱者之间的“本身（identities）的结合”和“存在论上的相关性”的基础，如同在 Solomon 1988 之类的对爱欲的现代研究中发现的一样。Cf. Scruton 1986, Hunter 1980, Fisher 1977 and 1990, Nozick 1989, Delaney 1996.

(208e-209c，尤其比较 211c5 处与 209c1 处的 epitēdeumata）在美中生育的驱动力，解释了人们为什么设法抛弃肉体的孩子，但它也解释了保留某种精神遗产的欲求。无疑，涉及对道德行为（并且，这样也是对灵魂的）之爱欲的阶梯高于涉及对身体之爱欲的阶梯，并且与之相应，在前者中生育将比在后者中生育具有更高的价值。这一点无须排除肉体的生育，但能够仅仅被看作在强调优先权的正确秩序——因为，例如，如果一个人预先就知道其孩
217
子注定会变成不可救药的罪犯，那么这个人将不想在身体中生育。进一步来说，与《会饮》褒扬在灵魂中生育一样，当灵魂具有首要价值，一个人如何珍爱另一个人的身体和灵魂的美，这一点得到了特别强调："因此，只要他是要生育的，那么比起丑的身体来他就更乐意接纳美的身体；并且，如果他遇到一个美好的、高尚的和有天赋的灵魂，那么他就热情地欣然接受这一结合体（sun-amphoteron）。"（209b）这也即是，《会饮》教我们尊重我们将之作为整体来爱欲的人，而非仅仅将其当作具有肉体吸引力的对象。[20]

确实，如果一个人的爱若斯是朝向美的，那么这个人将倾向于乐意接纳他能获得的最美的东西。努斯鲍姆继续评论："因此，在每一级上升的阶梯中，通过他老师的帮助，这个受激励的（aspiring）爱者，在一种美的东西和另一种美的东西之间看到了种种联系，承认这些美的东西是可比较的和互相可替代的。"（Nussbaum 1986: 180）

---

⑳ 当然，这一点仍然可以被论证：我们尊重的这一整体是这个人的美的肉体品质和美的精神品质之结合，而排除了她诸丑陋的方面。这意味着不尊重这个人本身吗？事情大多情况下决定于我们（或者，对于这件事来说，柏拉图）对这个人的观念。毕竟，把某人视作她更好的方面看起来可能是合理的，只要身份（如柏拉图所相信的）是规范的，也即是欲求成就的某种东西：在这种考虑中，因我们善好的品质而被爱欲将鼓励我们实现更高的自我，并且由此在德性（virtue）上获得进步。对于某种类似的论证，参见 Price 1981。

我们真的应该认为，这一文本意味着我们遇到的诸种美的东西是“互相可替代的”吗？这里，我们必须停下来并简要反思一下柏拉图式的形而上学。首先，以下事实是真实的：在具体事物（particulars）的领域，所有单个美的东西都是美之范例或例证。在阶梯的末端处，我们将把它们看作美之“各种影像”。（cf. 212a4）但是，各种影像未必是互相可替代的，因为一个特殊样本所体现的各种美的性质之结合，在每个案例中很可能是独特的。（仅仅让我们想象一下，列出我们爱欲的人身上的这些美的性质：一件多么复杂的任务，并且，我们可能恰恰遇到另一个确实具有同样复杂的结合的人，这一想法对我们来说看起来将是多么荒谬！）

同时，美显得是一种遍布一切的性质，或者至少到了这种程度：既然具体事物与其对立面共存，那么这个领域中以某种方式不美的所有事物将以另一种方式是美的。这些事物和美的理念之间的对照随后会被弄清楚，我们读到：“首先，它（这理念）永远存在，并且既不产生也不消失，既不增加也不减少；其次，它既非以某种方式是美的而以另一种方式是丑的，也非有时美而有
218 时不美，既非在某一方面美而在另一方面丑，也非在这里美而在那里丑，正如对某些人来说美而对另一些人来说丑。”（211a）[21] 那么，正是没有具体事物能绝对地承受（bear）美这一事实使它在很多方面不完全和不完善，包括具体事物给它们自己提供了各种不同的视角这一事实同样如此。因此，我可能被某个人吸引，因为我恰好看到在其中这个人是美的这一方面（由专注于她不美的方面，你就可能错失了美的这一方面），或者因为（与你不同）我错误地认为她的某些方面是美的。那么，就某种程度而言，正是

---

[21] 我相信：这里各种各样形式的共存（美的理念的共存被说成自由的）必须被理解为涉及个例（tokens），而不仅仅涉及类型（types），正如通过上下文语境所表明的，这里的上下文刚好将美的理念与“一个确实年幼的男孩或某个男人或单个举止（pursuit）”这种具体事物的美相对照，并且将美本身描述为一个阶梯的顶层，这个阶梯的第一级恰好是一个个别的美的男孩。（cf. *henos*, 211c3）

具体事物存在论上的构成解释了爱欲的现象（我们为什么倾向于被不同的人吸引，并且做出多种多样的选择）；这一点甚至为建立在我们感知之上的某种视角主义留有了余地，因为正是由于在其中具体事物显得美和不美的各种各样的感觉，我可能发现某个特定的人美（并且因此被他或她吸引），但同时同一个人身上被意识到的美之缺乏又使你远离。当然，这并不是说，所有的视角同样重要；因为正如上面所论证的，知道正确的标准能够有助于改正被扭曲的视角。[22] 但是，正是个别的美是在流动中的这一事实解释了我们对视角主义的倾向。[23]

那么，视角主义与“美在某种程度上到处都是”这一事实一起解释了我们选择和吸引力的五花八门，解释了为什么即使最显然地令人厌恶的人也总是有某种有待于发现的美。假如她在阶梯 219
上爬得更高，那么“美俯拾即是”这一事实实际上可以被看作对某个遭受了特殊损失的人的某种安慰。但是，这将意味着某个消失了并且注定会消失的（cf. *Symposium* 211a）美之特定范例能轻易地与另一个范例互换吗？

这样想将会是一个狄奥提玛小心地没有做出的逻辑上的巨大跳跃。人们能具体表现以复杂的形式结合起来的难以复制的诸种美的性质；另外，具体事物能够以某种较大或较小的程度分有美。正如阿尔喀比亚德的颂词稍后将要生动地描述的，对许多人来说，

---

[22] 因此，一个知道美之正确标准的人，当返回具体事物的领域时，将不会重新陷进对美的错误估价。相反，这个已经掌握了客观美的人将使她自己的估价与客观标准相一致。到了这种程度：某个东西分有美；并且，我知道这种分有的确切程度或方面，我的估价客观上就是正确的；并且，恰恰是对这一理念（美之所是）的掌握，提供了评价这种估价之正确性或相反情况的标准。因此，已经到达阶梯之顶层的哲人能够精准地使用作为正确标准的理念［正如洞穴中被解放的囚徒，在看见诸理念之后，将能够更好地识别它们的影像，因为他将认识“这些影像和它们是什么东西的影像”（*Republic* VII 520c）］，因为掌握它们的本质将使一个人准确地辨认出其他事物是否分有了美或者其他事物在何种程度上分有了美。更确切地说，知道美之所是，将使一个人正确地区分某个人美的和丑的方面，并且一个人就是这样改正被扭曲了的视角。

[23] 例如，关于将流动理解为对立面的共存，参见 Irwin 1977b。

苏格拉底有如此吸引力的原因很可能是：他将美范例化，而其他人没有这样做。可以这样说，苏格拉底通过他自己使理念闪耀到如此程度，以至于像阿尔喀比亚德这样的人，通过较少的哲学上的训练，就能轻易地被美（即理念本身）㉔ 之样式（paradigm）所迷惑。并且，甚至《会饮》的作者很可能发现苏格拉底完全不可代替，以至在其强有力的激发之后，他沉迷于创作对话，这样通过留下“灵魂的孩子”，使他在苏格拉底中已经看到过的美永久化，并且在作品之中引发。与另一个人的完整关系（这种关系包含了爱若斯）将包含对伴侣之爱欲的其他方面，这些其他方面可能更接近于某种友爱之类的情感，这一点并没有被否认；并且，正是因为友爱（以及一个人对更高价值的爱若斯），一个人才可能被牵引去帮助其同伴成长。让我们通过审查个人的献身问题来详尽阐述这一点。

个人的献身和一个人的爱欲发动之目标

《会饮》不是表达了到达这阶梯的顶层（凝视美）正好是一个人爱欲追求的目的，以至与他人的交流结果仅仅是一种手段（或阶梯中的梯级）吗？㉕ 从这一视角来看，如果通过与美之理念进行比较，所有身体和诸如此类的事物都可能被认为是“终有一死的无价值之物”（mortal nonsense，211e），那么《会饮》的理论在根本上还为个人献身留有余地吗？

首先，事实是我们被告知：凝视美是我们之前苦功（ponois，210e）的目的因（hou heneken），并且还暗示了，对美的凝视将

㉔　参见注释33。

㉕　对于将人们视作达到某个更大的道德目标的手段的关注不受限于《会饮》。迈克尔·斯托克（Michael Stocker）发现了一个类似的问题（Michael Stocker 1997），这个问题由结果主义和义务论之类的现代道德理论之限制而引发。

给我们充足的独立性来认识缺乏知识和经验的爱者苦苦思索的东
西［“终有一死的东西”(thnēta，211e3)］的微不足道，正如凝视
宇宙之浩瀚无垠的科学家逐渐意识到他自己生命在宇宙中的有限 220
范围。并且，如果更多是理想和价值信念（biōton，211d2）而非
任何其他东西给予我们的生活意义，那么就更多是美而非其他任
何东西使我们的生活值得过；没有这种价值信念，我们甚至不能
辨识我们选择的其他对象的善好。但是，我们仍然想要“孕生真
正的德性”（212a）[26]，并且用一种转换了的视角，这样我们就回
到具体事物的领域——正如《理想国》（VII 520c）中被解放的囚
徒在凝视善好之后回到了洞穴中。到这种程度，至少不是理念，
而是实际生活中我们回到其身边的那些人，才是我们爱欲发动的
最后目的地[27]，这一点恰恰被作为我们理解“对男孩的正确爱欲”
(211b5-6)[28] 的开端。

同时，对伴侣的正确选择可以被看作一种维持对美的爱若斯的方法，而现在这美可以被理解为在这个人之中比在其他人之中

㉖ 施特劳斯声称，考虑到柏拉图向我们呈现问题的询问方式，这里“他没有集中精力于产生真正的德性，而只集中精力于观看美的事物和美本身”（Strauss 2001: 239）。事实上，212a3-5 处的希腊语的语法形式最可能在表明发言者的认同。

㉗ 孕生真正的德性将随着 209a 处所描述的这类精神怀孕而产生，这种精神怀孕据说在一种环境——“智慧（phronēsis）的最大和最美好的部分”，至少包含对城邦的管理，并且被称作节制和正义——中“孕生德性”；以一种类似的实践方式，在 209b8 处对德性的讨论被关联于好人应是怎样的和他应该实践什么样的操守。当然，一个人可能反驳：212a 处的“真正的德性”被认为要取代 209a-b 处所讨论的德性，因为这一段在 210a-212a 处的“最大的秘义”之前，以至“孕生真正的德性”仅仅是一件沉思默想的事情（毕竟，我们已经被告知关于 210d5-6 处的“孕生思想”的事情，这里建议：这种孕生不一定是实践的）。然而，证明的困难在于这个相反的观点，并且我将反驳：如果我们将狄奥提玛的颂词看作一个连续的整体，而非抓住一部分（关于“最高的秘义”这一部分）而废除另一部分，那么就会产生一种对文本的更有趣的解读，因为这个上升的过程无疑会被认为给予了我们的道德生活一种理论基础。

㉘ 这里，我不是在强调《会饮》中的娈童恋假定和它对自己历史语境的反思（关于这个问题的讨论，参见 Dover 1989 和本文集中吕克·布里松的论文）；我认为，它的许多论断都能适用于我们自己时代里的异性恋和同性恋。

持续得更久、范例化得更充分：

> 因为通过与美人接触并与其交往，一个人就受孕和分娩那些长久以来所孕育的东西，并且，无论伴侣在或不在，他都记挂着伴侣。他与这位被爱者一起养育这些后代，这样的一些人之间会分享更多，比共同有孩子的人要紧密得多，也有更为牢固的友爱（philian bebaioteran）。
>
> ——*Symposium* 209c

221 于是，在我们刚刚被告知一切皆流变和在终有一死的领域里没有什么保持不变（cf. 207d-208b）之后，现在又暗示了以下这点：当爱若斯被指向一个包括灵魂在内的美的整体时，它正好能够给我们的生活带来某种稳定性，一种反过来由友爱支撑的稳定性。以下效果值得注意：《会饮》没有包含任何关于灵魂之在先存在或死后存在的理论；而是，被设想的不朽之唯一（monon，207d2）形式通过生殖或留下某种遗产（这种遗产不是肉身性的就是精神性的）来实现。但是，虽然没有假定一种《斐多》类型[29]的回忆理论，但我们仍然发现：拥有关于为我们生活的意义奠定基础的价值或价值信念的持久回忆是多么重要。[30] 并且，恰恰是《会饮》209a 处所影射的人际关系，帮助一个人维持与狄奥提玛颂词结尾处所设想的理念[比较 theōmenou kai sunontos autōi（凝视并与之在一起），212a2]

㉙ 关于《会饮》中它的缺席的新近讨论，参见 Sheffield 2001a。

㉚ 209c2 处的希腊词 tou kalou [属格，“漂亮的人（东西）”的意思]（在“通过与美人接触并与其交往”这一表达里）是含混的，这一点具有性暗示的意思，因为它能够或者是中性的或者是阳性的。后一种解读可表明记起一个人的美的伴侣，而前一种解读将会表明某种像理念一样的东西——毕竟，被用来表达“与理念融合”的语言[haptomenos（接触）、homilōn（交往、结伴）]后来在《会饮》和其他地方被用于表达“关联于这些理念”：比较《会饮》212a5 处的 ephaptomenōi（抓住、获得）、《理想国》VI 500c 处的 homilein（交往、结伴）、《斐多》65b 处的 haptesthai（接触）、《蒂迈欧》90a 处的 ephaptesthai（抓住、获得）。

相融合。如果，正如在其他对话中，也在《会饮》中，哲学保持为一种不是唯我论的而是共享的事情（在这里请回忆：苏格拉底通过宣称他已经被狄奥提玛颂词中的真理“说服了”而使他关于狄奥提玛颂词的报告圆满完成；并且，对于这一真理，他感到一种“说服其他人”［比较 pepeismenos de peirōmai kai tous allous peithein（自己被说服，就试着说服其他人），212b2-3］的欲求，也感到一种规劝他们的欲求［比较 tois allois parakeleuomai（劝告其他人），b6-7）］）[31]，那么达到阶梯的顶层就必须被看作不是排除而是给我们生活［爱若斯作为一个合作者（sunergon），212b3-4］的实践维度以根据并使其丰富，因为它提供了这样一个方案，在其中被启发的爱者不仅与理念相融合，而且能够用理念来影响他的实际存在。并且，反过来将具有这种结果：一旦掌握了美的正确标准，“我们的爱欲选择将是正确的选择”这一点就有更多的保障，并且我们的爱欲选择将因此而持续得更久。[32]

---

[31] Cf. *Gorgias*527e, *Republic*531e-532b，534b-c. 我们可以将狄奥提玛看作这样一种人的例子：她很可能已经“看见”理念，并且使她的报告以这样一种视见（vision）为基础（是或不是，这对苏格拉底自己来说是实情），甚至，狄奥提玛自己感受到“教导”苏格拉底的欲望，参见 201d-e, 207c, 210a。

[32] 根据 Price 1981:28，这类友谊“首先提醒爱者那作为上升的最高点的美本身”（210e-211a）。但是，我建议，在认识理念之前无论是否有《斐多》中的回忆被引发，这样一种友谊无论如何都提供了一种持续的刺激因素，这种刺激因素使回忆在与理念本身融合之后继续保持鲜活，或者甚至维持这种融合到以下这种程度：人们这样做是可能的［比较这一考虑中狄奥提玛的资历和设问方式：ei tōi genoito auto to kalon idein（如果一个人看见了美本身），211d8-212al；dunaito（能够）211e 4］——正如《理想国》中的辩证法是一种根植于诘问法（elenchos）的对话活动。（cf. VII 531e-532a, 534b）一个人可能仍然想知道：这类方案在根本上是基于自我的利益还是他人的利益？我相信，这个问题是搞错了，因为以下这点很清楚：“善好”（或“美”）在某种程度上使所有其他被我们称作“善好”的东西从属于它并为其奠基，使一个人自己的和其伴侣的善好从属于它并为其奠基。因此，即使在上升的开端处一个人可能被某种自私的、对不朽或占有美的东西的寻求激发，但那将是掌握理念后产生的充满变化的影响的一个方面：一个人不仅将另一个人放在正确的视角，而且将自己放在正确的视角；并且意识到促进别人的而非仅仅自身的善好的重要性。对柏拉图哲学中这个大问题的进一步讨论，参见 Kraut 1973, Kosman 1976, Irwin 1995:308-311。

222 现在，关于献身和爱慕（attachment）仍有诸种问题。一种对美之本性的无偏见的理解使我们从所有偶发事件中解放出来，或者如努斯鲍姆所说，“我们被运气所束缚”（Nussbaum 1986: 181）吗？就某种程度而言，答案是肯定的。因为，很清楚，可以说我们在上升过程中的某个阶段发生了一种美之“内在化”：这时，有待发现的美无须在我们之外，因为通过将我们吸引到行为、德性或知识的美好形式上去的爱欲，我们能够成为这些形式的范例。在这种意义上，我们已经获得了某种自足和独立于美的这种或那种外在范例的独立性；我们知道，即使我们不是爱慕于某个特定的人，我们也能够获得满足，因为我们不仅拥有我们已经使之内在化的美，而且拥有包围着我们的“美的广阔海洋”（210d4）。我们理解，幸福不只是关于这种或那种特别的友谊，而且是一种更高级的经验。然而，如同努斯鲍姆所认为的，这种独立的经验是唯一或主要有治疗效果的吗？也就是说，它的目的是使一个人“抛弃他或她所珍爱的不可代替的人类信念，来服务于他对健康的内在需求”（Nussbaum 1986: 181）吗？

为了回答这个问题，将狄奥提玛的颂词与阿尔喀比亚德的颂词一起看是有益的。努斯鲍姆认为，前者试图“用普遍的术语来描述这种激情或它的对象”，而后者则恰恰描述了它的个别性，“因为他的爱欲的经验对于他只发生了一次”（Nussbaum 1986: 187）。根据努斯鲍姆，后者就表达了前者所错失之经验的某个方面，虽然在这天结束时，这两个颂词让我们进退两难，即“我们必须选择：一种类型的理解妨碍了另一种类型的理解”，它们呈现为两种“相互排斥的不同样式的视野”（Nussbaum 1986: 198）。苏格拉底给了我们诸种摆脱所有人都害怕的脆弱性和无常性的方法；但阿尔喀比亚德使我们意识到“独特的激情所具有的对于普通人的极其重要性，我们看到了它对于理解的不可替代的贡献”。

223 然而，并非意味着要将关于爱欲的这两种态度并置在一起，我相信，在狄奥提玛的颂词之后，阿尔喀比亚德颂词的附加部分能以一种可供替代的方式得到解读，即被解读为提供了对一个人所冒的危险的某种实际说明，如果这个人逃避关于爱欲的哲学讨论，并且提供了对一个没有恰当理解爱欲的人命定会经受的这种混淆的某种实际说明。这就是在苏格拉底的颂词结束（212d）之后到来的阿尔喀比亚德的混淆，并且可以说，他将苏格拉底误认为理念本身（正如《理想国》中的洞穴居住者将影像误认为引起它们的实在一样）。㉝ 即使对话的这一部分确实有积极的一面——通过苏格拉底的形象向我们表明，攀登这一阶梯可能是什么样子㉞——实际上，它不是爱若斯的某种被个别化的经验和关于某种理念的理解之间的选择（因为，我们已经表明，在某种意义上，这阶梯甚至不是狄奥提玛颂词的最终目的——在上升过程之后很显然有某种实际的回报）。它是拥有一种对具体事物的愚昧无知的经验和被改变了的通达具体事物的方法（一个人通过对理念的把握最终能够获得的方法）之间的选择。苏格拉底拒绝与阿尔喀比亚德睡觉，但这不是因为他在阶梯上爬得更高从而清除了自身之中的每一种类型的性吸引。㉟ 事实上，他远远没有将他对阿尔喀比亚德的感情减少到最低限度；相反，他将他对阿尔喀比亚德的爱欲（爱若斯）向阿伽通描述为“非琐屑不堪的事情”［ou phaulon pragma（不是微不足道的事

㉝ 如同《理想国》中的视觉型爱者（不像哲人，cf. VII 520c），阿尔喀比亚德“认为，与某种东西相仿的东西不是类似的，而是它与之类似的这件东西本身”（V 476c）——没有看见复本与原件之间的差异，并且这就是他易于陷入混淆的原因。当然，对于这一点，他无须知道原件；相反，因为他关于什么东西完全地和绝对地体现着美的无知观点，所以他错误地将后者与苏格拉底之类的具体例子相等同（因此，他迷恋苏格拉底）。关于阿尔喀比亚德误解苏格拉底的其他方面，比较本文集中大卫·里夫的文章。

㉞ 许多学者同意这一点，参见 Bury 1932: lx, Dover 1980: 164，Rowe 1998a: 206。参见 Sheffield 2001b: 196-198 中对阿尔喀比亚德对苏格拉底的塑像和狄奥提玛颂词中对哲学式爱若斯的描绘之间的许多相似之处的总结。

㉟ 例如，斯科特声称，苏格拉底对阿尔喀比亚德没有感受到爱若斯，而只感受到喜爱。（Scott 2000）

224 情)，213c]。[36] 如果阿尔喀比亚德公开表明他所缺乏的（216a-c）精神性信念，被假设存在于一场将某个人的美作为一个整体（这里请回忆 209b7 处的结合体）来尊敬的性交中，那么，人们可以说，正是“苏格拉底的爱若斯也被指向美的更高标准”这一事实帮助他意识到：与那个男人性交是不会令人满足的，或者（如他所说）不会是一桩公平的交易（cf. 218a）；相反，苏格拉底举例说明了先前狄奥提玛颂词中的某一论点，花了他相当一部分的时间来试着在他的被爱者那里生产出德性（cf. 216a）。（并且，在《会饮》中苏格拉底毕竟远没有被塑造成一个想要避免肉体快乐的人，例如，他是个能够尽兴喝酒的人［比较 pros hēdonēn（出于高兴），176e3］，虽然没有喝醉（220a4-5），并且“享受”（apolauein）宴饮美味佳肴，不像任何其他人，而唯独他这样［monos（单独、唯一），220a2］；其他对话揭示出，他老年时一直是性活跃的。）[37]

但这一点接着导致了另一个哲学问题：如果使用了这些正确的标准，那么我们就能够做出更好的选择；并且，如果我们遇到了某个具有将其他人牵引到这些标准上去的能力的人，那么我们看来就是幸运的，哪怕被剥夺了这些标准（正如阿尔喀比亚德原则上会做的那样）。但之后，这一点是否会有这种结果：尽管有五花八门的、多种形式的大量的美之影像，我们所有人都应该被牵引到这个最好地体现着美的影像上去吗？例如，假设柏拉图打算

---

[36] 进一步，阿尔喀比亚德将苏格拉底描述为“总是由美的少男陪伴，并且由于他们而大吃一惊［或‘从他的理智中被吸引出来了’，ekpeplēktai（被吓呆，惊异）］”（216d2-3；他用了这同一个动词来描绘《卡尔米德》154c3 处苏格拉底对卡尔米德的反应，cf. *Symposium* 211d5），这一点表明：这些少男对他具有肉体性的影响（如同在《卡尔米德》155d 处），尽管他克制按照他的欲求行事——并且，这是他在《会饮》中被描绘为节制的（211d7）、有适应力的和勇敢的（219d）的原因——以在精神上“蔑视”这种击中了他的肉体性的美（如同在 216d7-8 处）。

[37] 这里，参见《斐多》116b 处和《申辩》34d 处描写苏格拉底 70 岁时他的小孩还很小，参见 Woolf 2004: 104-105。

将苏格拉底描述为“最好的”可靠范例，那么他周围的每个人都应该热恋他而超过所有的有死者吗？

就某种程度而言，柏拉图可能愿意同意这一点。一个人如何能够不被某个具有罕见超凡魅力的人所吸引？并且，如果它慎重地承诺了会提高我们生活的质量，一个人如何能够否认这样的吸引力的正当性？同时，我们必定不要忘了，我们正在发现这个或那个其他的个体是有吸引力的；无论我们在这阶梯上已经爬得多高，我们毕竟是人；并且，只要我们是人，我们就会持续作为严格意义上的个别事物而存在，我们自己只会在某一种意义而非其他意义上为美赋形。我们并没有创造某种缺乏，并且正是欲求充实了这种特定的缺乏，将一个个体与另一个个体区分开来，这种理解可能将我们牵引到不同的人身上去，而不是在所有情况中都必然牵引到这同一个人。此外，有这样一种情况：一个人体现了我们自己所具有的特质，我们被这个人吸引，并且寻求他的友谊。就是在这种情况中，柏拉图也会反驳：正是由于一个人没有完善地体现那种品质，所以这样的友谊可以使其对美的经验更充实，并且由此，对于通达其增强了的范例来说，也是一种合适的渠道。

这肯定不意味着，我将要或应该永远受这个人的约束——需求会改变，并且随着一个人的成长，这个人也会改变。因此，关 225
于爱欲的这一观点不是对某个寻找某种献身保证的人的慰藉，这种献身保证——如同人们今天通常所理解和梦想的那样——是将会保护一个人避免任何坏的偶然事件的终生之久的契约。相反，它教给我们在这种观念里可能有多少妄想。将这些短暂的其他东西——其自身如同我们自己一样会变化——与这种稳定的理念相混淆是同一个类型的错误；它使我们明白我们的痴迷给错了对象，使我们明白非哲学的同伴们通常向他们的情伴所提出的不合理要求的不合时宜，他们期望从他们的情伴那里获得一种他们通过定义所不能获得的完成。通过使我们从这些痴迷中解放出来，通过使我们理解这些独特的其他人为什么是他们真正所是者，柏拉图式的爱——正如柏拉图想让我们理解的可理解的爱欲——使我们用更多而非更少的敬意来对待他们。并且，足够讽刺的是，这样可能会承诺某种更持久的东西或（用《会饮》的语词来表达）一种“更牢固的友谊”㊳，因为我们的关系以对事实的真正理解而非某种幻想为基础，并且我们的关系因此使我们从沮丧中解放出来，这种沮丧通常跟随热恋而来，并且是一种关系终止的普遍原因。

关于知道美之理念确切地意味着什么，除了对这种经验的半神秘主义式的描述，《会饮》没有告诉我们更多。这一理论的这个部分必定向我们保持为神秘。它所讨论的这种可想象的本质，正是我们通过艺术和伦理探索的所有形式仍然在寻求的东西；但是，这本质必定在那儿，正如柏拉图的实际承诺所表明的，并且为我们对它的寻求做出了辩护。从这种程度来说，《会饮》要求我们继续寻求这种特质，这一点意味着，继续讨论什么东西在我们审美的和道德的选择中足以被称为有价值的。当然，它在某些点上看起来像狄奥提玛的理论，它试着在某个层面上考虑爱欲之现象学，然而其在另一层面上却是非常规范的：我们不断地被提醒在上升过程中我们“必须”做什么。㊴ 但是，这一点应该是批判的主题吗？甚至在一个人可能被引诱去吹嘘其隐私和爱欲之难以解释的本性的情况下，狄奥提玛仍孜孜不倦地提醒我们：我们赞同的这个关于爱欲的理论是直接与道德相关的。我们肯定会批判对有罪之人有爱欲的人㊵：不是因为她爱欲着，而是因为她的

㊳ 它可能被反对：有许多一直待在一起并且死在一起的夫妇，关于他们的爱情没有进行哲学讨论。然而，这里的观点不是关于他们爱情的事实，而是如何为其奠基。说某种关系能够偶然持续是一回事，而说它在已被很好地奠基的意义上是固有而稳定的，则是另一回事。

㊴ Cf. 210a-212a. 这一点在 Nussbaum 1986: 179 中被提到。

㊵ 它可能被反驳：“爱欲作为某种身份的某人”的想法是与我们对爱欲的经验相反的。然而，通常的使用一直揭示着它：“我因你的慷慨而爱欲你。”而且，一个人恰恰因为其非法性而可能发现某个对象是有吸引力的。

爱欲给错了对象。通过对照，当我们的爱欲被恰当地给出时，如狄奥提玛所说，我们就拥有更好的机会来孕生真正的德性而非其影像。[41] 226

---

[41] 这篇论文的起初构思源自多年以来我给本科生所上的关于《会饮》的哲学课程。当我在普林斯顿大学的人类价值研究中心担任洛克菲勒研究员和接着在华盛顿的哈佛大学古希腊研究中心担任研究员时，这一研究得到了推进。我应该为了它们的支持而感谢这两个机构，并且感谢其他的会议参与者和某个匿名评审专家，并且尤其感谢詹姆斯·莱舍，因为他们给予了论文的倒数第2个版本有助益的评论。

第三编　《会饮》、性与性别

十、少男之爱与智慧之爱

——柏拉图《会饮》中的阿伽通、鲍桑尼亚和狄奥提玛

吕克·布里松（Luc Brisson）

本文[1]所论述的目的是，从两个方面转移柏拉图伟大对话
《会饮》所关注的焦点。首先，这篇对话在作为对知识探求（哲学）[2] 的回应而出现的一种社会习俗——少男之爱（paiderastia）[3]框架下，形成了对特殊教育形式的评论；其次，本文论述了这种对少男之爱的评论如何自然而然地涉及了性行为，并且将一个男人到另一个男人的知识传播和性传播（精液的流动）对立起来。在我看来[4]，上述观点在接下来的文本中已被明确地表达出来，这段文本出现在对话的一开始，阿伽通很想让苏格拉底过来躺在他旁边的卧榻上，于是便说：

"苏格拉底，到这里来，躺在我这边，好让我挨着你，可

---

① 感谢丹尼斯·奥布莱恩（Denis O'Brien）和黛布拉·尼尔的评论，其中的一部分已被收录到本文中。

② 从词源学的角度来看，philosophia 是对"智慧"（sophia）的"探求"（philos）。

③ 这里的"少男之爱"（paiderastia）是一种社会习俗，切不可理解成我们接下来要看到的那种狭义的"男色关系"（pederasty）。在当时，"男色关系"与"男同性恋"的区别主要有以下三点：(1) 男色关系在根本上与性一样；(2) 它没有年龄限制；(3) 成年人和男孩在很多层次上不平等，这使得"男色关系"不是发生在成年人对男孩的强暴下，就是发生在一种强力统治的关系中。

④ See Brisson 1999. 英译来自 Cooper 1997，有少量改动。

> 以沾点你在隔壁前院刚刚发现的智慧。”……苏格拉底坐下来，然后说：“阿伽通哟，要是能像你说的那样，咱俩挨着坐，智慧就从盈满的人身上流到空虚的人身上，像酒杯里的水通过一根羊毛流进一个空杯，那就好了。要是智慧也会这
> 230 样流，我挨着你坐就太值了；那样的话，我想，你的许多美不胜收的智慧就会流到我身上来。”
>
> ——*Symposium* 175d-e

这段描述非常具有暗示性⑤，但在希腊背景下和少男之爱框架中却引发了大量的问题。阿伽通，这个并不年轻的一方，扮演了本应由苏格拉底扮演的主导性角色。然而，从苏格拉底的角度来看，这不恰恰是对阿伽通进行反讽的一种表达吗？对话的最后，我们在阿尔喀比亚德和苏格拉底之间也发现了这种相似的角色颠倒。阿尔喀比亚德也想躺在苏格拉底旁边，并且做出淋漓尽致的表述以试图引诱苏格拉底：

> 我本来以为，他倾慕我的青春美貌（ἐπὶ τῇ ἐμῇ ὥρᾳ）是当真的，我的美貌是我神奇的幸运际遇，所以，我以为只要向苏格拉底献点殷勤（χαρισαμένῳ），他就会把自己知道的都说给我听。我向来这样想象：自己的青春美貌（ἐπὶ τῇ ὥρᾳ）之迷人是没得说的了。
>
> ——*Symposium* 217a1-6

这里我将主要强调柏拉图对少男之爱的评论。少男之爱在鲍桑尼亚的颂词和阿伽通的颂词中受到了赞颂，但却遭到了狄奥提玛的诘难。⑥ 狄奥提玛认为，对智慧的追求犹如分娩，并用怀孕

⑤ 尤其是那些对精神分析比较熟悉的读者。

⑥ Halperin 1990: 113-151，节选自 Halperin et al. 1990: 257-308。

和生育的经历进行了丰富的类比。因此，虽然我承认这篇对话的第一副标题是“论爱”（On love），但我更倾向于说，柏拉图最想表述的观点是提出少男之爱的问题；这里的少男之爱是一种暗含男性之间性关系的社会习俗，在雅典最高阶层的教育中扮演着重要角色。

1. 古希腊古典时期的性行为⑦

早期和古典时期的希腊人并不把性欲以及它引发的性行为看作生理学意义上的同性与异性之间的功能。事实上，他们把性行为看成一种“行为本身”和“社会确立的行为准则”达成一致的价值，而行为准则正是依据年龄和社会地位来修订的。因此，我 231
们在使用“同性恋”（homosexuality）和“异性恋”（heterosexuality）等术语来表明现实及其对立面时一定要小心谨慎，以便使其在古代风俗和当代习惯⑧中都行之有效。单纯地运用这些术语已不合时宜，因为当时由各种类型的行为模式所建构的不同等级在今天并不被我们普遍接受。

在古希腊，就（现实的或象征性的）阴茎插入（phallic penetration）⑨ 来讲，通常从纯粹生理学的意义上来评价性行为。所以，在古希腊，根据插入者与被插入者，或者说，根据在性关系中所扮演的主动角色和被动角色，性行为被分为两极。另外，这些角色与高等或低等的社会地位相关，并起到对比的作用：男子

---

⑦ 关于此话题，参见 Halperin 1990: 53-71, Halperin et al. 1990, Winkler 1990。

⑧ 运用当代的词汇和概念来提及古代社会中的性行为并非不合理；然而，当我们这么做的时候，最适当的方式是，不要过分地把当代的范畴和思想方式强加在古代人的态度与行为模式上。

⑨ 问题明显来自男性与女性之间的性关系，甚至，我们接下来会看到，也来自股间插入的情形。

气概的与女子气的、成年的与未成年的。阴茎插入显示出男性相对于女性的优越性，成年人相对于未成年人的优越性，或者一个男人相对于另一个男人的优越性，这种优越性通常与经济、社会或政治上的统治相关。在这种性行为的层面上，主动和被动的区别使得对行为与行为者的评价得以可能。也就是说，从社会视角（即年龄、性别或地位的观点）来看，（现实的或象征性的）性器官插入这种低俗的人类行为的所有性关系，对一个男性来说通常是正常的，不管被插入的个体的生理学性别为何，即便被插入的一方可能认定这是一种让人感到羞耻的行为。这就是我们必须要尽力弄清楚的情形，即古希腊的女人之间、男人之间、男人与女人之间的性关系是如何被理解的。

2. 阿里斯托芬对性行为的概述

在柏拉图《会饮》（191d-192e）中可以看到阿里斯托芬对性行为所做的描述，他的颂词通过简短精妙的文字刻画出爱者与被爱者所要表达的愿望：当他们将被赫菲斯托斯熔化成一人时，他
232 们表达了“无论生死，永不分离”的愿望。（192e）

2.1 男人与女人之间

就关于阴茎插入的理解来看，对一个成年公民而言，男人与女人之间的性关系是不成问题的，因为在古希腊的经济、社会、政治等各个领域女人的地位较之于男人都显得低微。真正麻烦只出现在婚姻中，其中一切问题都集中在通奸[10]上。的确，获得婚姻认可的男女关系，使得成年男性在生殖、经济、社会和政治上的遗产传播具有合法性。通奸因此受到谴责，因为它将一种含混

---

⑩ 这也是阿里斯托芬主张的，也许这是因为通奸是喜剧诗中最受喜爱的题材之一。

不清的元素引入了这样的传播体系。[11] 不用说，家里若有适龄婚嫁的女儿，家长一定会趁早指导自己的孩子，从而确保这种混乱困扰在结婚前不会发生。

2.2 女人与女人之间

阿里斯托芬简短的陈词，几乎是当时那个时代唯一提及女性之间性关系的陈述（*Law* I 636a-d 和 VIII 835d-836e 除外）。[12] 得出此论题最终结论的原因有两点：（1）我们需要关注在当时特殊意识形态背景下产生的（女性之间性关系的）迹象；（2）在希腊古典时期，性关系是在（现实的或象征性的）阴茎插入的意义上被理解的，因此我们很难在其中找到这个意义上的女性性关系。[13]

2.3 男人与男人之间

在古希腊，男人之间的情爱与我们今天所描述的同性恋是一致的。在讨论男人之间永恒持久的爱恋之前，我们最好还是先强调一下古希腊早期和古典时期的“风俗”，这种情爱在当时被称为少男之爱，并受到相当明确的年龄和社会规范的约束。[14] 233

2.3.1 少男之爱

古希腊早期和古典时期被称作少男之爱[15]的东西，在雅典上层社会的男性中享有社会习俗的地位，为了说明这种关系的具体特征，我们必须提及以下五点：

（1）同性恋所暗含的关系并不是两个成年男人之间的爱恋，而是一个成年公民和 pais 即一个适当年龄段中的男孩之间的恋爱

---

⑪ 关于对通奸的惩罚，参见 Hoffmann 1990。关于这些惩罚的意义，参见 Dover 1989: 105-109。

⑫ 关于此话题，参见包含了大卫·哈尔珀林评议的出色著作 Beohringer 2003。

⑬ 关于此话题，参见 Dover 1989: 171-184。

⑭ 有关少男之爱的背景资料，参见 Sergent 1996。

⑮ 有关这个习俗，参见 Halperin 1990: 53-71 中引用的 Patzer 1982。

关系，后者的年龄要处于青春期，直到他的第一缕胡须萌发[16]；也就是说，在12岁到18岁之间。[17] 在这种语境下，pais[18]被习惯性地看作有能力成为成年男子欲求对象的男孩。值得注意的是，pais也意味着“奴隶”，这表明在与成年男性的关系中，男孩处于低下的社会地位[19]；他是年轻且扮演被动角色的一方。

（2）男孩脸颊上绒毛的出现将他的性吸引力体现到极致，这种吸引力一直持续到第一缕胡须的萌发。[20] 在过渡性的阶段，年轻男孩在与不同情人的关系中既可以扮演主动角色，又可以扮演被动角色。（Dover 1989: 196-203）一个胡须初萌后的成熟男子，如果在与一位男性公民的性关系中继续扮演被动角色，那么他就一定会受到他人的嘲笑[21]；但如果扮演主动的角色，那么就不会发生这种情况。（Dover 1989: 139）

（3）既然少男之爱对年轻男子的年龄有限制，并且也不偏好某个特殊的个体，那么少男之爱对于某个个体而言就并非唯一不变的。因此，我们可以预想到，在少男之爱关系中扮演被动角色的年轻男子，在长出第一缕胡须后将会结婚，同时他们转而在另
234 一段少男之爱关系中扮演主动角色。[22]

（4）即使少男之爱关系被“爱慕”和“柔情”予以形容，但通过希腊人在提及爱者的erōs（爱欲）和被爱者的philia（友爱）

---

⑯ Xenophon *Anabasis* 7. 4. 7.

⑰ 一些表述（see Dover 1989）可能让我们认为是更年轻的男孩，但是根据文中定义的观点，我们很难想象同性恋会发生在12岁之前的任何人身上。

⑱ 在柏拉图那里，我们也可以找到具有同样意味的词语neaniskos（*Charmides* 154d）。克里尼亚（Clinias）也被看作neaniskos（*Euthydemus* 271a, 275a）或meirakion（*Euthydemus* 273a-b）。在《吕西斯》（205b-c）中，pais和neaniskos具有同样的所指。

⑲ 因为他的年龄。关于这个话题，参见Golden 1985。

⑳ See *Protagoras* 309a; Plutarch *Dialogue on Love* 770b-c. 相比于错过了这个年龄段的“腊肠贩”（Aristophanes *Knights* 1242）性生活的肮脏一面而言。

㉑ 这种说法看起来尤其适合阿伽通，尽管他有很好的名声。

㉒ 然而，在同性恋背景下，爱者通常被认为是相对年轻的人，年龄在20～39岁之间，而且他们也没有结婚，或他们的妻子都还很年轻。

时做出的区别，意愿与性欲的不对称仍持续存在。[23] 这种不对称的根源在于“性劳动”（sexual labor）对立的区分。一个年轻男孩（pais）不像他的爱者那样能为强烈的欲求所动摇，他不可能在性爱中扮演主动角色。[24]

（5）情爱中年长的一方被称作 erastēs（爱者），而年轻一方则被称为他的 erōmenos（被爱者）（eran 的现在被动分词）或“paidika”（一个中性词的复数形式，本意是与年轻男孩相关的）。[25] 在某种程度上，在希腊的文学作品尤其柏拉图的作品中随处可见有关性爱的语言，但它们总是被使用得很谨慎，读者并未被弄糊涂。一些术语，例如 hupourgein（为某人效劳）[26] 和 kharizesthai（赐予）[27]，通常被从一种具体的性的意义上来解释。从最终的分析中可以看出，年长男性期待的效劳或要求的恩惠是相等的，肉体的接触会导致精液的涌动，即使从后文来看，被爱者的一个微笑或一句甜蜜的话语都会使他的爱者非常开心。社会鼓励爱者怀有诱引少年的企图，但不容许被爱者做这样的事。[28] 受到爱情激发的年长者主动挑逗、勾引年轻人，年轻人出于来自 philia（友爱）的爱慕、感激和敬仰等感情也会被引导着顺服年长者，

㉓ Dover 1989: 52-53. Xenophon *Memorabilia* 2. 6. 8, *Symposium* 8. 16 and 8. 19. 在古典时期的希腊，并没有一种通用的术语来描述爱者感受到的激情和被爱者感受到的情爱。

㉔ 这样就能够解释，为什么像那些瓶饰雕刻家所展现的那样，爱者把他的阴茎插入男孩的大腿间而不是肛门或者嘴里（这种行为备受责备）。这种行为实际上保留了被爱者身体的完整；然而，我们必须承认这样做适用于（言语以及行为中的）公众习惯，除此之外我们并不知道他们私下里会继续做什么，不管在床上还是在其他地方，我们都无从得知。这些观点，参见 Dover 1989: 42-54, 91-100。在 1989 年版的附言中，多佛的态度并没有在 1978 年版中那样坚定，他认为“‘喜剧把肛交看作正常的同性恋性交模式’这一事实暗示出，这位描绘者极其偏好的这种模式其实是相当传统保守的”。

㉕ 有关性的这些词语的含义，参见 Dover 1989: 16。

㉖ Dover 1989: 44. See *Symposium* 184d.

㉗ Dover 1989: 44. See *Symposium* 182a, b, d, 183d, 185b, 186b, c, 187d, 188c, 218c, d.

㉘ See Aristophanes *Clouds* 963-983; *Symposium* 183d-184a.

一个感到光荣的被爱者不应当在这种情况下寻求欢愉。[29]

235 在古希腊，少男之爱除了性欲的满足和对情爱及柔情的寻求外，它还可能有什么作用呢？似乎在古典时期的雅典，成年男性公民与青少年之间的性关系间接或直接地促进了一种社会关系。在这种社会关系中，成年男性公民帮助青少年进入这个可以在经济或政治层面领导城邦的男性社会。少男之爱因此有了一种社会和教育的功能。这就是大多数评论以及文本谈到的男性间性关系作用（khreia）的最初根源，我们可以在柏拉图的文本尤其是《斐德若》[30] 和《会饮》中找到依据。

以上所说的有关少男之爱关系的内容可能让我们想到，在希腊早期和古典时期，男性之间的性关系被限制在社会习俗的背景下，它要遵从十分严苛的规定，其中的欲求和满足是应该被废除的——至少在少年男性那一方；同时，我们也可能会想到，这些规定将“永恒持久”的爱恋排除在外。然而，情况并非如此。在阿里斯托芬的颂词中，他强调一种非常强大的同性个体之间的持久永恒的爱恋。阿伽通和鲍桑尼亚同样证明了这一点。可是，这种持久永恒和忠贞不贰，因为违背了少男之爱的规定——一个人为了结婚和生育应该放弃与另一个男性性关系中专一、被动的角色——给其自身带来了严厉的社会指责，阿里斯托芬的作品《地母节妇女》中的低层人物就对两者进行了激烈的抨击。

---

[29] Xenophon *Symposium* 8. 21, Plato *Phaedrus* 255d. 在古希腊，建立在年龄差别上的等级模式是十分令人惊异的，它掌控着男性之间各种关系的限定。这种模式似乎从克里特（Minoan）时代一直延续到西罗马帝国灭亡。《伊利亚特》中并没有对阿喀琉斯与帕特洛克罗斯之间保密的恋情关系进行详细的描述，但是古典时期的作者关于这个问题遗留下来的大量的含混之处还有待被确证。这就是试图把少男之爱和被斯特拉勃（Strabo）提到的入会联系起来的原因。关于此话题，参见 Bethe 1907: 438-475, Sergent 1996。

[30] 关于性关系的另一方面，即它的“无用”甚至“爱的危险”（the danger of love）方面，参见《斐德若》中斐德若和苏格拉底发表的彼此相背的演讲，先是在 230e-234b 处体现，再是在 237a-241d 处也有提及。

2.3.2　一对持久隽永的同性伴侣

下面所讲的是我们所知的，维持了至少30年伴侣关系的阿伽通和鲍桑尼亚。

2.3.2.1　阿伽通[31]　阿伽通，雅典人，提撒美诺斯之子。[32]《会饮》中讲到，阿伽通在公元前416年赢得悲剧作品大赛时还不到30岁。下面我将一一列举他人生中的几个主要时期。

a. 阿伽通很可能出生在公元前448年或公元前447年，因为在公元前432或公元前431年，他已经与鲍桑尼亚彼此爱慕了。在《普罗塔戈拉》（315d6-e3）中，我们看到："紧靠他的长椅上，坐着克拉美斯人鲍桑尼亚，鲍桑尼亚旁边是个年纪还很 236
小的少年（νέον τι ἔτι μειράκιον），我估计他天性高贵、面容姣好，而且的确容貌非常美。我听到——我这样以为——有人叫他阿伽通，我拿不准他是不是鲍桑尼亚的所爱（paidika）"。如果我们将《普罗塔戈拉》的戏剧日期定在公元前432年或公元前431年[33]，那么我们就能推断出阿伽通出生在公元前448年或公元前447年。

b. 在公元前416年初，阿伽通庆祝他作为悲剧作家的首次胜利，《会饮》中有提到这次庆宴。[34] 他的颂词显示出了高尔吉亚辩论术的影响力，正如苏格拉底在开始他自己的颂词前对阿伽通的诘难所说的那样。[35] 阿伽通那时大约30岁，仍与鲍桑尼亚保持着

---

[31] 有关阿伽通，参见 Lévêque 1995, Nails 2002: 8-10。

[32] Nails 2002. 参见对《会饮》（172）中的批注（即 Cramer 1963: 269 中对 Lucian *Rhetorum praeceptor* 2 的批注）。

[33] 根据 Morrison 1941。

[34] 瑙克拉提斯德的安泰纳乌斯（Athenaeus of Naucratis）的证言（217a-b）并非全部可信。（see Lévêque 1955: 56-58）因此，我们必须谨慎处理事件发生的时间和剧中人物的年龄。在《会饮》（223a）中，厄里刻希马库斯称阿伽通为"少男"（meirakion），称被如此称呼的人年龄一般在14～21岁。我们应该如何对此做出解释呢？解释为隐晦的凌辱般的谄媚讨好，还是事件日期虚假的暗示呢？

[35] 参见注释56。

密切的接触。《会饮》中有三处文本[36]暗示了他们之间的亲密关系。

c. 根据亚里士多德的记录[37]，公元前411年，阿伽通在他的颂词中赞扬了安提丰，这似乎暗示出他对民主制度并没有多大的好感。[38] 这种政治上的姿态可能更显示出他对民主制度的反对，这一点《地母节妇女》中有记载。这一年，阿里斯托芬通过把阿伽通描绘成一个少男之爱关系中的被动角色，以及一种女人气十足的男性形象，对阿伽通进行了异常激烈的抨击。[39] 这发生在阿伽通悲剧诗获奖后不到5年的时间里。

237 d. 公元前407年左右，阿伽通离开雅典去了马其顿王国国王阿凯拉斯（Archelaus）的宫廷。[40] 他似乎一直与阿凯拉斯相交甚好。阿凯拉斯当时也邀请了画家宙克西斯（Zeuxis）、米利都（Miletus）的音乐家提谟修斯（Timotheus）和萨摩斯（Samos）的悲剧

---

[36] 说话者分别是苏格拉底（177d）、阿里斯托芬（193b）、厄里刻希马库斯（193e）。

[37] Aristotle *Eudemian Ethics* 3. 5. 1232b8-9.

[38] Thucydides 8. 68. 2. 古希腊早期最伟大的十大演说家之一的安提丰，就是公元前411年参与四百人密谋策划的团体中的一员。之后，他被逮捕、审判、判刑、处死。在对他的审判中，他颇有风格的演讲赢得了阿伽通的赞颂。

[39] 阿里斯托芬在《地母节妇女》中把矛头指向阿伽通；阿伽通在他的戏剧中被刻画成一种被动而女气十足的角色，受到凌辱和嘲弄。这部戏剧的有关情节如下：每年10月，妇女们都会庆祝地母节，在这种禁止男士参加的秘密的宗教仪式中纪念德墨忒耳和她的女儿珀耳塞福涅（Persephone）。她们必须充分利用与德墨忒耳和珀耳塞福涅在一起的时间，并决定她们伺机报复的欧里庇得斯（Euripides）的命运，因为他在他的悲剧中诋毁她们。欧里庇得斯知道了这件事，考虑到除非有人能把他的辩护词递交给五百人大会，否则他就会失败。这时他想到了阿伽通。阿伽通的着装很像个女人，并且因为他女人气的外貌和行为，他可以装扮成女人混进妇女的宗教仪式中。欧里庇得斯找到了阿伽通，但阿伽通最终拒绝了他。他绝望了；幸运的是，欧里庇得斯的一个亲戚主动要求参与这起密谋，于是欧里庇得斯用从阿伽通那里借来的衣服把他的亲戚装扮成一个女人。阿伽通与欧里庇得斯的这位亲戚谈话的这一幕，构成了对悲剧诗人少男之爱关系极其猛烈的攻击（*Thesmophoriazusae* 130-167），这一幕在当时曾一度非常有名。

[40] Aristophanes *Frogs* 83-85, Plato *Symposium* 172c.

诗人科里洛斯（Choerilus），最重要的是，欧里庇得斯也被邀请至此。阿伽通来时，鲍桑尼亚陪伴着他。[41]

e. 阿伽通很可能死于公元前5世纪末，那时他还不到50岁。[42]

2.3.2.2 鲍桑尼亚 除了《柏拉图全集》中对这位鲍桑尼亚有所涉及外，我们对他几乎一无所知。[43] 色诺芬的《会饮》（8.32）把鲍桑尼亚描绘成少男之爱的一个热烈的拥护者。[44]

a. 在公元前432年或公元前431年，《普罗塔戈拉》（315d-e）中记录到，鲍桑尼亚和阿伽通肩并肩地躺在科斯的普罗迪库斯的床上，这比《会饮》中描绘的事件时间早16年。鲍桑尼亚肯定比阿伽通年长，后者是这段关系中的被爱者。我们能够想象出的年龄差距是15年或20年：鲍桑尼亚那时在30岁 238

㊶ Aelian *Varia Historia* 2.21.

㊷ 这可以从对阿里斯托芬《蛙》（85）处的一条批注中推断出来，对这条批注的解释，参见 Lévêque 1955:73-77。在《蛙》（83－85）中，狄奥尼索斯向赫拉克勒斯解释道，他必须要去冥府寻找一位优秀的悲剧作家。赫拉克勒斯向狄奥尼索斯打听最近过去几年里卓越的悲剧诗人的命运：“赫拉克勒斯：那阿伽通呢？他在哪里？狄奥尼索斯：他离我而去了，他是一位好心的诗人，他的朋友都很怀念他。赫拉克勒斯：他去了哪里？可怜的家伙。狄奥尼索斯：去被佑护者那里赴宴了（εἰς μακάρων εὐωχίαν）。”这种回答，实在让人很费解，批注者提出了下面两种解释：要么阿伽通去被佑护者那里赴宴，要么他在佩拉（Pella）参加宴会。对这两种解释的反对一直存在着，有时这种反对倒向一边，有时又倒向另一边。一种可能的解决方案是接受这种模棱两可的话语，它本着这样一种观点：阿里斯托芬的意思是，即使阿伽通的肉体还活着，但他的心早已为诗而死了，因为他在雅典再也写不出优秀的作品，他只能和阿凯拉斯一样过着一种堕落放荡的生活。《会饮》（172d）中，阿波罗多洛斯对格劳孔的回复就倾向于这种说法：“难道你不知道？阿伽通已经离开这里好多年了。”由于《蛙》在公元前405年完成，如果我们承认阿伽通在《蛙》完成时已经死了的话，那么我们就必须把阿波罗多洛斯回答的时间至少设定在公元前406年；同时，因为阿伽通大约在公元前411年离开雅典，所以他离开雅典至多不过5年。

㊸ See Nails 2002:222.

㊹ 注意到以下这点是很有趣的：为了表扬男性之间的情色关系，鲍桑尼亚在这里提到了斐德若在其颂词（178e-179a）中已经提到的底比斯（Thebes）的“神圣军团”的所向披靡和勇气。

到40岁之间。[45] 因此，他出生在公元前470—公元前460年，与苏格拉底是同时代的人。

b. 公元前416年，鲍桑尼亚是柏拉图《会饮》中描述的飨宴的客人。阿伽通获得胜利时，鲍桑尼亚已经50岁左右了，和苏格拉底、阿库美诺差不多。他做了赞颂爱若斯的演讲，在一定程度上批判了与同性恋有关的雅典人的道德观。从鲍桑尼亚的颂词中，我们却又看到了对少男之爱的拥护和例证，这大概和他与被爱者阿伽通所建立的永恒的伴侣关系有关。似乎看来，他理应在《会饮》中给出这样一篇颂词。鲍桑尼亚在描绘理想中的爱者时，在文中至少两次[46]暗指了阿伽通。

c. 公元前407年左右，鲍桑尼亚去了马其顿国王阿凯拉斯的皇宫。

鲍桑尼亚显然在少男之爱背景下逐渐了解了阿伽通，因此他延长了与阿伽通的性爱关系，直到这位"被爱者"去世。这种在少男之爱关系中的永久性似乎能被这样表述：首先，这是"少男之爱"的一种理想化；其次，这种"爱者"和"被爱者"之间的关系具有排他性。另外，我们毫不怀疑这对情侣的引人注目，它

---

[45] 黛布拉·尼尔在信中问了我下面这个问题："你十分确信鲍桑尼亚和阿伽通之间的年龄差距在15~20年吗？历史上5~8岁的年龄差距似乎更为恰当，就像《普罗塔戈拉》中所处的环境一样［也就是说，所有其他的男人，围绕普罗塔戈拉、希庇阿斯和普罗迪库斯一伙，总共13人（315a, c, e中省略了'其他人'）都是探求更高教育的年轻人］。如果鲍桑尼亚是个例外，你能解释为什么这一点未被注意到呢？唯一年长于其他人但比苏格拉底年轻许多的就是克里底亚，但是柏拉图让他单独出场。"这个问题着眼点很好，回答它实属不易，因为鲍桑尼亚去那里学习是理所当然的，尽管他也能够走向在场的阿伽通或者仅仅瞥他一眼。

[46] 参见《会饮》181c-d："我确信，一个爱上这种年龄的少男的人，一般准备与他心爱的人分享一切——实际上，他渴望和那个人共度余生。"（这预示了阿里斯托芬要说的。）还有在《会饮》183d-e："我要告诉你：这是普通的、庸俗的爱者，他爱的是身体而非灵魂，那人的爱被束缚在矛盾里；因为他所爱的对象本身是易变而不稳定的。一旦身体不再青春焕发，'他便远走高飞'（《伊利亚特》卷二71行），他说过的话，许下的诺言，都不算数了。爱正当的品格者又是多么不同，他会与其爱人共度余生，归属于恒定不变者。"

在古典时期的雅典似乎同时汇聚了赞扬和指责。

2.3.3 社会的指责

尽管这种假定的少男之爱关系可以被接受，尽管男性之间性
关系的正当性被大大认可了，但这种少男之爱关系仍受到了反对 239
和指责。

当鲍桑尼亚在《会饮》的颂词中抱怨雅典人对待“传统”的态度含混不清时，他还在这种少男之爱背景中想着他年轻的情伴阿伽通呢，这是很可能的，甚至是毋庸置疑的。针对这种传统，色诺芬告诉我们鲍桑尼亚是这种传统的炽热拥护者。此外，根据阿里斯托芬在《会饮》中颂词的结尾所述，我们可以看出他似乎在提前构思他的作品《地母节妇女》了。(193b)

从这一点上，我们根据可能性程度的大小可以得出如下结论：不管这种被认可的少男之爱的实践如何，由成年男性组成的情侣的存在在雅典是被公众知晓的；这些情侣坚持要求忠贞的专有权，因为他们排除婚姻以外与女人的所有关系；最重要的是，他们以不可否认的高调和永恒为特色。

3.《会饮》中鲍桑尼亚、阿伽通和狄奥提玛的颂词

在《会饮》中，阿里斯托德莫斯仅仅提及六篇对爱若斯的颂词。[47] 他们六人按照下列出场顺序分别做出演讲：斐德若、鲍桑尼亚、厄里刻希马库斯、阿里斯托芬、阿伽通和借狄奥提玛之名讲述的苏格拉底。这六篇对爱若斯的颂词可重新被分成三组，每组的两篇颂词都呈现彼此对立的姿态。对于斐德若和阿伽通来说，只有一位爱若斯；然而，斐德若坚持爱若斯是最年老的神，阿伽

㊼ 如果我们相信阿里斯托德莫斯在《会饮》(180c) 中说的话，那么此次会饮中应该还有别人的颂词。

通正好相反，他强调爱若斯是最年轻的神。另外，鲍桑尼亚和厄里刻希马库斯都认为有两位爱若斯，它们分别对应着两位阿佛洛狄忒——属天的和属民的；只是鲍桑尼亚仅仅从人类的境况来探究这种二元对立的结果，厄里刻希马库斯则将此探究扩展到宇宙中的万事万物。最后，阿里斯托芬和苏格拉底在另一种层次上提出了新的问题。对于阿里斯托芬来说，爱若斯是唯一能使我们意识到人类不断寻求与另一半相结合的神，同时又让我们知道自我的分裂正是由宙斯造成的；对苏格拉底来说，他复述了一位来自曼提尼亚的外邦人——狄奥提玛——对他所讲的话：爱若斯不是一位神，而是一个灵明（daimōn），由于它的能力是作为一种媒介，所以它通过身体或灵魂的孕育，传达着每个人欲求美和善好能成为自身永久财富的愿望。

240 这些颂词都是在阿伽通的住处被宣读的（174d），当然，这个住处也有可能是鲍桑尼亚的。[48] 根据另一则对话[49]，在故事发生的这个房间里，阿伽通和鲍桑尼亚在卧榻上舒展着身体面对面地躺着。

3.1 鲍桑尼亚的颂词（180c-185c）[50]

鲍桑尼亚的颂词没有阿伽通的颂词那般微妙精致，但它充分展现了受修辞术和智者所传授——双关语[51]——的影响，它将措辞和格律有节奏地结合在了一起。双关语一词最早由亚里士多德发明并将其归于特拉绪马库斯（Thrasymachus）[52]，颇具有伊索克

---

⑱ 当然，这仅仅是一种猜测，在本文集中，黛布拉·尼尔的文章对此表达了反对意见。

⑲ 参见我在1999: 248中的说明。

⑳ 我在某些观点上的分析受到Görgenanns 2000的启发。多佛已经对鲍桑尼亚的长篇大论做出了分析，参见Dover 1989: 182a-184b, 184d-185a。

㉑ 例如，ἔργα ἐργαζομένῳ, 182e3、δουλείας δουλεύειν, 183a6-7、πράττειν οὕτω τὴν πρᾶξιν, 183a。

㉒ Aristotle *Rhetoric* 3. 9. 1409a25.

拉底[53]的风格。人们将会注意到 prōton（起初）和 epeita（其次，然后）会给文辞以韵律。[54] 最后，正在向格劳孔转述这一幕的阿波罗多洛斯在讲完鲍桑尼亚的颂词后，做出了十分有趣的评论："鲍桑尼亚暂时就泡到这里[55]——不妨用那些个聪明人教咱的双声叠韵，阿里斯托德莫斯对我讲，该轮到阿里斯托芬说了。"（185d）这可能是源于高尔吉亚[56]的一种技巧，他是阿伽通的（也可能是鲍桑尼亚的）老师和榜样。

鲍桑尼亚给出了一个具有高度修辞技巧的颂词，它基于两个假设：第一个是关于神话或更确切地说是关于爱若斯的，第二个是处理对一种特殊行为的社会评价。

至于被提到的神话，鲍桑尼亚的陈词如下：因为有两位爱神
阿佛洛狄忒，属天的[57]和属民的[58]，每一位在雅典都有各自的庙宇 241
和信徒[59]；那么，我们必须认真区分两位爱神爱若斯。（180d4-e3）伴随着属民的阿佛洛狄忒的爱若斯，从它的身世上已经暗示出男性和女性的成分，它主要具有三个特点：它同时涉及了男性和女性；它对肉体的兴趣高于对灵魂的兴趣；这个神更注重性行为而非自身行为的实现途径。（181a7-c2）伴随着属天的阿佛洛狄忒的爱若斯，年龄更长，并且它的诞生仅依靠一种男性的成分——呈现出与属民的阿佛洛狄忒相反的三个特征：它

---

[53] *Symposium* 180e-181a, 184d-e, 185a-c. For instance in *Helen* 17.

[54] 在 182b 处，我给予 sophoi 和上文同样的意思。

[55] 这样一种包含了谐音和整齐的双声叠韵，通常被描述为技艺性的表述ἴσα λέγειν。

[56] 高尔吉亚被认为是智者派的代表人物之一，这里所提到的"智者"，在公元前 5 世纪末到公元前 4 世纪初对于富于辞藻的演讲之构成发挥了相当大的作用。在《海伦颂》（2）（*Encomium of Helen* 2）中，我们发现了与此处相似的一种"技巧"。

[57] 根据赫西俄德的《神谱》（*Theogony*）178-196，属天的阿佛洛狄忒诞生于天神乌拉诺斯（Uranus）被割下的生殖器的精液中。

[58] 宙斯和狄俄涅（Dione）的女儿，参见 *Iliad* V 370。

[59] 关于此话题，参见 Pirenne-Delforge 1998；关于属天的阿佛洛狄忒，参见 1994: 15-25；关于属民的阿佛洛狄忒，参见 1994: 26-34。

仅仅关系到男人，它的兴趣在于灵魂而非肉体，它更关注行为的实施方式而不是性行为实现的结果。（181c2-d7）从鲍桑尼亚颂词的第一部分可以明显看出，他从一开始就同意爱若斯掌控着男性之间的性关系。另外，鲍桑尼亚还详细地说明了，这种男性的少男之爱必须不光被理解为是对年轻男孩的爱（paiderastia）[60]，也是在男孩胡须初萌时的爱（181d1-3），而且要持续终身（181d3-7）。

然而，男性之间的性关系不都是可以被允许的：它的实现方式必然是好的，从这个意义上说，它的对象就只能是灵魂了。下面是鲍桑尼亚颂词中的第二个主题（180e3-181a6），在这种背景下，少男之爱被认为是一种受制于普遍道德情景评价的性行为（praxis）。通过“美的”（kalon）我们肯定会理解什么是合适的；通过“丑的”（aischron），我们懂得什么是不适宜的。[61] 因此，我们就会理解，如果一种行为能够得到“赞扬”（epainos，182e3），那么它就是美的；如果相反，它就会受到批评（oneidos，182a1，b4；psogon，182a5）。此外，这些看法极其微妙地暗示了行为准则或习俗（nomos）[62] 的存在。

242 鲍桑尼亚为阿提卡（Attica）当时的行为习俗做出辩护，这涉及了对一个被爱的男孩来说，讨他的情人欢心是否是好的问题。

---

[60] 这个词出现在181c7处，但它在181c3-4处可能被当作一种插入的注解：这是对男孩的爱若斯（καὶ ἔστιν ουτος ὁ τῶν παίδων ἔρως）。

[61] 多佛说：“kalos 和 aiskhros 被赞颂者自如灵活地运用到各种行动、表现或成就中去，而这些行动、表现或成就既能唤起各种赞成的看法和赞扬，又能招致各种蔑视、敌意或责备。（例如：Aiskhines 1. 127, Andocides 2. 17-18, Demosthenes 58. 37, Isokrates 19. 4, Lycurgus 111。）kalos 通常与我们所说的‘值得赞扬的’‘可信的、值得尊敬的’相一致，而 aiskhros 通常与‘感到羞耻的’‘可耻的’同义；它们都是操纵语言最重要的工具。”（Dover 1974: 70）人们应该比较《美诺》（88d-e）、《欧绪德谟》（281d-e）以及之后《会饮》（183d）中所讲的内容。

[62] 多佛恰当地指出，雅典人明白“在公正的 nomos 下，我们把‘礼法’分成几个单独的部分，即‘本质的’‘合法的’‘宗教的’‘道德的’‘传统的’，这样做造成的结果就是：公开反对这种分法可以被看作主张不忠和阴谋的源头”（Dover 1974）。

这种习俗在古代斯巴达城邦伊利斯（Elis）和玻俄提亚（Boeotia）具有纯粹的象征意义，讨某人欢心被看作适宜的、好的事情（182b1-6），但在伊奥尼亚（Ionia）和野蛮人那里（182b6-c7），它被看作丑陋的、不正派的事情。我们应该注意一下这种谴责和一种暴政（182b6-d4）之间的关系，考虑到雅典及其政治领袖，这种关系也许可以被理解成一种善意佯攻（captatio benevolentiae）。在阿提卡，与之相反，这种规范根据被关联的爱若斯伴随着属天的阿佛洛狄忒还是属民的阿佛洛狄忒会有细微的差别。在前一种情形中，对于讨爱者欢心的被爱者少男，它是丑陋的、不正派的；在后一种情形中，它则是适宜的、好的。因此，我们就返回到了之前（180e3-181a6）所说的内容。

三种行为方式暗示出，对被爱的男孩来说，讨爱者欢心在雅典是被接受的，它适合公开地恋爱而不是将其隐匿起来。（182d5-7）恋爱中的人往往受到鼓励（182d7-e1），他们对男人或神们的行为方式是被容许的，但在其他背景（182e1-183c2）下则会受到谴责；甚至连一个奴隶都不会接受这种引诱自己爱者的行为[63]，何况是打破一个人的誓言呢。然而，事情并非如此简单，因为鲍桑尼亚注意到了那些反对上述行为方式的人的存在。父亲们会让看孩子的家奴[64]看管好自己的儿子，禁止他们和爱者往来。他们那些可能会成为被爱者的同龄朋友会指责他们，然而那些应该保护青年的男性长者并不反对这种谴责。为了阐释这种显而易见的矛盾，鲍桑尼亚回到他最初的观点，也就是他为了详细阐明什么是必须被遵守的行为准则而形成的理论。通过采取这种修辞学的策略，鲍桑尼亚成为古代传统的捍卫者，反对同时代的各种批判。

不值得受敬重（ponēros）[65] 的爱者对身体的兴趣大于对灵魂

---

[63] 对一个采取奴隶式行为的公民来说，这种事情是非常严肃的。

[64] 家奴的主要任务是，陪同主人的儿子去运动场并把他们带回家，参见 *Lysis* 208b-c。

[65] agathos 和 khrēstos 是相对于 kakos 和 ponēros 来说的，参见 Dover 1974。

的热爱。(183d8-e1)他们和所欲求的对象一样不坚定(moni-
243 mos),也就是说,如肉体般易变。(183e1-5)另外,值得赞扬的爱者主要钟爱被爱者的品格(183e5),并且他们一生都会对对方忠贞不渝。(183e5-6)这就是对鲍桑尼亚来说,要在雅典试图利用时间的考验使被爱者屈服于爱者的原因,以至于被爱者可能明白他应该屈从还是逃避。因此,出现了下面两条规定:首先,被爱者万万不可以立马臣服(184a5-7),他应该由此来显示他并不是为了财富和利益而答应,也不是因为他求贤若渴或他害怕失去爱者而答应(184a-b3)。其次,对财富和权力疯狂的追求都是过眼烟云,并不能带来持久永恒。(184b3-5)由此而产生的结论如下:只有一种遵守雅典习俗的方式,可以使被爱者答应爱者的追求成为好事,即爱者与被爱者必须把德性作为他们的目标。(184b5-6)基于这种观点,两种礼法必须结合在一起:一种礼法涉及少男之爱(paiderastia),另一种涉及智慧之爱(philosophia)。被爱者一定要将自己的美貌给予他的爱者(184b6-d3),爱者也要尽力以知识或别的什么东西的形式把鼓励少年追求德性(aretē)作为他的目标(184d3-e5)。即使一方是被欺骗的受害者,这也能拥有名誉。(184e5)要么,当被爱者抛弃他可怜的爱者时(184e5-185a),他卑鄙的本性便暴露无遗;要么,他从爱者那里寻求智慧的初衷是纯粹的,尽管后者并没有什么知识(185a-b)传授于他,这时被爱者就会向他人展现自己"是为了自己的德性和上进才如此的(在任何情况下做任何事)"[66](185b1-3)。正如多佛指出的,这也委婉地暗示了男孩会接受和他的爱者发生性行为,一方面要感谢爱者传授知识给他,另一方面是表达他自己对爱者的敬慕。然而,被爱者却永远不能在性行为上采取主动。[67]文本中的圈套也十分有意思,因为这种圈套也是双重的。如果受

[66] 我把 panti 看作一个中性词,而非一个阳性词。

[67] See Dover 1989: 91.

骗者的目的是金钱，那么他就会受到指责；如果他的目的是获得智慧和德性，那么他就会被原谅。

鲍桑尼亚谈论的核心在最后一部分，在这里他做出了一种综合，即引导少男之爱与掌管智慧之爱的行为准则间的综合。事实上，鲍桑尼亚的颂词是对少男之爱有计划的赞美。

（1）被爱者是他的爱者的奴隶，这种不平等的关系必须有其目的，不仅仅是为了取得身体上的愉悦，更重要的是被爱者的灵魂得以提升。

（2）对年轻男孩的爱欲暗示了他们之间的性关系。 244

（3）我们无法知道鲍桑尼亚通过“灵魂”体会到了什么，但是我们应该注意到他把“性格”[68] 作为“灵魂”的同义词。这就是为什么被爱者尤其不可以从他爱者身上寻求财富和权力，对爱者来说，他一定要把从他被爱者身上寻求的普遍德性尤其是智慧上的德性看作他的目的。

（4）出于这个原因，把少男之爱讲成智慧之爱[69]就合情合理了。少男之爱自身呈现为给予男孩锻炼他智慧的一种途径。

（5）性爱的教育作用与它性方面的表现之间的关系，在下列文本中得到了清晰的描绘：

> 这样两条礼法（τὼ νόμω τού τω）得合在一起，一条涉及少男之爱（τόν τε περὶ τὴν παιδεραστίαν），一条涉及智慧之爱（καὶ τὸν περὶ τὴν φιλοσοφίαν）和其他德性之爱（καὶ

---

[68] 古希腊语是ἔθos，参见 *Symposium* 183e5。

[69] 鲍桑尼亚两次用到 philosophia：在 182c1 处和 184d1 处。在 183a1 处，我和施莱尔马赫（Schleiermacher）以及布里一样拒绝用 philosophias。在第一个例子（182c1）中，我们看到了对与智慧之爱和健身之爱（philogumnastia）相对立的暴君的攻击：值得注意的是，这些词语之间的关联暗示了促进灵魂和身体提升与发展的实践。我们会发现这种关联会在狄奥提玛的颂词（205d5）中又一次出现，在那里，她提及了通过筛选得出的爱的三重机能：对财富的爱、对身体运动的爱以及对智慧的爱。在第二个例子（184d1）中，这种关联处于智慧之爱和少男之爱之间。

τὴν ἄλλην ἀρετήν）；要是合到一起，男孩（παιδικὰ）就允许献殷勤者（τὸ χαρίσασθαι）以高尚的方式成为爱者（ἐραστῇ）。这样的话，如果年长的爱者（ἐραστή）与年轻的男孩（παιδικά）在一起，那么他们就该各有其位、各依其法（νό-μον）：爱者要殷勤善待（ὑπηρετῶν）⑳ 对自己百依百顺的被爱者（χαρισαμένοις παιδικοῖς），被爱者应该尽量对使自己在智慧（σοφόν）和善好（ἀγαθὸν）方面有长进的爱者服服帖帖（ὁτιοῦν δικαίως ἂν ὑπηρετεῖν）；爱者要在心智睿哲（εἰς φρόνησιν）和其他德性（καὶ τὴν ἄλλην ἀρετὴν）方面全心全意扶助被爱者，被爱者要热望受到这方面的管教（εἰς παί-δευσιν）和获得其他智慧（καὶ τὴν ἄλλην σοφίαν）。只有在这两条礼法（τῶν νόμων）合而为一时，被爱者委身爱者才是好事。

——*Symposium* 184c7-e4

245 鲍桑尼亚很清晰地暗示着，年轻男孩和他的爱者之间性关系的存在在一种教育背景下是合情合理的，因为男孩在这种关系中被智慧和爱者各种形式的德性所引导。

（6）在我看来，鲍桑尼亚试图证明爱者在他的被爱者长出第一缕胡须后，仍维持他们之间性关系的合理性时的依据是，他运用的是一种教育手段。对于两个男人之间坚定不移的恋情的强调，要求超越在少男之爱背景下被公认的那些限制。在阿里斯托芬的《地母节妇女》中，这种辩护并没有阻止剧中人物显示出雅典社会对阿伽通违反行为规范的抨击。

3.2　阿伽通的颂词（194e-197e）

阿伽通的颂词与鲍桑尼亚的颂词密不可分，因为阿伽通通过

⑳ 有关ὑπηρετῶν 这个词在性关系上的意义（与 χαρισαμένοις παιδικοῖς 和ὑπουργεῖν 相类似），参见 Dover 1989: 44-45。

呈现属于爱若斯的同时也明显是他自己所具有的品质，当众赞扬爱若斯并用其来暗指他自己。另外，我们可以猜测，他认为这种与年龄、美貌的优势与众不同的品德和智慧，是他与鲍桑尼亚之间的关系所独有的。

阿伽通的颂词文风空洞但具有精美的结构，它显示出高尔吉亚派的影响力，这种影响力主要体现在对谐音和头韵独具特征的运用上。这里我们看到了很多以具有丰富的谐音和相似的变音为特色的精短的、并列的短语。这些修辞学中的短语转换在他的总结中用得非常多，以至于引来苏格拉底挖苦性的评论。最后，阿伽通展示出对诗化赞辞的强烈热爱[71]，并大有从他的散文中提取出诗文的倾向。

在阿伽通看来，爱若斯是最年轻的神。（195a-c）他的身体是最轻柔的（195c-196a）、最美丽的（196a-b）。因为在诗的领域（196d-e）以及其他各种领域，他的灵魂也是正义的（196b-c）、有节制的（196c-d）、勇敢的（196d）以及明智的（196d-197b），所以他通过惠泽众人的方式提升了这些德性（197c-e）。除此之外，我们并不能从这篇华而不实的颂词中提取出更多的东西。在他与鲍桑尼亚的关系中，阿伽通是被爱者，所以他描绘的爱若斯是一位年轻的神；此外，他眼中的爱若斯拥有可以传授给每一个 246
人的各种美好德性。从这一层面来讲，至少他的颂词附和了鲍桑尼亚的颂词，后者旨在为一种少男之爱做出辩护和证明，它认为性爱作为一种教育手段以各种形式，尤其是在诗的领域中能够使人们获得更多的智慧和德性。[72]

阿伽通的颂词，尤其是与鲍桑尼亚相符的那部分，在我看来正是导致《会饮》中的苏格拉底对其做出批判性表述的原因，苏格拉底反对在雅典传统习俗的框架下将“智慧之爱”与少男之爱

---

[71] *Symposium* 196c, e, 196a, 197c.

[72] See *Symposium* 197a-b.

联系在一起，这种年轻男孩和男性长者之间的短暂性关系的结合，与肉体、政治甚至智慧的传播无关。通过阿伽通的例子和他的颂词，可以看出他把有关教育作用的空洞证据仅仅局限在对修辞学的学习之中。

3.3 狄奥提玛的颂词（201e-209e）

接着，苏格拉底便开始发言了。因为阿伽通是此次会饮的主人，所以苏格拉底便先以一种诘问法回应了他。[73] 阿伽通刚刚宣称爱若斯是“最美的和最善的”（197e2-3）；但是，爱若斯既然寻求美和善，那么说明他还不具备这两者中的任意一方。为了使这种反驳的味道相对削减，于是苏格拉底解释道，他以前对爱若斯保持着和阿伽通相似的看法，直到他的想法被狄奥提玛所反驳。[74] 苏格拉底用自己滔滔不绝的讲话淡化了对主人阿伽通的直接批判；更重要的是，通过颠覆其他宾客对爱若斯大体一致的陈述，苏格拉底以一种彻底的批判性强调了一位女性的权威、少男之爱的权威以及智慧之爱的权威，并将其置于这种赞扬性的演讲之中，就如同阿伽通所做的颂词一样[75]，它涉及了爱若斯的本性以及他所带来的益处。

爱若斯（爱欲）总是对某种东西的欲求。（199c-e）一个人欲求的东西恰恰是他所不具有的。（200a-e）既然爱欲的对象是美的和善好的，那么它一定在美和善好这两方面有所欠缺。（200e-201c）因此，阿伽通宣称，爱若斯是一位具有各种各样美好品德的伟大的神是错误的。（201d-e）但这并不意味着爱若斯是丑陋的和恶的，他是这两者的中间者。（201e-202d）

247 爱若斯是一个灵明，也就是说，他是一种中间形态，质言之，

---

[73] See Dorion 1990.

[74] 关于把这些观点归咎于狄奥提玛的历史真实性的问题，参见 Halperin 1990: 113-151。

[75] “那么，现在我们颂扬爱若斯，正确的做法就是：先说他是什么，然后说他的恩惠。”（195a3-5）

他处于男人和神之间。(202e-203a)他的父亲是波罗斯(丰盈之神),他的母亲是潘妮娅(贫乏之神)。(203a-c)爱若斯的本性(天性,phusis)由他的起源就可以被理解了。他占据了各种东西的中间地位(203c-e),尤其是处于有知和无知之间。“智慧算最美的东西之一,爱若斯就是对美的爱欲,所以,爱若斯必定是爱智慧的,爱智慧的就处于有智慧的和不明事理的之间。”(204b)[76] 这就是爱若斯是一位哲人的原因,这种对哲学的与爱智慧的定义将引发持久的争论。

既然爱若斯的本性已经被定义了,那么我们便可以探究在少男之爱背景下他给人们带来的利益和用处。(see khreia at 204c)值得强调的一点是,我们需要再一次地对阿伽通颂词中的某些疑问进行详细的说明。因为爱若斯不具备各种美,他仅仅是在寻求它们,那么他就不是被爱者,而是爱者。(203d-204c)

事实上,爱若斯引导人们根据他们自己的目标去寻找关于美的和善好的事物,并将其永久占有。(204c-206a)通过这种方式,爱若斯能与一种应获得最严肃关注的、表明占有或使命的努力行为联系起来——那就是生育,唯有生育才能使生命绵延不死。这里所说的生育可能是身体方面的,也可能是灵魂方面的:前者暗示了男人和女人的结合是为了生殖,而后者则涉及了少男之爱。

爱者在灵魂生育中的地位十分关键。这种观点又一次出现在文本(208e-209e)中,文中公开地将源于身体的生育和源于灵魂的生育对立起来:

> 对那些在身体方面生育旺盛(ἐγκύ μονες)的人来说,这种类型的爱(ἐρωτικοί)他们更愿意发生在对女人的欲求中,从而生育子女(παιδογονίας),确保一种相对的不朽。

---

[76] 智慧被限定在神身上,因此人只能成为哲人。(See *Phaedrus* 278d)

> 至于对灵魂方面生育旺盛的人来说，情况却并非如此，他们产生的是思想（φρόνησίν）和所有其他形式的德性或卓越品质（τε καὶ τὴν ἄλλην ἀρετήν），这在他们真正后代（ἔκγονα）的行为和言论中表现出来。
>
> ——*Symposium* 208e2-209a3

248 这些论述在传统观念中可能指的是像诗人荷马和赫西俄德、像立法者鲁库格斯和梭伦，甚至像发明家的那一类人。（209c7-e3）然而，最高的明智在于正义和节制。（209a7-b1）在正义和节制领域中寻求获得更多的人会成为教育者。于是，他们便再去寻找一位身体健康尤其是灵魂美好的年轻男子，并向他宣扬德性，也就是说，履行对一个有价值的人的责任并且占据他。与美的对象亲密交流（ἁπτόμενος），经常出现（ὁμιλῶν）在他身边，通过这种方式，他们便能产生和孕育（τίκτει καὶ γεννᾷ）出两人之间持存的东西（ἃ πάλαι ἐκύει，c2-3）。注意到以下这点是有趣的：一个思想丰富的（κυῶν）、生产和生殖的（τίκτει καὶ γεννᾷ）、在与男孩的关系中能获得好处的年长男子，当年轻男孩呈现出其寻求的美的时候，他便开始负责灵魂的分娩，就像命运女神伊利萨尔（Eilithuia）和助产女神莫伊拉（Moira）为身体的生育所做的一样。（206b-d）这个过程大致是这样的：由于年长男子对年轻男孩的言传身教，他为他们共同生育的美的后代带来光明，这种效果在各种优秀的言论和良好的行为中表现出来。我们同样应该留意到，年长男子生育的产物（τὸ γεννηθὲν）早已蕴藏在他自身之中（ἃ πάλαι ἐκύ ει），这一点在我看来，涉及柏拉图的回忆说。这个过程不会因为生意的结束而停止，对后代来说，不论通过言论还是通过行为，他都会由爱者和被爱者共同抚养（συνεκτρέφει）。无论被爱者在不在爱者身边，爱者都会悉心照料他们的后代，因为只有这样，他们的后代才会留守在他的身边。换句话说，教育者和被教育者共同开展了高尚的对话，保持了良好的行为，这就是他们的孩子。“这样的恩爱情份要比基于共同拥有生身子女的（夫妻）情分（κοινωνίαν）绸缪，情爱也更深醇，因为他们共同生育的子女（τῶν παίδων）更美、更长生。”这段长文本（208e-209e）很让人惊讶，因为它描述了一个男人的孕育（类似于女性怀孕的现象）、分娩并且抚养与另一个男人——他的被爱者——所生的孩子。

在我看来，这种对爱者灵魂孕育的刻画涉及了《斐德若》中的核心部分，即对灵魂的阐述。灵魂在附着于地上的肉体之前，会伴随着其他灵魂、诸神以及灵明成群结队地向上飞升，沉思着可知之物，抵达诸神居住之所，超越了肉身所在之处。在这里，灵魂主要凝视着美。（*Phaedrus* 250c-d）一旦它附着于
地上的肉体，人类灵魂就仅能通过“回忆”（*Phaedrus* 249c-d）[77] 249
作为中介，重新发现那些以记忆的方式存在于自身的认知经历。看起来，这就是教育者的孕育形象必须得到解释的方式，即归为回忆。[78]

另外，回忆说的主题与秘义（*Symposium* 209e-210d）的主题完全契合。爱者唯有与他所爱的美少男有实质上的关系时，才能重新获取他早已拥有的知识，而这种关系并不局限于肉体，它会上升到他的灵魂，并且最后到达美本身的视域。（210e-212a）因此，少男之爱自此以后就用从秘义那里借来的词语来描绘了，它已经完全被重新阐释了。尽管狄奥提玛是一位女性，但她却知晓被称作少男之爱的社会习俗，并且企图改变它：

---

[77] 被认为有特定含义的“回忆”只出现在三篇对话中，即《美诺》（81b-84a）、《斐多》（72e-77a）和《斐德若》（249b-d）。在这三种情形中，它的要点就是重新拥有以前的知识，以及重新对早已存在于一个人灵魂中的言论显露。至少在后两篇对话中，以下这点是很清晰的：当灵魂沉思与全部地上的肉体分离的“理念”时，它便会获取真正的知识，这就是知识被重新发现的过程。在重新获取知识方面的努力便是我们所说的“助产术”技艺，它在于使怀孕的灵魂生育。

[78] 关于通常意义上的“回忆说”，参见 Hubert 1964。至于最新的解读我并不认同，因为它没有涉及可知事物，参见 Scott 1995。

> 当一个人通过恰当地爱恋男孩(διὰ τὸ ὀρθῶς παιδερ αστεῖν)随着台阶一步步上升，并且瞥见那种美时，他就几乎掌握了自己的目标，这就是如何正确地向上攀爬，或者由另一个人引导着从一件值得爱的事物到另一件（ἐπὶ τα ἐρωτικὰ）；一个人通常为了赢获美本身而向上攀登，从美的事物（ἀπὸ τῶνδε τῶν καλῶν）开始，就像爬梯子一样，把它们当作一级级台阶：从一个身体、两个身体到所有美的身体（ἐπὶ πάντα τὰ καλὰ σώματα），然后由美的身体到美的操守（ἐπὶ τὰ καλὰ ἐπιτηδεύματα），从操守到学习美的学问（ἐπὶ τὰ καλὰ μαθήματα），并且从这些学问中他到达[79]了最终的目的地，这恰好就是美本身的学问（αὐτοῦ ἐκείνου τοῦ καλοῦ），最终他认识到美之所是（ὅ ἐστι καλόν）。
>
> ——*Symposium* 211b5-c8

这段文本开始于《会饮》210a-211b，用 mathēmata（211c-d）代替了 epistēmai（210c-e），形成了一种与在《斐德若》（250a）
250 中发现的观点相似的观点。爱欲追求的是美，美通过各种现实层面显现自身，因此，出现了一种解释下面这个问题的兴趣：美如何通过秘义的方式从可感的事物传递到可知的事物？[80]

在被称为少男之爱的这种社会习俗中，我们得出了两个男人之间的一种关系。我们并不排除爱者和他的被爱者性行为关系的存在，但是他们之间的关系肯定会超越性行为的层面，从而欲求更高的、精神意义上的对象，例如灵魂或理念。在这种关系中，年长男子是孕育方，年轻男孩通过他身体的美尤其他灵魂的美引发年长男子孕育的冲动。为了更好地教育年轻被爱者，年长男子

---

[79] 采用 τελευτῆσαι 的读法。

[80] 关于《会饮》中的此话题，参见 Riedweg 1987: 2-29；关于《斐德若》中的此话题，参见 Riedweg 1987: 30-67。

便会把他早已具有的那些美好言论和行为更大范围地显露、公开与阐明。主宰两个男人之间灵魂孕育的神就是美神，在世代生成的世界中，她通常会被看作扮演着命运女神莫伊拉（Moirai）和助产女神伊利萨尔的随从的角色。

灵魂孕育暗示了生育，并且指向了偏爱此种孕育的“助产术”[81]；也就是说，在这种背景下，重新占有早已在灵魂中以一种虚拟的方式存在的知识。问题由此出现了。一开始，是被爱者或者说是年轻的一方扮演着年长的爱者的“助产士”的角色（209c-d），然而，在接下来的文本（210a-d）中，这种关系可能被泛化了。

对鲍桑尼亚的颂词、阿伽通的颂词（作为一方）以及与狄奥提玛的颂词（作为另外一方）的对比分析，产生了下列三种比较突出的对立观点：（1）从教育层面来看，在等级森严的关系中，这种作为从老师到听众的知识传播的教育表现，与那种把教育看作知识的再发现模式是相对立的，后者所说的这种知识早已在爱者的灵魂中存在，并且它必须被公开显露，呈现在生育的行为中， 251
以优美的言论和良好的行为表现出来，传递给他的情伴。同时，爱者首先要扮演助产士的角色，也必须细心照料他们产生的“后代”。（2）从能够阐明这两种教育表现的性行为的层面来看，这

[81] “助产术”技艺只在《柏拉图全集》的一处文本即《泰阿泰德》（148d-151）中被提及，然而，很显然，通过名词“ὠδῖς”（生育的痛苦）以及动词“ὠδίνω”（经历生育的痛苦）这两种媒介，我们发现这种助产术的观点不仅在前面提到的《泰阿泰德》中出现，而且《理想国》（VI 490）和《斐德若》（255e, 262d）中也有其踪迹。问题是：“助产术”的形象是否真的如《美诺》（81b-84a）中说的那样没有涉及“回忆说”呢？能通过教育的手段使自身生育的灵魂产生大量大器的智慧和优美的言论，这些智慧和言论是灵魂在向宇宙领域飞越的旅途中获得的，但又在下降到凡间的过程中被遗忘。把助产术当作一种神圣的使命也是从以下这个角度上提出的：“所以，我自己根本不是有智慧的人，我也没有生出什么这一类的发现可以充当我的灵魂之子。但是，那些追随我的人，尽管一开始有些人显得非常无知，不过，随着交流的进展，在神的应许之下，他们全都取得了惊人的进步。”（*Theaetetus* 150c-d）我同意 Dorion 2004: 66-69 中的立场，它与 Burnyeat 1977 中的观点对立。

两种教育模式相互对抗：一种是少男之爱下的性传播，在这里，少男之爱已成为一种被承认的关系，年长的爱者会与他的年轻情伴（即被爱者）发生性关系，后者为了从爱者身上获取智慧、权力以及财富等利益，愿意变成爱者的奴隶。另一种涉及一位女性的怀孕，她必须被公开地接生出她所孕育的胚胎；孕育（“孕育”在古代社会习俗和我们当今社会中都与女性角色相关）看似在一种知识论的层面上与“回忆说”以及“助产术”的主题联系在一起。(3）最后，从现实层面来看，我们会强调身体的美与非物质的美（理智的美和灵魂之美）的对立。前者是一种纵欲的对象，而后者则主宰着美好言论和行为的产生，并能使这种产生成为可能；从可感的事物到可知的事物的过渡，是以秘义的措辞描述的。我们在这里从三个层面上见证了一种全面而完整的视角转变，然而这只是柏拉图对话中一个非常普遍的例子而已。

英译者迈克尔·蔡斯（Michael Chase）*

---

* 本文原为法文。

十一、柏拉图的女性隐喻

安吉拉·霍布斯（Angela Hobbs）

孕育的哲人的形象

在《会饮》（206c-e）中，狄奥提玛告诉我们，人（anthrōpoi） 252
都有生育（kuousin）能力，包括身体和灵魂两个方面。而且，要求与美的人亲近和接触，因为只有美才会解除他们生育的阵痛，并且生育出他们身体上或者灵魂上的子女。同时，她明确地指出，德性构成了灵魂的子女，他们能够展现于多种上升形式中，包括艺术作品、礼法以及上至美之理念的各种认知。因此，灵魂的子女无疑优于身体的子女：他们“更美（kalliōnōn）、更长生（athanatōterōn）”，而且“谁都宁愿有灵魂子女而非身体子女”（209c-d）。在209a处，她还指出，有些人生育上的强烈欲求在于灵魂而非身体。尽管206处有过这种措辞，但仍然允许了一种可能性，即有些人关注灵魂的孕育，但不排斥身体的孕育（反之亦然）。还有一种情况是值得注意的，即她从未给出一个同时具有双重孕育身份的例子，虽然她曾提及一些灵魂上有创造性的人确实有肉体的子女。在任何情况下，显然最好的生育是最高种类的精神生育，而这种最好的生育来自哲人。这种孕育自相矛盾般地导致了对性结合的超越视角，即与美本身的理念（212a）“在一起”：“要是有什么值得过的生活的话——这境地就是瞥见美本

253 身”(211d)[①]。尽管在《会饮》中狄奥提玛有不小的哲学贡献[②]，但哲学的主要代表人物仍然是作为男性的苏格拉底：在会饮中，苏格拉底的哲学观点有经验主义的味道，这一点与其他人物关于悲剧、喜剧、医学、修辞学以及政治学的种种观点一样，除此之外，在柏拉图的描绘中，苏格拉底还回忆了狄奥提玛对爱若斯的刻画，即爱若斯是对智慧的爱欲。(204a-b)[③] 苏格拉底是杰出的哲人，因此，我们很可能倾向于认为，他能够进行精神上的孕育。[④] 他常常打着赤脚在雅典闲逛，寻找像阿尔喀比亚德这样的青年男子，他们拥有精神和身体的双重美，这种美能帮助他们孕育美好的、有教育意味的言论，而这言论又能进一步构成他们的智慧（phronēsis）和德性（aretē)。苏格拉底的这种形象，甚至在阿尔喀比亚德的颂词（215a-b）中又得到了加强；阿尔喀比亚德认为苏格拉底活像西勒诺斯雕像，自身就有

---

① “在一起”承载了一种性的含意：“与之性交”。See *Laws* 773a and LSJ s. v. *suneimi*（4）.

② 即使狄奥提玛这一形象的建立依据于一个历史人物［虽然尼尔提醒我们要警惕由于广泛地声称没有反例而陷入险境（2002: 137），但我已看到关于这一历史人物的令人信服的证据］，但在《会饮》中她仍是一个戏剧性的建构：狄奥提玛预言式的回复映射了阿里斯托芬颂词中所做的评论，并且他还试图回应（205d-e 和 212c）。然而，她的哲学贡献不仅仅体现为她是柏拉图创造的人物角色，同时还体现为她也是由苏格拉底作为虚构的宴会中的角色所创造出来的人物。其他的人物角色都参加了会饮，而狄奥提玛却是缺席的。然而，一个被虚构出来的甚至缺席的女性，仍然通过某种方式（借男性之口）将自己的观点说了出来，即便是在会饮这样的男人的集会上。这本身就是一个重要事件，将会在下面的文本中得到探讨。关于狄奥提玛之历史性的明智评价，参见 Halperin 1990: 119-122。

③ 与爱欲智慧的、“哲学的”爱若斯一样，苏格拉底贫穷、总是打赤脚、总是站在门口（爱若斯的这些属性在 203c-d 处有所描述；在 220a-b 处，阿尔喀比亚德描述在波提狄亚之战中，苏格拉底也总是打着赤脚踩在冰上，同样的描述 174a 处也有；在 175a 处，阿里斯托德莫斯也提及了苏格拉底在去宴会的途中停伫在门口思考问题）。在 202d-e 处，狄奥提玛明确地将爱若斯命名为灵明（daimōn），而在 219c 处，阿尔喀比亚德把苏格拉底称为灵明般的（daimonios）。

④ 文本的这里没有提及苏格拉底也可以进行身体上的孕育，即使在形而上学的意味上，男性也可以在身体的层面上孕育，下面的文本将会进一步探讨这一点。

神性。⑤

在文本中，对男性身体的关注远远超过对女性身体的关注，这无疑非常令人吃惊。女性被排除在会饮中戏剧性的座次之外（在 176a 处，按照惯例在宴会上服务的吹箫女被打发走了，并且被告知，她可以吹给自己或者院子里的女人们听），而且之前的颂词也没有足够关注女人的爱欲和对女人的爱欲，虽然在 179b-c 处斐德若的确提到过阿尔刻斯提对丈夫的爱欲，虽然阿里斯托芬在对充满神话色彩的爱欲起源和追求的论述中也提到了爱欲男人的女人以及爱欲女人的女人（189c-193d，尤其表现在 191d-192c 处）。⑥ 然而，阿里斯托芬同样强调（191e-192b）：最“优秀”和 254
“最具男子气”的男人通常都是“娈童恋”（phauloi），而且鲍桑尼亚的颂词传递了这样的信息，即迷恋女人的男人是微不足道的，他们沉湎于血缘中既有男性又有女性（181a-c）的属民的阿佛洛狄忒。与之相对的属天的阿佛洛狄忒则不一样，他的血缘中只有男性，没有女性，他是男性之间的爱欲的来源。因此，鲍桑尼亚认为，一般来说，这些男性天生更有劲儿、更有智性。（181c）甚至在狄奥提玛自己的颂词中也是如此，尽管 206c 处和 211d 处提到的生育⑦既有灵魂上的意味也有身体上的意味，但更具优先地位的灵魂生育主要⑧是针对男性来说的：例如 209a-b 处的 ek neou（从青年）、209c 处的 ton andra（男人）、210c 处的 tous neous（年轻的）、211d 处的 tous kalous paidas te kai neaniskous（美的和青年的）。在 211b 处，他们明确地被认为热衷于正派的娈童恋（to

---

⑤ 由于苏格拉底发言时阿尔喀比亚德不在场，所以阿尔喀比亚德是无意间进行了这种强化；然而，柏拉图却绝不是无意的。

⑥ 哈尔珀林要求应当排除或者降低《会饮》中女性以及女性的经验（see Halperin 1990: 128-129），尽管他的论述十分雄辩，但我仍然不赞同；相反，我认为它十分重要，而且我将在下文展示这种重要性。

⑦ 除非单独强调，否则我在本文中使用的“性”既是精神层面的，也是生理层面的，或者是两者相互作用的。

⑧ 主要的，但不是唯一的。我仍然希望展示出为什么这一点如此重要。

orthōs paiderastein)。当然，狄奥提玛自己也被想象为在灵魂上生育，并且她需要同灵魂美的青年苏格拉底接触，这样她才能解除她在培养后代上的负担，但对于这种说法，狄奥提玛自己是否定的。209a-211d 处强调的重点主要针对男性爱者和男性被爱者[9]，但我们也要记住我们已经标注过的 anthrōpos（男人）的用法，因为接下来会有更多的相关内容。然而，无论狄奥提玛可能在做什么，她肯定是在请我们留意作为孕育者的、更为年长的男性爱者；无论柏拉图可能在做什么，他都把关于爱若斯的讨论部分地置于雅典上层社会的娈童恋氛围中，与此同时又在激进地改变这种氛
255 围。[10] 最后，我们重新审视之前在对话中探讨过的、伴随教育话题而出现的例子：除了与娈童恋相关的教育元素和鲍桑尼亚的虔诚强调，我们还有苏格拉底关于教育即智慧从丰盈的人身上流到空虚的人身上的观点（175d），这对布里松和其他人来说，就像突然而来的具有启发性的东西。我们如果反思这些例子，那么就会发现孕育形象所产生的影响将进一步得到加强。[11]

对于这一形象的回应

这个关于精神孕育的隐喻引起了广泛的反映，从好奇（Halp-

---

⑨ 在先前的论述（208d）中，狄奥提玛认为阿尔刻提斯是为了德性永在，为了光耀身后之名才把自己的生命奉献出去的。但是，这也可以被当作精神孕育的例子，当然这种孕育并不是之后论述的最高层面上的孕育。

⑩ 如果狄奥提玛所刻画的精神孕育的形象还徘徊在这种男权社会的氛围中，那么柏拉图所做的工作则是重新解释这种社会氛围。同样，如果狄奥提玛拥有促使苏格拉底进行助产的精神美，那么这则是柏拉图对传统更深层次的颠覆。布里松强调，鲍桑尼亚“属天的”爱若斯（它依赖于精神属性并且能够持续一生，而不是当被爱者第一缕胡须长出时便结束）已经构成了柏拉图理论的雏形（柏拉图在描述鲍桑尼亚和阿伽通的关系时已经有所阐明）。

⑪ 参见本文集中吕克·布里松的篇章。应当被强调的是，苏格拉底澄清他不认为这种模型是真实的。

erin 1990）、自相矛盾（Plass）[12] 到公开批评，甚至怀有敌意。在本文中我特别关注的是这样一种消极的声音，它关注的焦点是：柏拉图通过女性身体功能的作用来描述男性的实践和制度，这在道德上是否是正当的？比如，杜·波依斯（Du Bois）满怀热情地写了一些文章，这些文章描述了柏拉图笔下的女性在生殖中所处的地位。她声称，通过精神孕育的形象，柏拉图夺走了女性生物学上的起源地位："男性伴侣之间精神层面上的性交、受精、怀孕以及生产，都优先于有女性参与的肉体层面的类似行为……男性哲人成为了隐喻性生殖的核心，成为了哲人传承的关键；女性则成为了有缺陷的男性，且先天就是不完整的。"（Du Bois 1988: 182-183）还有潘德，她在很多关于《会饮》中精神孕育的具有促进意义的探讨中，都论证称柏拉图有意掩盖了原本的画面："怀孕和生育这样的'女性'经验被完全压制"；"……柏拉图一边公开使用怀孕的典型女性形象，一边遮蔽女性的生殖地位，他在这方面的成就实在非凡"（Pender 1992: 86）。卡维诺（Cavarero）更为强烈地表达了自己的看法。虽然她认为"柏拉图的作品似乎有一种模仿女性经验的渴望的特征"，并且"没有厌女症的痕迹"（Cavarero 1995: 92），但是她却认为柏拉图所描述的孕育形象将会导致一种情形，在这种情形下，"母性力量会在提供自己语言和词
汇时被废止，并最终被战胜和征服"（Cavarero 1995: 94）。类似的 256
批评似乎可以在《理想国》（395d-e）中寻求到一些支持，在其中苏格拉底坚定地认为年轻的监护人（在文章的这个章节，监护人显然被设定为男性）绝不应该表现为生病或者恋爱中的女人，或者分娩中的女人。这种指控使我们回想起《理想国》卷五中女性的生物功能和传统活动被淡化：虽然苏格拉底承认女性在生育能力上与男性有区别，但他似乎并不看重母亲和孩子之间独一无二

---

⑫ "……从某些方面看来，用孕育的概念为娈童癖进行辩护是十分笨拙的。"（Plass 1978: 48）

的关联，而且他强调作为女性监护人，她们不能哺乳或者抚养自己的孩子，而必须把自己的孩子交给由男性官员和女性官员管理的国家托儿所进行照料。⑬ 在这里，一些评论者指责苏格拉底把女性监护人变成对男性的令人讨厌的模仿，即不得不去打猎和打仗。⑭

有人可能希望走得更远。有人可能被诱惑着去把女性被低估的身体功能、传统的培养角色与对话中具有重大标志性的文本联系起来，在这些文本中苏格拉底轻蔑地否认一般女性，尤其否认同时代的雅典女性。⑮ 仅举四个例子来说明，前三个例子仍然来自《理想国》：在 496 处，玷污敌人的尸体是“渺小的女人的”行为；在 431b-c 处，较低的品位多半存在于“小孩、女人、奴隶和大众”身上；在 605d-e 处，多愁善感以及歇斯底里都被嘲笑为“女性化的”，有男性气概的事情则是在沉默中忍受。也许最为糟糕的是，《蒂迈欧》的条文规定，不能控制自己情绪的男人下辈
257 子会变成女人，以此来作为惩罚。⑯ 在《会饮》中，对于女性的

---

⑬ Tuana 1992: 22 中强调：“没有监护人，无论男性还是女性，应当参与抚养孩子的过程。”因此，我们看到，任何对于幼童的抚养所必需的品质或智慧都未被提及。

⑭ 茱莉亚·安纳斯指出：“在《理想国》卷五的大部分内容中，柏拉图不断声称女性能够参加战争或从事其他男性活动，而且做得不比男性差。”（Annas 1981: 185）布伦德尔（Blundell）指出：“柏拉图如此不看重女性的传统角色和功能，以至于他认为，在监护人阶层抛弃女性的传统角色不需要理由……他将她们变成了‘荣誉的男人’。”（Blundell 1995: 185）类似的陈述来自 Tuana 1992: 22：“女性只有拥有男性的能力，才能够成为监护者。”散克斯豪斯（Saxonhouse）表述得更直接，他说，在《理想国》卷五中，柏拉图“试图把女性转化成男性”，而且女性监护人是“去性别的和反自然的”（Saxonhouse 1994: 68）。还值得注意的是，亚马逊人（Aamazons）也受到了同样的对待：《简明牛津英语词典》（*Shorter Oxford English Dictionary*, 1973）中对于“Aamazons”的解释就是“强壮的、高大的或者阳刚的女性”。当然，所有这些态度都依据于以下观点，即这些态度或者行为对女性是“适当的”。因此，这些态度展示出柏拉图的批评者（以及现代辞典编纂家）的看法，以及他们对柏拉图的看法。

⑮ 对于柏拉图文本中一些对女性更加有敌意的评论，Wender 1973 表达了一种均衡的考虑。

⑯ See *Timaeus* 90e-91a.

忽视以对吹箫女（176e）的驱逐为象征，同时表明了鲍桑尼亚和其他人对女人的爱欲和对女人的爱欲的轻视。如果真的有人企图将孕育的形象与苏格拉底和其他人对女人的一般态度联系起来，那么杜·波依斯的控诉可能会被这样改述：柏拉图利用女性经验中对他有用的部分，同时抛弃了其他部分。⑰

一种不同的回应

这样的回应是有效的，但我却不认为它们拥有最终的说服力。在本文中，我希望能够提供一个关于孕育形象的不同解读，并且希望能够揭示柏拉图对性别的一般态度，尤其是对女人的态度。我希望能够将这一形象放在柏拉图的整个教育体系中来打量。在这一体系中，柏拉图认为性别在日常可变的世界中无可避免得十分重要（从而成为达成修辞和教育目标的适当资源），但最终而言，对于日常可变世界的成员所向往的永恒不变的事物的领域来说，性别无关紧要。⑱ 因此，根据学生在其⑲智力和情感教育上阶段的不同（在《会饮》中表现为他所到达的爱的阶梯的哪一个梯级），性别对于学生以及（柏拉图式的）老师的重要性也各异；因此，对于教育者，性别形象的功能将会随着他（她）的学生在其影响下所到达的水平［很可能包括心境（mood）］而发生类似的变化。

---

⑰ 哈尔珀林给我们呈现了一个很有帮助的调查，它在大量的二手文献中调查关于柏拉图女性观点的态度，而且推断出柏拉图自己的观点。（see Halperin 1990: 118 and n21, Tuana 1994）

⑱ See *Symposium* 212a. 在《理想国》（500c-e）中，哲学王被明确地鼓励，不但要规范自己，而且要为他们的国家和公民树立秩序与理念的神性。

⑲ 我提出这样一个问题：这个计划是否有意愿让未来的女性学生同样参加？由于柏拉图把狄奥提玛和苏格拉底同样当作教育者，所以柏拉图所说的教育者是男性还是女性似乎就不是一个问题了。

对一个教育者来说，就学生的早期教育（也就是爱的阶梯的
258 最低阶梯）而言[20]，性别形象和主题有相当大的价值；然而，这个教育者同时要引领自己的学生，让他们理解，性别无关乎理想中拥有德性的人，而且最终而言，性别——更一般地讲，肉体——在超验的理念世界中无关紧要。[21] 因此，我想要表达的是，我们不应该仅仅勾勒出一条单一的、一贯的柏拉图关于性和性别形象的理解；相反，我认为根本没有这样一条单一的路径。所有的一切都取决于本性、心境。然而，最为重要的是苏格拉底（或爱利亚学派或雅典的异邦人）所强调的对话的教育阶段，和柏拉图所看重的读者的教育阶段。当然，他决定不了他未来读者的构成，或者说，他决定不了读者阅读对话的顺序（想象通过某些文体上的技术，他希望能够吸引某些特定的读者而不是其他，希望能够控制某些特定对话被阅读的时间，更早或者更晚）。然而，通过影像和其他文学技巧的明智运用，他可以希望，在同一篇对话中与处于不同智力和情感发展水平的人进行交流。随着这种发展水平的进步，读者会对某些段落（而不是另一些）产生强烈的共鸣，对某些段落的理解也会发生极大的差异：学生们将领会到，他们先前对性别形象的理解依据于不成熟的、局限的（虽然是暂时不可避免的）观点，而这种观点则基于不断生成变化的可见世界。简而言之，我将论述，当柏拉图试图在一个流变的世界里、在他的学生本身也不断变化的世界里传授永恒真理时，性别形象是他迎接这一挑战所开展的策略之一。在这个论述的过程

⑳ 这个观点显然是对处于最低阶梯的爱者来说的，因为他们要将自己束缚在一个特定的身体上。它是否也适用于一个较高的阶梯，在这一阶梯，爱者把注意力集中在所有美的身体上，这取决于：（1）“所有”是否真正意味着所有，比如所有的男性和女性；（2）即使可以同时应用于男性身体和女性身体，那么是否被爱者的性别无论如何都不会对爱者有所影响（虽然他们对性别没有特殊的偏好，但对同时吸引男性和女性的人来说，性别依然十分重要）。

㉑ See *Meno* 73a-c. 在下文中有所探讨。

中，我将会反思《会饮》中的一些细微的暗示。

文本中的孕育形象

让我们回顾一下精神孕育的形象和由它所激起的敌意。同时，考虑到这种形象和对它的敌对反应，我们需要诉诸一些不同的视
角和观点。具体来讲，我想分享和回应以下四种观点。第一，孕 259
育者的形象不是柏拉图使用的唯一女性形象，助产士的形象和编织者的形象也应该被考虑进去。㉒ 第二，在形容男性的哲学实践活动时，比如《拉凯斯》《高尔吉亚》《理想国》中提到的战争、狩猎和竞技比赛，女性形象需要同男性形象一起被重视起来。㉓ 第三，我们需要连接性别形象与苏格拉底在《理想国》卷五中提及的受过良好教育的监护人形象，而监护人形象是同时包含男性和女性的。第四，所有以上的考虑都必须被放在无性别的、无形的、永恒形式的语境中，尤其是《会饮》中提到的美之理念的语境中。只有这样，我们才能真正在柏拉图式的语境中反思哲人的孕育形象。

然而，这并不是说，《会饮》只有被放在这些更大的视野中才能体现其意义或者才能被喜爱；根据《斐德若》㉔ 中的例子，我坚信作为一个有机整体，柏拉图的所有对话都有自身的逻辑和

㉒ 关于助产士的形象，参见 *Theaetetus* 148e-151d, 157c-d, 160e-161b, 161e, 184b, 210b-d；关于编织者的形象，参见 *Statesman* 305e-311c, *Republic* 500d。从对话的女性经历中我们不只能提取出孕育者、助产士、编织者这三个有关怀孕的形象，而她们对于当前的讨论来说足够了。

㉓ 在《理想国》中，哲学被分别与以下技艺对比：战争，534c；狩猎和追踪，432b-d；迎着巨大的海浪游泳，453d, 457b-d, 472a-473c；格斗，554b, 583b；攀登，445c。参见 Hobbs 2000 中的多处，尤其是 243-249 处。

㉔ See *Phaedrus* 264c. 在我看来，这条原则即使对《泰阿泰德》、《智者》、《治邦者》（*Statesman*）这三篇有明确联系的对话而言也是成立的。

完满性。但是，不能否认的是，柏拉图非常清醒地认识到，他的读者不会仅仅将自己限制在他的某一部作品中；相反，读者会阅读他的大部分作品，甚至全部。因此，《会饮》固然可以被看作一个独立的整体，然而当它被放入更为广阔的视野中时，我们对它的浸入将会更加丰富和立体。

柏拉图的女性形象

先让我们反思被我们选中的三种“女性”形象。在《泰阿泰德》，无论148e-151d处的隐喻还是其他什么地方的隐喻[25]，苏格拉底都不是孕育者的形象，而是以助产士（maia）[26]的形象出现，
260 帮助人们——并且在《泰阿泰德》中仅仅针对男性来讲[27]——生产出自己的思想，并且由此检验哪些人是健康的、健全的。回顾《治邦者》，在305a-311c处，埃利亚陌生人告诉我们真正的政治才能，即一种将所有的事情以正确的方法编织（sumplokē及其同源词）在一起的技艺。在实践中，这意味着能将“勇敢”（andreia）和“节制”（sōphrosunē）这两种截然相反的德性调和起来，并且将追随两者的不同阶层组织在一起。通过“神圣的”联结和“人类的”联结这两种政策，这样的调和与交织就会成为可能。神圣的联结包括真实牢固的信念，这些信念关涉公平的、正义的和善好的事物；而人类的联结则由大量的受国家控制的“优生学政策”组成。两种基本类型的联结将会阻止一方陷入野蛮和疯狂状态、另一方堕落为迟钝的退化状态的趋势。通过这样的方

[25] 参见注释22。

[26] 在《泰阿泰德》中，我们得知，只有不能再生育的女性才能够成为助产士。因此，至少在《泰阿泰德》中，孕育者和助产士不能同时是一个人。

[27] 在《会饮》（150b）中，苏格拉底明确强调，助产士只能是男性，而不能是女性。

法，公民群体将会变成由坚韧的经线和柔软的纬线组成的良好编织物。

那么，现在我们能够看到三种显著而值得回味的形象，对这些形象的刻画依赖女性的身体功能和传统的女性行为。这些形象可以通过两种主要的方法来理解（这些理解的方法在学术著作中已经出现）。首先，一个人可以追问：关于柏拉图哲学与政治哲学的实践、目的和价值的理念，这么多比较究竟向我们诉说了什么？具体来讲，一个人可以追问：关于柏拉图有关知识和教育的理论，孕育者的形象和助产士的形象告诉了我们什么？关于艺术和规则的功能，编织者的形象对我们又有什么启示？[28] 进一步来讲，这条路径可以通过单一的形象或单一的对话（后者被看作自足独立的整体）展开，或者在建立某种有启发性的发展背景的希望（这也许不是一个符合潮流的希望，但是出于这种考虑，它又不能被完全抵制）下，将这些形象综合起来考虑。[29] 在《会饮》和《泰阿泰德》里，柏拉图关于知识和教育的理论是不一样的吗？苏格拉底在前者中的孕育者形象不同于在后者的助产士形象吗？

其次，我们可以通过她们明显的女性特征的视角来进一步了解这些形象。她们的女性特征与柏拉图的目的仅仅是偶然相关甚至是毫不相关的吗？或者，柏拉图试图利用这些女性关联去达到 261
某个或者某些特殊的修辞或者哲学目的？即使他不是故意部署和展开对性别关联的论述，但这些形象的女性特征是不是在向我们诉说某些极为重要的东西？举例来讲，它们是不是向我们预示了更多柏拉图关于女性本性和角色的看法，这种看法既关乎现实的、当下的雅典女性，也关乎苏格拉底在《理想国》卷五到卷七中所

---

[28] 这条路径几乎主导了 Burnyeat 1977, Sheffield 2001a, Lane 1998 中的艺术研究方向。

[29] 安纳斯和罗伊对支持或反对柏拉图发展心理学家似的阐释有着更为巧妙的探讨。（see Annas and Rowe 2002）

假设的受过良好训练和教育的女性监护人？这些形象对读者的心灵又会产生什么样的影响呢？

在这里，我非常关注第二条路径，因为在任何情况下我都希望强调，第二条路径把我们带到了“柏拉图如何看待哲学”这一关键问题上。首先，我们需要考察的是一个迄今为止很少被触及的问题：这些形象首先在多大程度上是女性？[30] 让我们从“助产士”形象开始，因为它最简单明了。《牛津古典辞典》（*Oxford Classical Dictionary*）上解释，在这个时间的希腊，所有的或者几乎所有的助产士都是女人：它承认男性助产士并不能被完全排除，但同时指出证据十分不易说明，因为男性医生接生婴儿也并不稀奇（注释中有更为清晰的解释）。[31] 无论如何，我们关注的重点在于，“maia”这一术语总被柏拉图的读者自行确认为与女性相关。然而，男性医生时而接生婴儿的可能性仍然十分重要，因为这使得柏拉图有一定的空间操纵和邀请他的读者重新思考助产士与女人之间的关系。在这个语境中，回顾苏格拉底在《理想国》卷五中关于职业平等的观点对我们来说十分有帮助，而同样有帮助的是反问他们是否愿意推导出“男性和女性都可以成为助产士”这一结论。《理想国》（454d-e）中告诉我们，男性和女性的唯一本质差别在于女性受精（tiktein）而男性授精（ocheuein），这个差别并不能成为不同职业分配的充足基础：结果是，女性没有与国家相关的功能（epitedēuma…pros dioikēsin poleōs），因为总体来讲，女性（455a-b455d）并不像男性那样表现出色。确实，在《理想国》卷五中，只有国家监护者阶层（457b-c，然而我们在下面将要讨论的455e处也会看见）是职业平等的，而助产士则属于
262 生产阶层。然而，这并不妨碍454d-e处和455a-b处的原则应用于

[30] 有个例外是布罗代尔，在她关于这些形象的深入思考中，她简要地探讨了性别与编织的关联。（see Blondell 2002: 141n143）参见注释34。

[31] 参见金（H. K. King）在第3版OCD中“助产士”词条。

生产阶层，即使在这里未被运用。这一点在 460b 处可能也是有意义的，它提到掌管国家保育室的人员既可以是男性也可以是女性。[32] 保育员被描述为女性（460c），但因为其主要任务之一是哺乳，所以这也不为惊讶。在 455e 处，我们也被告之，女人可能拥有医药方面的自然的能力，这可能是指苏格拉底所设想的女性医生（对 457b-c 处所提到的对监护人层级的职业平等限制例外），如果女性医生是被允许的，那么为什么不能有男性助产士？在任何情况下，以下这个基本的推论都是清楚的：在统一应用的情况下，454d-e 处的原则将确实不得不允许有男性助产士。简而言之，虽然 maia 在《泰阿泰德》中主要与女性相关联，但这并不是必然的，无论在同时代的希腊还是在柏拉图设想的国度。

相似的图景出现在编织的学习中。纺纱与羊毛[33]编织在希腊这个历史时期内几乎是女性的任务和专门技能，这一点柏拉图在《理想国》（455c）中提到过。编织在神话中的代表人物是佩内洛普（Penelope，奥德修斯之妻），它的代表神则是女神雅典娜（Athena）。确实，妇女与编织的联系如此紧密，以至于人们指责男人编织就是在指责其太女人气：阿里斯托芬《鸟》（831）中的证人嘲笑克里斯提尼（Cleisthenes）。但是，相比于我们关于男性助产士可能性的粗略知识，我们确切地知道有些男人确实会编织：《理想国》（455c）中同样有段落承认这一点，即当苏格拉底说如果一个男人比女人编织的好，那么妇女们就将被嘲弄［《理想国》（369d）、《斐德若》（87b）、《克拉底鲁》（388c）和《高尔吉亚》490d 中有更多证据］。[34] 再次，这些例外都很重要，因为它们使柏拉图在其理想社会中改建职业与性别的关系变得更为容易。与此同时，“它们是例外而非规范”这个事实允许柏拉图（如我们所

---

[32] 那些职员可能是备用的，既有行政力又有军事才能。（414b）

[33] 根据 I. Jenkins 2003: 71，亚麻编织也是事实。

[34] See Blondell 2002: 141n143. 伊恩·詹金斯（I. Jenkins）写道：“加上业余的自足家庭的女性编织者，还有专业的男性、女性技工。”（I. Jenkins 2003: 75）

见）出于修辞的目的而呼吁：编织主要与女性相联系。

在出现关于助产和编织的微小矛盾之后，怀孕可能显得是这三者中最清楚明白的属于“女性”的，因为这是与潜在的可转换
263 的职业无关而相关于生物的唯一的功能：确实，我们已经看到，在《理想国》（454d-e）中，苏格拉底是如何强调女人与男人之间的唯一本质差别在于女人受精而男人授精的。但事实上，一些评论者所质疑的正是孕育者形象中的“女性特征”。一些人——比如普拉斯（Plass）——辩护说，《会饮》（206c）中的 kuoμsin 只意味着“多产的”“肥沃的”，因此，这个词适用于全人类。更多的人——包括莫里森（Morrison）、多佛、斯托克斯和潘德[35]——宣称说，狄奥提玛的语言表明，她事实上对女性怀孕根本没什么兴趣，而更多的是讨论唤醒男性，她认为有些男性也可以怀孕并生产。最后，一些评论者举出《蒂迈欧》——特别通过 86c——来证明，柏拉图可以（也确实）以这个方式谈及了男性的觉醒与射精。莫里森与潘德特别争论到，《蒂迈欧》73b-c、86c 和 91c-d 合在一起表明了柏拉图偏向于这个观点，因为他相信人类的种子源于大脑和男性，因此男性和女性的性器官都是作为首要的容器，并且为种子提供了出口。

这些是具有挑战性的观念，并且我相信它们在某种程度上是正确的。我同意，狄奥提玛最主要地（如我们所见，尽管这一点是确定的但并不是专门的）是从一个男性的角度出发，既感兴趣于精神的孕育又感兴趣于身体的生育：208e 处谈论为了生产一个肉体的孩子，男人求助女人；209a-b 处讨论了一个年轻男人，他的灵魂孕育着德性并且具有男子气概，他寻找另一位美的男性，通过这位男性，他可以生产出孕育着的东西。我同样同意《蒂迈欧》中所提到的——柏拉图似乎认为男性射精和性高潮至少与怀孕和生产是相类似的。有一点我不是很确定：是否是因为他认为

---

[35] See Morrison 1964: 42-55, Dover 1980: 147, Stokes 1986, Pender 1992: 72-86.

母亲的子宫只单纯地提供一个接收父亲种子的容器（是否那颗种子是源于大脑或男性的骨髓），所以他认为父亲是实在的父母？在我看来，上文引用过的《蒂迈欧》中的段落使这种观点看起来是可能的，但并不能充分证明它。在《理想国》（454d-e）中，如我们所见，苏格拉底确实宣称女人受精而男人授精；但是，我不清楚这个规则是否也将女性种子的可能性排除在外；很确定的是，柏拉图已经很了解这样一个普遍信念，即仅仅有男性的种子是讲不通的，正如柏拉图非常熟悉的悲剧诗人的作品中通常表述的那样：在埃斯库罗斯的《欧墨尼得斯》（*Eumenides* 657-663）中，阿波罗的话是核心（locus classicus）。㊱ 但柏拉图可能也意识到了 264
一个可替代的观点，即同时假定男性和女性的种子，这是《希波克拉底文集》（*Hippocratic Corpus*）㊲ 中提到过的；我们只是不能确切地知道，柏拉图对女性在繁殖中扮演着什么样的角色持怎样的观点。

无论如何，狄奥提玛从男性的角度看待身体和精神繁殖的倾向，只说出了故事的一半。普拉斯、莫里森、潘德和其他人的解释并未适宜地认识到狄奥提玛在 206c 处选择 kuousin 一词谨慎；在《希波克拉底文集》中，在亚里士多德和盖伦（Galen）那里，kuō（想出、怀有）一词的现在时和完成时都一直指向妇女怀孕或与孩子待在一起的经历。㊳ 狄奥提玛可能已经使用了 tiktein 或 gennan，这可以应用于任何性别，但她并没有那样做。毫不掩饰的是：她（和柏拉图）已经选择了这个术语，会饮中的其他人和柏拉图的读者已将之与妇女联系起来，尽管事实上它是应用于全人类（anthrōpoi）的。我们不应该忽视这样一个事实：柏拉图选择

㊱ See Aeschylus *Septem* 753-754, Sophocles *Oedipus Rex* 1257, Euripides *Orestes* 551-556.

㊲ See Dean-Jones 1994: chap. 3.

㊳ LSJ s. v. kuō（sic）：比起 kueō 词条，kuō 词条更清晰地指出了女性被使用的现状与不完美的紧张状态。Sheffield 2001a 也强调了这一点。

将这些话放置于一个女人之口，它使柏拉图的观众容易联想到妇女怀孕的图景，尽管作为一个（可能的）[39] 女预言家，狄奥提玛
265 几乎没有必要生孩子，至少大多数人认为她是没有子女的。[40] 简言之，206c 处的语言呈现出，也应该呈现出男人和女人怀孕的形象。在此形象中，肉体与灵魂都像妇女的肉体孕育婴儿那样膨胀。尽管如此，女性怀孕、生育可用作男性性兴奋和性高潮的隐喻（对此我并不否认），这一点又一次给予柏拉图巧妙利用女性形象的空间。并且，等到我们最终总结柏拉图对性别的功用和重要性的态度时，这一点将再次被证明十分有用。

女性形象与教育

因此，在怀孕、助产与编织的形象中，我们有三个可以主要

㊴ 我们从未得知狄奥提玛到底是谁：她被看作一位 xenē（异邦妇女）（201e），这把她和《智者》与《治邦者》中的埃利亚的异邦人以及《礼法》中的雅典异邦人联系起来。然而，对狄奥提玛更详细的描述是：她来自曼提尼亚，这可能意味着她是某种曼提斯（mantis）；并且，她通过建议雅典人民搞献祭使得瘟疫推迟 10 年才发生，这暗示她是一位具有非凡的精神力量（或者功能）的女性，尽管最终我们也没有得到关于她的更加清晰的介绍。在柏拉图作品中与她最相近是《美诺》（81a）中的女祭司形象［但她与《美涅克塞努斯》（*Menexenus*）中的阿斯帕齐娅（Aspasia）也有很多相似之处，哈尔珀林阐述了这层联系（Halperin 1990: 122-124）］。

㊵ 多数评论者假设狄奥提玛是处女，［哈尔珀林称她“假设的贞洁”（Halperin 1990: 199n102）］，但无论在当时的雅典亦或在任何其他时候，都没有统一的关于女性神职人员贞操的规章制度：在一些例证中，贞洁是一种官方要求，但一般好像没有这样的规定（在一些例子中，比如在萨摩斯岛上，非贞洁是一种义务）。如果狄奥提玛被简单地当作一个宗教预言家（也许坚持仪式和迷信），那么她就可能有小孩：根据德摩斯梯尼（Demosthenes）——埃斯基涅斯（Aeschines）的妈妈——提供的进入未成年领域的邀请来看。在 201d 处，狄奥提玛提及了 gunē（妇女）和 parthenos（非处女），这可能暗示她不是处女，尽管这并不让人信服。我们应该忘记苏格拉底戏谑性的歧义，说她在爱若斯（erōs）问题上是智慧的，她教他“有关爱欲的事”（ta erōtika，201d）。关于希腊宗教中妇女和女孩的角色，参见 Dillon 2001, Blundell 1995。

地——重要地但不是唯一性地——为柏拉图的读者承载起女性内涵的隐喻，至少刚开始是这样的。现在的问题是：柏拉图是否将女性与任何谨慎的带修辞色彩的教育或哲学目的联系起来了？另一个问题是：无论柏拉图是否有意如此，这样的女性含义是否制造出任何修辞的、教育的或哲学的影响？

为了对这个问题有些把握，一个有帮助的方法是粗略考察一下，柏拉图在其他对话中如何运用一些表面上显然属于男性的形象（例如从战争、狩猎和运动中获取的形象）来描述哲学实践。考虑到我在别的地方[41]已经大量讨论了这个形象，我在这里只指出我的主要结论。我认为，一些有力形象的直接隐喻目的是帮助反驳批评者的攻击，如卡里克勒斯（Callicles）认为，哲学严肃的追求尤其是超越特定年龄的哲学追求会使人虚弱、无力以及一般来说变得“没有男子气概”（*Gorgias* 485c）：这是一个更大项目的一部分。此项目旨在说明传统的 andreia（字面意为“男子气概”，但常常指“勇气”）的男性德性，在学园中展现的和在战场上一样好。正如我们已经看到的，仅仅在《理想国》中，哲学的实践就与攻击、在巨浪中游泳、摔跤和登山做了丰富的对比：它就像心灵中的五项全能。

但这些形象也产生出复杂的问题，其中一个尤其引起我们的关注：在这些比较中，男子气概/勇气、战场以及运动的男性含义在什么程度上是真正重要的？在《理想国》中，哪里告知我们合适的、训练有素的女监护人也可以练习运动且参加战争？（456a-b）在理想状态下，女性监护人同样可以践行许多传统上与男性相关的活动。且男子气概/勇气的德性在这些风险的活动中需要极好 266
的表现，这也可能由女性来展示[42]：简而言之，男子气概/勇气或

---

[41] 参见注释 23。

[42] 在 456a 处苏格拉底说到了妇女天然的荣誉政治（thumoeidic），而男子气概/勇气是灵魂（psychē）中荣誉政治那部分的一种特有德性。

运动和军事追求都不全部是男性的，但这并不改变以下事实：对（至少是）大多数柏拉图的观众（乍听到或读到这些观点的人）来说，这些形象有“具有男子气概”的含义，并且柏拉图不能有理有据地宣称他没有意识到这些反应。

对这个困惑的回答，我的意见已经大致给出了[43]即柏拉图的立场故意含糊不清，旨在同时照顾两个方面：其一是他所有的学生都应向往的理想状态；其二则是现实情况，即他的直接听众基本全部都是男性，且都生活在可变的世界，而这个世界中性别（更一般地讲，肉体）无可避免地十分重要。他真诚地希望使他们最初就信服苏格拉底的理论，他首先在《美诺》（73a-c）中宣称，道德在性上是中性的。[44] 确实，我们已经看见，在《理想国》中，《美诺》中的立场被给予了一个理论支撑：在男人和女人在生物学繁殖上扮演的角色之外，没有基本的男性活动和女性活动，因此没有基本的男性德性和女性德性。真正重要的是“人”这一主体。紧接着，柏拉图希望把他的学生教育到另一个水平，在这个水平之上，理念是没有性别的领域，是人超验的形式。（*Republic* 500c-e, *Symposium* 212a）但他也敏锐地意识到，他听众中的一些年轻男性深深地怀疑更高级的哲学学习，他们相信在成人期追求哲学将等同于丧失他们的男子气概。如果柏拉图忽视他们的担忧，那么他将失去他们这批读者。

我认为，柏拉图对于这一难题给出的一种解决办法如下：在哲学事业中运用这样一些形象，使得他的学生（主要是男性）在早期教育阶段，将这些形象理解为“男子气概的”因而有吸引力的，但到后来当他们准备好时，他们就发现这些形象一点也没有

---

[43] 参见上面“一种不同的回应”。

[44] 亚里士多德在《政治学》（1.13.1260a20-24）中指责苏格拉底坚持认为男人与女人在酒量、勇气和公正方面是一样的，苏格拉底相似的观点也见于《会饮》（2.9）（尽管这里有限制条件，即妇女仍然缺乏公正和力量）中。

"男子气概"了。这种对哲学非常积极活跃的描述至少在最初有可能被很多刚接触哲学的年轻男性误读，但柏拉图乐于利用这一事实，借此削弱他们的顾虑。在任何明显使用了性别隐喻的对话 267
中，修辞学的策略都没有正式与理性的教学分离，但无须将这看作对这种理论的反驳：一个人在18岁时第一次阅读一本著作所理解的，非常不同于他在40岁时第十次阅读所理解的东西，而一个年过四旬的作者在写作时能很轻易地将有关人类情感与心灵智慧发展的相关认识记在心头。

当然，问题是：这个意图调和不同教育㊺阶段之学生的不同需求与能力的方法在实践中能否起作用？当读者赞赏柏拉图的技术时，可能有这样一种危险，即他们可能感觉到这是骗局以至于拒绝作品甚至哲学：他们最终会变得像《斐多》（89c-90d）中的"不相信论证的人们"（misologoi）一样，将他们的信念置于错误的论证上，最终厌恶所有观点。在本文中，我不会聚焦于这些危险㊻，我只简单地想弄明白：柏拉图是否通过相同或相近的方式——这种方式的目的在于对不同发展阶段的读者说不同的话——来运用"女性"形象的隐喻。

我们立即想到一点：柏拉图似乎没有采取相对的方式来说服年轻学生，即说服年轻的学生，通过追求哲学，她们仍然是"真正的女人"，或变得更"女人"——虽然，如果我们严肃地看《理想国》卷五，推测起来，柏拉图肯定希望，相比于雅典㊼当时的情况，更多的女人能更自由地学习他的对话。柏拉图理解他当时的年轻观众和他们的担忧，以及他不得不尽力抚平的担忧。从

㊺ 可能同样主要针对灵魂（psychē）的不同部分，即各自的血气部分（thumos）与理性部分（logistikon）。

㊻ 更多的讨论，参见 Hobbs 2000: 247-249。

㊼ 令我震惊的是，《理想国》卷五中的讨论与余下的工作没有结成一个整体；第二部分和第三部分关于教育计划大纲的描述从男性新生监护人那里看显得很孤立，这又是一个需要进一步阐述的例证。

这个方面来看，柏拉图仅仅在以下情况中运用女性形象：当苏格拉底或即《治邦者》中的埃利亚的陌生人轻松地处在男性朋友中间时，且这些人不会指控哲学损害了他们的男子气概。[48] 在《会饮》中，唯一可能感到受到怀孕的男性哲人的形象的威胁的就是阿尔喀比亚德，而值得注意的是，他并没有及时到来从而没听到狄奥提玛的颂词；另外，似乎无论怎样他都不会对该形象感到不安：毕竟正是阿尔喀比亚德将苏格拉底比作内部有很多神像模型
268 的一个雕塑，并且阿尔喀比亚德到来时用紫罗兰和缎带加冕为王，呈现了通常产生雄性特征的酒神狄奥尼索斯的形象。在这样非常友好的环境下，柏拉图放松地描述着男性哲人从事着通常与当时的女性联系在一起的活动。然而，这种放松的态度，并不意味着“怀孕”的男性哲人（或，确实，智力上怀孕的女性哲人）被人看成了一个“真女人”。

然而，尽管事实是没有相似的方式来强调从事哲学中潜在的“女子气概”，但柏拉图仍有可能以很多方式运用了怀孕者、助产士和编织者这三个主要与女性相关联的形象。就我当前的论证而言，我只须列出几个可能的候选。第一，在一种文本主要由男人写且为男人写的文化中，这样的形象很明显是会让人吃惊的、值得纪念的、激发思维的，因而是一种极好的教育方法：见证了约2400年后它们还不断地在引起人们的争论的这个事实。它们是苏格拉底激进主义的另外一个证明。第二，孕育者形象与助产士形象，也许是用来唤起读者们对怀孕妇女与她们未出生的小孩，或对正在出生过程中小孩的保护的本能：这也恰恰是养育好脆弱的年轻哲人和他们胚胎期的或新生的观点所

---

⑱ 《理想国》（500d）中编织者形象的使用可能被认为是一个例外，但通过这点，特拉绪马库斯不再是一个有攻击性的对手，不管他的投降似是而非的抑或不真诚，苏格拉底都不再特别关心。在《云》中阿里斯托芬对苏格拉底的攻击俨然不是一种友谊，但这种敌对状态在《会饮》中只能找到一丝痕迹（如221b）。

需要的态度。[49] 正如被批评的，这些形象说明了柏拉图的以下信念，即达到智慧的过程是创造性的过程，而不是如《会饮》(175d) 中苏格拉底所怀疑的那种被动吸取知识的过程。[50] 相反的是，编织中具有的女性内涵旨在减轻与缓解——至少事实上有缓解的效果——此形象中无疑可能制造出问题的暗示，即政治家所管理的事物像无生命的羊毛一样被纺织和编织。这些事物的被动性（在这种情形上只有政治家或哲学家才具有创造性）不仅与狄奥提玛声称全人类所具有的创造性形成鲜明对比，也与苏格拉底 269
在《泰阿泰德》中声称青年男性所具有的创造性形成鲜明对比。这个矛盾对柏拉图来说是否成为一个问题，我们稍后将进行讨论。

男性、女性与人类

当依据单独的对话背景，对这些对话进行一一考察时，我们会发现所有这些可能的使用方法皆与“女性”形象相关。在留意这些个别功用的同时，现在我们把这些形象综合起来考虑，也把它们当作一个团体，置于我们已提到的“男性”形象和柏拉图《理想国》卷五中对理想化性别的建议的文本中，再来探索这些形象中的“女性特征”。这样的运用结果是惊人的，它并没有支持（至少没有直接支持）以下观点，即柏拉图借用女性功能和活动仅仅是为了男性的目的。如果我们将所有的“性别化”的形象

---

[49] 柏拉图和亚里士多德都表现出对胎儿和新生儿的关心，并且强调了为胎儿在子宫中的发展提供正确条件的重要性。(see Plato *Law* 788d-790a, Aristotle *Politics* 7. 16. 1334b29-1335b20) 戈尔登（Golden）提供了真实的、具体的、令人信服的证据，说明希腊古典时期父母深深地关心着他们的后代；他有说服力地争论到，新生儿的来世并未减少父母对小孩给予的关爱，在一些情况下甚至加强了这种关爱。(see Golden 1990: 89-94)《泰阿泰德》提供了证据说明当新生儿被带走所带来的巨大痛苦。(151c, 161a)

[50] 见上。哈尔珀林和布里松强调了柏拉图“学习”概念的创造本性。

综合起来，并在《理想国》卷五的背景中考察它们，那么我们可以看到，相比于唤起最初怀有戒心的年轻男性学生，或甚至唤起对怀孕女性和他们成长中的小孩的保护性的本能，柏拉图在更高的层面上乐意看到哲人是“男性”或“女性”的、“男子气概的”或“女子气的”。在《泰阿泰德》中，苏格拉底被含蓄地描述为泰阿泰德的父亲形象，也被描述为其助产士（文本称泰阿泰德甚至长得像苏格拉底，143e）[51]，而阿尔喀比亚德把苏格拉底比作一个包含了神的范型（*Symposium* 215b）的西勒诺斯雕像，把女性怀孕的形象与勃起的男性形象结合在一起意义深远。苏格拉底当然也是女性狄奥提玛的代言人。诚然，这种对性别漫不经心的态度中有一些是随机应变产生的——不管什么最适合一篇对话中一个段落的目的；但我试图说明，把那些形象全部的影响综合考虑，并且与《理想国》卷五中的内容相联系，它们试图告知擅长反思和博学的读者，最终哲人为男性或女性是无关紧要的。同样，是否用那些在传统上与对立性别联系起来的词汇来形容一个男性哲人或女性哲人，也不是什么大问题。在这个层面，将一个男性哲人当作一个孕育者来谈，或作为一个助产士或编织员来说，并不意味着他就转变为一个“真正的女人”；同样，说到女性哲人打猎或上战场，也并不意味着她们成了“真正的男人”。综合考虑，这些形象可以被视为帮助柏拉图效仿他的良师，即历史上的苏格
270 拉底，以及帮助他将性别观念转向人类理念［我们看到这种理念从《美诺》（73a-c）中苏格拉底这个角色那里，被雄辩有力地表达出来］。[52] 对于《美诺》中的苏格拉底和他的历史来源来说，目标不是成为一个有德性的男人或女人，而是成为一个有德性的人，因为对于男人与女人而言，德性是一样的。

---

[51] 布罗代尔同样暗示了柏拉图在玩弄苏格拉底作为泰阿泰德的男性有情人这一观点。（see Blondell 2002: 271）

[52] 参见 Blondell 2002 以及注释 44。

狄奥提玛在206处和211d处选择使用anthrōpoi（“人类”，尽管她也使用了与女性相关的动词）一词，现在这显示了更深层的含义。正如我们所见，她大部分情况下无疑是站在男性视角来谈论情爱的。但有一点仍值得注意，即她经常有针对性地谈论她的性欲主体是“人类”：与206c处和211d处相同，以anthrōpo-为词根的单词也出现在208c处和211e处，并且两次都出现于那个令人激动的高潮处，即212a处她描述了沉思美的理念的生活是什么样子：“你想，一个人朝那里看，用应当的方式看到了那个东西，和它打交道，这难道是卑微的生活吗？……如果有任何不朽的人，这个人一定是不朽的。”[53]

在这个更高的层面，柏拉图可以利用这个事实，即尽管怀孕、助产士和编织的形象主要具有“女性”的含义，但其中每个形象在特定情况下也可应用于“男性”身上：甚至在柏拉图时代的雅典，男人能够并且偶尔也会做编织，助产士的工作也同样如此；如果我们将《理想国》卷五中的原则扩展至生产阶层，那么他们也将在理想状态下这样做。在《蒂迈欧》中，或许也在《会饮》中，男性性冲动与射精以某些方式被描述为至少类似于女性怀孕、生育。[54] 这样一般规则下的例外，帮助柏拉图打破了“男性”与“女性”、“男子气概的”与“女子气的”之间的区别。他为自己的操控留有空间。此外，这种编排不仅体现在那些“性别化”的形象所应用的对象，而且体现在它们被应用的方式：这就是怀孕、助产士形象暗示的创造性主体，与编织者形象暗示的大多是被动的主体的不和谐，不是特别重要的原因。柏拉图可以在对性别形象的使用过程中十分轻松与随意，因为从智慧与有德性的人的

---

[53] 作者的翻译。对照《申辩》38a5-6是相当有趣的；黛布拉·尼尔给予很大帮助，他向我指出《申辩》包含有41个anthrōpo-的例证。

[54] 关联性可能更强，如莫里森和潘德所想的那样，柏拉图相信男、女性性器官对种子来说是作为容器和出口的，种子源于男性的大脑和骨髓。参见以上相反观点的讨论。

角度来看，性别的确并不是很重要。

女性形象与理念

271 然而，正如我们已经见到的，还有一种更加重要的角度，狄奥提玛对其表达得最强有力。她说那些可以注视纯粹而不掺杂的“美”的理念本身的人，将不再对“人类肉体、色泽或其他有死的低级事物”㊴ 感兴趣。狄奥提玛提倡我们在最大努力地与非人类、无性别的理念的交互中，尽一切可能超越，不只是我们的性别，而且还有我们最终的人性本身。㊵ 生物和文化意义上的性别以及它们关系的各种变换，是变化与无常的物质世界的一部分：最终的目标是显示于理念之中的、精神的、永恒的王国。应当在这个终极背景中考察柏拉图关于女性隐喻的使用。《会饮》中苏格拉底这个角色，以及其作者柏拉图，都用语言与行为在一定程度上削弱了狄奥提玛在211e处对人性的轻蔑：苏格拉底和柏拉图都表现出对人性如何繁荣的深切关心，并且，柏拉图的巧妙创作，在人的色泽与肉体上的生动和多样性中，散发出浓厚的趣味。确实，在211e处以及下文紧接着的几行中，狄奥提玛表达了自己对人类幸福的强烈兴趣。这种深切的关注与兴趣很可能伴随着一种意识，即人类在一个更大框架下的渺小，也伴随着一种认知，即性别，这个依赖于我们当前的肉身而死后即逝的东西，最终是不重要的。㊶ 正由于性别的概念最终看来没有持续的重要性，所以玩弄、违反和利用性别这个概念所带来的乐趣才是可能的。《会

㊴ 211e（笔者的翻译）。

㊵ 在《理想国》（500c）中我们已看到对人们模仿理念的公开劝诫。

㊶ 若从“一切时间和现实”的角度来看，《理想国》486a8-10和604b-c承认人类事物的渺小的意义，但没有人可以严肃地指责《理想国》作者对人类关心的事不感兴趣。

饮》在对待具体化的人的态度中，并没有轻率傲慢地拒绝女性的形象。因此，我认为，柏拉图主要关心的不是“利用女性（形象）”，而是关心如何从无关紧要的身体与文化的约束中解放男性和女性。[58]

---

[58] 我感激华盛顿的古希腊学习中心和沃里克大学做出的评论，正是因为它们我才勾勒出此篇论文的早期框架。特别要感谢黛布拉·尼尔——我的主要编辑人，感谢中心的读者们，感谢克里斯丁·巴特斯比（Christine Battersby）、鲁比·布罗代尔、詹姆斯·莱舍、弗里斯比·谢菲尔德。

十二、法庭上的柏拉图

——《会饮》对法律理论的惊人影响

杰弗里·卡恩斯（Jeffrey Carnes）

272 古典学学者处于公共政策论辩的焦点，这在如今并不是常有的事。但它的确发生在近年来围绕同性恋权益而不断进行的公众交锋中。交锋双方的支持者都援引柏拉图来增强己方的力量。在某种程度上，这种现象是一直以来对古希腊、罗马历史进行重新解释时所做尝试的衍生物：试图说明这些社会，作为我们思维传统中最大的非犹太—基督教的那部分，提供了关于一个多元化的和宽容的社会样本，或者一个谴责同性恋的非宗教的道德先例，又或者一个对过度个体自由所带来危险的严厉警告。更加令人吃惊的或许是，对历史的理论诠释——包括将性视作社会建构的观点，这基本建立在古典模型上——已经在相当程度上影响到了法院。这尤其体现在美国联邦最高法院 2003 年对《劳伦斯诉得克萨斯州案》的处理上。在那次判决中，得克萨斯州的男同性恋法被裁定为违宪。如此，学者工作中最抽象、最理论化，看起来最纯粹的学术部分事实上直接影响到了上百万美国人的生活。

本文旨在探究这种惊人变化发生的背景。我将首先考察发生于 1993 年的《罗默诉埃文斯案》中柏拉图研究的介入和影响，此案中出现了对科罗拉多州包含反同性恋内容的宪法第二修正案（Amendent 2）违宪的质疑。之后，文章将追溯美国联邦最高法院 1986 年对《鲍尔斯诉哈德威克案》的决议，这个以 5 比 4 的多数通过的判决，承认了佐治亚州同性恋法的合法性，该判决在一定程度上是基于禁止同性恋的“古代根源”。最后，我将讨论美国联邦最高法院在《劳伦斯诉得克萨斯州案》中对《鲍尔斯案》原审结果的推翻。此案中关于人类性行为问题的主流观点与之前的 273
观点截然不同，其中包含了对社会建构主义（social constructionist）理论的接受，其中的论证或反驳建立在一些包括了柏拉图的《会饮》的关键文本基础上。

1. 罗默诉埃文斯案

发生于 1993 年的《埃文斯诉罗默案》（以《罗默诉埃文斯案》而广为人知）① 是古典学对涉及性行为的法律领域的首次正式介入。1992 年，科罗拉多州选民投票通过了后来被称为第二修正案的提案，其中规定“科罗拉多州政府”及其所辖的独立市政府都“不能采用或实施任何禁止歧视同性恋和双性恋之倾向、行为、关系的政策、法律与法规”②。

一个由各方力量组成的原告团立即针对该修正案的合宪性发起了诉讼，原告团中包括多个独立市政府——它们的反歧视条例将会因第二修正案的颁布而失效。原告团声称，第二修正案中体现的“道德判定”就是对男同性恋、女同性恋、双性恋的非理性的敌视。第二修正案不能实现任何合法的目的。也就是说，原告团质疑，修正案不能通过理性基础测试，而此测试要求政府在通

---

① *Evans v. Romer*, 854 P. 2d 1270 Colorado District Court (1993); *Romer v. Evans*, 882 P. 2d 1335 Colorado Supreme Court (1994); *Romer v. Evans*, 517 U. S. Supreme Court 620 (1996). 以上案件的判决可以在“findlaw. com”“lamdalegal. org”等网站找到。

② 1992 年 11 月由选民投票通过的这项修正案全文如下：“对男女同性恋及双性恋倾向不提供任何保护。任何个人或团体都不能以同性恋或双性恋的倾向、行为和关系为由，宣称自己是弱势群体或受到歧视。科罗拉多州政府及其下属组织机构、所辖的独立市政府和学校，都不可制定、采用、实施为他们的宣称提供依据的政策和法律法规。”

过有意损害某特定群体权益的法律时，必须提供这样做的某种合法的政策目的。

原告提出的一个论点——实际上，被认为是最没有可能成功的论点——是：第二修正案违背了第一修正案（First Amendment）确立的宗教信仰条款，所以它必须被废除。依其陈述，对男女同
274 性恋者的歧视源于基督教（最终源于犹太教），因此这种歧视不能成为使此项歧视性法律合法的理由。此案中柏拉图的介入开始于牛津大学的伦理学家约翰·菲尼斯（John Finnis）。他介入案件是为了辩护以下观点：对同性恋的歧视事实上植根于其他的西方非基督教文化传统；进一步讲，此种歧视是“自然法”的一部分，这为反感乃至抵制同性恋行为提供了完全合法的道德基础。③如果古希腊人（被认为是我们文化传统中最显著的非犹太—基督教部分）的确歧视同性恋，那么原告的论点至少在此案中会失败；但“自然法”的辩词若要提供足以通过理性原则测试的内容，也将有很长的路要走，并且“自然法”的辩词将会帮助我们进入到此案中实际运用的严格考查标准。

菲尼斯接下来的工作是证明古希腊人的确不赞成同性恋。对同性恋的界定并不是问题，因为自然法、常识还有 1980 年之前的大多数学者，都将性取向看作本质上不可改变的（或者不可改变的本质）。现在，一个非专业人士也能指出，若说古希腊人不赞成同性恋，那么他们表现的方式实在值得玩味。菲尼斯通过两种做法来克服这个困难：第一，将他讨论的范围缩小到仅限于哲学文本，特别是柏拉图和亚里士多德的作品；第二，谨慎地区分同性间的感情、倾慕、渴望与物理上的同性性行为。将焦点对准行为而非倾向，继而一切针对古今性范畴的相容性的问题都迎刃而解。更重要的是，这使哲学文本中大量涉及同性恋的内容都可以被解释，因为它们仅仅关于欲求而非实施。

---

③ 菲尼斯的论点在 Finnis 1994a 中有进一步展开。

这是今天很少有古典学者会追求的一种推理。但在当时，作为第三方的菲尼斯在这场论辩中扮演了一个重要角色，特别是他阅读希腊语的能力。作为一位天主教自然法学派哲学家，他似乎以托马斯式的论述暗示了，柏拉图和亚里士多德在某种意义上预言了基督教伦理观：

> 婚姻，带着生育和友谊的双重赐福，是一种真正的普适之善（common good），并且这种普适之善可以在男女生殖器官结合带来的性高潮中实现和体验到。正如柏拉图、亚里士多德、普鲁塔克（Plutarch）和康德所说，夫妻间的并且只有夫妻间的性行为能免于手淫和肛交这些手段带来的羞耻感。④ 275

菲尼斯特别认为，只有夫妻间（不包括不孕不育的夫妻）不采取避孕措施的性行为才能免于这种羞耻感——其他的行为都等同于手淫和肛交。

菲尼斯关于柏拉图和亚里士多德的辩词是明显过时的、脱离语境和时代的。当引用《礼法》中那些看上去似乎是谴责同性性行为的段落时（尽管很难联系上下文推断出这些段落中柏拉图的用意），他进行了过分简化的概括："要了解和判断柏拉图对'包括同性性行为在内的所有非夫妻间性行为是否道德'这一问题的看法，我们只需要依靠《礼法》中那些清晰无误的段落，柏拉图的所有其他文本都可以被看成与它们一致。"⑤ 古典学学者大概会反驳说，《会饮》中很少提及婚姻，并且菲尼斯遗漏了《理想国》中希望监护者组建公社制家庭的内容。不过在某种程度上他似乎也意识到了，认为"《礼法》中成熟的柏拉图"（强调为笔者所加），比那些关于爱欲的对话以及《理想国》中"不成熟的"柏

④ Finnis, affidavit, p. 46，引自 Nussbaum 1994: 1585。

⑤ Finnis 1994a: 1061.

拉图更具有权威是夸张的说法。这里值得注意的是，对柏拉图的解释和引用中有两种倾向：一种试图使柏拉图的学说显得比它的实际情况更统一（比起其他的研究者，专业的古典学学者并不倾向于此）；另一种偏向于将柏拉图看作长久以来掌握着关于合理性的话语权的御史——《礼法》和《理想国》中严厉的立法者与道德权威。在柏拉图已经成为西方思想史一部分的背景下，这两种倾向并不令人吃惊。但接下来我们将看到，把柏拉图卷入辩论的方式远不止这一种。

在古典学学者看来，任何站在菲尼斯对立立场的哲人都可以轻易驳倒他薄弱的观点，何况实际上他的对手是博学而训练有素的努斯鲍姆。事实上她的确做到了，至少在公开进行的辩论中做到了。她的书面陈述——正如她在《弗吉尼亚法律审查》（*Virgin-*
276 *ia Law Review*）中所说——有力地动摇了菲尼斯涉及柏拉图、亚里士多德和其他哲人的几乎所有专业论述。特别是，她指出，柏拉图对所有的身体欲望都存在普遍质疑，而不止性，更不止同性性行为，并且柏拉图认为身体欲望及其满足要比精神愉悦低级完全不等同于柏拉图认为这种欲望和愉悦是“可耻的、腐化的和使人堕落的”（但菲尼斯声称两者是等同的），这样，她就非常有效地处理了那些在其中柏拉图的确表现了对同性性行为的反感的情节。另外，通过区分关键的文句——特别是出自《尼各马可伦理学》（*Nicomacheam Ethics*）和《高尔吉亚》的那些——中表示古希腊人对同性恋人士的广泛支持和同情的内容，与表示他们对同性恋（kinaidos）这个概念的恐惧和轻视的内容，努斯鲍姆指出菲尼斯的做法（简单地将这些概括为古希腊人对待同性恋的态度）至少犯了过度概括化的错误，甚至是对古希腊性向分类的一种彻底误读。

更值得称道的是，努斯鲍姆对学术研究之含义的理解，以及对“为什么对古典著作的阅读与现代法律系统有关”这个疑问的处理。她的《弗吉尼亚法律审查》开篇就讲述了保守主义法官和法学理论家理查德·波斯纳（Richard Posner）阅读柏拉图《会饮》的故事。波斯纳在阅读过程中“惊讶地发现《会饮》是对同性恋最明晰、最有价值的辩护。我从不知道这部哲学史上最伟大的作品，或者思想史上任何其他的杰出作品，试图做过这样的事”[6]。波斯纳在他的《性与理性》（*Sex and Reason*）一书中试图填补法学研究中对同性恋问题的忽视。他声称《鲍尔斯诉哈德威克案》的判决结果显示了对同性恋“非理性的恐惧和厌恶”，而那些忽视了性取向问题的法官“更像是在为他们的偏见投票”[7]。努斯鲍姆完全赞同波斯纳的此项富有教育意义的工作，而她文章的结论呼吁为性取向问题提供更合理、更深入的解释。

显然，努斯鲍姆认为古希腊人传达给我们的内容与菲尼斯希望传达的完全不同。他们向我们呈现的不是一系列以自然法的形式给出的普遍原则，而这些原则具体体现在多种法律体系的不同完善程度中；他们其实提供了一种完全不同的世界观——其中减少了对性取向的特别关注，而更多地将其放在与其他欲望同等的位置。这里她援引福柯的话说，对古希腊人的研究将“把我们的思想
从沉默中解脱出来，从而获得不同的思考”（Nussbaum 1994: 1598）。 277
努斯鲍姆还用菲尼斯自己坚持的天主教自然法学派传统来攻击他：如果被我们作为道德和智慧上的先祖而普遍推崇的古希腊文化“认为同性间的性关系不仅不是耻辱，而且可能具有很高的精神和社会价值”，那么就不能简单地宣称所有理性的人都会厌恶同性恋。如果有人坚持天主教的自然法学派传统——“依靠推理而非权威得出结论”，那么他就必须“确认我们已经对合理的争辩与偏见做出了区分”（ibid.）。

如果说菲尼斯试图证明古希腊社会反对同性性行为的工作相当困难的话，那么努斯鲍姆基于很容易引起同感的原因，也承担

---

⑥ Posner 1992: 1，引自 Nussbaum 1994: 1516。

⑦ Posner 1992: 1.

了十分艰巨的任务：她需要解释古希腊社会对同性性行为所有的负面意见。这就像某个古老哲学命题的怪异变体：试图把相较而言的“更好”变成“完美”。实际上，努斯鲍姆似乎在某些方面让“更好”变成了“更坏”。造成这种结果的很大一部分原因是对“tolmēma”（鲁莽的行动）一词的争议。出于更好地使用《礼法》中文句的考虑，努斯鲍姆引用了利德尔（Liddell）和斯科特的早期译本来规避“tolmēma”的“大胆无耻的行为”这一词义的出现。

菲尼斯抓住这个不谐之处展开攻击。他认为这不是一个小小的疏忽，甚至不只是努斯鲍姆为阐明观点而使用的小技巧，而是“对其学术权威和成就的滥用”。他发表在《学术问题》(*Academic Questions*)［一本由美国全国学者联合会（NAS）发行的期刊］上的文章，开篇就谴责努斯鲍姆之前围绕堕胎的多项发言中存在的“史实上的不准确”，而接下来他更将努斯鲍姆视作“让历史为法律服务”的实行者，她的学术研究“企图让美国人民依照完全虚构的历史和文化观念来塑造自身”（Finnis 1994b: 35）。

在丹尼尔·门德尔松（Daniel Mendelsohn）对此事富有思想性的分析中，他指出，这场辩论中论战的双方话语体系本身就存在一个问题——学者和律师话语体系上的不同。他开玩笑地说：“法律工作和学术研究之间的鸿沟，如喜剧与悲剧之间的鸿沟一样，难以逾越。”（Menderlsohn 1996: 45）毕竟，组织法庭证言，是为了提供某个特定的答案，而不是为了引发令人感兴趣的学术
278 问题：“法律话语体系在其实际进展中狭隘的要求，最终可能会与人文研究本质上的广泛性相矛盾。”⑧ 尽管据称科罗拉多州的检察长曾表示：“这不止是一个学术问题——法庭只是依据这些材料做

⑧ Menderlsohn 1996: 46. 在阅读门德尔松的文章时，我对此观点很有同感。不过由于下面提到的原因，我现在已经不那样认为了。

出判决”（Menderlsohn 1996: 37），但似乎任何一方关于柏拉图或古代社会的证词都不太可能发挥实质性的影响。相反，这更像一个附带活动，学术界被原告那成功概率极低的宗教论证建构拖入其中。对此案的讨论具有极佳的教育意义，但有多少法官像理查德·波斯纳一样好奇求知呢？不管怎样，包括美国联邦最高法院在内的法庭判决都没有直接采用这些材料，判决的依据是正当程序论而非宗教体制。

有些讽刺的是，柏拉图被以宗教和社会自由主义者的拥护者身份卷入这场争论——这与他大部分的哲学文本相违；并且，他的言论竟然被用来支持民主决议制度。同样令人哭笑不得的是以下这个观点：古希腊关于性行为的观点应该被视为一种与我们自身的偏见相对抗的自由力量。的确，同性间的爱慕和性行为在古希腊得到了比在传统犹太—基督教社会中更多的宽容——不过这必须以当事人具有男子气概为前提，包括希望成年男子成为关系中主动、主导且具洞察力的支配方，如果当事人与这个标准相差甚远，那么他们就会遭到严厉的指责。进一步来说，如果我们将古希腊人视为标准，因而获得关于同性恋问题的启迪，那么这是否意味着接受他们整个歧视女性的观念体系呢？对古典学学者来说，如果要在法庭上作为古希腊人的哲学、爱情、关于友情的看法和普适之善作证，却同时在沉默中忽视当时女性的与世隔绝和对她们的诸多诽谤，尤其是这些也许还是他们男性文化荣耀的必要前提，这至少是一种酸苦的讽刺，甚至可能是对我们的研究和个人道德准则的背叛。

尽管承认古希腊文化的错误和局限性或许会有用，但《罗默案》中的双方都没有采取这种路径。菲尼斯和努斯鲍姆都很尊敬古希腊文化：作为我们最宝贵思想传统中某些部分的奠基者；对菲尼斯而言，它是自然法最早的西方实例；对努斯鲍姆而言，它作为展现文化多样性的一个历史性样本，其中展示的属于不同时代和习俗的宽容精神值得我们学习。在菲尼斯看来，

279 关键的文本是《理想国》和《礼法》，其中柏拉图的形象是一位严肃而坚定的道德权威。努斯鲍姆则认为，关键的文本是《会饮》(《斐德若》次之)：它们不仅聚焦于性与欲求，而且我们可以将其中柏拉图的思想看作开放的、极其片面的，还可以分析那些通过柏拉图式的权威面具发出的不同声音。[9] 然而，如果现代的学术研究采用了这个方向——且将它称为由《会饮》提供的理解进路，那么我们就有理由怀疑它对法理分析是否有用，因为后者的根本目标是寻求确定性和先例，而非文本中源源不断的情爱探讨。

努斯鲍姆支持的这种对《会饮》的解读（波斯纳做了更加详细的阐释）似乎印证了福柯的“压抑学说”。在这方面，我们现在可以庆幸自己在对待性相关问题上的开放和宽容，并为我们抛开了维多利亚时代道德的束缚而感到骄傲。因此，我们宣扬我们的自由，并很高兴看到在遥远的古代或许已经有人实现了这种自由。然而，将柏拉图视为“男同性恋权利”的斗士，或将《会饮》当作“对同性之爱的一种辩护”却是完全违背历史的：这不仅因为柏拉图极有可能并不知晓这种辩论中使用的范畴，而且因为“同性间的爱慕和性行为需要辩护”的观点本身就依我们的形象重塑了柏拉图。他成了一位和我们一样的现代的、自由的思想者。一个更好的进路——至少对学术界如此，如果对法庭辩论并非如此的话——也许是，放弃针对具体事例来争论古希腊哲人是否支持同性间的吸引、亲吻和更亲密行为的做法，转而证明古希腊与性相关的体系与当今我们自己的相关体系相去甚远，以至于它无法作为参照物而被用于任何实践。[10] 如果古代社会根本没有同性恋这个概念，或者没有意识到同性恋作为一种范畴对该

---

⑨ 大卫·哈尔珀林（特别在1990年和1992年）是这种倾向的领军人物。

⑩ 不熟悉建构主义者和本质主义者之间争论的读者，可以在 Skinner 2005 中找到对两者很好且中肯的介绍。

群体中的人的刻画意义深刻，那么我们怎么能合理地谈论古人对这种现象的态度呢？

努斯鲍姆在她文章近结尾处应对了这个观点。在承认上述进路也许揭示了“关于两个文明重要的东西”后，她举出《会饮》中的两篇颂词来证明古希腊事实上的确有与我们类似的性向分类思想。她进一步指出，菲尼斯的辩论以行为而非倾向为基础，因此反本质主义的辩论将不会有什么作用。接下来，努斯鲍姆也许会被看作一个“温和的建构主义者”。“温和的建构主义者”认为 280
性向认知是被社会化构建的，同时也认为人们对异性恋和同性恋的分类是有依据的（至少在古希腊社会是如此），尽管这种分类在实际中可能有所不同（并且，甚至别的分类也可能存在）。⑪ 菲尼斯对行为和倾向的划分可能是由于他所面临的实际战略困难：规避古希腊人对同性间爱慕的明显支持态度的唯一方法是，割裂思想和肉体、爱慕和性行为（实践），并且贬斥两组对立中的后者。但实际情况是，这样的做法对此案件的直接影响很小：第二修正案的文本明确针对着个体的身份或者倾向（当然也有实际行为，但考虑到这项立法的目的，我们应当认为它是次要部分）。另外，《鲍尔斯诉哈德威克案》和《劳伦斯诉得克萨斯州案》都表明，关于行为的法规和关于身份的法规是紧密相连的。所以，菲尼斯所构想的在某种程度上支持人的同性恋身份却指责同性性行为的柏拉图形象，并没有使柏拉图成为反同性恋法案的有效支持。

---

⑪ 我的观点接近“严格的建构主义者”。他们认为没有超越历史的同性恋和异性恋间的身份概念，至少没有一个囊括了公元 5 世纪的雅典和 21 世纪的美国。讽刺的是，正是《会饮》提供了从意识形态上区分严格的与温和的建构主义者的方法：是否认为阿里斯托芬将人类的祖先划分为男性、女性和雌雄同体，证明了这种分类思想在古希腊的普遍性。就如我在别处（Carnes 1997）论证过的，阿里斯托芬颂词的内容更多是即兴的构想。就个体间性对象的喜好的变化是可分辨的而言，它很好理解。但它很难反映任何与我们现在使用的相比更深刻、更持久的性向分类思想。

关于古代社会的性向分类及其与当代公民自由权间的可能联系，辩论的双方都未拿出能得到普遍认同的观点。然而，假设努斯鲍姆本想做出严格建构主义的、反本质主义的辩论——她已经这样做了吗？这归根结底会牵扯到对学术史的理解：一直到1980年前后，学术界都认为确定的性向分类是普遍的、毫无疑问的，但现在学术界的观点则完全相反。如果驳倒就是找到著名学者（这是很有可能的，甚至此论题中的大部分都是享有盛誉的材料）来支持本质主义，那么努斯鲍姆的观点就容易“驳倒”。向法庭详述古希腊对性的态度和古希腊的性行为，谈论福柯，试图让他们接受某个表面上看严重反直觉主义的观念——这些做法似乎都有些不明智，也不切实际。更何况同性恋群体有时对建构主义抱
281 有蔑视和不安，这部分是因为建构主义被认为暗中破坏了一种好不容易赢来的身份认同，并且给视同性恋为一种自觉选择的文化保守主义者提供了证据。

2. 鲍尔斯诉哈德威克案

前面讨论的许多问题都在2003年6月美国联邦最高法院对《劳伦斯诉得克萨斯州案》的判决中再次出场。首先，让我们回顾一下较早发生的臭名昭著的《鲍尔斯诉哈德威克案》。此案的判决被后来的《罗默诉埃文斯案》强烈动摇，并最终被《劳伦斯案》推翻。《鲍尔斯诉哈德威克案》开始于1982年，迈克尔·哈德威克（Michael Hardwick）因犯了佐治亚州的鸡奸罪而被起诉。相关条例如下：

> （a）以下行为构成鸡奸罪：实施或配合任何涉及一人性器官和另一人嘴或肛门的性行为……

(b) 犯鸡奸罪之人将被处以一年以上、二十年以下的监禁。⑫

哈德威克在他自己家的卧室中被捕，他的室友帮助警察（当时警察因另一不相关事件正在寻找哈德威克）打开了他关闭的卧室门。虽然关于鸡奸罪的指控并未成立，但随后哈德威克提起了诉讼，认为这项法令，“依照被告的执行，使作为一个公开的同性恋者的他随时处于被逮捕的危险中，并且该法令因多个原因违反了联邦宪法”⑬。由于这项法令适用于任何性别，最初的原告中还包括一对异性恋夫妇约翰和玛丽，他们称自己希望在性生活中采用法令禁止的方式，但却被法令本身和哈德威克的被捕吓住了。然而，审案法院认为，没有任何证据证明他们由于法令的实施而受到了直接损害，因此控告并不成立。此事十分关键，因为它允许法庭只针对同性性行为，并且允许法庭“在佐治亚州的这项法令被应用于其他鸡奸行为时的合宪性上不表态”（*Bowers* ibid.）。

这个在过去几十年内备受争议的判决于 1986 年被提交到最高院。它是伯格（Burger）在自己任期内处理的最后几个案件之一。包括审判长在内的五人［伯格、伦奎斯特（Renquist）、奥康纳（O'Connor）、鲍威尔（Powell）以及草拟了大部分法庭意见的拜伦·怀特（Byron White）］以 5∶4 的多数支持了鸡奸法。 282
怀特一开始便指出，法庭没有判定鸡奸法是否“明智或可取”，并将案件解释为“对法庭在行使其具有宪法效力的决议时的权力边界的判断”（*Bowers* 190）。哈德威克的诉讼中最严肃的观点是，任何诸如此类侵犯了宪法第五、第十四修正案的“程序正义”条款中所隐含的隐私权的法律都应当被认为是无

---

⑫ *Georgia Code Annotated* § 16-6-2 (1984).

⑬ *Bowers v. Hardwick*, 478 U. S. Supreme Court 186 (1986).

效的。[14] 围绕隐私权的讨论很快与一系列关于婚姻和性的案例联系起来：《格里斯沃尔德诉康涅狄格州案》（*Griswold v. Connecticut*）、《艾森斯塔特诉贝尔德案》（*Eisenstadt v. Baird*）推翻了禁止销售避孕商品的法律；《洛文诉弗吉尼亚州案》（*Loving v. Virginia*）废除了禁止异族通婚的法律；当然还有发生在1973年的《罗伊诉韦德案》（*Roe v. Wade*）中关于堕胎合法化的判决。怀特将这些与《哈德威克案》划开界限："同性性行为（作为一方）与家庭、婚姻和生育（三者作为另一方）之间没有任何联系被展现出来……并且，不说这些先例，被告希望我们——像上诉法院一样——宣布同性肛交是一项基本权利。这是我们非常不愿意做的。"（*Bowers* 191）

怀特提出的问题是：能够取得高级司法保护的权利的本质是什么？为了定义"基本自由"，怀特引用了两个案例来证明，这些权利是"蕴含在有序自由的概念当中的……（因此）若（它们）被侵害，那么自由和平等也都无法存在"，并且这种自由是"深植于国家的历史和传统当中的"。他继续说："显然上面的任何一点都不支持以下观点：双方自愿鸡奸是同性恋者的基本权利。对这种行为的禁止是有历史渊源的……宣称实施该行为的权利'深植于国家的历史和传统当中'或者'蕴含在有序自由的概念当中'，这是最可笑的。"（*Bowers* 191-192）

283 接着，怀特发表了反对司法激进主义的宣言（*Bowers* 194-195）：

---

[14] 美国宪法第五修正案如下："无论何人，除非根据大陪审团的报告或起诉书，不受死罪或其他重罪的审判，但发生在陆、海军或发生战时或出现公共危险时服役的民兵中的案件除外。任何人不得因同一犯罪行为而两次遭受生命或身体的危害；不得在任何刑事案件中被迫自证其罪；不经正当法律程序，不得被剥夺生命、自由或财产。不给予公平赔偿，私有财产不得充作公用。"美国宪法第十四修正案第一条如下："所有在合众国出生或受其管辖的人，都是合众国的和他们居住州的公民。任何一州，都不得制定或实施限制合众国公民的特权或豁免权的法律；不经正当法律程序，不得剥夺任何人的生命、自由或财产；在州管辖范围内，也不得拒绝给任何人以平等法律保护。"

> 我们也无意扩大自己的权力范围以发现埋藏在《程序正义条款》(Due Process Clause) 中的新的基本权利。当处理那些很难从宪法的语言和设计中找到根源但被法官判定为合宪的法律时，法庭是最容易被攻击的并且是最接近违法的……因此，必须强烈抵制对那些条款的实质范围的扩大，特别是当它要求重新定义基本权利的范畴时。否则司法制度必将在宪法权威之外赋予自身更大的权威来管理国家。那些希望被我们承认的权利远不足以打破上述抵制。

最后，最高法院驳回了取消鸡奸罪的请求，认为该法令通过了理性原则的测试："佐治亚州的大部分选民认为，同性鸡奸行为是不道德和无法接受的"(*Bowers* 196) 这一事实已经足够；怀特指出，法令常常建立在有关道德的观点上。

这里审判长伯格的赞同特别重要。他强调了禁止鸡奸行为的"历史渊源"："对这种行为的谴责深植于犹太—基督教文化的伦理道德标准中。同性鸡奸在罗马法中是死罪……坚持同性鸡奸行为应作为一项基本权利而被保护，这将破坏我们数千年来的道德教育。"(*Bowers* 196-197)

从这里开始历史学家和心理学家走进了我们的视野。首先，法庭将"历史渊源"看得相当重要，对其追溯至古代晚期：引用了将鸡奸定为死罪的罗马法律，出自狄奥多西 (Theodosius) 的法典和查士丁尼 (Justinian) 的法典，接着也引用了亨利八世 (Henry VIII) 颁布的法令。另外，他们也提到了独立战争时期最初 13 个殖民地也盛行关于鸡奸罪的法律（这里我们可以看到 10 年后的《罗默诉埃文斯案》中用到的，历史学的论证在鸡奸罪的争论中已经出现了)。确认是否所有古代社会都有类似的判断，这对法庭很重要。

其他问题也值得探讨。首先，布莱克姆恩 (Blackmun) 点明了顺应传统的局限性，这在《劳伦斯案》中成为关键因素："和 284

福尔摩斯法官一样，我坚信，如果一项法律存在的最好理由就是它是在亨利四世（Henry IV）时期被确立的，那么这很令人反感。更加令人反感的是，建立它的基础早就不在了，对它的保存仅仅是对过去的盲目模仿。”（*Bowers* 199）其次，他指出法院“太过关注同性性行为”——归根到底，审判长伯格的简单支持没有提供任何新的学说或有价值的断言，那几乎只是对鸡奸本身的攻击——并且这种过度的关注导致了法院对佐治亚州此项与性别无关的法律的明显意图的错误解读。最后，大概也是一个古典学学者最感兴趣的，是他对同性恋是否是一种病状的分析。布莱克姆恩指出，人们的态度正在转变，同性恋已经不再被心理健康专业人员视作一种疾病，但同样也不是一种自觉选择。“同性恋倾向很可能是构成个体人格的一部分……如果某人终身都没有机会拥有任何身体上的亲密行为，那么他或她在性关系问题上做出的受宪法保护的决定的能力就是一纸空文。”（*Bowers* 203）这里显露的问题是，同性恋人士能在多大程度上得到《平等保护条款》（E-qual Protectiom Clause）的保护，而无须面对证明自己是弱势群体的额外负担。这是指，这个群体是否在历史上遭到了故意的歧视和不平等对待，能够被“明显的、固定的、突出的”特征区分，以及是否被正规的政策程序排除在赔偿体制之外。也就是说，法庭（或者说其中特定的一小部分人）认同了同性恋这个分类存在，它对相应个体是无法改变的特征，而这些人因鸡奸法遭受了不应当的苦难。

3.《罗默诉埃文斯案》述评

当然，《哈德威克案》是伯格法庭（Burger Court）做过的最饱受争议的判决之一，不仅受到自由派和（男）同性恋活动家的攻击，而且遭到自由主义保守派强烈的攻击。之后不久有报道称，路易斯·鲍威尔在投关键性的一票时由于审判长的不断劝说而改变了主意。在接下来的几年，他自称一直为此事感到后悔万分。另外，正如他在1994年自传中反映的一样，鲍威尔是在对同性恋几乎完全无知的情况下进行（投票）操作的，并声称以他的知识而言从未遭遇过同性恋——尽管事实上他的某位职员当时就是一位同性恋者（但是暗中的）。（Posner 1992: 346中关于“法律学习的狭窄性”的评论，以及波斯纳所宣称的“律师和陪审团所知道的，主要是他们自己的成见加上司法观点所包含的内容”。）对 285 《哈德威克案》的判决似乎弄得法庭自己相当尴尬：正如一些学者所指出的那样，判决并不总依赖于先例，而仅仅10年后，它就在《罗默案》的判决中被部分推翻了。

当然，它并没有被完全推翻——直到《劳伦斯案》发生之前，但其核心含义被削弱了。法院在《罗默诉埃文斯案》中发现的东西，乃是基于第十四修正案中的《平等保护条款》。为了照顾多数人，大法官安东尼·肯尼迪（Anthony Kennedy）引用了1973年《农业部诉莫雷诺案》（*Department of Agriculture v. Moreno*）的诉讼中所做出的决定（413 U. S. 528）：“如果宪法中‘平等的法律保障’概念意味着一切，那么它最起码必须意味着，一种试图危害政治上不受欢迎的团体的赤裸裸的企图不能构成一项政府的合法愿望。”（*Romer* 1632）事实上法院确实发现这正是第二修正案的意图所在，那就是它驳回了这样一种主张，即修正案仅仅是“剥夺了同性恋者的特殊权利……相反，它只针对那些人强加一项特殊的限制。（他们）被禁止享有其他人享有或可以不受约束地寻求的保障”（*Romer* 1626-1627）。由于男同性恋者和女同性恋者并不构成一个弱势群体，所以没有正当的理由对他们加强审查；相反，该州必须通过更加简便合理的基础原则测试，证明此法律“与某合法目标有着合理的关系”。事实上，法院认为，这样刻意而广泛地针对一个团体，实属罕见且不合理。

然而，在他所持的异议中安东尼·斯卡利亚（Antonin Scalia）

找到了理论依据。以“法院已错误地将文化争端理解为一时的赌气”为开场白，他将修正案辩护为“看上去宽容的科罗拉多人的一种温和的尝试，为了保持传统的性习俗，反对一个政治上有权势的少数派企图通过法律来修改那些习俗”。继而，他提出了一种在逻辑上难以驳倒的观点（*Romer* 1631）：

> 在我们今天（提出）之前，该案件中与此议题最密切相关（的部分）甚至从未在法院的意见中被提到：在《鲍尔斯诉哈德威克案》中……我们认为宪法并不阻止……将同性性行为视为一种犯罪。这种观点无可置疑，除了那些认为宪法可以为了适应当时的潮流而被更改的人……如果一个州将同性性行为定为有罪是宪法上所允许的，那么当然，该州仅仅出于不赞成同性性行为而制定其他法律条款，也就是为宪法所容许的。

并不完全出于巧合的是，同一时间，法院正在重审《罗默案》，为回应夏威夷不久或将承认同性婚姻的可能性，国会正
286 忙于对各具特色的婚姻法案加以辩护。该法案由两院以压倒性优势通过，并由总统克林顿（Bill Clinton）签署。其中给婚姻下的定义是仅限于异性伴侣之间的结合，并进一步授权各州以免除宪法中“绝对的忠实与信任”的条款，这样，来自一个州的婚姻（关系）就不需被另一州所承认。在这里，古典学同样发挥了它的作用，尽管是以一种更为常见的方式：这个领域被用来挖掘似是而非的先例，而不是被要求作为一种专家证词的来源。⑮

---

⑮ 参见，举例来说，弗吉尼亚州的参议员罗伯特·伯德（Robert Byrd）的演讲，他将各种古典文学作家的选集汇集到一起来为婚姻制度辩护。（*Congressional Record—U. S. Senate*, September 10, 1996）

4. 劳伦斯诉得克萨斯州案

1998年的一天晚上，本案诉讼者约翰·劳伦斯（John Lawrence）和泰伦·加纳（Tyron Garner）正在劳伦斯的公寓肛交。休斯敦警方显然没有注意到这类罪（delicto）是一种典型的死亡隐喻，在接到一则关于某男子持有武器的报警后，他们冲进了这所公寓，把劳伦斯和加纳抓了个现行。警方逮捕了二人，二人在监狱里待了一天才被保释。在哈里斯县刑事法庭，他们以宪法为理由要求驳回指控；败诉后，他们企求对指控进行无罪申诉，被罚款200美元再加141美元的法院手续费后，又将此案追诉至上诉法庭；无果后，上诉到最高法院。

从许多方面来看，这都是一个比《哈德威克案》更好的测试案件。首先，诉讼者受到了实际损害：判决有可能阻止或限制他们进入得克萨斯州的很多不同行业。另外，经过这样的判决之后，如果他们搬到某些州，那么他们将不得不被记为性罪犯。《哈德威克案》看起来不那么吸引人的理由是——没有真正的诉讼；“没有实际损害”在这里显然不适用了。更进一步说，得克萨斯州的相关法令仅适用于同性鸡奸，这一事实使诉讼者能够为其罕见提出受平等保护的要求，因为，他们声称，自己确实属于因其罕见性而被挑选出来的阶层中的一员。因此，由《罗默案》确立起来的先例对于一条不分性别的法律来说要比它更加切题。并且，奇怪的是，该案诉讼者被捕时正在肛交而非口交，这也让本案更加成为一则经典的案例。因为近来一些宪法学家认为，20世纪之前的鸡奸法一般不禁止口交，所以它也不是一个具有“古代根源”的禁令的对象。这个特别的回避并不奏 287
效，法院将不得不正视这样一个问题：这样的古代禁令是否曾被推翻？

诉讼者希望本案同时受到《程序正义条款》和《平等保护条款》的审查，并希冀让《鲍尔斯案》的判决作废。据肯尼迪写到，大多数人的观点是，《程序正义条款》是宪法的相关部分，而《鲍尔斯案》需要重审。《平等保护条款》对法院的最终判决来说并不完全足够，尽管它得到了奥康纳的认可。

在这里，主要问题在于实质性的正义程序，该观点勾画了某些隐私权和空间权的发展历程，包括《格里斯沃尔德诉康涅狄格州案》、《艾森斯塔特诉贝尔德案》和《罗伊诉韦德案》的判决。接下来的是一个忽略了《鲍尔斯案》决定中的主要要求的段落——同性鸡奸的权利并非一项基本权利：

> 如今我们看到，这种观点揭示了在重新评定其岌岌可危的自由尺度时法院自身的失败。将《鲍尔斯案》中的主要问题仅仅说成发生某种性行为的权利，贬低了诉讼人提出的要求，就好像将已婚夫妇诋毁为结婚只是（获得了）性交的权利。可以肯定，《鲍尔斯案》与本案所涉及的仅仅是禁止特殊性行为的那些法令。尽管如此，对他们的处罚及其效力却有更加深远的影响，这触及了人类最隐私的行为即性行为，以及最私密的地点即住宅。这些法令的确寻求控制一种私人关系，即不管有没有得到法律正式的承认，这种关系都在个人选择的自由范围内，而免于遭受罪犯一般的处罚。
>
> 作为一般规则，这建议该州（政府）或法院不要试图定义该关系的含义，或设定该关系本没有的界限，以阻止对个人的伤害并禁止滥用法律保护机构。只要我们承认，成年人也许会在其家庭和个人隐私生活范围内开始这种关系，而仍保有自由身份的尊严，这就足够了。当在与另一人的亲密行为中出现公开的表达时，这种行为只是一种更加持久的个人
> 288 结合中的一个因素。受宪法保护的自由权允许同性恋者自己

做出选择。⑯

法院提到了尊严、选择以及结合，而不是聚焦在“同性鸡奸”上。然而，即使已经决定要将私人、在家中的性行为视作“程序正义”原则所保护的自由，但仍存有两条线索：第一，如何应对“禁止这类行为有着古代根源”这样的异议；第二，如何推翻遵循先例原则，即法庭并不情愿推翻自己先前的判决。

事实上，法院采纳了一种性行为社会建构理论的说法，来解释何以鸡奸法曾经是不分性别的，以试图达到那些法律制定者的原始意图。首先，肯尼迪指出“这个国家的法律没有将同性性行为视为特殊问题的长久历史”（*Lawrence* 7）。也就是说，自 1533 年国会改革以来，持续至 19 世纪，鸡奸法一直被视为禁止男女之间或男男之间的某种特定行为的法律。为什么要改变呢？“通过指出如下这点，或许能够部分地解释针对同性性行为的合法禁令缺失的原因，那就是：据一些学者看来，直至 19 世纪晚期，同性恋这个概念作为一个清晰的个人范畴才出现。”随后，肯尼迪援引乔纳森·卡茨（Jonathan Katz）《异性恋的发明》（*The Invention of Heterosexuality*）：“同性恋和异性恋这样的现代术语，并不适用于还未清晰界定这些区别的年代”，并总结说：“因此美国早期的鸡奸法并不针对这样的同性恋者，而更为普遍地被用于禁止无生殖性行为。这并不代表赞成同性性行为，而是倾向于表明，这种特殊的行为方式并不与异性间此类行为相区别。”（*Lawrence* 7-8）

更进一步看鸡奸法历史，肯尼迪（*Lawrence* 10）认为：

> 不仅完全没有“古代根源”，而且直到 20 世纪最后 30 年，针对同性伴侣的美国法律才得以发展……到 20 世纪 70 年代以前，没有任何一个州有针对同性关系的刑事诉讼……

⑯ *Lawrence v. Texas*, 539 U. S. Supreme Court 558 (2003).

> 总之，《鲍尔斯案》所依赖的历史背景要比大多数人的观点
> 289 以及大法官伯格所表明的赞同意见复杂得多。其历史前提并非无可置疑，且至少被夸大其词了。

这里有几件事情值得注意。第一，可能性和不确定性的修辞：法院曾试图找出一种办法来规避早期对鸡奸的禁令，试图找出一种转移那些禁令与这个案例的相关性的方法。形势不如声称的那样简单，并且许多学者现在论证 1892 年以前没有可识别的同性恋者，这些事实提供了一种可能的机会。如今在文学评论家青睐的那种解读方式（也许可以称作“《会饮》方式”）中，开放、非封闭和对话比确定性以及体制都更具价值，而这种解读方式在法理讨论中也兴盛起来。第二，一个讽刺，即关于性的古代理论应以其最激进的形式维持其至尊地位：所有引证的来源虽然都不是古典学式的，但都明显依据福柯的《性史》（*History of Sexuality*）及其性向分类的问题化［从较浅的程度上看，依据的是哈尔珀林和温克勒（Jack Winkler）这样的福柯追随者的研究］。性的建构主义观点的引入，是为了压制法律解读中的严格建构主义以及原始意图的方法。第三，同性恋对象的建构正好在一个对法院目的而言相当正确的历史时刻形成（当然，异性恋对象也同时被构造起来，但异性恋一如既往地不成疑问）。也就是说，为使法院的推断有效，在鸡奸法形成期间（即直至 19 世纪末），同性恋与异性恋的分类不能存在。然而，这样的分类在今天必须存在，因为现在它成了歧视的对象，并成为一种身份，代表了一个理应受到法律平等保护的公民阶层。讽刺的是，我先前提到的反对性行为建构主义理论的原因之一——不论其理论是否为真，都有可能导致一种歧视，这种歧视的基础是，建构的性别身份无限可变，而且是有意的选择——在这里似乎完全不适用。在美国历史上关于（男）同性恋权利之最重要的决策中，建构主义扮演了关键性角色。

当然，我们被建构的形象是真实的，正如19世纪或公元前5世纪雅典的性向分类一样，对那些曾居住在当地的人来说也曾是真的。在我们或许会将其看作建构现代主体的漫长过程中的最后一步，而现在，我们看到法院已经将它们做实了。法院自己的分析中提到了鸡奸法从定位成性狂魔以来的演变，一方面是针对侵犯者，另一方面针对那些逃避生殖义务的人。从中可看到著名的 290
性向分类演变过程，即从最早期将同性性行为等同为鸡奸和不育，到构建为一种医疗的、法律上的情形，即福柯说的司法—医疗制度的流变。

当然，法院有关性行为建构的逻辑绝非不可置疑。假定宪法制定者和各州立法者如同他们为联邦所承认的那样，将同性恋认作一种类型，并通过立法故意贬低同性恋身份和行为。那么，法院接下来将不得不更加严肃地对待那些法律与道德谴责；但同时，对于当时像《罗默诉埃文斯案》中的那样，大多数实际在场的市民的明确意愿，法庭就有可能否决。由于没有传统的束缚，它会做得更加自由。换句话说，法院特殊的逻辑线索可以被看作对基础主义的一种略微妥协，以便对先例的极端背离显得不那么极端。

在建立了一个基础，并在其上找到了可能受鸡奸法令侵犯的自由权益后，法院开始着手处理所谓遵循前例的问题。解决了"古代根源"的争论后，肯尼迪继续说："在所有这些案件中，我们都认为我们过去半个世纪的法律和传统与当前情况十分相关。它们都体现了一种正在形成的意识，即自由权为成年人在决定其私生活性行为方面提供了坚实的保护。'历史和传统固然是起点，但并非所有情况下都是实质性正义程序探寻的终点。'"⑰

此时，法院实际上为其早前判决做出了道歉，它列举了美国法律协会1995年《标准刑法典》（其中建议撤销对自愿性行为的

---

⑰ *Lawrence* 11，引自 *County of Sacramento v. Lewis*, 523 U. S. Supreme Court 833, 857 [1998]。

犯罪处罚)，甚至谈到了欧洲人权法院（European Court of Human Rights）的实例（一种相当宽泛的姿态，并向支持人权运动及大量国际法律学说的自然法中更具有自由主义倾向的分支致意)。法院继而引证自己对《罗默案》的判决，重申到，一种"'源于对受影响的阶层的仇恨'的条款，与一个合法的政府意图之间绝无合理联系"。其他对《鲍尔斯案》的批判被说成对它的削弱（其中引用了波斯纳)，且本质上把史蒂文斯（Stevens）在先前那个
291 案件中的异议变成了多数人的意见："大法官史蒂文斯的分析，在我们看来，应该已经被控制在《鲍尔斯案》的范围内了，并且应该被控制在这里。"该观点包括如下言论（*Lawrence* 18)：

> 如果那些制定并批准第五或第十四修正案《程序正义条款》的人，当时如果知道自由权的构成部分有如此繁多的可能性，那么他们也许会制定得更明确一些。他们没有这种洞察力。他们知道时代可能蒙蔽某些真相，而后代人将会看清那些曾被认为必要而恰当的法律实际上会做的只是欺压。随着宪法的持续，每一代人都能从其研究中援引宪法法则以获取更大的自由。

一种文本（不论柏拉图的《会饮》还是美国宪法）不仅由它本身构成，而且由在其历史中对它做出的解释构成，因而需要阐释者解读出它真正的含义。所有的法官都必然是接受型的理论工作者。

第四编　《会饮》的回响

十三、柏拉图《会饮》与古代小说传统

理查德·亨特（Richard Hunter）

在罗马帝国最恢宏的文学作品中，有大量散文形式的（偶尔 295
诗歌与散文混合形式的）虚构叙事作品。“novels”（小说）一词——虽然这一术语的合法性还有争论，但它的用处却是不可否认的——在希腊文与拉丁文中都有出现，并且囊括广泛的语调、风格和背景。① 这些叙事作品的核心大多是一对恋人，他们通常但并不总是（cf. Petronius *Satyrica*）异性恋者，他们在经历了一些最不寻常的事情之后最终找到了彼此，并拥有了幸福。大多数小说家通过不同的方式，或暗示或明指，都承认柏拉图是他们的权威模范之一，在重要性上也许仅次于荷马。在本文中，我希望分析拉丁文的小说里这种认可的两个典型的例证。在这两个例证中：柏拉图，尤其但不只是《会饮》中，对苏格拉底的描述，便和荷马一样，反思了自己的文化继承性和小说的创作。

---

① 希腊文材料可以最方便地从 Reardon 1989 和 Stephens and Winkler 1995 中获得。佩特洛尼乌斯（Petronius）和阿普列乌斯（Apuleius）的拉丁文小说已经被翻译过很多次了，但是 Walsh 1994 和 Branham and Kinney 1996 对初学者来说是个很好的选择。目前关于古代小说有浩如烟海的参考书目，而 Schmeling 2003 为进入这个学科提供了一条有帮助的途径。

1

大体来讲，对柏拉图的《会饮》与后来虚构叙事的传统之间联系的最主要的兴趣点集中在两大领域。第一个兴趣点是，柏拉图作品自身是如何预示之后的这些发展的？许多评论家，包括尼采和巴赫金（Bakhtin），都把柏拉图的对话看作对后来小说的预示，并且认为其提供了一个范例，或者（把这个复杂的论点简
296 化）将对话自身看作最早的小说（参见下文）。[②] 与此同时（一定程度上也受这一点的激发），《会饮》以及（例如）《斐多》都明显地关注其本身作为小说的身份，即关心对话内容中的历史性[③]，而事后看来，这种关注可以被看作预示着其后的古代小说具有的一种相似（且广经讨论的）特点，即有点戏谑又有点担忧地关注内容中虚构叙事的“真实情况”［这是逻各斯（logos）还是神话（muthos）?］[④]；从注意到这一相似性到发现这些关注，只是小小的一步，但是这些关注中却有之后的小说家想要尝试的，即将自己的文学宗谱追根溯源到柏拉图那里，并且宣称这位哲人是“他们之中的一分子”。我待会儿将转到另一种说法上，在那里阿普列乌斯似乎将柏拉图称为“逻各斯之父”。

引起学界兴趣的第二个主要领域，是关于《会饮》对其后小说的实际影响的，这既包括文章之间的呼应，也更广泛地包括，其后小说如何复制、改变柏拉图爱若斯的范式，尤其是《会饮》

---

② See Nietzsche 1956: 87-88, Bakhtin 1981: 21-26. 参见 Gold 1980, Corrigan and Glazov-Corrigan 2005 中的讨论。至于巴赫金和更广泛意义上的古代小说，参见 Branham 2002b, Branham 2005。在某种意义上，至少《会饮》是一种“饶舌”（polyglossia）的极端例子。

③ Cf. e. g. Hunter 2004: 20-29, corrigan and Glazov-Corrigan 2005.

④ 对于这两者在小说中的区别以及更多的参考书目，参见 Hunter 1994, 1997。

中的。[5] 这一兴趣又集中在一种明显的相似性上，即《会饮》中阿里斯托芬描述的“分开的另一半”的彼此迷恋，与后来古代的小说核心中那对恋人彼此付出和不断追寻的相似。当然别的故事样式也没有被忽略，例如，佩特洛尼乌斯的那个对性狂热的“珀加蒙（Pergamene）男孩”的著名故事中，“帕萨尼亚克斯式”的爱若斯如何被逆转。在本文中，我将在一定程度上沿着相同的道路走下去，尽管本文也应该被更广泛地放到研究小说家兴趣的背景之中来考察，而他们的兴趣也正是在当代阐释的实践中从（包括）柏拉图那里继承过来的。[6] 在一篇关于这个主题的更早的文稿中[7]，我将这个问题（不那么文雅地）看作：

> 当……小说家们自己——说得粗陋点——不加掩饰地把“阐释”写进他们自己的作品中时，他们不仅挑战着学术等级制度，而且质问我们敢不敢带着勇气和天真将他们认真对待。阐释的历史——举一个强有力的例子——如阿普列乌斯 297
> 的《金驴记》（*Metamorphoses*）显示出阐释界……还远远没有在这个问题上做好决定。准确说来，这种关键的不确定性在很大程度上，正如小说家们（以及，我们可以假设至少许多他们的读者）清楚地知道的一样，是基于这样一个事实：反过来指导我们阐释工作的阐释实践与阐释模式，正是从那些占据了一个极不同的文化阵地的文本中产生出来的，并且是为这些文本量身打造的。
>
> 事实上，这种令人不安的空白，对于这些技巧的文学影响很关键。所有现存的小说，带着不同程度的明确性和坚持，

---

⑤ 至于参考书目和讨论，参见 Hunter 1996、Hunter 2004: 125-129、Branham 2002b: 173-174。

⑥ 《会饮》作为“阐释”历史的一部关键文献，参见 Hunter 2004: 11-12, 128-130。

⑦ Hunter 2005b: 125.

都宣称对荷马的斗篷（mantle）拥有所有权。既然荷马是所有阐释实践的模板和主体，那么对阐释的一种内在论述就必须被看作那些通行的和文化主张的（打趣或反之的）一部分。

更有趣的是一篇俄里根（Origen）的文章，他几乎把柏拉图的《会饮》原封不动地装进头脑里了。在这篇文章中，这位基督教学者发现了《雅歌》（*Song of Songs*）与异教的关联性——这部作品的主题（爱）与异教的关联，其原因以及它的（对话）形式，会让人产生（且已经产生）对它的“误读”。⑧

在古希腊人中，的确，许多圣人欲求追寻真理，并将此看作爱的本性。他们用这种对话的形式创作了大量的文字，旨在向我们展现，爱的力量正是那种带领我们的灵魂从地面飞升至天堂的东西，并且至福只能在对爱的欲求中被激发。此外，对这一主题的讨论是在聚餐（conuiuia）时发生的，在那些（我认为）用言语而非酒肉组成宴会内容的人们之间展开。⑨ 其他人也用某种艺术形式将对此问题的书面讲述留给了后人，这样一来，这种爱就可以在灵魂之中生发、强化。然而，肉体之人却将这些艺术滥用，以至形成了邪恶的欲求和罪恶之爱的秘密。

——*Prologue* 63. 6-16 Baehrens, trans. Lawson（1957: 23- 4）

柏拉图的《会饮》，用俄里根的话来讲，投入了大量的精力和篇幅来区分“肉欲的”爱和“更高的”爱，区分肉身和灵魂，

---

⑧ 关于俄里根在此处及别处所受《会饮》的影响，参见 Rist 1964: 195-212、Osborne 1994: 164-184。

⑨ 关于这部分的传统主题，参见 Lucian *Symposium* 2。

处理诸多爱欲文本可被解读的方式。

在所有流传下来的古代小说中，被俄里根常常提到而让人想 298
起的也许就是阿普列乌斯的《金驴记》了。这篇小说写于公元2世纪中期，讲述了一个叫卢修斯（Lucius）的人，由于对魔法不恰当的好奇心而变成一头驴，进而以这一牲畜的视角见证且经历了可怕的残暴和“肉欲”，最终被伟大的女神伊希斯（Isis）施恩拯救而成为她的祭司的故事。阿普列乌斯深受柏拉图的著作以及公元2世纪流行的柏拉图主义的浸润影响，而《金驴记》受柏拉图著作（尤其是《会饮》）的影响非常明显。[10] 在这篇小说的中心部分，即卢修斯听人讲“丘比特（Cupid）与蒲苏塞（Psyche）”的故事，我们尤其能感觉到这种影响。在“丘比特与蒲苏塞”的故事中，美丽的蒲苏塞（“灵魂”之意）最终被爱指引，像俄里根写的那样，“从地面飞升到至高的天堂”。另外，《金驴记》的整个情节似乎就是围绕着两种不同形式的愉悦而构建展开的：一种是奴性的肉欲愉悦，一种是对真实知识的更高愉悦。至少，我们被要求深思：全文那些幽默笑料（geloion）的背后隐藏了多少严肃而深刻的问题（spoudaion），正如阿尔喀比亚德对西勒若斯式的（silenic）苏格拉底的言论（logoi）的著名描述。[11]《金驴记》之外的另一部希腊小说《驴记》（*Onos*）（“onos”为“驴”之意），据传是卢奇安（Lucian）流传下来的一种版本。[12] 于是，阿普列乌斯就不再——如他自己的伊希斯的祭司（*Metamorphoses* 11.15）——只是他那辉煌的元文学（metaliterary）作品《金驴记》的自我独立思考的读者和阐释者，而同时，在我们所知范围内，他也是希腊《驴记》的第一位读者和诠释者。

---

[10] 参见 Hunter 2004: 128-129；更多参考书目和讨论，参见 Munstermann 1995: 16-23, Dowden 2006。

[11] 参见 Schlam 1970: 486-487，这部作品把阿尔喀比亚德的阐述比作卢修斯在《金驴记》（1.3）中对“进一步检查”的恳求，而这种检查在一开始似乎就是荒谬的。

[12] 苏利文（J. P. Sullivan）翻译，参见 Reardon 1989: 589-618。

而且，面对这样一个杰出的故事，他沉醉于展现一个——用他自己的话来说——“勤奋的读者”（lector scrupulosus）的整个活动过程；翻译与阐释之间的转变及多方面的关系，也正是阿普列乌斯自己在“序言”中关注的。作为一个补充部分，这段希腊模式的引论性“序言”呈现了叙述中的“蓄意性”，即基于某一目的而讲述，同时以故事（自称的）缺乏严肃性而戏弄我们。⑬

《驴记》可以——如阿普列乌斯对这个故事的改编所证明的那样——被看作对哲人上升之旅的诙谐模仿。卢修斯感到一种强烈的发现或者“学习”（μαθεῖν，chap. 11）矛盾事物的“欲求”(ἐπιθυμεῖν, chaps. 4, 5, 11, 12)；事实上，他感到了对这种知识的爱
299 若斯（chaps. 4, 5）。卢修斯毫无目的地徘徊着，“对于从哪儿开始搜寻困惑不解（ἀπορῶν）”（*Onos* 4; cf. *Metamorphoses* 2. 1-2），就像那个没有向导的毫无目的的哲人一样（Plato *Symposium* 173a1-2）⑭；《驴记》与《金驴记》中的卢修斯都因那种对“认知的欲求”（cf. *Metamorphoses* 1. 2）而迷狂，从而备受煎熬，《会饮》中的阿波罗多洛斯也相当在意这种对“认知的欲求”（172e5-6, cf. further below）。然而，这种对寻求变形的欲求（*Onos* 4, 11）只能被看作对《会饮》中灵魂飞升的哲人的粗劣而相反的模仿，因为在《会饮》中，通过爱若斯和向导的仁慈指引，哲人会看到那种永恒不变的“美”。阿普列乌斯笔下的卢修斯想象出了一个在赫帕特（Hypata）的叫塞萨利（Thessalian）的小镇，并以此作为柏拉图主义的一种极端例子，这个小镇具有赫拉克利特主义的瞬息万变的特征，即镇里所有可见之物都是可变的且确实变化了的。（*Metamorphoses* 2. 1）在这样的背景下，我们必须考察在《金驴记》开篇故事中主角的名字——苏格拉底，这个名字当然没有被

---

⑬ 关于《金驴记》的“序言”，参见 Kahane and Laird 2001。

⑭ Cf. Hunter 2004: 24-25.

忽视。[15]

在《金驴记》的开篇内容中，卢修斯（还没有变形时）听他的同行伙伴阿里斯托门尼（Aristomenes）讲了一个故事，关于他一个叫苏格拉底的朋友如何被一个图谋报复的女巫梅洛伊（Meroe）杀死的故事。苏格拉底与这个女巫一同生活过，但最终离开了她。很明显，阿里斯托门尼讲的这个故事不仅预示了以它为开场白的整部作品的许多主题，而且充当了整部作品的类似微型小样本的角色。在卢修斯与另一个听了阿里斯托门尼讲的这个故事却对之持怀疑态度的同行伙伴的告别中，这一点更明确了；卢修斯的话呼应了“序言”，于是全篇与苏格拉底的故事之间建立了某种相似性：“就我而言，我相信他，并且很感激他在路途中给我们讲了这样一个美妙迷人的故事”（sed ego huic credo hercule et gratas gratias memini quod lepidae fabulae festiuitate nos auocauit，1. 20）。因为苏格拉底，作为另一个（像卢修斯一样的）对“愉悦”（uoluptas，1.7）[16] 的追寻者，和阿里斯托门尼二人的经历（参见 1.8.1 处与 1.12 处的 curiositas）都在一定程度上与卢修斯的经历相似，所以梅洛伊是对后来那个在赫帕特引诱了卢修斯的“女巫”潘菲洛（Pamphile）的预示，并且警示着正在听故事的卢修斯；卢修斯甚至还说，他的马都很喜欢苏格拉底的故事（1.20），因为他自己不久就将不得不以一头驴的外形听到很多很多这类故 *300*
事了。[17] 讲述者“卢修斯”与作者“阿普列乌斯”之间的矛盾关

---

[15] Cf. O'Brien 2002: 27-31, Smith and Woods 2002: 185-91, Keulen 2003 and 2004. 大多数的学者仅仅把这个名字看作一种讽刺，尽管讽刺的原因可能不同。（cf. Walsh 1994: 242, Harrison 1990: 194）明斯特曼（Munstermann）把阿普列乌斯的苏格拉底看作柏拉图笔下苏格拉底的讽刺性模仿（Zerrbild）。（see Munstermann 1995: 22）对这一节最精细的“柏拉图主义式”解读是 Thibau 1965: 104-117，但至少这篇解读的方向是有问题的。

[16] 阿里斯托门尼的苏格拉底暗示着卢修斯，参见例如 Tatum 1969: 493-501, Smith and Woods 2002: 185-187, Keulen 2003: 108-109，或更多参考书目。

[17] Cf. Winkler 1985: 36-37.

系——阿普列乌斯的许多著作都建立在这种关系之上——也许能在以下这件被公认的事上找到相似处，即柏拉图的苏格拉底是众多经典的模型之一，而“真正的”阿普列乌斯也正是按照这个模型在塑造自己。（cf. Apuleius *Florida* 2）

阿里斯托门尼故事的主角叫“苏格拉底”，这显示了不止一个层面的哲学模仿［例如，《斐德若》在《金驴记》（1.19）中体现得十分突出——阿普列乌斯的苏格拉底就是死在一棵梧桐树下的］；柏拉图的苏格拉底和阿普列乌斯的苏格拉底都是饮毒药而死；不同的是，柏拉图强调苏格拉底在面对死亡时面不改色和从容风度（*Phaedo* 117b），而这与阿普列乌斯的苏格拉底在死亡来临时惨白的脸色形成了鲜明对比（*Metamorphoses* 1.19.1）。不管这两篇作品之间有怎样的呼应，阿普列乌斯有意地将他的小说以苏格拉底（之死）作为开场，以表明，这个故事既标志着我们即将读到的那个更长的叙述，也标志着它即将给出的那些阐释性阅读进路的可能性。苏格拉底之死实际上是虚构文学的开端，而柏拉图的苏格拉底自己就是一个神话和小说式的人物。[18] 关键问题不是柏拉图自己对苏格拉底之死的描写有多么明显的不具事实性[19]，而是“苏格拉底的故事”如何成为虚构文学的典范。

很显然，我们也许会希望把《斐多》尤其是《会饮》的开篇中对史实性的显著关注，和阿里斯托门尼的故事所围绕的真实、虚构以及欺骗做对比。《会饮》的“导言”已经清楚地说明了：我们不要过分地纠结它记叙上的历史性。这是一个非常熟悉的批评领域。应该指出的是，柏拉图写的阿波罗多洛斯的故事和阿普列乌斯写的阿里斯托门尼的故事都是在“复述”：阿波罗多洛斯在几天之前已经把这个故事讲给格劳孔听了，而阿里斯托门尼则

---

⑱ 一些简短的评论和书目，参见 Hunter 2004: 28, 110-112。

⑲ Cf. Gill 1973, Bloch 2002. 其中有很不同的关切。

是在被卢修斯打断并要求再讲一遍之前，已经把这个故事（或全部或部分地）讲给了他的一位持怀疑态度的同行伙伴。[20] 这种复述的口头故事在讲述中不可避免地预示了——正如柏拉图和阿普列乌斯都清楚表明的那样——听众的角色，这也带上了它自己对虚构性的众所周知的影响；柏拉图笔下的阿里斯托德莫斯（他自己就不是一个全面的讲述者）发觉阿波罗多洛斯是个很乐于接受的听众，就像阿波罗多洛斯之后在格劳孔身上发觉的一样，同时 301
也像阿里斯托门尼在卢修斯那里发现的一样。古代虚构小说观念的核心正在于讲述者对他所讲故事的态度［关于这一点，在卢奇安《真实的故事》（*True Histories*）一书的“序言”中有非常清楚的说明］、听众接受该故事的态度以及该故事对他们的影响；所讲的内容在历史上是真是假，在通常情况下并不是最重要的。一个“真实的”故事在这个意义上可以是虚构的。[21]

讲述阿伽通会饮的故事，对阿波罗多洛斯和格劳孔而言，是在“进城去”（εἰς ἄστυ）途中的消遣（173b7-8），正如阿里斯托门尼的故事将卢修斯非常愉悦地“带到了进城的门口”（*Metamorphoses* 1.2,20）。当然，愉悦在这里很关键——它是《金驴记》所期许的，是“丘比特与蒲苏塞”的故事所确实传达的［该故事的最后一句话讲到了他们的孩子愉悦（Voluptas）的诞生，*Metamorphoses* 6.24］，并且也是卢修斯最后结束他讲述时所带有的状态（*Metamorphoses* 11.30）；愉悦，伴随着它的好处（τὸ ὠφελεῖσθαι），正是阿波罗多洛斯从自己谈论和听人谈论“爱智慧”中获得的（*Symposium* 173c2-5）。《会饮》的最后一段似乎明显预示希腊文学中对功用（utile）与愉悦（dulce）的关注；我们也许想知道阿波罗多洛斯不寻常的激情（ὑπερφυῶς ὡς χαίρω）在多大

---

[20] Cf. Van Der Paardt 1978: 82. 范·德·帕特（Van Der Paardt）直接将阿波罗多洛斯对阿伽通家的苏格拉底的讲述，与阿里斯托德莫斯关于他的朋友苏格拉底的故事关联起来。

[21] Cf. Gill 1993, esp. 66- 69.

程度上让他无法在哲学上走太远，但它着实使他与阿普列乌斯笔下的卢修斯一样了。如果阿波罗多洛斯希望有所进步，那么他也许就应该去做“哲学”和听别人讲“哲学”，而不是“谈论（logoi）哲学”，但这个短语带着一种混杂着愉悦的利益的观念，强烈地表明了一种**文学**（literature）的形式（这里对该术语的应用，我希望是中性的），例如每次我们读到《会饮》时都很享受。阿尔喀比亚德对苏格拉底/马尔斯雅思（Marsyas）的逻各斯（logoi）之影响的描述也同样带给我们享受：“当我们听见你诉说，或者听到别人转述你的话，即便转述人词不达意，我们——不管女人、男人还是小孩子——都沉浸并痴迷于其中。”（215d2-6，trans. Waterfield）这一对苏格拉底逻各斯之影响的描述（其逻各斯体现在无音乐伴奏的散文中［215c7］）——“我们都沉浸并痴迷于其中”（ἐκπεπληγμένοιἐσμὲν καὶ κατεχόμεσθα），当然是受美妙音乐背景支配的（cf. 215c5），但它在“文学理论上”显得既先进又落后：如果说前一个词让我们想到神奇的（ekplēxis），特别是这一诗歌的史诗和悲剧性质，并且足以用其强有力的清晰描述而“震撼”观众的话㉒，那么后者则让我们回想起诗歌的理念“魔
302 幻”（thelxis），这一理念自《奥德赛》以来就一直对希腊传统产生了重大影响。㉓ 当然，这两种观念都没有对所展现的内容有真实的表明，并且通常恰恰相反。此外，我们也想知道，阿尔喀比亚德在描述苏格拉底逻各斯的影响时所用的那个术语是否揭示了他自己哲学性质的深度缺乏（cf. 215e1-4）㉔，但苏格拉底的逻各斯也可以与其他人相关联——正如阿波罗多洛斯和柏拉图在《会饮》中说的那样，这一想法再一次体现了这些逻各斯是如何拥有

㉒ Cf. Heinze 1915: 466-467［i. e. 1993: 384-385］，罗素（Russell）对“朗基努斯”（Longinus）的评论，15. 2。

㉓［Plutarch］*De Homero* 2. 5 中可以看到荷马在对神与人的对话描写中对ψυχαγωγία（灵魂的胜利）和ἔκπληξις（惊讶）的结合使用。

㉔ Cf. Hunter 2004: 101.

它们自己的生命和循环的，即脱离苏格拉底而独立存在。对此想法的另一个证明是，斐多自愿讲述这个伟人之死：“为了纪念苏格拉底，不管我自己的讲述还是听他人的讲述，都给我这世上至高的愉悦。”（*Phaedo* 58d5-6）这就是阿里斯托门尼故事的蓝图。

亚里士多德的《诗学》（*Poetics*）对诗歌和历史的区别做了著名的阐发：

> ……历史学家们谈论那些已经发生了的事件，而诗人则谈论那些可能发生的事件。正是由于这个原因，诗歌才比历史更严肃，更具有哲学性，因为诗歌讨论的是普遍之事，而历史讨论的是特殊之事。“普遍”包含着一种或然或必然属于某种性格的言行——诗歌正是致力于此，只不过添加了特殊的名字。相反，“特殊”就是阿尔喀比亚德所做的或所经历的。
>
> ——Aristotle *Poetics* 1451b4-11, trans. Halliwell

尽管亚里士多德的着重点完全不同，但这篇文章可以事后被（直接地或间接地）看作在更高一级阐释学的辩护之路上具有重要意义的一步。诗歌可以被看作“更具哲学性”，因为它没有与它内容的历史意义绑定，这一说法——如果以一种亚里士多德没有明确指向的方式来理解的话——同时也允许阐释者去思考“价值”以及所写内容的真正“意义”，而不是仅仅停留在其表面文字上的意义。“所做的事和所经历的痛苦”的语言形式，以及亚里士多德认为是编纂史籍之标志的有细节的完整性观念，都与史诗以及其后的小说（Xenophon of Ephesus 5. 15. 2）中用来描述这种扩展（虚构性）[25] 叙述的语言惊人地（也许矛盾地）相似。在 *303*

㉕ Cf. Hunter 2005a: 157-162.

这一背景下，阿波罗多洛斯说他现在认真对待“每一天来获知（苏格拉底）的言行”（*Symposium* 172e5-6），就不只是一种指向了。当然，阿波罗多洛斯对“历史记录”感兴趣，正如他关心他的信息来源（*Symposium* 173b4-6）所体现的那样；对他而言，他讲的故事，他的《会饮》，不仅是“爱智慧的思考”，而且是历史（historia）。㉖ 另外，我们也会想知道这些是否兼容。然而，我们一旦对“历史真实性”作为判断的标准带来的问题有所警惕，就会寻找另一种阐释的策略作为替代，来帮助我们解读这样一个事实：用亚里士多德的术语来说（有人还认为亚里士多德会同意这一观点），柏拉图的《会饮》，而不是阿波罗多洛斯的《会饮》，比历史编纂“更严肃，更具哲学性”。

然而，这里还有另一种方式，就是苏格拉底之死成了小说的开头，尤其对阿普列乌斯这样的作家而言。苏格拉底之死带来了很多苏格拉底对话著作，其主体可以被看作标志着第一个主要的散文体裁的出现（而且很多是以第一人称的方式），其特点是，精心重塑了过去，并要求我们带着一种“哲学性的”策略来阅读它。如果我们纠缠于《斐多》是否符合历史真实地描述了苏格拉底生命最后的几小时，那么我们也许会错失很多重点；同样，如果我们使自己去关注阿里斯托门尼故事的“历史性”，那么我们也会与要点失之交臂。如果我们以这种态度去阅读“丘比特与蒲苏塞”的故事，那么一定将错过其中的精髓。

当然，在小说最初的男主角中，苏格拉底既不是唯一的，也的确不是最有名的。柏拉图的阿尔喀比亚德让苏格拉底本人在

㉖ 柏拉图对阿波罗多洛斯描述的影响在达米斯（Damis）这一人物塑造中亦可见一斑，《阿波洛尼厄斯生平》（*Life of Apollonius of Tyana*）一书的作者斐洛斯特拉图斯（Philostratus）也宣称达米斯是该书的主要依据。阿波洛尼厄斯当然是另一个“苏格拉底”（e.g. 1.2.2, 4.25.1 etc.），也是另一个毕达哥拉斯，而达米斯是一个追随者，据说他写了一册完整记录阿波洛尼厄斯言行的文字，因此“阿波洛尼厄斯的事迹就无人不知了”（1.19.3, cf. 1.3.1, 7.28.1）。

《会饮》（220c）中成了翻版的奥德赛[27]，并且，无须证明的是，
从整体上看他也是在古代小说中（特别是在阿普列乌斯的《金驴
记》中）的漫游英雄（polutropos hero）和《奥德赛》中的典型角
色。在阿里斯托门尼的故事里，苏格拉底被梅洛伊比作抛下了卡
吕普索（Calypso）的狡猾的奥德赛（*Metamorphoses* 1.12），并且
很明显对苏格拉底的很多描述都让我们回想起荷马作品中的这位
主角。[28] 当我们第一次在阿里斯托门尼的故事中见到苏格拉底时
（1.6），他衣衫褴褛并且显然交了厄运："他正坐在地上，破烂的 304
斗篷半掩着身子，脸色苍白，极度憔悴得几乎快认不出来，像那
些在十字路口乞讨的人一般"（humi sedebat scissili palliastro
semiamictus, paene alius lurore, ad miseram maciem deformatus, qualia
solent fortunae †deterrima† stipes in triuiis erogare）。这个描述涉及了
"这位"苏格拉底和苏格拉底传统的特定特征[29]，但在这里我们也
许回忆起，雅典娜出于伪装的目的使奥德赛处于穷困状态（*Odys-
sey* xiii 429-38）[30]；此外，奥德赛的和阿普列乌斯的苏格拉底都很
难被辨别出，都被认为死在了自己的祖国，他们的妻子都悲痛欲
绝和被施以再婚的压力[31]，都在回忆的关键时刻因羞耻感而遮住
自己的头（cf. *Odyssey* viii 83-86）[32]，也许洗个澡会对他们俩都有
很大的好处。更普遍地讲，苏格拉底是一位命运转折点的受害者，

㉗ Cf. Hunter 2004: 109. 在 Montiglio 2000 中有很多相关资料，也可参见 Lévystone 2005。

㉘ Münstermann 1995: 8-26 中有一个有用的讨论，但其中没有触及实质性问题。

㉙ Cf. Keulen 2003: 111-112.

㉚ Cf. James 1987: 48.

㉛ Cf. James 1987: 48, Munstermann 1995: 9-11.

㉜ 在做这件事的时候，苏格拉底袒露下半身，包括外阴（Keulen 2003: 114-116 中有讨论）；参见 *Odyssey* xviii 66-9，这是一篇著名的文章，并且阿普列乌斯也许在 7.5.2 处回忆了这篇文章（cf. Harrison 1990: 199-200）。阿普列乌斯的苏格拉底遮掩他的头，按照通常的理解，这使人回忆起柏拉图笔下苏格拉底的相同姿势（cf. Thibua 1965: 106, Van Der Paardt 1978: 82, Keulen 2003: 112-113），但不管怎样，这个姿势都是奥德修斯和苏格拉底共有的。

其程度不亚于荷马的漫游英雄［*Metamorphoses* 1.6:“我们命运的危险曲折、不稳定的攻击和阻挠的变幻”（fortunarum lubricas ambages et instabiles incursiones et reciprocas uicissitudines）］㉝，也不亚于经受着“最可怕旅程中的诸多阻挠曲折”（asperrimorum itinerum ambages reciprocae，11.15）的卢修斯自己，并且他对奥德赛这个人物的影响也是毋庸置疑的；伊希斯的祭司在 11.15 处对卢修斯著名的安慰，呼应并变更了苏格拉底在 1.6 处的哀悼，例如他说（开始的台词）:“在经历了许多不同磨难和大风大浪与财富的可怕爆棚的驱动后，你，卢修斯，最终还是来了，来到怜悯的祭坛前”（multis et uariis exanclatis laboribus magnisque Fortunae tempestatibus et maximis actus procellis ad portum quietis et aram misericordiae tandem, Luci, uenisti）。同样，我们几乎不可能不想起这位
305 “在海边默默忍受了心灵挣扎”（*Odyssey* i 4）的主角。㉞ 最后，我们也许注意到阿普列乌斯的苏格拉底是在饮食期间讲述他的故事的，并且在此之前，就像奥德赛所做的那样（cf. *Odyssey* viii 535，540，ix 13），用悲伤的声音，“从内心深处升起对自我的拷问”（imo de pectore cruciabilem suspiritum ducens）。

阿普列乌斯笔下长期遭受痛苦的苏格拉底是一个奥德赛的形

㉝ Cf. Keulen 2003: 121.

㉞ 阿普列乌斯的动词 exanclare 在这里应该被予以充分的重视；也可参见贺拉斯（Horace）在《书信》（*Epistles*）（1，1，21-22）中翻译的《奥德赛》的开篇诗。卷十以卢修斯在耕格勒港（Cenchreae）时“深陷于甜蜜的梦境”（dulcis somnus oppresserat）结束：他已经找到了一个港湾，按字面意思来讲，它是“一个船舶停靠的安全港湾”（tutissimum nauium receptaculum，10，35），但是——在阐释的典范里——他将在一个比实际更高的层面意识到它是一个“静谧之港”，在那里他“受到了命运的佑护”（in tutelam…receptus Fortunae…uidentis，11，15）。非常明显，熟睡的卢修斯体现了（再一次体现，参见 9.13）奥德修斯这个人物被甜美的梦“征服”（δεδμημένον，*Odyssey* xiii 119）（cf. *Odyssey* xiii 79-80），开始在费阿刻斯人（Phaeacian）的船上，随后在伊萨卡岛（Ithaca）海岸的福耳库斯（Phorkys）海港，它本身就是船只的一个避难所（*Odyssey* xiii 100-101）；像卢修斯一样，奥德修斯安全地回到了“家”，他确实回了但他不知道他回了。更多内容，参见 Dowden 1998: 13-14。

象，这当然不令人吃惊，特别是当他的“卡吕普索”很明显就是另一个“喀耳刻”（Circe）时[35]，但在阿普列乌斯小说的开头这两位小说原初人物的融合应该得到更多的关注。[36] 这种自觉的关注，带着阿普列乌斯写作模式的历史，像极了《金驴记》“序言”中的关注和自我定位，但是——像“序言”本身一样——对奥德赛和苏格拉底这些典范的这种呼吁，同样是对阐释传统的呼吁和把我们推向思考应该如何阅读这份文本的动力；这种动力会有多误导人，当然是另外一个问题。

2

佩特洛尼乌斯的《萨蒂里孔》（*Satyrica*）大摇大摆地穿着它的“修养”外衣；它打击了我们这些自认为博学多识的读者或译者的狂妄自大，这文本的“低写实主义”（low realism）几乎（或者完全?）没有给教化或者准预言式的解读留下空间，因而抹杀了它的教育价值，例如，这种“低写实主义”兴盛在古代学堂，诗人爱乌莫普斯（Eumolpus）用其来作为他的“《特洛伊的捕获》（Capture of Troy）”（*Satyrica* 88）的开头，并且把它写入了他自己的史诗《内战》（The Civil War）（*Satyrica* 119-124），像文本自身一样，你对于它并没有太大的发挥空间；但这并没有阻碍现代学术的发展。比如，比较过《萨蒂里孔》与留存下来的希腊小说中最宏伟复杂的赫利奥多罗斯（Heliodorus）的《埃塞俄比亚故事》

㉟ Cf. Harrison 1990: 194-195.

㊱ 这在诱使我们对梅罗伊（Meroe）的姐姐潘西亚（Panthia）有另一种属类联系的认知：这是色诺芬浪漫主义中篇小说《克罗拜德亚》（*Cyropaideia*）中“女主角”的名字［也是阿喀琉斯·塔提乌斯（Achilles Tatius）的小说中勒俄基柏（Leucippe）母亲的名字］。Griffiths 1957: 140 中把名字 Panthia 与对广大无边的伊希斯女神的崇敬联系起来。

(*Aithiopika*)，文本的这个方面才显现得非常明显；这两个作品都满载着各种各样的文化知识，但《萨蒂里孔》激励着我们去“阐释”，去自担风险地“了解”事情（如果你想的话），《埃塞俄比
306 亚故事》却使我们沉湎于它超越性的解释中。[37] 有了这种预备的告诫，我想要考察《萨蒂里孔》中的一段情节，其中爱乌莫普斯化名为一个叫泡鲁爱努斯（Polyaenus）（“极受赞扬的”，奥德赛的一个绰号）的奴隶[38]，在克罗顿（Croton）与一名叫“喀耳刻”的富有女子有染；在当前语境下选择这段情节的理由是，它是这部精心设计的小说中爱乌莫普斯和他的同伴们表演的一部分，小说的另一部分是对《奥德赛》的生动重写。这里也许我们正在像阿普列乌斯后来所做的那样被推进。[39]

---

[37] 参考书目和相关讨论，参见 Hunter 1998b。阿喀琉斯·塔提乌斯在其小说中遵循了第三条路径：很多他的说教式和归纳式的研究形成了对该叙述的评论，它们解释了为什么角色们会在特定的文化背景下有那样的表现（哭、怕、爱等）；还可以参见 Morales 2004: 106-130。这非常不同于赫利奥多罗斯的小说和罗马小说的做法；事实上，阿喀琉斯非常反对道德责难之上的任何形式的“更高理解”（cf. Photius *Bibliotheca* 87 i. e. 2. 11 Henry, 94 i. e. 2. 34 Henry），并且正是解释的上层建筑阻挡了我们“认知的欲求”。

[38] 与此相关的是，此绰号只被《奥德赛》中的塞壬（Sirens）在授予奥德修斯知识时使用过，参见 *Satyrica* 127. 5。根据这一段（参加以下更多）中反映的有关伊壁鸠鲁的材料，伊壁鸠鲁最亲密的追随者之一是兰普萨卡斯（Lampsacus）镇——普里阿波斯（Priapus）就出生在这个地方——的波利艾努斯（Polyainos），这一点是让人好奇的，参见 Usener 1887: 415-416, K. Ziegler *RE* 21. 1431；Knaack 1883: 33 中提到了那位哲人与佩特洛尼乌斯的联系。轶事传统将波利艾努斯呈现为一位（伊壁鸠鲁那样的）老师和/或匹索克勒斯的爱者（erastēs）、伊壁鸠鲁的“明星学生”，参见 Usener 1887: 402，埃尔基福隆（Alciphron）的《情妇通信》（*Letters of Courtesans*）2. 2. 3（即 4. 17. 3Benner-Fobes）：“伊壁鸠鲁……想成为苏格拉底……并且他认为匹索克勒斯是一位伊壁鸠鲁主义者。”

[39] 此处我忽略了《萨蒂里孔》被保存得最完好的部分中与《会饮》相似的回应，即“特里玛奇奥（Trimalchio）的晚宴”（cf. Hunter 2004: 126），可以参见以上其他著名的各种关联。值得注意的是，茱蒂丝·珀金斯（Judith Perkins）最近试图在狄奥提玛和特里玛奇奥之间找出（也许令人惊讶的）结构上或其他方面的相似。（Perkins 2005: 148）

在克罗顿，恩科尔皮乌斯（Encolpius）一而再再而三的阳痿不仅让喀耳刻失望，而且让他的“男性同伴”吉托（Giton）失望，吉托对他挖苦讽刺：“我很感激你用苏格拉底的方式来爱我：阿尔喀比德躺在他老师的床上时，都没有这样不被触碰”（itaque hoc nomine gratias ago, quod me Socratica fide diligis. non tam intactus Alcibiades in praeceptoris sui lecto iacuit）。（*Satyrica* 128.7）这带有讽刺地提醒了我们，爱乌莫普斯与他的“兄弟”（frater）（《萨蒂里孔》中的术语）吉托之间理想的“鲍桑尼亚式的”关系是多么微弱[40]；这里，佩特洛尼乌斯也许正在（用熟知的“窗口式指引”的技法）指向奥维德（Ovid）诗歌中（真实的或构想的）典范，这首诗对这些爱乌莫普斯式的场景非常重要，即《爱经》（*Amores*, 3.7），在其中奥维德讲述了他自己在关键时刻的阳痿：

> sic flammas aditura pias aeterna sacerdos 307
> surgit et a caro fratre uerenda soror
> 她离开自己的床榻，宛如一个注视女灶神永恒火焰的圣洁女祭司，
> 或者像一位对亲爱的兄弟说再见的贞洁姐妹。
>
> ——Ovid *Amores* 3.7.21-22

佩特洛尼乌斯当然记得阿尔喀比亚德的名言：“我就这样跟苏格拉底睡了一夜，直到我醒来，那感觉简直就像是跟父亲或者哥哥睡了一夜似的”（*Symposium* 219c7-d2）；吉托的确是与一位兄弟睡了［就像“妹妹”（soror）的喀耳刻对她“哥哥”在床上的表现失望一样（cf. *Satyrica* 127.1-2）］。这些场景存在对荷马作品的明显的诙谐模仿：奥德赛一定是惧怕喀耳刻让他变得

---

[40] Cf. Hunter 1996: 200.

“不够男子气概”（ἀνήνωρ，*Odyssey* x 341），但佩特洛尼乌斯笔下的爱乌莫普斯已经陷入这样的状态，并且这对喀耳刻无任何益处。然而，吉托的话语暗示，我们关注的另一位小说典型角色——苏格拉底——之所以丝毫未动阿尔喀比亚德，并非出于某种崇高的哲学态度，而仅仅因为他也阳痿；像通常那样，影射的文本让我们用全新的视角——暗指即是阐释——来解读这个原型。阿尔喀比亚德最后揭露出来的神秘人（Plato *Symposium* 218b5-8），这位与狄奥提玛的秘义（epoptic）视角相应的新狄奥尼索斯，结果一直是一位阳痿的老师；如果某种狄奥尼索斯的秘义是由勃起的阴茎开始[41]，那么这种揭示——“阿尔喀比亚德看到的”以及“幻想（phantasia）允许我们看的”——就不那么激动人心了。

在这些场景的其他地方，苏格拉底也很重要。喀耳刻在一封信中警告爱乌莫普斯有生命危险，而后者也发现了自己的这种境况：“如果同样的寒意侵袭到了你的膝盖和双手，那你最好还是去请葬礼上吹喇叭的人吧”（quod si idem frigus genua manusque temptauerit tuas, licet ad tubicines mittas）。（*Satyrica* 129.7）这里我们似乎再一次看到了奥维德和柏拉图的影子。在《爱经》（3.7）中，诗人责怪自己的那玩意儿错失了大好的机会：

> tacta tamen ueluti gelida mea membra cicuta
> segnia propositum destituere meum.
> 我那毫无生气的玩意儿，虽然我已经喝了凄冷的毒芹
> 却还是不能有期待的那番表现。
>
> ——Ovid *Amores* 3.7.13-14

308 提及由毒芹引起的寒冷，我们很难不回想起柏拉图对苏格拉底生命最后几小时的描述：由冷引发的麻木由他的脚传到了腿和

---

[41] Cf. Burkert 1987:95-96.

腹部下方。(*Phaedo* 117e-118a8) 这种监狱看守角度的观察——“当寒冷到达苏格拉底的心，他便会死去”(*Phaedo* 118a4) ——几乎就是对喀耳刻给爱乌莫普斯的警告。(*Satyrica* 129. 7)

如果阿普列乌斯的苏格拉底像奥德赛，那么佩特洛尼乌斯的奥德赛便像（柏拉图的）苏格拉底。这让我们再次审视我们是如何被引导着去看《萨蒂里孔》中与喀耳刻有关的情节的。对于荷马作品中与喀耳刻相关的情节，以及 [inter alia（其中包括)] 对食忘忧果之人（Lotus-eaters）和赛壬（爱乌莫普斯将他的“喀耳刻”与之比较，*Satyrica* 127. 5）的故乡，古代最通常的解读是，这是一个关于追求不合理性之乐的故事[42]；在这样的阐释中，喀耳刻通常被描绘成一位妓女（cf. Horace *Epistles* 1. 2. 25)，她“因毫无理性地把男人推向快乐的情欲”(“Heraclitus” *De incredibilibus* 16) 而控制男人，但奥德赛在理性、知识和赫尔墨斯及其魔草（理性的逻各斯）的帮助下战胜了她（cf. “Heraclitus” *Homeric Problems* 72)。这种早就植根于《克拉底鲁》(407e-408a) 中的[43]、明显被克林特斯（Cleanthes）(*SVF* I 526) 提倡的解读，事实上在阿普列乌斯的《论苏格拉底之灵明》(On the god of Socrates，178 章）的结尾处明显地出现了，其中有一段话将苏格拉底和奥德赛联系起来，并表明这里还有非常多的可供利用的素材，只是已经遗失。即便如此，这种解读也并未获得完全一致的意见：荷马学者保留下来的说教式的阐释认为，喀耳刻邀请奥德赛进入她的被窝“并非出于性快乐，而是作为诚挚的誓言”(Σ on *Odyssey* x 334)，或者“并非出于淫乱，而是因为赫尔墨斯告诉她奥德

---

[42] Buffière 1956: 289-296 和 Kaiser 1964: 201-203 中有很多相关资料；参见 Schlam 1992: 15, 68- 69 中关于阿普列乌斯的“喀耳刻模型”的论述。在 Porphyry fr. 382 Smith 和 Plutarch *De Homero* 2. 126 中，我们可以找到“理性与快乐相对”解读的一种更有哲学内涵的版本，参见 Buffière 1956: 506-516。

[43] Cf. Xenophon *Memorabilia* 1. 3. 7-8, Cornutus *Theologiae Graecae Compendium* 16, p. 20. 18-20 Lang.

赛深受诸神的钟爱”（Σ on *Odyssey* x 296）。然而，这恰恰是译者们通常警告的喀耳刻所面临的那种危险。在 12 世纪的塞萨洛尼基（Thessaloniki）主教欧斯塔修斯（Eustathius）利用了大量的早期素材之后而做的关于荷马的评论中，有一系列关于这个特别兴趣的阐释。在这里喀耳刻一如既往代表快乐（1656. 6 on *Odyssey* x 231, 1656. 41-55 on *Odyssey* x 241），尤其代表欲望和肉体的非理性快
309 乐，它会让男人们变成野兽；然而，这些只不过是短暂的愉悦，它们“用其美好的外表（φαντασία）讨好我们”（1656. 30-31 on *Odyssey* x 241）。[44] 由欧斯塔修斯的观点看，喀耳刻的独有特征（如果抛开寓讽式的解读）便显现出来：她过分热爱“性”并且显示出一个女人的怯懦。（1659. 62-1660. 2 on *Odyssey* x 323）至于赫尔墨斯，他代表着逻各斯；魔草则代表着教育：它的根部是黑色的，因为对于那些已经开启了他们教育之路的人，终点晦涩难懂、很难理解、不能愉快地（ἡδύ）到达，但它结出的花朵却是白色的，因为教育的终点极其纯净、美好、亲切而又意蕴深厚；装备着这些武器的“哲人”奥德赛超越了肉体的享受。（1658. 25-40 on *Odyssey* x 277, 1660. 26 on *Odyssey* x 337）奥德赛从喀耳刻那里套出了一个不会对自己造成任何伤害的承诺，这便保证了他能“像个哲人”一样“带着审慎（sōphrosynē）但不遭受伤害”（1660. 32-36 on *Odyssey* x 343）地与她睡在一起。

在他创作的这部小说里，爱乌莫普斯确实是一位“臣服于愉悦的奴隶”：他扮演着一位奴隶的角色的事实（*Satyrica* 126. 5）

---

[44] 关于阿普列乌斯的卢修斯与一位性感的奴隶女孩福蒂斯（Fotis）调情，值得注意的是，荷马的喀耳刻的毒药是为了让男人们忘记自己的祖国（*Odyssey* x 236），欧斯塔修斯认为这宿命是对愉悦的执念的结果：“因为愉悦让寻求愉悦的人完全沦为它的占有物，并让寻求者远离那些更严肃的要事。”（1656. 22 on *Odyssey* x 236）卢修斯对福蒂斯说：“我像一个乐意的奴隶一样被赠予你，和你绑缚在一起；我从不寻家或想要离开，和你一起过夜是世界上最重要的事情”（in seruilem modum addictum atque mancipatum teneas uolentem: iam denique nec Larem requiro nec domuitionem paro et nocte ista nihil antepono）。（*Onos* 11, *Metamorphoses* 3. 19）

让这一点变得不容置喙。然而，也许正是他对逻各斯的掌握、他的“文化”和教育，以及对于荷马的喀耳刻这样的叙述诗歌该如何解读的知识，使他在面对喀耳刻的魅力之时变得无能；他实践着奥德赛的噩梦，犹如奥维德失望的情人对她无能的情人命运的控告［“要么艾亚（Aia）的女巫刺穿羊毛木偶并对你施咒符，要么你与他人做爱后精疲力竭”（aut te traiectis Aeaea uenefica lanis/ deuouet, aut alio lassus amore uenis’, *Amores* 3. 7. 79-80)］。如果说“古人用一个勃起的阴茎来描述年长且长着胡须的赫尔墨斯……因为在年长男子里面，逻各斯更加富饶与完整（γόνιμος καὶ τέλειος）”（Cornutus *Theologiae Graecae Compendium* 16, p. 23. 16-21 Lang)”，那么逻各斯在爱乌莫普斯这里就产生了相反的作用；教育在此确实无能为力。然而，对爱乌莫普斯来说，幸运的是，离
开的上帝也会回来。(*Satyrica* 140. 12)㊺ 即便如此，欧斯塔修斯 *310*
对喀耳刻的描述也许还是再次唤起了我们对柏拉图的苏格拉底的记忆。初夜之后，阿尔喀比亚德立即表达了对苏格拉底的“本性(physis)㊻、审慎和勇气（andreia)”的惊叹，因为他从未想过他会遇到一位在“智慧”（phronēsis）和“耐力”（karteria）(*Symposium* 219d3-7）方面做得如此杰出的男人。苏格拉底的“审慎”品质在爱乌莫普斯的解读里是一种让奥德赛进喀耳刻的被窝的品质，在佩特洛尼乌斯这里却变成了无能，“男子气概”(andreia)（“一个男人的品质”）变成了“没男人味”（anandria)；但是，我想我们不会指责爱乌莫普斯分享智慧和耐力这两项欧斯塔修斯的奥德赛也拥有的特点。根据［托名］普鲁塔克的《论荷马》(*De Homero*）中的阐释，智慧的奥德赛因“从赫尔墨

㊺ Conte 1996: 98-102 注意到了勃起的赫尔墨斯的重要性，虽然他没有将这一点与荷马相关的解读联系起来。我的讨论当然不是意图否认普里阿波斯这个角色，而是看“小说中的小说”怎样呈现它自己的阐释逻辑：它总是先行于它的读者。

㊻ 我不想说佩特洛尼乌斯的读者会从生殖器的方面去理解；喀耳刻虽然对爱乌莫普斯这部分的天分感到不满意，但同时也相当惊异。

斯那里学来了源自逻各斯的淡定（τὸ ἄπαθες），从而没有被喀耳刻彻底改变”（2.128）；无能不是怀疑论者或斯多亚主义者通常理解的“漠然”（apatheia），而正是这位奥德赛真正享受（或不享受）的。⑰

如果奥德赛和苏格拉底是虚构的“起点”，那么什么是其终点（τέλος）呢？答案是性，在《奥德赛》亚历山大式的“结尾”中，以及古代小说传统的一个主导部分［注意到朗戈斯（Longus）的《达佛涅斯和克洛伊》（*Daphnis and Chloe*）的结尾，和阿普列乌斯《金驴记》结尾对观念的反转，即庆祝贞洁］中，都是如此；《萨蒂里孔》（132.15）中的著名挽歌引入伊壁鸠鲁的权威，以证明性是所有生活的目的。⑱ 更普遍地讲，“丘比特和蒲苏塞”这样的文本也许表明小说的目的，正如生活的目的一样，是愉悦（ἡδονή）。这一点既非与我们一直探究的喀耳刻相关情节的阐释传统无关，也不是与克罗顿的谜中谜（charade）所代表的“小说中的小说”的仿照结构（mise-en-ab îme）毫无关系。⑲ 此外，这个观点似乎在流传下来的文本中成为主题：喀耳刻和爱乌莫普斯在草地上嬉戏“寻求更强烈的欢乐”（quaerentes uoluptatem robustam，*Satyrica* 127.10），当喀耳刻愤然离去时，爱乌莫普斯便陷入
311 思索“我是否被真实的愉悦欺骗了？”（an uera uoluptate fraudatus essem，*Satyrica* 128.5）。似乎佩特洛尼乌斯的喜剧不仅颠覆了荷

⑰ 欧斯塔修斯注意到，当奥德修斯表达他对喀耳刻的恐惧即她将使他“床技低劣和难以自持”（κακὸν καὶ ἀνήνορα，*Odyssey* x 341）时，他意思是说他会变成一个懦夫，因为懦夫“在关键时刻没有武器”（οἱ ἐν δεινοῖς ἄοπολοι，1660.42 on *Odyssey* x 341）；爱乌莫普斯恳求道：“我已做好服役准备但却没有武器”（paratus miles arma non habui，*Satyrica* 130.4），并且在这也有一丝奥德修斯的情绪。

⑱ 引用的是伊壁鸠鲁《论目的》（περὶ τέλους）；参见 fr.67 Usener i.e.21L L-S。伊壁鸠鲁 fr.2Usener（即 21R L-S），ἡ δὲ χαρὰ καὶ ἡ εὐφροσύνη κατὰ κίνησιν ἐνεργείᾳ［或ἐνέργειαι］βλέπονται（“我们看到快乐和幸福来自能干或能动”）会非常容易地适用于双关语，也许值得我们注意；恩科尔皮乌斯不能ἐνεργεῖν（干）。

⑲ 关于作为“小说女主角”的喀耳刻，参见 Hunter 1994: 1074-1075、Conte 1996:91。

马作品中角色的范式，而且颠覆了荷马作品阐释的范式：生活的目的（正如小说的目的一样）的确是性愉悦，但荷马有关喀耳刻的情节读起来却是对它的反驳。在争论中，佩特洛尼乌斯/爱乌莫普斯为他们的阵营召集了一些强有力的盟友，荷马自己便是其中一员。喀耳刻和爱乌莫普斯的前戏（*Satyrica* 127.9）完全是对《伊利亚特》之“宙斯的欺骗”结局的重写，其中赫拉（Hera）诱骗自己的丈夫与其做爱，从而使他从特洛伊战争中分心，这种重写旨在“让读者对爱乌莫普斯对喀耳刻的失败表现有所准备”[50]；这个诙谐的模仿作品让我们看到127.7处喀耳刻的话语：“我们没有必要怕任何爱管闲事的人（看我们）”（neque est quod curiosum aliquem extimescas）是对《伊利亚特》（XIV 324-3）中“不要怕神或任何人会看到”的复现（从单纯的“看”到罗马小说传统的窥阴癖的一次典型推进）。宙斯和赫拉借给了我们可被用以任何争论的强有力的权威性。[51]

当然有一门杰出的哲学学派致力于研究快乐（ηδονή和 uoluptas），它便是伊壁鸠鲁学派。那些在《萨蒂里孔》中多处体现出的受伊壁鸠鲁主义影响的内容，长期以来被编目整理，而128.5处的“真正的快乐”（uera uoluptas）立即把我们引向卢克莱修（Lucretius）和他的导师。[52] 接下来那首诗也许可以被恰当地描述为准卢克莱修式的，它的内容关乎我们怎么从只在梦中拥有的东西上获得快乐，并在醒后懊悔其所失的诗歌。像玛丽娜·德·西蒙

---

[50] Slater 1990: 174.

[51] Connors 1990：42 中给了一个吸引人的建议，即诗歌 127.9c 处的 rosae 反映了关于《伊利亚特》中的一段文本的早期讨论。（cf. Σ on XIV 347）我们可以补充道，与通行本中的 confesso…amori 明确相关，我们添加的 concesso…amori 也反映出，古代认为“任何地方都是合法（即已婚）性爱的适宜场所”（Σ on XIV 342-343）。我怀疑，“宙斯的欺骗”的结尾，“晶莹的露珠滑落”（*Iliad* XIV 351）一直被诙谐地解读为对射精的指涉；这也许早于阿奇劳库斯（Archilochus）的《科隆抒情诗》（Cologne Epode）？

[52] Cf. Di Simone 1993: 98-99.

(Marina Di Simone) 注意到的那样[53]，我们也被引向卢克莱修[《物性论》(*De rerum natura*)] 卷四，那篇论述对性快感之失败追求的段落[54]：

312 nocte sporifera ueluti cum somnia ludunt
errantes oculos effossaque protulit aurum
in lucem tellus: uersat manus improba furtum
thesaurosque rapit, sudor quoque perluit ora
et mentem timor altus habet, ne forte grauatum
excutiat gremium secreti conscius auri:
mox ubi fugerunt elusam gaudia mentem
ueraque forma redit, animus quod perdidit optat
atque in praeterita se totus imagine uersat.
当午夜熟睡的梦蒙蔽了我们，
散漫的眼眸，大地曝露，
展示黄金：邪恶之手翻动它已然窃取之物，
握住了珍宝；汗淋湿面庞，深惧攫住思想；
唯恐有人知晓我们的秘密宝藏，
劫掠了我们鼓胀的袋囊。
当这欢愉离弃我们的头脑，
那曾被欺哄的又恢复了真实的表象，

---

[53] 对我而言，德·西蒙的翻译中，真正的快乐需要指明伊壁鸠鲁关于活动中的(kinetic) 快乐和状态式的(catastematic) 快乐的区分并非十分清楚明白。爱乌莫普斯的观点是喀耳刻的突然消失向他表明也许整场床事都是他想象的虚构情景，参见 Lucretius 4.1057 uoluptatem praesagit muta cupido；然而，毫无疑问他的用语让我们看到了哲学议题和哲学理念在这里如何被滥用。128.6 处哲学的特点也可参见 Kragelund1989: 444。

[54] 请尤其注意：4.1101 Venus simulacris ludit amantis, 4.1103-1104 manibus… errantes, 4.1128 Veneris sudorem, 4.1135 conscius ipse animus。卢克莱修《物性论》卷四中相同的那段文本，正是佩特洛尼乌斯 (fr. 30 Müller) 论我们的梦和日间活动关系的来源。

我们的心渴望遗失的一切，
已完全被逝去的幻影吸噬。

——Petronius *Satyrica* 128. 6 *

瞬间充盈的愉悦和兴奋，与由理想伴侣带来的性欢乐和舒畅一样短暂。即便没有卢克莱修的共鸣，佩特洛尼乌斯的诗歌也明显地描绘了有违世俗的、对不虞之性财富的快乐：午夜熟睡的梦、邪恶之手（manus improba）、汗、像害怕秘密的财富一样对通奸的恐惧（cf. Horace *Satires* 1. 2. 127-131）、瞬间的愉悦。因此，虽然体现在奥德赛智慧里的哲学一直在与喀耳刻呈现的生活的愉悦较量，但在这里，正如自我保护的爱乌莫普斯描绘的那样，哲学站在了喀耳刻这边。因此，如果苏格拉底能勃起，那么他也会那么做。

* 此段由梁中和译。

十四、柏拉图《会饮》的一些著名后像①

詹姆斯·莱舍（J. H. Lesher）

313 公元前4世纪至今，柏拉图的《会饮》促成了人们对爱欲之本质的不断反思。② 目前已知这一对话的最早回响有色诺芬的《会饮》、佩特洛尼乌斯的《萨蒂里孔》、普鲁塔克的《爱的对话》（*Dialogue on Love*）、塔西佗（Tacitus）的《关于演讲的对话》（*Dialogue Concerning Oratory*）以及阿普列乌斯的《金驴记》。③ 亚里士多德以醉酒为基础创作了一组会饮式对话，伊壁鸠鲁的会饮式对话建立在酒与性之上，蓬杜斯的赫拉克利斯（Heraclides of

---

① 此文较早的一个版本在华盛顿古希腊研究中心于2005年8月举办的柏拉图《会饮》研讨会上发表。由于相关图片来源仅在文中提到而未列明，故请参见随后的注释。

② 正如艾伦说："按德国人的说法，《会饮》这对话的重生（Nachleben），对后世的影响如同西方的人文主义文学（humane letters）那般宽广；就基础研究（Quellen-studien）而言，《会饮》不是一个泉眼，而是奔流的大河。"（Allen 1991: 2, vii）艾伦讨论了对《会饮》的几种回响。诺沃特尼（Novotny）提供了一个对柏拉图遗产的全面概述。（see Novotny 1977）布里引用数位后世作家的话称，"柏拉图及《会饮》的学说已渗透了欧洲的思想"（Bury 1932: xlix-li）。还有一些则比较了《会饮》中关于爱欲的不同观点，参见 Gould 1963, D'Arcy 1954, Singer 1966, Paz 1997。最近，理查德·亨特调查了大量文学传统和精神分析学概念，发现可溯源于《会饮》，参见 Hunter 2004，尤其是第四章"清晨之后"（The Morning After）。同样可以参见 Lesher 2004, 2006。

③ 佩特洛尼乌斯和阿普列乌斯在各自作品中对《会饮》的回响，参见本文集中理查德·亨特的文章。不过，有观点认为，色诺芬在《会饮》第8章中记叙的苏格拉底的颂词是对柏拉图《会饮》的模仿，参见 Thesleff 1978、Bowen 1998: 8-9。

Pontius）的作品建立在食物与酒的影响上，米西奈斯（Maecenas）的作品建立在酒的影响上，而门尼普斯（Menippus）和卢奇安则写了哲学式的会饮对话。圣梅多迪乌斯爵士（St. Methodius）的《会饮》尽管描绘了10位处女以赞美贞洁，但它仍是同种类型的例子。显然，“才俊们餐后谈话”的样式深深影响了众多后来的 314
作者。④

约在3世纪末期，哲人普罗提诺提出，读柏拉图《会饮》时不仅应将其看作在讲述 erōs（爱若斯）——“爱”或“强烈的欲望”⑤，而且更应将其看作对不同层次现实的寓言式表征，看作一种进程，鼓舞人类灵魂经由对形体美的认知，从物质世界上升至智性理念（intelligible form）的领域。在普罗提诺的引领下，许多早期基督徒作家从《会饮》中借词借句以描述人类灵魂由尘世升达天堂的过程。

到15世纪晚期，佛罗伦萨学者马奇里奥·斐奇诺翻译了《会饮》（先是将之译为拉丁文，后将之译为意大利文），创造了短语“柏拉图式的爱”（amor Platonicus），涉及了柏拉图在对话中着力描述的两个男人之间的特别感情联系。⑥ 1484年，斐奇诺对《会饮》的著名评论《论爱》出版，仅在接下来的1个世纪里，就在意大利带动了不下33篇“关于爱的论文”——如

---

④ 在一则对会饮这一题材（genre）之演变的讨论中，希腊式会饮（symposion）对基督教晚宴和犹太教逾越节晚宴的影响也在讨论之列，正如史密斯（Smith）在 Smith 2003: 280 中谈道：“作为‘宴会’的形式和理念的典范，柏拉图的《会饮》极具重要性，在‘宴会’的文学形式上同样如此。”

⑤ 希腊语 erōs 可能被英译为 love（爱）或者 desire（欲望），但更准确的译法是 passionate love（热烈的爱情）或者 passionate desire（热烈的欲望），带有明显的性的意味。智者普罗迪库斯将 erōs 描述为“翻倍的欲望”（D-K B7）。“当 erōs 翻倍时”，他补充说，“是疯狂”。人在面对不同对象时均能感受到 erōs——不管面对的是事物、活动还是人，就像我们谈及政治、象棋或哲学时所称的“主要兴趣”——这一概念在柏拉图的描述中扮演着关键角色。

⑥ 在《论爱》中，斐奇诺只讲了“苏格拉底式的爱”（Socratic love），但这两种表述均象征了聚焦于人格之美和智识上的爱，而非身体的吸引力。

皮科（Pico della Mirandola）的《柏拉图式爱的对话》（*Platonic Discourse upon Love*）、列奥·埃波里奥（Leo Hebraeus）的《爱的对话》（*Dialogue on love*）以及皮埃罗·贝默波的小说《阿什罗》。

随着1528年卡斯蒂隆《朝臣》的出版，贝默波所持“好的爱”的观点得以更为广泛地传播，如今“好的爱”则被严格界定在两性之间。16、17世纪的欧洲诗人对于清晰的精神之恋，或“柏拉图式的爱”的价值毁誉参半。18世纪，弗罗耶·西德纳姆（Floyer Sydenham）对《会饮》的翻译及稍后托马斯·泰勒
315 （Thomas Taylor）的校订，使柏拉图哲学在英语读者中有了更为广泛的传播。柏拉图对自然美所持的观点，即自然美仅是理想境界中美的不完美阴影，还影响了德、英浪漫主义运动的领军人物。

20世纪，《会饮》中的主题和形象出现在小说与戏剧中，如托马斯·曼的《魂断威尼斯》、艾略特的《鸡尾酒会》、福斯特的《莫里斯》、伍尔夫的《到灯塔去》以及三岛由纪夫的《禁色》；同时，也出现在美国社会改革家亚当斯（Jane Addams）的文章中，还出现在弗洛伊德、雅克·拉康（Jacques Lacan）和福柯对性欲本质的探讨中。

艺术作品中至少部分受柏拉图《会饮》启发的有：彼特·保罗·鲁本斯、雅克-路易斯·大卫及汉斯·埃尔尼（Hans Erni）的素描，安瑟伦·费尔巴赫、约翰·拉法奇的画作，等等。音乐作品中则有萨蒂为声乐和小型乐队而作的《苏格拉底组曲》（*Socrate* Suite），该组曲第一部分中的一些文本取自《会饮》中阿尔喀比亚德的颂词；伦纳德·伯恩斯坦为小提琴、弦乐、竖琴和打击乐而作的小夜曲《柏拉图的〈会饮〉之后》（*After Plato's Symposium*）共有6个乐章，每个乐章都以柏拉图对话中人物的名字来命名。后来，伯恩斯坦的小夜曲成为芭蕾舞剧的基础，如杰罗姆·罗宾斯（Jerome Robbins）编舞的《七人

小夜曲》(*Serenade for Seven*)及克里斯多夫·威尔顿(Christopher Wheeldon)编舞的《科律班忒斯的狂喜》(*Corybantic Ecstasies*)。

近年来,《会饮》已不下6次被改编搬上舞台或银幕,包括1997年在美国科罗拉多州科罗拉多泉市上演的被称为"音乐剧版柏拉图《会饮》"的《全为爱》,以及1969年由BBC制作、列奥·麦克恩(Leo McKern)饰演苏格拉底的《酒会》。最近,约翰·卡梅隆·米切尔(John Cameron Mitchell)的摇滚音乐电影《摇滚芭比》(又名《妖型乐与怒》)借用了柏拉图《会饮》中的元素,讲述海德薇(Hedwig)在经历糟糕的变性手术后找寻爱与幸福的故事。该剧中,在斯蒂芬·查斯克(Stephen Trask)创作的歌曲《爱的起源》(The Origin of Love)中,海德薇引用阿里斯托芬关于人类最初的球形族人的故事,来讲述"我们怎样变成孤独的两腿生物的悲伤故事"。

接下来,我将忽略关于《会饮》对话的大量文学性产物,而聚焦于其著名的视觉后效产物。在重温若干关于此对话的后像之后,我们将思考,这篇引发了如此多回响的对话到底如何。

或许,关于柏拉图《会饮》最为出名的艺术再创作是19世纪德国艺术家费尔巴赫的作品《柏拉图的会饮》(*Das Gastmahl des Platon*)。(见图14-1)

当费尔巴赫在1869年慕尼黑国际艺术大展上展出其画作《柏拉图的会饮》时,画作那具有传奇色彩的尺幅、灰底及柔和色调招来了众多负面评论。一位批评家写到:画作让他想起"强迫自己走进香水店的茫茫冰原"。另一位批评家则称画作"在构图和色彩上丑到极致,近于粗鄙和污秽……费尔巴赫的画笔蘸的似乎是墨和石灰水,而非色彩"(Bratke and Schimpf 1980:9)。* 这

---

* 指Brathke/Schimpf的Anselm Friedrich Feuerbach, 1829-1880。Koblenz-Ehrenbreitstein, 1980.

316

图 14－1　安瑟伦·费尔巴赫（1829—1880），《柏拉图的会饮》，作于 1869 年

资料来源：Staatliche Kunsthalle, Karlsruhe, Germany, inv. no. 813. Photo, Bildarchiv Preussischer Kulturbesitz/Art Resource, NY. *

幅油画被私人购买收藏后，费尔巴赫决定在其基础上再创作一幅色彩丰沛、装饰华美的油画作品，1878 年后此作品藏于柏林的国家美术馆，现藏于柏林老国家美术馆（Old National Gallery）。⑦

在早先的 1869 年版本里——通常这个版本的画作被认为是两幅油画中更优的，费尔巴赫捕捉了那个瞬间，即打扮得像酒神狄奥尼索斯的阿尔喀比亚德，在一群醉酒者的簇拥下走进餐室的瞬间。阿尔喀比亚德右边的天使举起花冠，正准备将花冠献给阿伽通；后者站在屋子中间，伸出右手表示欢迎。画中其他人的身份大约是参与辩论的人，但若我们假设——正如 1993 年海因里希·迈尔（Heinrich Meier）介绍伯纳德特（Benardete）时暗示的那样——空间的毗邻性在一定程度上显示了人物间的相互关系，那么坐在阿伽通身后的人就很可能是他的爱者鲍桑尼亚。与此类似，
317 可通过油灯杆子上缠绕的蛇**辨认出来的医生厄里刻希马库斯，

---

* 纽约艺术资源中心（Art Resource, NY）是一家商业机构，主要提供各种艺术品的高清照片。下同。

⑦ See http://gastmahl-des-plato-ii-1888.gemaelde-webkatalog.de.

** 希腊神话中，蛇杖为医术的标志。

很可能坐在其朋友斐德若的旁边。画中有两个人呈重叠状，其中一个背向观众，完全被谈话所吸引，另一个则专心致志地凝视着他——几乎可以确定，这是苏格拉底和他虔诚的追随者阿里斯托德莫斯。这样，剩下的人辨认起来就相对容易些，那个正同苏格拉底说话的人看上去应该是阿里斯托芬。画面右侧较远处的三个人或许是柏拉图提到的赴宴的不知名客人，但如迈尔暗示的那样，也可能其中一个就是柏拉图本人，据推算那时的柏拉图应该 9 岁了。如果确实如此，如果这几位就是斐德若、阿里斯托德莫斯和柏拉图，那么他们这几位崇拜者就围绕苏格拉底形成了一个等腰三角形，与阿尔喀比亚德衣冠不整的随从形成对比。背景墙上的壁画，一幅描绘的是狄奥尼索斯与阿里阿德涅（Ariadne）的婚礼，另外的则描绘酒神的侍女们及森林之神萨提尔，对此费尔巴赫的灵感或许来自 1866 年的那不勒斯（Naples）和庞贝（Pompeii）之旅。

按传记作家尤利乌斯·阿尔热耶（Julius Allgeyer）的说法，在《柏拉图的会饮》中，费尔巴赫尝试描绘人类心灵中两种形成对比的冲动——图中左侧以阿尔喀比亚德及其随从为代表的肉欲主义和图中右侧以苏格拉底为代表的理性主义。通过这种解读，费尔巴赫可说是给出了一种“狄奥尼索斯-阿波罗式的”（Dionysian-Apollonian）对比性视觉表达，这种解读比尼采《悲剧的诞生》（*Birth of Tragedy*）的出版要早两年。但这或许不是事情的全貌。费尔巴赫在一封信中透露，他很早就完成了画中的左侧部分，而直到很晚才构想出右侧的人物：“如此的形式我已酝酿了多年”，费尔巴赫写道，“会饮中阿尔喀比亚德及醉酒的随从这一意象已呈现了很久，当我在找寻一种恰当的平衡时，我记得，柏拉图的《会饮》给了我一种突如其来的直觉”（Bratke and Schimpf 1980: 2）。

我们同样可以注意到，关于这一点接下来我们还会一再注意到，费尔巴赫对会饮一事给出了一个与众不同的版本。在为作品首展所写的画作说明中，他把鲍桑尼亚写成了格劳孔；十分意大利风格的装饰和座位安排，既非来自柏拉图的描写，也非古典时期雅典餐室里卧榻的典型布局；画里的中心人物阿伽通给人的印象远非一个观察者，即仅仅把诗的高贵观点反映出来的人，而是把美带入存在并获得荣耀的人。同样，我猜想，费尔巴赫希望以其不朽的画作而被授予荣誉。

被费尔巴赫凸显的阿尔喀比亚德与苏格拉底之间的对比，
318 早在1648年便出现在皮埃罗·泰斯特的铜版画《醉酒的阿尔喀比亚德》（*The Drunken Alcibiades*）中，这幅画描绘了一个裸体的阿尔喀比亚德，手里举着花冠，与好辩的苏格拉底相“对抗”。后者一直在试图阐明观点，但其他人都没看他。（见图14－2）

图14－2　皮埃罗·泰斯特（1612—1650），《醉酒的阿尔喀比亚德》，作于1648年

资料来源：Kupferstichkabinett, Staatliche Museen zu Berlin, inv. no. 353-21. Photo, Bildarchiv Preussischer Kulturbesitz/Art Resource, NY.

或许是参考了色诺芬的《会饮》，画面背景中出现了一个正要离开宴会的舞者；而费尔巴赫画中狄奥尼索斯与阿里阿德涅婚礼的壁画也让人想起色诺芬《会饮》的结尾。伊丽莎白·麦格拉斯（Elizabeth: McGrath）在对皮埃罗·泰斯特的研究中（McGrath 1983: 233-234）认为，画作是对年轻裸体之美的庆祝，既可被视作对比，又可被视作对爱更深层次理解的起点。

柏拉图《会饮》（212a-b）中描述的“花冠事件”激发了后来的众多作品。阿尔喀比亚德宣布他来向阿伽通——“那最聪明、最美丽的男人”——敬献花冠，并取下自己头上的一些常春藤和紫罗兰准备缠到阿伽通头上。但当发现苏格拉底就斜躺在阿伽通身后，阿尔喀比亚德就转而试着将飘带缠到苏格拉底头上。阿斯穆斯·雅各布·卡斯坦斯（Asmus Jakob Carstens）⑧ 319
1793 的一幅稍显简略的画作就描画了以下这一场景：阿尔喀比亚德正将花冠戴到苏格拉底头上，年长的阿伽通在一旁看着。

彼特·保罗·鲁本斯约在 1602 年创作的、现已严重褪色的素描将这一场景描绘得更为详细。（见图 14－3）

在《醉酒的阿尔喀比亚德闯入会饮》（*The Drunken Alcibiades Interrupting the Symposium*）中，鲁本斯描绘的阿尔喀比亚德头上戴着花冠，举着第二个花冠要戴到苏格拉底头上，与此同时还拉过第三个花冠，那是之前他敬献给阿伽通的。实际上，鲁本斯将整个“花冠事件”压缩到了一幅图中。结果是模棱两可的信息，或许是反映阿尔喀比亚德反复无常的“今天来—明天去”（here-today-gone-tomorrow）式的忠诚。鲁本斯创作的动机不为人知，但 320
一种可能是——同样也是麦格拉斯所认为的（McGrath 1983: 234），

---

⑧ See *Alkibiades kränzt den Sokrates beim Gastmahl* in Runes 1959: 84. 这被奉为“最著名的柏拉图式晚宴之一”。目前这幅作品被哥本哈根的托瓦尔森博物馆（Thorvaldsen Museum）收藏。

图 14-3 彼特·保罗·鲁本斯（1577—1640），《醉酒的阿尔喀比亚德闯入会饮》，作于 1602 年

资料来源：The Metropolitan Museum of Art, New York; gift of Harold K. Hochschild, 1940; inv. No. 40. 91. 12. Photo, all rights reserved, The Metropolitan Museum of Art.

这幅素描可能是鲁本斯送给朋友的礼物，作为对某一场合的纪念，“爱”与“柏拉图哲学”贯穿该场合始终。

19 世纪的“美国印象派画家”约翰·拉法奇在两幅作品中分别探索了花冠图像。拉法奇曾广泛阅读柏拉图的作品，并在欧洲与托马斯·库图尔（Thomas Couture）一道研究，后者曾是费尔巴赫的老师。拉法奇 1861 年创作了一幅画，名叫《阿伽通的花冠》（*Agathon to Erosanthe*），画中我们可以看到由多种颜色的鲜花编成的花冠，下面题着 Erosanthē Kalē，意为“美丽的爱之花”或“爱之花甚美”。题字用红棕色墨水写就，在花冠下隐约可见。（见图 14-4）

词语 Kalē 让我们想起近似的 Kalos。在古代，雅典的上层人士

图 14-4 约翰·拉法奇（1835—1910），《阿伽通的花冠》，作于 1861 年

资料来源：Private Collection, New England. Photo, courtesy of Thomas Colville Fine Art, LLC.

将喜爱的东西储存在杯子或酒碗里，并在其上题上 Kalos 字样。考虑到 kalē 是阴性词、画中的紫罗兰以及诗人阿伽通与诗意画家拉法奇的天然联系，我们可以推测，拉法奇在这幅作品里通过再现柏拉图会饮的意象来表达他的爱。有观点进一步认为，是表达对玛格丽特·佩里（Margaret Perry）的爱——在作此画时，他们刚结婚一年。拉法奇另一幅关于花冠的画作于 1866 年，名为《花冠》（*Wreath of Flowers*），印有希腊文题字 THEREOS NEON HISTAMENOIO，意为当夏季来临。拉法奇的研究者们认为这两幅画都很神秘，但我认为至少可将《阿伽通的花冠》视作《会饮》以特定形式留存于晚近艺术家作品中的一个例子。

321 对众多艺术家来说，《会饮》对话中另一个值得纪念的细节是柏拉图描绘的苏格拉底与阿尔喀比亚德的关系。一幅由让-弗朗索瓦丝-皮埃尔·贝朗（Jean-Françoise-Pierre Peyron）创作，名为《苏格拉底让阿尔喀比亚德远离感性生活的危险》（*Socrates Leading Alcibiades away from the Dangers of a Sensual Life*）的作品，有着较大的影响力。（见图 14－5）

图 14－5　让-弗朗索瓦丝-皮埃尔·贝朗（1744—1814），《苏格拉底让阿尔喀比亚德远离感性生活的危险》，作于 1785 年后

资料来源：Ackland Art Museum, The University of North Carolina at Chapel Hill, The William A. Whitaker Foundation Art Fund; inv. no. 69.18.1.

贝朗画作中的古典文学来源是不确定的。（Gillham and Wood 2001: 119）正如柏拉图描述的，阿尔喀比亚德拒绝了苏格拉底引领其进入哲学生活的尝试，在显而易见的羞耻和失败感之下，退回到追逐政治权力及名望的状态。在《会饮》(216b) 中，阿尔喀比亚德承认：“一旦离开他，我还是不免拜倒在众人迎奉的脚下。所以，我老躲着他，见他就远远地逃走，只要见到他，我就会因自己答应过他的事情而无地自容。”阿尔喀比亚德逃走时奴隶般的形象也出现在普鲁塔克的作品《阿尔喀比亚德传》(*Life of Alcibiades*) 中：“他有时会沉溺在奉承者中，他们向他提出各种享乐的法子，导致他离弃苏格拉底，后者于是追着他不放，仿佛他是逃亡的奴隶。”(6.1) 普鲁塔克还讲述了阿尔喀比亚德如何同妓女交往——“放逐自己，沉迷于各种奢侈品中，沉溺于纵欲中，与那些来自阿比杜斯(Abydos) 和爱奥尼亚 (Ionia) 的妓女一起”(36.2)，尽管他并没有说，苏格拉底“拯救”阿尔喀比亚德于妓女间。尤多尔 322
夫·范·德·桑德 (Udolpho van de Sandt) 将贝朗对主题的选择同《伊利亚特》卷六中荷马记述的赫克托尔 (Hector) 造访帕里斯 (Paris) 帐篷一事联系起来，而狄德罗 (Diderot) 在为《百科全书》(*Encyclopedia*) 写的一篇文章中认为，艺术家们从柏拉图《会饮》中汲取灵感以寻找恰当的主题。(Van de Sandt 2001)

贝朗画作中的两个男性形象，看上去应该是以古代著名的贝尔维德尔的阿波罗 (Apollo Belvedere) 雕像为蓝本的，整组图画则与那不勒斯国家博物馆 (National Museum in Naples) 收藏的名为《妓女中的青年》(*Youth among the Courtesans*) 的希腊浮雕相似。(见图 14-6)⑨

因此，贝朗看起来画了一个既艺术又文学的范例，来翻新一幅关于古代德性的图像，或者更准确地说，将古代德性的范本与放纵生活的典型例子来做对比。

---

⑨ See Bieber 1955: 153, Figure 654.

图 14-6 希腊大理石浮雕，《妓女中的青年》，作于公元前 2 世纪晚期至公元前 1 世纪早期

资料来源：Naples, Museo Archeologico Nazionale, inv. no. 6688. Photo, Soprintendenza per i Beni Archeologici delle province di Napoli e Caserta.

后来再现这一主题的众多作品有：勒尼奥（Jean-Baptiste Regnault）的《苏格拉底从妓女怀中拉走阿尔喀比亚德》（*Socrates Tearing Alcibiades from the Arms of a Courtesan*，1791）（见图 14-7），让-莱昂·杰罗姆（Jean-Leon Gerome）的《苏格拉底在阿斯帕齐娅*家寻找阿尔喀比亚德》（*Socrates Seeking Alcibiades in the House of Aspasia*，1861）（见图 14-8），以及弗朗西斯科·阿耶（Francesco Hayez）的《苏格拉底在女人的住处发现阿尔喀比亚德》（*Socrates Discovers Alcibiades in the Women's Quarters*）（见图 14-9）。

---

* 阿斯帕齐娅（Aspasia），约公元前 470—公元前 400 年，雅典政治家伯里克利的情妇、当时雅典社会的活跃人物。其智慧为苏格拉底所赏识，但长期受到公众攻击，常常成为希腊喜剧讽刺的对象，原因是她的私生活和据说她对伯里克利外交政策的影响。

图 14－7　勒尼奥（1754—1829），《苏格拉底从妓女怀中拉走阿尔喀比亚德》，作于 1791 年

资料来源：Paris, Musée du Louvre, inv. no. R. F. 1976. 9. Photo, Erich Lessing/Art Resource, NY.

图 14－8　让-莱昂·杰罗姆（1824—1904），《苏格拉底在阿斯帕齐娅家寻找阿尔喀比亚德》，作于 1861 年

资料来源：The Snite Museum of Art, The University of Notre Dame, on loan from Mr. and Mrs. Noah L. Butkin ; inv. no. L1980. 027. 011.

324

图 14-9 弗朗西斯科·阿耶（1791—1882），《苏格拉底在女人的住处发现阿尔喀比亚德》

资料来源：Palazzo Papadopoli, Venice, Italy. Photo, Cameraphoto / Art Resource, NY.

基于《会饮》（220e）中描写的事件及普鲁塔克的《希腊罗马名人传》（*Lives*），描绘类似主题的还有安东尼奥·卡诺瓦（Antonio Canova）的《苏格拉底在波提狄亚之战中拯救阿尔喀比亚德》（*Socrates Rescuing Alcibiades at the Battle of Potidaea*，1797）。（见图 14-10）

325

图 14－10　安东尼奥·卡诺瓦（1757—1822），《苏格拉底在波提狄亚之战中拯救阿尔喀比亚德》，作于 1797 年

资料来源：Gipsoteca Canoviana, Veneto, Italy. Photo, Conway Library, Courtauld Institute of Art.

还有英国建筑师、艺术家伊尼戈·琼斯（Inigo Jones）的一套素描，画了苏格拉底与阿尔喀比亚德在一起。（见图 14－11）

图 14－11　伊尼戈·琼斯（1573—1652），《苏格拉底和阿尔喀比亚德的头像》（*Heads of Socrates and Alcibiades*）

资料来源：Chatsworth, Devonshire Collection, vol. x, 74, no. 382. Reproduced by permission of the Duke of Devonshire and the Chatsworth Settlement. Photo, courtesy of the Photographic Survey, Courtauld Institute of Art.

326 《会饮》对话中另一个令人难忘的是苏格拉底与神秘女祭司狄奥提玛的对话。最早关于此的图像或许是下图中的青铜浮雕。这些浮雕是一个木制宝物箱上的部分装饰，箱子于1832年被发现于庞贝城一个带装饰拱门的房子里，现藏于那不勒斯国家考古博物馆（National Archeological Museum in Naples）。（见图14－12）

图14－12　青铜浮雕，《苏格拉底和狄奥提玛》
（*Socrates and Diotima*）

资料来源：Naples，Museo Archeologico Nazionale. Photo, Soprintendenza per i Beni Archeologici delle province di Napoli e Caserta.

这个箱子被发现几年后，一位叫雅恩（O. Jahn）的学者称，他注意到，这青铜雕像表现了柏拉图《会饮》中狄奥提玛教导苏格拉底“爱”的场景。在近来对古代知识分子的图像所做的研究中，保罗·赞克（Paul Zanker）表示，青铜浮雕装饰“很可能描绘了苏格拉底接受狄奥提玛对爱之秘义的教导”（Zanker 1996: 37）。但不少人对这一说法表示质疑，因为这让人感到很古怪，某一物体早在公元前4世纪下半叶就开始表现柏拉图对话中的场景，
327 而同一时期大量出现的是女性的图像，在许多小青铜镜上会出现女神阿佛洛狄忒的图像。（Schwarzmaier 1997）在一种非主流的解读中，阿佛洛狄忒看上去就像森林之神西勒诺斯在教导小爱神

(Erōs) 怎样阅读。其他人则将焦点集中在浮雕中女性形象手上看起来似乎是项链的东西上，并据此推断这是古希腊的一个高级妓女，或许就是阿斯帕齐娅，旁边则是小爱神和另一个不明身份的观察者。

后来的则有雅克-路易斯·大卫的一幅素描，这幅最近被华盛顿国家艺术画廊购买的素描，清楚地表现了狄奥提玛教导苏格拉底的场景。(见图 14-13)⑩

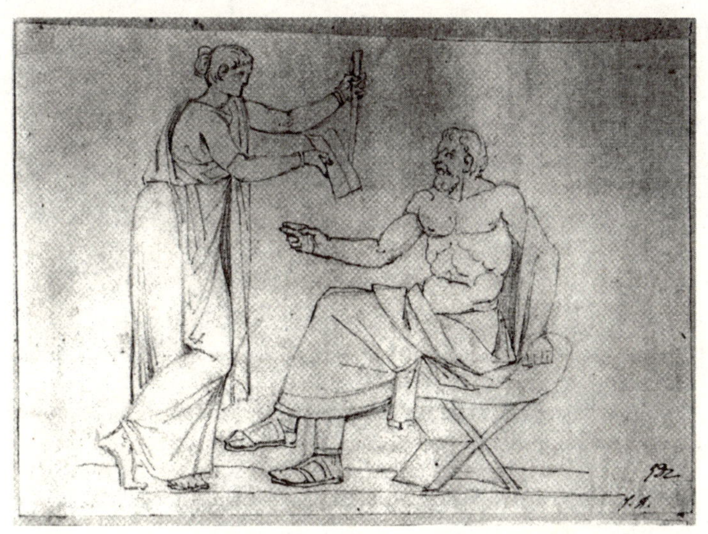

图 14-13　雅克-路易斯·大卫 (1748—1825)，《苏格拉底和狄奥提玛》(*Socrates and Diotima*)，作于 1775—1780 年

资料来源：National Gallery of Art, Washington, DC, Patrons' Permanent Fund; inv. no. 1998.105.1.e. Photo, © Board of Trustees, National Gallery of Art.

比较一下大卫著名的《苏格拉底之死》(*Death of Socrates*) 中苏格拉底式的躯体，我们可得出结论，这就是大卫的苏格拉底。(见图 14-14)

---

⑩　大卫描绘的苏格拉底和狄奥提玛的形象，无疑与《石棺上的缪斯》(*Sarcophagus of the Muses*) 两端的形象很相似，石棺现存于卢浮宫，参见 http://cartelfr.louvre.fr/cartelfr/cartelfr/visite? srv=car_not_frame&idNotice=2859。

328

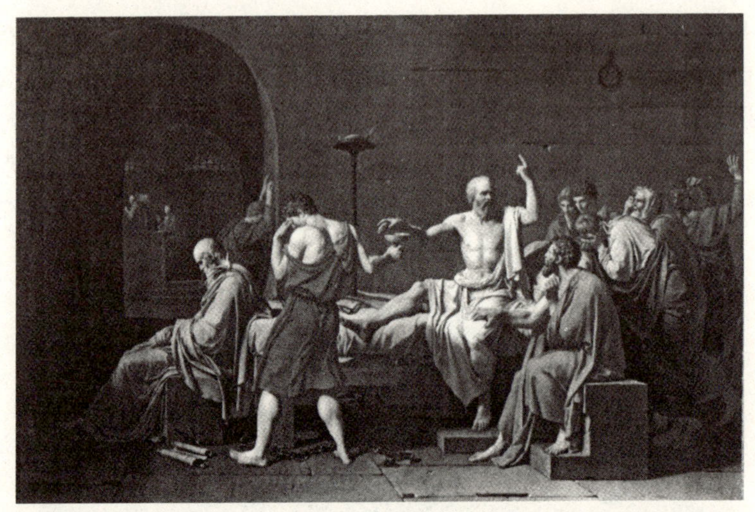

图 14-14 雅克-路易斯·大卫，《苏格拉底之死》，作于 1787 年

资料来源：The Metropolitan Museum of Art, Catharine Lorillard Wolfe Collection, Wolfe Fund, 1931; inv. no. 31. 45. Photo, all rights reserved, The Metropolitan Museum of Art.

除此之外，表现类似主题的还有瑞士当代艺术家汉斯·埃尔尼作于 1971 年的一套素描。

我们可以想见的是，狄奥提玛对苏格拉底做的那番演讲在多方面激发了一些模仿，尤其是新柏拉图主义者对“上升之路”的重新解读。在普罗提诺对柏拉图的革命性阐释中，爱与美是巨大的能量，锁于一个不断轮回的放射物中，呈现为神性之爱，这爱首先流溢为世界之美，接着又创造美，将我们引回我们的神圣之源。普罗提诺写道*：

爱美者（音乐家也会变成爱美者，然后或者停留在这一阶段，或者继续上升）拥有对美的某种回忆，但是他无法领

* 下面这段中译文引自：普罗提诺. 九章集. 石敏敏，译. 北京：中国社会科学出版社，2009：28-29.

> 会超然独立的美本身，他只是对各种可见的美着迷，为之激
> 奋。因此，必须教导他不能墨守某一个形体，为之激动，必
> 须通过推理过程引导他去思考所有物体，向他指明存在于一
> 切形体中的美是同一的，这美是不同于形体的另外事物，必
> 须认为它来自别的地方，而且向他标明它在其他事物中有更
> 好的体现，比如生活方式和法律中体现的美——这会让他适
> 应于非形体事物的美——以及存在于艺术、科学和美德中的
> 美。* 然后，必须把所有这些美还原为美的统一体，指明这
> 些美的源头。从美德开始，他就可以一下子上升到理智，上 329
> 升到真正的存在，然后必能走到更高的地方。
>
> ——Plotinus *Enneads* 1. 3. 2

历史学家安德斯·尼格伦（Anders Nygren）认为，这种关于灵魂的想象——灵魂被爱的神圣之美激发后登上天梯——渗透于早期的基督教思想中，他说："一千年来，作为 erōs 特征之一的天梯象征，毫无阻碍地被基督教应用到上帝的概念之中。"（Nygren 1953: 594）一幅关于天堂之梯的图片出现在一份 14 世纪早期的手稿中，该手稿基于 6 世纪名为克利马库斯（Johannes Climacus）的作品或圣约翰（St. John）之梯。（见图 14－15）

将爱与美比作天梯，还出现在尼撒的格里高利（Gregory of Nyssa）、圣奥古斯丁（St. Augustine）、亚略巴古的狄奥尼索斯（Pseudo-Dionysius the Areopagite）、波爱修（Boethius）以及圣博纳文图拉（St. Bonaventure）等的著作中。此外，还出现在但丁（Dante）《神曲·天堂篇》（*Il Paradiso*）的 21 行和 22 行——一位女性精神引导者贝雅特丽齐（Beatrice），带领诗人从土星层上升到恒星域：

---

* 此处，石敏敏译本原注为："这就是《会饮篇》210A 以下描述的心灵上升到绝对美的视阈"。

图 14－15 小型画（Miniature），《圣约翰正爬梯通向那已开门的天堂》（St. John Mounting the Ladder to the Opened Doors of Heaven），14 世纪早期盎格鲁-诺曼系手抄本

资料来源：British Library, Royal MS 19B. XV, f. 5v. Photo by permission of the British Library.

我在其中看到一座梯子，颜色像
反射出万道光芒的黄金，耸入云霄，
我的眼光简直看不到它的尽头。

——Dante *Il Paradiso* 1984: 28, 21. 28-30⑪ *

---

⑪ 尽管没有证据显示但丁拥有任何关于柏拉图《会饮》和《斐德若》的直接知识，但没必要去证实这一点。正如埃蒂安·吉尔森（Etinne Gilson）所观察到的："在中世纪的西欧，柏拉图几乎无处可在，但柏拉图哲学则无处不在，它存在于神父、西塞罗（Cicero）、阿拉伯哲学家之中，并直接来源于亚里士多德。"（Mazzeo 1958: 2）马泽奥（Mazzeo）进一步谈道："有关爱的柏拉图式教义四散得无处不在，正等着被综合起来。那些词汇等待着一个人，这个人既有柏拉图式的经验，又有能力并渴望表达。但丁，我想，正是这个人。"

* 诗句中译文引自：但丁. 神曲. 朱维基，译. 上海：上海译文出版社，2007：406.

天梯的形象出现在波提切利（Sandro Botticelli）为《神曲·天堂篇》所做的一系列插画中。（见图 14-16）此外，还出现在几乎同时期的乔凡尼·迪·保罗（Giovanni di Paolo）的一幅油画中。（见图 14-17） 330

图 14-16　波提切利（1444—1510），《第七重天：萨图恩》（*The Seventh Sphere: Saturn*），作于 1480 年后

资料来源：Kupferstichkabinett, Staatliche Museen zu Berlin, inv. no. Cim. 33, Paradiso 21. Photo, Bildarchiv Preussischer Kulturbesitz / ART Resource, NY.

或许狄奥提玛的教导中最有影响力的要数身体之爱与精神之爱的区分，即对美的身体之爱和对美的灵魂之爱所做的区分。许多后来的读者，从普罗提诺到斐奇诺及其他众人，还吸收了鲍桑尼亚的观点，后者对属天的（神性的）阿佛洛狄忒与属民的（普通的）阿佛洛狄忒做了比较和区分。鲍桑尼亚在为典型的娈童恋⑫辩护时，引用了他所做的区分。

⑫　关于娈童恋（pederastic model），有一个简短但信息量丰富的讨论，可参见皮克特（Pickett）的说法。他于 2002 年写道："古希腊性关系中的核心区别在于，担任主动或插入的角色还是担任被动或被插入的角色。被动的角色，只有由妇女、奴隶或尚未成为公民的年轻男子担任时，才被众人接受。因此，在这一文化中同性关系的理想

331

图 14－17　乔凡尼·迪·保罗（1420—1482），《萨图恩（土星）的天堂》（*The Heaven of Saturn*），约作于 1445 年

资料来源：British Library, Yates-Thompson MS 36, f. 165r. Photo by permission of The British Library.

但斐奇诺在对《会饮》的评论中把鲍桑尼亚的区分阐释为一种对比，即我们嗅觉、味觉、触觉等感官诱发的欲望，与人的精神及后天通过看和听习得的道德品行所得到的愉悦进行对比。斐奇诺两种形式的爱欲观体现在贝默波的小说《阿什罗》中，当谈话者交相赞美、非难了“爱”之后，绅士拉维尼罗（Lavinello）问道：“谁看不出来，我爱那勇敢的淑女，爱她的才智、正直、良

状态，有一个是年长一些的男子，在 20～30 岁，被人称作‘爱者’（erastēs）；另一个则是还没长胡须的少男，被称作‘被爱者或所爱’（erōmenos or paidika）。”在此种关系中会有求爱仪式（courtship ritual），包括礼物（如公鸡）及其他规范。爱者须表现出其对中意的男孩有着更高尚的趣味，而非单纯的性吸引。男孩亦不会轻易顺从。若追求的男人不止一个，他就会谨慎地选择更高尚的那个。同样有证据显示，插入（penetration）通常是被避免的，取而代之的是所谓股间性交（intercrural sex），即爱者面向被爱者，将阴茎置于其大腿之间。这种关系是暂时的，到男孩成年时即会终止。（Dover 1989）若成为正式公民后仍扮演被动角色，将被认为是种麻烦，尽管当时成年男性之间的同性恋广为人知，且未被强烈指责。被动的角色因此被认为是有问题的，而被男子吸引则通常被认为是男子气概的标志。

好的教养、优雅及其他美好的品质，要多于爱她身体的吸引力。爱这些来自身体的吸引力，并非因为它们本身，而是因为它们是 332
她心灵的外在装饰。谁看不出来，我的爱是善好的，因为我所爱的对象也是善好的。”（Bembo 1954: 158）这种对实质之爱、身体之爱及精神之爱的比较，呈现在视觉艺术中，按肯尼斯·克拉克（Kenneth Clark）的说法就是，“为女性裸体做了辩护”。克拉克解释道（Clark 1956: 71）：

> 因为这象征了人类深层次的感觉，短暂的暗示（由鲍桑尼亚提出）绝不会被忘记，变成了中世纪的一个公理和文艺复兴的哲学。这是对女性裸体的辩护。在早期，身体欲望的强迫性、非理性通过图像得到缓和。把维纳斯与粗俗相切割，将其变成神性的，成了欧洲艺术的一个长期目标。采用的手段包括对称、测量以及从属原则（例如，部分服从整体）。

克拉克引用的关于属天的维纳斯/阿佛洛狄忒的早期例子有：约公元前330年普拉克西特利斯（Praxiteles）创作的《尼多斯的阿佛洛狄忒》（Aphrodite of Knidos），如今我们只能看到这一雕像的后期仿制品；《美罗斯的阿佛洛狄忒》（Aphrodite of Melos），即著名的断臂维纳斯，作于约公元前100年（插图见 Clark 1956）。艺术史学家欧文·帕诺夫斯基（Erwin Panofsky）也将两个阿佛洛狄忒的区别与提香（Titian）的作品《神圣的和世俗的爱》（*Sacred and Profane Love*）联系起来，称画中未穿衣服的女人代表“赤裸的真理”（naked truth）或属天的维纳斯，穿衣服的或“世俗的”形象则是其自然界的孪生姐妹（属民的维纳斯）（Erwin Panofsky 1969: 109-138），当然这种观点受到了其他学者的质疑。

另一个相关的图像来自美国国家美术馆的永久收藏——达·芬奇的《吉尼芙拉·德·本奇》（*Ginevra de' Benci*），完成于1470

年代晚期。[13] 此画的创作年代及原因仍有不确定的地方，但画作背后的题字 Virtutem Forma Decorat，即美貌彰显美德（Beauty Adorns Virtue），为我们提供了有用的线索。月桂和棕榈编成的花冠环绕题字，是伯纳德·贝默波（Bernardo Bembo）的私人纹章。这位威尼斯大使于 1470 年代晚期来到佛罗伦萨，在其访问期间，宣称吉尼芙拉·德·本奇（Ginevra de' Benci）是其“柏拉图式的爱”。因此，达·芬奇创作的基本上就是柏拉图式的爱的视觉表征——内在精神美的外在表现。[14]

333 众多学者将两个阿佛洛狄忒的区别与波提切利的著名作品《春》（*Primavera*）（见图 14-18）和《维纳斯的诞生》（*The Birth of Venus*）（见图 14-19）联系起来。

图 14-18　波提切利，《春》，作于 1477 年

资料来源：Galleria degli Uffizi, Florence, Italy, inv. no. 8360. Photo, Scala/Art Resource, NY.

---

⑬ 达·芬奇画作的图像，参见本文集中迪斯金·克利的论文。

⑭ 斐奇诺将此画称为“一幅身体美与心灵美的图画”。参见布朗的讨论（Brown 2001: 142-145）及本文集中迪斯金·克利的论文。

在《春》中，波提切利安排穿得很多的维纳斯/阿佛洛狄忒持着代表尘世喜悦的挂毯，小爱神丘比特/爱若斯从上射下爱之箭。画的右边西风女神（Zephyr）追赶着花神克洛莉斯（Chloris），即罗马神话中的花神弗洛拉（Flora），掌管植物生长的女神。其左边依次是美惠三女神和墨丘利（Mercury）。在一个层面，波提切利给了我们一个古代田园牧歌（carmen rusticum 或 country song）的视觉图像，描绘了卢克莱修的《物性论》、奥维德的《岁时记》（*Fasti*）及贺拉斯的《颂歌》（*Odes*）中春天初现的场景。⑮ 但从更符号化的层面来看，《春》可被视为反映了爱与欲产生自然美，自然美反过来引领思维上升到引人联想的、更为理性的形式这一进程。⑯

在约创作于 1486 年的《维纳斯的诞生》中，我们可以看到属 334
民的阿佛洛狄忒的裸体对应者——属天的阿佛洛狄忒，被其出生地“海洋”的神力送到意大利海滩。（见图 14 - 19）

图 14 - 19 波提切利，《维纳斯的诞生》，作于 1486 年

资料来源：Galleria degli Uffizi, Florence, Italy, inv. no. 870. Photo, Scala/Art Resource, NY.

---

⑮ 关于波提切利《春》的文学来源的详细讨论，参见 Dempsey 1992，尤其是第一章。

⑯ 参见丽安娜·切尼（Liana Cheney）1985 年的相关论述。作为对比，亦可参见查尔斯·邓普斯（Charles Dempsey）1992 年的讨论和阿麦斯-刘易斯（Ames-Lewis）2002 年的讨论。

很明显，画中的阿佛洛狄忒诞生于泡沫中，这泡沫是克洛诺斯（Kronos）的生殖器被切下抛向海中产生的。阿佛洛狄忒的害羞——正如画中对其手臂的安排所揭示的——以及她优美平衡的站姿表明，她就是来自远古的、属天的阿佛洛狄忒的直接后裔。

几个世纪以来，欧洲诗人创造了一系列十四行诗、戏剧、歌曲以及假面剧本来探究或嘲弄“柏拉图式的”观念，即男女之间应该追求一种精神的结合而非肉体的结合。在 1630 年代，英国剧作家威廉·达弗南（William D'Avenant）创作了《爱之神殿》（*The Temple of Love*）和《柏拉图式情人》（*The Platonic Lovers*）等剧作，供女王海丽塔·玛丽亚（Queen Henrietta Maria）皇后殿里的达官贵人消遣。这些剧目在由伊尼戈·琼斯设计的壮观的宴会大厅（Banqueting House）上演。伦敦一位剧评家对朋友写道：“有一种爱叫柏拉图式的爱，近来影响很大。这爱提取自肉体的、粗俗的印象和色欲，但却由沉思及想法构成，而非由任何肉体之
335 物构成。”（James Howell in Jacobs 1982: 1: 317-318）琼斯解释道，他为玛丽亚女王在化装舞会上的柏拉图式装扮设计了一套服装，“使得存在于匀称、颜色及无以言表的优雅中的肉体之美，在女王陛下身上闪耀，引领我们沉思灵魂之美，直至达到类似的境界”（Strong 1973: 159）。

斯图亚特宫廷的化装舞会，让我们直面《会饮》的一个重要背景，即此篇对话的戏剧性（dramatic）特征。柏拉图的其他对话描绘了偶然的戏剧性场景，如《斐多》中死亡的场景和《理想国》中特拉绪马库斯的情感迸发，而《会饮》则是特意创作的一部哲学戏剧，有着丰富的场景，易于被心灵之眼观想。

在一段介绍性的框架叙述后，这戏剧就从苏格拉底和阿里斯托德莫斯一起朝阿伽通家走去开始了。我们可以比较佩斯图姆（Paestum）* 的《潜水者之墓》（*Tomb of the Diver*）的壁画里所描

* 古希腊在意大利南部的城市。

绘的“赴席的宴客”。(见图 14 - 20a)

图 14 - 20a　壁画，《赴席的宴客》，作于公元前 5 世纪早期

资料来源：From the Tomb of the Diver, Paestum; now in the Museo Archeologico Nazionale, Paestum. Photo, Scala / Art Resource, NY.

尽管在《会饮》(175a) 中柏拉图给出了额外惹人注意的细节，即苏格拉底站在阿伽通隔壁家的前院发呆。接着，我们被告知“他们献上祭酒，齐唱赞神歌，履行了所有例行仪式”(176a)，
这一场景也出现在佩斯图姆的壁画中。(见图 14 - 20b) 336

图 14 - 20b　壁画，《葬礼宴会》，作于公元前 5 世纪早期

资料来源：From the Tomb of the Diver, Paestum; now in the Museo Archeologico Nazionale, Paestum. Photo, Scala / Art Resource, NY.

尽管斐德若、鲍桑尼亚和厄里刻希马库斯三人的颂词包含很少的戏剧元素，但这一状况被阿里斯托芬著名的原初三种性别的球形人说法给打破了，即男—男、女—女以及男—女或称阴阳人。后来，这些人妄图占领神的领地，宙斯便将他们劈成两半。这些非凡生物的形象出现在纪念帕多瓦（Padua）* 哲人马肯托尼奥·帕瑟里（Marcantonio Passeri）的金属硬币上，还配有一句话：“在哲学的引领下，我们重回轨道”。（见图 14－21）⑰

图 14－21　卡尔维诺（Giovanni da Cavino），由亚里士多德学派哲人帕瑟里金属肖像翻刻的木刻画

资料来源：After Jacopo Tomasini, Iacobi Philippi Tomasini Patavini illustrium elogio (Padua, 1630), p104.

337 一幅名为《太阳之子》（*Children of the Sun*）的图片则出现在摇滚音乐电影《摇滚芭比》中。（见图 14－22）

---

* 意大利东北部城市。

⑰ 硬币上的说明文字反映了当时的流行观点，即认为该图是人类原初统一性（肉体与精神）的象征。阴阳人的图像还作为徽标出现在拉伯雷《巨人传》中巨人的帽子上，可参见圣保罗（St. Paul）的引文。

图 14－22 赫布利（Emily Hubley），《太阳之子》，出自摇滚音乐电影《摇滚芭比》

资料来源： Photo appears courtesy of Emily Hubley and New Line Productions, Inc.

尽管一些东西很抽象，但神话和爱的阶梯的视觉隐喻使得抽象的过程充满了戏剧性。接下来，戏剧之门打开了——醉酒的阿尔喀比亚德讲述自己勾引苏格拉底的失败经历及苏格拉底在战场上的英勇行为，最后一群未经邀请的夜游神（乌合之众）将会饮打断。在这场戏剧的最后一幕，苏格拉底由阿里斯托德莫斯陪伴着，开始了又一天的哲学生活。

《会饮》的戏剧性特征使其成为舞台或电视上经常上演的剧目（见本文开头部分提到的那些近年来的演出）。1969 年，BBC 播放了列奥·阿莱（Leo Aylen）改编的电视剧目《会饮》，该剧由乔纳森·米勒（Jonathan Miller）执导，列奥·麦克恩饰演苏格拉底。阿莱在谈到他是如何参与该剧创作时说："乔纳森说他想把 338
对话搬上电视荧幕，还问我关于柏拉图的事。我当即回答说，柏拉图的对话极具戏剧性，不亚于萧伯纳（Shaw）的戏剧。要拍摄的话显然要从《会饮》开始，因为这篇对话极富戏剧性。”⑱ 古典学者瑞克福德（Kenneth Reckford）认为，艾略特模仿《会饮》创作了剧目《鸡尾酒会》。瑞克福德注意到，两者的标题意思均为“饮酒会”，均包含“奠酒”（向神献酒），还都描写了欢快的场景以掩饰更深层次的哲学、宗教关切。瑞克福德还将《鸡尾酒会》中给出精神疗法和道德教化的亨利·哈考特-赖利医生（Sir Henry Harcourt-Reilly）比作苏格拉底，将茱莉亚·夏托斯维特（Julia Shuttlethwaite）比作狄奥提玛。此外，瑞克福德注意到了两个作品叙事结构的相似性：两者都是“从享乐的、世俗的、外围的进入哲学或宗教内核的意义和活力，再由此间出来”（Reckford 1991: 303-312）。

在《会饮》194a-b 处，苏格拉底将其与阿伽通的对话比作在剧场的表演；在 222d 处，苏格拉底将阿尔喀比亚德的颂词比作撒提尔滑稽剧（satyr play）*；结尾处苏格拉底与阿里斯托芬和阿伽通的交谈，暗示本篇对话应被看作一种哲学戏剧。不管怎样，《会饮》中众多让人难忘的场景和事件，应通过视觉媒介得以展现。

《会饮》吸引后来艺术家的另一个重要特点，是其缺乏单一、清晰而主要的信息。我并非指《会饮》没有主要信息。我认为，柏拉图《会饮》的主要意图在于利用原型及在其之下的影像间的区别来呈现一个实例，即哲学生活是一个人最好的生活方式——这存在于柏拉图哲学的核心地带，以及对话中给出的苏格拉底生活的例子中。与此同时，显示出当时流行的其他接近智慧的路径的内在局限性。正如罗伊写道：“《会饮》无疑是一种广义的规劝，一份来自哲学的邀请——以苏格拉底为榜样。”（Rowe 1998a: 4）柏拉图通过呈现一系列来自流行视角的“爱的课程”——包括诗人的教诲、智者教授的语言和各种论辩，还使用“新的自然

---

⑱ 参见作者的信件，2005 年。

* 古希腊森林之神滑稽短歌剧。

科学”的语言和解释，以及诉诸流行的神话和民间故事等，标示 339
出了哲学生活的优越性。然而，到最后，关于爱若斯的真正属性，除了一种视角外，其余视角都只提供了一种狭隘的观点。除了苏格拉底，《会饮》中的每个参与者都只是描述了爱若斯的某一方面，因为每个人都只看到了整体中的某一部分，就像盲人摸象那样。只有苏格拉底，讲述了狄奥提玛关于爱与美的综合性教诲。正如狄奥提玛在《会饮》(210e) 中所说，“(哦，苏格拉底，为了这美)，他先前付出的所有艰辛都值了”。

然而，复杂的叙事结构有隐藏这一要点的倾向。后世的读者不仅要遭遇多重视角，而且谁的颂词应被奉为真相的圭臬亦不再显而易见（如果曾显而易见的话）。人们通常假设对话作品中的“苏格拉底”是柏拉图的传声筒，但苏格拉底对爱若斯的理解中经常提到它的缺点使得这一说法经不起推敲。[19] 此外，格里高利·弗拉斯托斯在一篇著名的论文（Vlastos 1973b: 3-42）中谈到，苏格拉底坚持认为，爱若斯是对抽象的、理想的美的一种追求，这与人们喜爱彼此时的情感不太相符。努斯鲍姆（Nussbaum 1979: 131-172）和雅克·拉康（Jacques Lacon 1977, 2002）[20] 都推断，《会饮》的真正寓意在于一个人必须在两者之间做出选择——要么成为苏格拉底，要么成为阿尔喀比亚德。也就是说，要么追求抽象的、理想的美，要么追求与他人之间的强烈情感联系。此外，有人觉得，《会饮》最深的见解在于阿里斯托芬的观点——爱就是对完整、统一的欲求；还有人坚称，之所以对爱若斯的解读呈现出多样化的视角，是因为柏拉图其实想说，所有形式的性欲都是自然的，因此都一样是好的。伯恩斯坦在对其小夜曲进行解读时，甚至认为阿伽通的颂词是“整篇对话中最令人感

---

⑲ 谢菲尔德提出，这些引用只适用于苏格拉底的某些早期思想，而不能作为对他当时思想状态的指控。（Frisbee Sheffield 2001a: 10n）但这一说法对多数读者来说并不显白。

⑳ 还可参见基埃萨（Chiesa）的著作（未标注出版日期）。

动的”。

简言之，由于单一、清晰、主要信息的缺失，读者将《会饮》当作一个大杂烩，并从中选择最吸引自己的观点或图景。后世众多读者珍视《会饮》的原因，按理查德·亨特的说法就是，“柏拉图提供了严肃讨论同性恋情感的唯一方式”（Hunter 2004: 116）。那些被人类戏剧强烈吸引的人，可以将注意力放在苏格拉底与阿尔喀比亚德的故事上；那些对宗教教育更感兴趣的人倾向
340 于将《会饮》视作精神生活的向导；那些富于审美情趣的人被《会饮》诗性和戏剧性的特质强烈吸引。哲人普遍将注意力放在狄奥提玛与苏格拉底描绘的智性过程（intellectual process）的性质上——有时竟完全忽略了《会饮》对话的其余部分。我们或许会为柏拉图设法讲授的“课程”被忽略或误解而感到遗憾，但《会饮》却因此种多元解读方式而获得新生和新的意义，我们绝不会为此遗憾。后世众多作家和艺术家对《会饮》所做的种种努力，使其成为一个经久不衰的话题，也使其成为不朽之作。

十五、柏拉图《会饮》在意大利文艺复兴时期的回响

——从布鲁尼（1435）至卡斯蒂隆（1528）

迪斯金·克利（Diskin Clay）[①]

在会饮中，苏格拉底并非没有与伙伴们共饮，他实际上喝了 341
酒。关于此人的怪事是，没人见他醉过。在柏拉图的《会饮》中，他离开了那些酒酣熟睡的伙伴，他们在庆祝阿伽通于公元前416年勒纳节（Lenaia）悲剧比赛中获胜的聚会中待到了第二天。他同阿里斯托德莫斯一道出门迎接新的一天，并且直到黄昏才清醒地回到他妻子那里。正如我们从这篇对话开篇的场景中所获知的，关于在阿伽通的会饮上说了些什么、做了些什么的记忆，在多年之后仍十分有趣，记忆虽已模糊有误，但这篇《会饮》在将近24个世纪中一直在模仿、效尤、论证、转变中被回忆起，不仅是在色诺芬、普鲁塔克、卢奇安的对话中，而且在视觉艺术中。我指的是在庞贝发现的一个盒子，上面的青铜浮雕展现了狄奥提

---

① 我将不再重复致这次难忘的柏拉图《会饮》研讨会之组织者，以及所有使会议成为可能、取得成功之人士的感谢。我由衷赞同这些感谢。我有三份特别的感谢：感谢詹姆斯·莱舍，他的《柏拉图〈会饮〉的一些著名后像》给我以启发，我在北卡罗来纳州（North Carolina）达拉谟（Durham）见到了这些图像，很久之前我就听说他于2005年8月将这些图像展出在哈佛古希腊研究中心；感谢劳伦兹·理查森（Lawrence Richardson，Jr.），他对克里斯托弗·兰蒂诺（Cristoforo Landino）的拉丁语特点予以了评论；感谢查尔斯·凡塔奇（Charles Fantazzi），他帮助我解决了一个标注问题，就出现在有伯纳德·贝默波亲笔签名的斐奇诺之《论爱》抄本中（对于这些贡献，见我在“后记”中的说明）。

玛与苏格拉底，以及安瑟伦·费尔巴赫的画作，其中描绘了阿伽通宴席上的伙伴们。（Karlsruhe, State Museum, 1869）这些定格下来的图像，并没有《会饮》中七篇颂词先后顺序所具备的生动与巧合，也没有对其开篇或结尾的反映，只是些“陈词滥调”。费
342 尔巴赫选取了阿伽通会饮中最为戏剧化的时刻，即纵酒狂欢后的阿尔喀比亚德打断会饮，来体现整个《会饮》。

14 世纪与 15 世纪早期的意大利对《会饮》有选择性地保留了相关记忆。在佛罗伦萨、威内托的阿什罗（Asolo in the Veneto）、乌尔比诺（Urbino）宫廷的意大利文艺复兴时期的人文主义者与基督教文化中，《会饮》的历史是被有选择地加以关注和忘却的故事，对此我无法完整地讲述。这篇比较片面的研究适宜于我的主题，因为《会饮》在意大利折射出的图像中成为片断，同时又被并入了柏拉图式的整全。我以 1435 年列奥纳多·布鲁尼（Leonardo Bruni）寄给柯西莫·德·美第奇（Cosimo de'Medici）的阿尔喀比亚德颂词的拉丁语翻译开篇，以卡斯蒂隆的《朝臣》（1516 年成书，1528 年印刷）卷四中皮埃罗·贝默波的演说结尾。参加谈话的一位廷臣是朱利亚诺·德·美第奇（Giulano de'Medici），即洛伦佐（Lorenzo）的小儿子，和他父亲一样，被称为豪华者（Il Magnifico）。

我们跨越了美第奇家族的四代人。红衣主教贝默波被合宜地葬于密涅瓦神庙上的圣母教堂（Santa Maria Sopra Minerva），位于两位美第奇教皇，即列奥十世（Leo X）与克莱门特七世（Clement VII）之间。在着手讨论布鲁尼作为柏拉图翻译者的漫长生涯之前，我们应当注意到意大利文化的一个转变。布鲁尼将柏拉图《会饮》中阿尔喀比亚德的颂词翻译成拉丁文。马奇里奥·斐奇诺的《论爱》（立意于 1468 年 11 月 7 日，写于 1469 年）是对《会饮》进行重新创作的卓越尝试，特别是在当时被人们视为意大利之雅典的佛罗伦萨。所有聚集在坐落于卡尔基（Careggi）的美第奇别墅中的谈话者都说拉丁语。但在下一个世纪，贝默波的《阿

什罗》（1505）以及卡斯蒂隆《朝臣》中的谈话者说话已不在语言上那么博学，他们不仅受斐奇诺的柏拉图主义影响，而且受薄伽丘（Boccaccio）的《十日谈》（*Decamerone*）影响。并且，在斐奇诺之后，印刷机立即以阿尔定八开本（Aldine octavos works）的形式开足马力地复制与装饰。我们要将贝默波体（Bembo font）归功于贝默波与奥尔德斯·马尼利乌斯（Aldus Manutius）的密切关系。

就这四位人文主义者而言，我们是在讨论一种“翻译”。《会饮》以博学的拉丁语或方言的形式，被同化入佛罗伦萨人布鲁尼与斐奇诺，以及活跃于米兰、曼图亚、乌尔比诺、罗马的贝默波与卡斯蒂隆所开创和分享的文化中。古希腊的东西经由文化上的翻译，成了拉丁的或意大利的东西。② 关于柏拉图《会饮》的记忆并不完美——犹如笼罩着令人健忘的迷雾。若说它失去了原初的整体性，那么它在意大利也获得了其他东西。这便是由阿伽通摆设而由柏拉图在《会饮》中创作的那场宴席的命运。

显而易见，这些意大利人文主义者在这篇对话中发现了什么迷 343
人之处。他们都在贵族圈中活动，都欣赏他们自己社交活动的高贵原型，即苏格拉底与柏拉图在雅典的活动。柏拉图在年轻时便聚拢了很多最杰出的雅典人。尤其迷人的是苏格拉底、阿里斯托芬、阿伽通以及阿尔喀比亚德这些人物形象。（*Symposium* 172a-b）另外，《会饮》中的七篇颂词有着无与伦比的精湛修辞以及多样性、戏剧性，还有柏拉图在塑造七位谈话者的性格上那令人赞叹的才能。此外，对基督徒读者来说，狄奥提玛的颂词看起来是雅各之梯（Jacob's ladder）的模糊反映，是在思想上接近上帝的异教先声。爱若斯（erōs）被翻译为上帝之爱（amor Dei），没有任何文化上的迟疑。

然而，这篇对话的一些基本特征及其文化让人们厌恶而不愿触及。③ 其中之一即关于鸡奸的话题，它在古希腊男子关于爱的

---

② 关于斐奇诺的时代出现在佛罗伦萨的手稿，参见 Gentile et al. 1984。

③ So Ben Jonson, *Sejanus* act 1, line 82.

谈话中十分显眼。在斐奇诺的《论爱》中，九位来到卡尔基的客人代表宴饮中的高贵宾客致辞（o convive castissimi）。④ 我们这些作者看起来没有一位欣赏《会饮》的如下两个特征：戏剧性与这篇对话的编排。若加以转换，在对《会饮》进行增补与取用的历史中，遭省略的内容与保存下来的内容会同样重要。这篇对话的开篇（或者说背景）以及奇怪且看上去无关的结尾，丝毫引不起我们这些昏昏欲睡的作者的兴趣。阿里斯托芬的打嗝与发表赞颂的顺序遭打乱，这些同样不能引起我们的兴趣。其结果是，没人欣赏对话结尾处苏格拉底所设想出的兼擅悲剧与喜剧的诗人这一柏拉图的印记，也没人欣赏这篇对话开篇一幕揭示的主题，即对身为爱若斯化身的苏格拉底的哲学赞颂。⑤

列奥纳多·布鲁尼（1370—1444）

布鲁尼，原名列奥纳多·阿瑞提诺（Leonardo Aretino），他为教皇教廷（papal Curia）服务近 10 年后（1414 年）返回佛罗伦
344 萨，成为佛罗伦萨公民。作为萨鲁塔蒂（Coluccio Salutati）时代佛罗伦萨阿尔蒂尼（Aretine）家族的年轻人，他翻译过柏拉图的《斐多》《申辩》《克里同》。受西塞罗《论演说》（*De Oratore*）的启发，他撰写了自己的拉丁语《对话》（*Dialogi*，卷一撰写于 1401 年，卷二撰写于 1406 年）。他在罗马继续翻译柏拉图的《高

---

④ 托马索·本奇（Tommaso Benci）代表苏格拉底（60r/199[6.1]），兰蒂诺代表阿尔喀比亚德（114v/251[7.6]）。该文本的引文我引自 Marcel 的版本（Ficino 1956）。为了便于查找引文，我先给出梵蒂冈签名版（7.705）的页数（正面或反面），随后是页数与方括号中的章节。斐奇诺认可柏拉图关于同性恋的警句，但迪卡库斯（Dicaerchus）对柏拉图性欲（libido）的批评（see Cicero, *Tusculans* 4.34.71, 8r/143 [1.4]）被他愤怒地加以否认了。

⑤ 对此我在 Clay 1975 中进行过论证。

尔吉亚》(1404—1409 年)，并将之题献给伪教皇约翰二十三世(John XXIII)，后者不久遭康斯坦茨会议（Council of Constance）免去教皇职位［他的石棺是佛罗伦萨洗礼堂中唯一的墓冢，而这石棺由多纳泰罗（Donatello）与米凯洛佐（Michelozzo）联手制作］。可能在返回佛罗伦萨 10 多年后，布鲁尼才恢复了翻译柏拉图的工作。他先是编译了《斐德若》的选段。有两篇最后的翻译——柏拉图信札与《会饮》中阿尔喀比亚德的颂词——被保存下来，均题献给柯西莫·德·美第奇。后者有些古怪，或许是为了纪念苏格拉底辩护，以反驳亚姆布瑞吉奥·特拉维尔萨利(Ambrigio Traversari）的批评。⑥ 1435 年，他将这些与一篇题献的信札一道寄给柯西莫。

就《会饮》中阿尔喀比亚德的颂词而言，布鲁尼面临着他多年前翻译《高尔吉亚》时遇到的微妙问题：坦率而无羞耻感地认可鸡奸。他的处理方法是，干脆对那些令人生厌的段落睁只眼闭只眼，转头不理，并留下不译，这为下一代佛罗伦萨柏拉图主义者中斐奇诺所谓苏格拉底式的爱（amor Socraticus）这一贞洁的观念做了准备。赠给柯西莫的另一份奇怪礼物将会自米兰抵达佛罗伦萨。这份奇怪的礼物是一首用方言写成的诗文，冠以拉丁文标题《赫马佛洛狄忒斯》(Hermaphroditus)，出自很快便声名狼藉的安东尼奥·贝卡代利［Antonio Beccadelli，人称帕诺尔密达（Panormita)，1394—1471］。若柯西莫读过这两份手稿或帕诺尔密达致波吉奥·布拉乔利尼（Poggio Bracciolini）的信，后者以柏拉图及其警句为权威证明自己沉迷同性恋是合法的，那么他就会深感困惑。在布鲁尼翻译的《会饮》中阿尔喀比亚德的颂词中，他不会找到这类东西的踪迹。布鲁尼有所区分地将阿尔喀比亚德对他试图引诱苏格拉底的叙说，以及爱者与被爱者间的角色颠倒（218b-219d)，转变为一篇关于他在探求智慧上追求苏格拉底的可敬自

---

⑥ See Hankins 1990: 80-81 and his Appendix 3D.

白。布鲁尼实际上遮掩了阿尔喀比亚德揭露的寝室中的那一幕（*Symposium* 218b），正如他遮掩了那群吹箫女，她们随酒醉的阿尔喀比亚德一同闯入了阿伽通这厢清醒的宴席。在另一个时代，本杰明·乔伊特（Benjamin Jowett）对《斐德若》中赞扬哲学上的娈童恋加以维多利亚时期的“讽刺性的模仿（parody）”，以此对同性恋表现出相同的斥责。娈童恋在维多利亚时期的英语中被译作对已婚夫妇而言被许可的、但终究是柏拉图式的爱。这是一种翻译风格：在评注中任意删改。布鲁尼采用了另一种策略：裁
345 剪或剔除对话中令人生厌的部分。在这种布鲁尼的报复（nemesis）中，评论家亚姆布瑞吉奥·特拉维尔萨利和他对手的想法一致。在面对第欧根尼·拉尔修《名哲言行录》（Laertius 3）卷三中被归于柏拉图名下的那些娈童恋诗文时，特拉维尔萨利对其不做翻译。更确切地说，他起先翻译了这些诗文，并在手稿的页边空白处标记为：柏拉图式的爱（Platonis amor），但随后又划掉了他的译文。⑦ 划掉柏拉图式的爱这一举动，是个我们要在斐奇诺的《论爱》、贝默波的《阿什罗》以及卡斯蒂隆的《朝臣》中关注的主题。

马奇里奥·斐奇诺（1433—1499）

马奇里奥·斐奇诺对柏拉图《会饮》的“评注”或纪念以 sive De Amore（或论爱）为副标题。与布鲁尼的翻译不同，它本身不是一篇译文；它是对柏拉图《会饮》的再现。其场景为1468年11月7日，在坐落于卡尔基的美第奇别墅中，为纪念柏拉图生日而举行的宴会。我们已从柯西莫·德·美第奇的时代来到了他的孙子即豪华者洛伦佐的时代。洛伦佐恢复了纪念这位异教贤人

---

⑦ 所引证的情色警句集中于 Diogenes Laertius 3. 29-32。

(pagan saint) 的节日。出席者与他们的角色分配如下表:

柏拉图的《会饮》	斐奇诺的《论爱》
柏拉图	马奇里奥·斐奇诺(1433—1499)
斐德若	乔万尼·卡瓦坎提(Giovanni Cavalcanti,约 1444—1509)
鲍桑尼亚	安东尼奥·阿格里(Antonio Agli,1400—1477)
厄里刻希马库斯	蒂特费奇·斐奇诺(Diotifeci Ficino,1402—1479)
阿伽通	卡洛·玛苏皮尼[Carlo Marsuppini,卡洛(Carlo)之子,1399—1453]
阿里斯托芬	克里斯托弗·兰蒂诺(1424—1498)
苏格拉底/狄奥提玛	托马索·本奇(1427—1470)
阿尔喀比亚德	克里斯托弗勒·玛苏皮尼(Cristoforo Marsuppini,卡洛之子)

这份宾客名单还应当添上一些杰出的"不速之客"(umbrae),或者说不请自来的宾客:俄耳甫斯、至尊赫尔墨斯(Hermes Trismegistus)、狄奥尼索斯大法官(Dionysius the Areopagite)、柏拉图《书信》(*Letters*)(包括第二封信)或其他作品中的灵明,以及出席宴会的唯一女性,即寓意女神(Allegoresis)那优雅而体贴的灵魂。还有许多空白留给伯纳德·贝默波(1443—1519),他与斐奇诺不同年但生日相同,而贝默波的儿子皮埃罗(1470 年 5 月 20 日—1547 年 1 月 18 日)即将出生。皮埃罗将在他的《阿什罗》中承续斐奇诺《论爱》的传统。他那身为政治家的父亲伯纳德·贝默波,是现存于牛津的斐奇诺《论爱》手稿的所有者与注释者,也是斐奇诺多封书信的收信人。⑧ 不仅斐德若有着重要地 346
位,而且《斐德若》同样如此,该文本在卡尔基表现出的分量与

⑧ 关于伯纳德·贝默波与聚集在卡尔基的那个圈子间的密切关系,有一项证据是在佛罗伦萨郊区瑞格纳瑙(Regnano),有一场由佛罗伦萨人文主义者举行的对话,其中出席者包括乔万尼·卡瓦坎提、克里斯托弗·兰蒂诺、贝尔纳多·努兹(Bernardo Nuzzi)以及伯纳德·贝默波。(Ficino 2002: VII. 1)

《会饮》相当。我们将在本文所勾勒的结尾处看到《斐德若》与《会饮》在《朝臣》中贝默波的演说中熔为一炉。并且，斐奇诺《论爱》中的演说充斥着那个时代的占星学与体液学说，而在天蝎座的照耀下给这个主题带来了一丝忧郁的气氛。

主持庆典的是弗朗西斯科·班蒂尼（Francesco Bandini）。还有其他九位宾客，相当于缪斯的数目，意味深长。碰巧的是，九位宾客中只有七位发言。尽管斐奇诺让他的父亲扮演厄里刻希马库斯的角色，但他将自己的角色局限于呈现由贝尔纳多·努兹朗读《会饮》的神圣文本，从而引导出七篇演说。至于是以拉丁语还是希腊语朗读的，我们不得而知。由于他像《会饮》的作者一样在对话中保持沉默，我们可以将斐奇诺对应于柏拉图的角色，但他可能并不适合这个角色。作为叙述者，他没有留意到《会饮》的开篇与结尾，因此他无法将开篇一幕中苏格拉底的奇特举止与阿尔喀比亚德的赞颂联系起来——并非对爱若斯神的赞颂，而是对苏格拉底的赞颂，正如柏拉图对苏格拉底之爱的巧妙称颂。⑨ 与此同时，他抹去了《会饮》结尾处柏拉图的标记，这标记能从前所未闻的苏格拉底悖论中破译出来，即一位诗人既能写悲剧也能写喜剧。

斐奇诺的评注无法与柏拉图《会饮》的戏剧性和叙事方式（ethopoiia）匹敌。他有时未能维持这一错觉：我们是在聆听一篇实际发表的演说。并且，在阿格里主教再现鲍桑尼亚（年轻诗人阿伽通的爱者）那关于同性恋的有害颂词时⑩，拉丁文的演说

---

⑨ 令人印象深刻的是，斐奇诺是我所知的第一位将柏拉图对爱若斯的赞美与他对情色的苏格拉底的赞美联系起来的现代作家。这在克里斯托弗勒·玛苏皮尼对阿尔喀比亚德颂词的解释中十分明显。（105r-108v/242 -245[7.2]）图瑞的马克西姆斯（Maximus of Tyre）在他之前便这样做了。（*Philosophoumena* 18）

⑩ *Pausanias hactenus. Nunc Eryximachi orationem interpretamur*, 22v/160[3.1]. 在克里斯托弗勒·玛苏皮尼的演说中，没有谈话者的措辞，而是报告者的措辞。（103r/240[7.1]）

（oratio）与柏拉图的希腊文没有关联。不过，我们可以将这一不一致性解释为，斐奇诺试图刻画一位他称之为神学家（theologus，1v/137[1.1]）的宾客。至于诗人兰蒂诺，我们发现他的演说十分
符合他作为诗人、但丁《神曲》和维吉尔（Virgi）《埃涅阿斯纪》 347
（*Aeneid*）的解释者的性格（因此，他缺乏扮演柏拉图笔下的阿里斯托芬所需的性格）。可以对卡洛·玛苏皮尼的演说给以同样的评价，斐奇诺分配给他阿伽通的角色。他那基督徒的、“柏拉图式的”修辞，胜过了《会饮》中阿伽通那高尔吉亚式的颂词，阿伽通的颂词被玛苏皮尼描述为又长又散乱。但就我估算，他的演说至少是阿伽通的三倍。⑪

会集于卡尔基的宾客，对之前由演说家贝尔纳多·努兹朗读的那些演说进行评论，尽管他们的发言被描述为演说（orationes）。他们也是评注者，作为评注者他们在总体趋向上类似于斐奇诺对柏拉图《斐德若》的评注。⑫ 就像亚历山大以荷马阐释荷马（Ὅμηρος ἐξ Ὁμήρου），他们则是用柏拉图以及其他被称为柏拉图主义者（Platonici）的作家来解释柏拉图，他们通过善意的寓意手法，使柏拉图主义同基督教相协调。⑬ 我将给出兰蒂诺对阿里斯托芬颂词的讲解，这篇讲解会把我们领向贝默波的《阿什罗》。兰蒂诺是一位诗人——斐奇诺将他称为“一位俄耳甫斯教的、柏拉图主义的诗人”（28r/167[4.1]）。我们将见到他致伯纳德·贝默波的柏拉图主义诗文，其中描绘了伯纳德对吉尼芙拉·德本奇的柏拉图式的爱，与此同时我们将引出皮埃罗·贝默波“后记”。或许，兰蒂诺比15世纪评注但丁的任何人都更多地

---

⑪ *Symposium* 194e-197e vs. 39r/178-59r/198 [5.1-13]. 该抱怨出现在40v/179[5.2]与53v/191[5.7]。

⑫ Allen 1984 做出了很好的说明。

⑬ 在评论皮埃罗·贝默波的《致圣史蒂芬的颂歌》（Hymn to St. Stephen）时，查特菲尔德（Chatfield）发现了“人文主义思想方法的一种特殊现象：古典神话与基督教间的薄膜十分易渗透”（Bembo 2005: xiv）。

以那时流行的寓意方式来阅读但丁的《神曲》。他对但丁的理解，如今已经由于刘易斯（C. S. Lewis）所谓“废弃的视域”（the discarded vision）所造成的距离而显得晦暗不明了，但这种观点关系到斐奇诺，关系到卡洛·玛苏皮尼与本奇的演说。兰蒂诺称阿里斯托芬的寓意“模糊而繁杂”（obscuram et implicatam，28r/167［4.1］）。阿里斯托芬的神话中有粗鄙之处。雌雄同体代表了男女间看起来正常的结合，但男女两者合为一体则是不正常的。兰蒂诺悄悄地掩饰了这一点。按阿里斯托芬的说法，起初有三种性别结合为三种球形物：男性与男性、女性与女性、男性与女性。兰蒂诺回避了惹人生厌的词语“阴阳人”（ἀνδρόγυνον，*Symposium* 189e），而将之译为“通体”（promiscuum）。他的星相寓意学（astral allegoresis）遇到却又解除了布鲁尼那代人之前遭遇的问题。这个段落揭示了斐奇诺的解读方式，也是兰蒂诺的方式
348 * （29v/168-31r/169［4.2］）：

349 在阿里斯托芬所说的这些事情，以及其他诸如奇迹或征兆等事情背后，就如同在某种面纱背后一样，肯定有着某些神圣的秘密。因为古代神学家常常将他们神圣而纯洁的秘密隐藏在隐喻的阴影中，以免它们被那些渎神者和不洁的人玷污。但是，我们认为，上文（及其他地方）所用的形象描摹（figurarum）中所描述的全部事情并不都是有所意指的。因为甚至就连奥勒留·奥古斯丁也说过，并不是所有通过形象描摹来表现的事情都必须被认为是有所意指的。许多事情之所以被添加，是出于顺序和连接的需要，是为那些有所意指的段落服务的。只有用犁才能翻动大地，但为了达到这一目的，还需要在犁上面加些其他部分。所以，对于需要我们做出解释的内容，总结如下：

人类起初有三种性别：男性、女性和混合性。他们分别

---

* 引文的希腊文。

是太阳、大地和月亮的孩子。他们是完整的。但是，出于骄傲，他们想要与上帝齐平，于是被切割为两半；如果他们再次骄傲，他们还会再次被切成两半。形成这种分离之后，爱驱使其中一半被另一半吸引，以便能恢复其完整性。一旦达成，人类这个族群便是有福的。

我们所做的阐释，其内容总结如下：人（Homines），即人的灵魂。起初（Quondam），即当上帝创造出他们的时候，他们是完整的（integre sunt），他们被赋予两种光亮，一种是内在固有的，一种是从外面注入的，以便使他们能够通过内在的光亮来理解低级事物和同等事物，并通过注入的光亮来理解高级事物。他们想要与上帝齐平（deo equare se voluerunt），因而他们将自身只转向内在的光亮，于是被切割为两半（Hinc divise sunt）。当他们仅仅转向内在的光亮时，他们便失去了自外面注入的光芒，于是他们立即堕入形体。如果他们再次骄傲，他们还会再次被切成两半（superbiores facte iterum dividentur），也就是说，如果他们过度相信自然力量，
那么原有内在的、自然的光亮将多多少少被熄灭一些。他们 *350*
有三种性别：男性，太阳的孩子；女性，大地的孩子；混合性，月亮的孩子（Tres sexus habebant. Mares sole, femine terra, promiscuμm luna genite）。其中一些人从上帝的光辉中领受到勇气，是为男性；另一些领受到节制，是为女性；还有一些领受到正义，是为混合性。在我们之中的这三种德性是上帝所拥有的另外三种德性的女儿。但在上帝那里，这三种德性被称作太阳、大地和月亮；在我们之中，则被称作男性、女性和混合性。形成这种分离之后，爱驱使其中一半被另一半吸引（Sectione facta, dimidium amore ad dimidium trahitur）。当被分裂开来、沉浸于身体之中的灵魂第一次到达青春期时，自然的和内在的光亮激发了他们，他们保留着这些光亮，像是通过他们自身的一半，去学习真理，重获那自外注入的神

> 圣光亮，那曾是他们自身的另一半，他们曾在堕落中失去了它。一旦重获了这种光亮，他们将成为完整的，而且蒙福获得上帝的眼力（uisione）。这便是对我们所做阐发的简要概括。*

奇怪的是，斐奇诺援引了圣奥古斯丁的以下观点，即并非所有“形象描摹”都含有更深层次的含义，但斐奇诺却开始挖掘这深层次的含义，寓意解经属于对《圣经》的解释。⑭ 兰蒂诺并不打算揭示阿里斯托芬颂词中所有怪诞细节的含义，而仅解释了暗藏在阿里斯托芬对人类原初境况的阐释之下的 figura。我们知道 figura 是《圣经》注疏的关键术语，而非解释古代神学家神圣而抽象学说的关键术语（veterum theologorum sacra…puraque arcana，29v/168 [4.2]）。⑮ 兰蒂诺的注疏是沿着一系列警句（lemmata）及其评注的方向进行的。柏拉图所谓人（homines）意指灵魂。兰蒂诺通过引用我们身上两重光芒的学说，其一是天生的，另一则是由外获得或受启发的（inspired），将柏拉图带入了斐奇诺之柏拉图神学的范畴，
351 并且杜撰了人由于与上帝一体而堕落的象征说法。割裂两重光芒的后果是人的堕落以及人与其创造者的分离。将这两重光芒重新聚合，人就会愈合（healed，这是阿里斯托芬的术语）并获得幸福。在阿里斯托芬的颂词中找不到堕落的观念，但人们不用走太远就能在柏拉图那里找到这种观念。斐奇诺在《斐德若》中，以及苏格拉底对

---

* 译文取自：斐奇诺. 论柏拉图式的爱：柏拉图《会饮》义疏. 梁中和，李旸，译. 北京：华夏出版社，2012.

⑭ 他想到的奥古斯丁的文本是《论真宗教》（*De Vera Religione*）1.50-51 以及《论三位一体》（*De Trinitate*）15.9；此外，在做象征解读时所涉及的奥古斯丁式的“善意”（charity），与之相关联的是《论基督教教义》（*De Doctrina Christiana*）2.6 及《上帝之城》（*De Civitate Dei*）17.20。斐奇诺想要使柏拉图这位“说阿提卡语的缪斯”（Theologia Platonica）基督教化的意图，明显地表现在他致洛伦佐·德·美第奇的序言里，其中宣告了他的“柏拉图神学”（1482）。关于那个醒目的术语“秘义”（*mysteria*）的背景，参见 Edgar Wind 1968: 201-204 中具有启发性的评介。

⑮ 对此，奥尔巴赫（Auerbach）给出了基本介绍。（see Auerbach 1984: chap. 1）

人从有翼并与诸神为伴的状态而堕落的刻画中找到了该观念。⑯

皮埃罗·贝默波（1470—1547）

在接触十分情色的皮埃罗·贝默波（他以意大利语写作，而非拉丁语）的过程中，人们必定会想起他那更具柏拉图主义色彩的父亲，即威尼斯政治家伯纳德·贝默波，后者纯洁地爱恋着佛罗伦萨妇人吉尼芙拉·德·本奇（托马索·本奇的远亲）。列奥纳多·达·芬奇绘制的《吉尼芙拉·德·本奇》肖像，现展出在华盛顿特区的国家美术馆。那是列奥纳多第一幅世俗题材的画作（1474 年左右）。皮埃罗的父亲曾两次作为威尼斯大使来到佛罗伦萨，他被认为是这幅画的雇主。⑰ 皮埃罗·贝默波拥有的斐奇诺《论爱》手稿中，对兰蒂诺的演说有一个神秘边注，这位威尼斯大使谈到了他同诗人兰蒂诺和吉尼芙拉·德·本奇这位“最可爱的已婚女子”间的密切联系。兰蒂诺创作了一首诗，以象征纯洁的杜松（ginepro）为名，题献给伯纳德·贝默波，讴歌他同吉尼芙拉之间柏拉图式的关系。列奥纳多在肖像的后板上画了一枝杜松。这幅画的背后，环绕着桂枝与棕榈花冠的仿制斑岩（porphyry）是伯纳德·贝默波自己的纹章，在此之上列奥纳多加上了杜松以及格言：美以载德（Virtutem Forma Decorat）。

贝默波写作《阿什罗》的背景是，位于威尼托（Veneto）以北的阿什罗的卡泰丽娜·科拉诺（Caterina Cornaro）城堡，在那里能远眺多罗迈特山（Dolomites）的山峰，但他写作这篇对话的

---

⑯ Illum divinum lumen…quod cadentes amisere…30v. 169[4.2]. 堕落在柏拉图主义中的对等物，参见 *Phaedrus* 248c。

⑰ 这是弗莱彻（Fletcher）提出的意见（see Fletcher 1989: 811-816），如今逐渐被接受，例如已被包括杰鲁那（Zöllner）（Zöllner 2004: 35）在内的其他人接受。包围卷轴的是桂枝与棕榈。在“后记”中我赞同这种意见。

时间则是在留居费拉拉（Ferrara）时，于埃尔科莱·德·斯特（Ercole d'Este）的宫廷中所为。巧合的是，卡泰丽娜（Caterina）那时是塞浦路斯女王，在她的宫廷花园里举行了主题为爱的三天谈话，并且正值一位侍女的婚礼。这场谈话的背景与形式明显受惠于薄伽丘的《十日谈》，年轻的皮埃罗·贝默波将这本书［称为《集句》（*Il Cento*）］赠给他威尼斯的恋人玛利亚·萨沃尔尼安（Maria Savorgnan）。[18] 贝默波将《阿什罗》题献给吕克雷齐娅·博尔吉亚（Lucrezia Borgia），而非塞浦路斯女王，前者是他许多首情诗的收
352 信人。[19] 阿什罗看起来是个远离斐奇诺所在的佛罗伦萨的世界。没有哪位谈话者曾提及柏拉图，但他的《会饮》则以缩小的形式无声地出现在女王的花园中，《斐多》中描绘“真实大地”的段落（108c-115a）也是如此。[20] 在《阿什罗》中，贝默波向阿里斯托芬与狄奥提玛致意。这看起来或许是组奇怪的配对，不过《会饮》中已有这样的配对（212c），并且实际上在斐奇诺的《论爱》中、在托马索·本奇演说的结尾处同样如此。[21] 阿里斯托芬关于我们之原初整体的观念，出现在吉斯蒙多（Gismondo）的演说中，以反对佩罗蒂诺（Perottino，他是贝默波本人的面具）认为爱是“苦涩的”相反观念。将爱（amore）与苦（amaro）联系起来是容易做到的，将爱（amore）与死（morte）联系起来同样如此。吉斯蒙多歌颂了爱，并且看起来认同狄奥提玛攀登至美的第三步——人们对祖国及其政制的爱。[22] 在宫廷妇女在场的情况下，吉斯蒙多受到一

---

⑱ 关于他们之间的通信（1974 年于梵蒂冈发现），参见 Kidwell 2004: chap. 3。

⑲ 现已被精美地出版，参见 Bembo 1987。

⑳ 关于这种星体宇宙论的说法，由《阿什罗》（*Gli Asolani*）中的隐士在 3. 20 处给出，并反映在《朝臣》3. 58 处。

㉑ 在结尾处，又回到了我们原生的“身体残缺”以及“愈合”这个主题。（102v/249[6. 19]）

㉒ 我引用的《阿什罗》出自 Dilemmi 的版本。（Bembo 1505）对柏拉图《会饮》中狄奥提玛颂词的暗示出现在《阿什罗》2. 10（139. 65-70）处。狄奥提玛也在《朝臣》中起到了作用。

股热情的激励，使他走向诗篇与寓言。他试图援引古希腊神话来结合男人与女人，并询问佩罗蒂诺是否听过关于我们本是双体且球形整体的传说。如果说贝默波曾在斐奇诺的《论爱》中听闻过兰蒂诺的演说，那么吉斯蒙多就不曾听过。吉斯蒙多只谈及一种结合，即男人与女人，而非三种结合。但在向阿里斯托芬致敬时，他将我们现在不完整的这部分比作果核，而非比目鱼。[23] 贝默波又回到了《居室》（*Le Stanze*）中的这一比喻，那是未来红衣主教的有着狂欢和少年气质的一首诗文，它被置于索引中。[24]

贝默波将狄奥提玛转化成一位为拉维涅罗（Lavinello）指点真爱的古代隐士（romito）。对于《阿什罗》最后一篇演说（3. 9-22），有许多地方值得评说。这篇演说是对话形式的（自 3. 15 起），它模仿了苏格拉底在《会饮》中的颂词。拉维涅罗的老师不是来自曼提尼亚的预言者，而是一位圣人，他预先在荒地上等待着拉维涅罗，拉维涅罗离开女王的花园来到那里，沉思关于爱他能说些什么（3. 11）。这位隐士是位老人，穿着看上去如树皮般的破旧 353
衣服，因而颇似那个时代的施洗者约翰（John the Baptist）的形象，并且在谈论自己与“古代通晓神圣事物的大师们”（gil antichi maestri delle sante cose，3. 18）时强调了他的年纪。在这一描写中，他参照了斐奇诺《论爱》中的古代神学家。[25] 隐士的演说中有两个段落值得留意。前一段落看上去同斐奇诺或柏拉图均无关联，即关于福岛（La Reina delle Fortunate Isole，3. 18）之贞童女王及其朝臣与求婚者的传说。她通过查看他们的梦来判断，他们是凶残之辈还是配得上她，这些梦会在白天显现在他们的额头上。这则寓言，兰蒂诺闻所未闻，它是贝默波的悦人创作。后一段落取自苏格拉底在《斐多》（这篇对话先后由布鲁尼和斐奇诺译为拉丁

---

[23] *Gli Asolani* 2. 11（140. 6-141. 173）.

[24] Bembo 1525: 651- 671（Dionisotti 1989）, Kidwell 2004: 134-135.

[25] 《论爱》（8r/143[1. 4]）中古代神学家（theologi veteres）与基督教神学家（posteriores theologi）相对。

语）中对“真实大地”的刻画。在《阿什罗》这最后一段里，还有许多柏拉图的倒影或折射，不过在这面镜子中，人们同样能辨认出西塞罗的《西庇阿之梦》（*Somnium Sciopinis*）和但丁的模糊影子，贝默波与奥尔德斯·马尼利乌斯曾一道出版了这位诗人的作品。[26]

巴萨里·卡斯蒂隆（1478—1529）

现在我们来到了这个简要叙述的最后一日，即卡斯蒂隆《朝臣》四日中的最后一天。卡斯蒂隆创作了一部以乌尔比诺宫廷（他于1504—1513年居住在这里）为背景的宫廷对话。他的主题不是爱（那是斐奇诺与贝默波的主题），而是理想的（la idea）朝臣。日期被戏剧性地定为1507年3月。卡斯蒂隆表示他试图去接近理想的人类现实，如同柏拉图在《理想国》与《治邦者》中试图刻画的那样。[27] 如同柏拉图的《会饮》，那也是遥远过去的现实。在这些谈话进行的日子里，卡斯蒂隆（实际上）是在英格
354 兰，在亨利七世（Henry VII）的宫廷中。对于乌尔比诺宫廷中的所言所行，他有一位匿名的通告者。作为对那四天中出席谈话的女士们的宫廷式恭维，卡斯蒂隆的密友、未来的红衣主教皮埃罗·贝默波被介绍给大家，并发表了两篇演说。贝默波此时37

---

[26] 1502年以八开本，参见 Lowry 1979: 144, 147-148。贝默多在3.19处，以及在将我们渺小而遥远的地球描绘为“上帝神庙的小花园”（3.10.43-45）中向西塞罗的梦致意，也是向 *Paradiso* 22.151 中但丁关于遥远地球的西塞罗主义意象致意。

[27] 我引用的卡斯蒂隆（Castiglione 1528）出自 Missier 1968。致迈克尔·德·席尔瓦（Michael de Silva）的献词中（14）以及1.53处的著名例子——宙克西斯柏拉图式的美的理念取自柯罗顿（Croton）的五种美——中表达了想要获得“柏拉图式的”理念（ideal）的志向。（Pliny's *Historia Naturalis* 35.64）利昂·巴提斯塔·阿尔贝蒂（Leone Battista Alberti）在他的论文《论绘画》（*Della Pictura*，1436）中改写了这个例子，Erwin Panofsky 1968: 56-59 中很好地呈现出了这篇论文。苏格拉底与画家巴赫西斯（Parrhesius）的对话同样与文艺复兴时期的理念论有关，参见 Xenophon *Memorabilia* 3.10.1-6; cf. Pliny *Historia Naturalis* 35.68。

岁，比贝利尼（Bellini）绘制的肖像中的少年年长些，那幅画如今存于汉普顿宫廷的王室收藏中（Royal Collection of Hampton Court）。

贝默波自1506年到达乌尔比诺，便与卡斯蒂隆结下了友谊，现已作为《阿什罗》的作者而闻名，他简短地参与了《朝臣》头一天的谈话。他作为颇具影响的论文《方言散论》（*Prose della lingua volgare*）的作者，论证说朝臣的首要德行并非武器，武器不过是更为基础的文化修养的装饰（l'e arme…ornamento delle lettere，1.45）。人们可以将列奥纳多绘制的吉尼芙拉肖像（见“后记”）背面伯纳德·贝默波纹章的卷轴上的格言改写为：武器装饰德行（ARMA VIRTUTEM ADORNANT）。《朝臣》中的最后一篇演说由皮埃罗·贝默波发表。这或许与贝默波的《阿什罗》有关[28]，它相应于《会饮》中狄奥提玛的颂词，是卡斯蒂隆悉心而为的版本，然而他的《会饮》并非柏拉图的《会饮》，而是斐奇诺的《会饮》。和斐奇诺的《论爱》一样，它融合了《斐德若》与《会饮》。它将狄奥提玛的爱若斯回忆为联系、协调天地的纽带，以此表现她的秘义与爱的阶梯，并回忆起苏格拉底在《斐德若》中见到的，灵魂向天上琼浆与神肴国度的攀登。贝默波以他对爱的祈祷结尾［转化自苏格拉底在《斐德若》（257a-b）中的祈祷］。[29] 随后他陷入沉默，醉心于一阵神圣的狂喜（sacro furore）。但他因依米莉亚·皮亚（Emilia Pia）的一个动作而回到现实，她是伊丽莎白·贡扎加（Elisabetta Gonzaga）的妯娌。晚霞从

---

[28] 弗洛里亚尼（Floriani）于1976年阐明了贝默多与卡斯蒂隆之间的关系。（Floriani 1976）贝默多的演说即《朝臣》中的最后一篇演说，同拉维涅罗在《阿什罗》中的演说之间有着明显的关联（贝默多笔下的拉维涅罗在《朝臣》4.50处被忆起），如《朝臣》4.55（爱如一场梦，《阿什罗》3.15），《朝臣》4.58（世界的结构，《阿什罗》3.19）。瑞恩（Ryan）于1972年概述了关于《朝臣》之结尾的漫长争执。（Ryan 1972）晚近些，汉金斯（Hankins）于2002年研究了贝默多的结束演说中体现的哲学。（Hankins 2002）

[29] 他斯特斯考斯式的删除（Stesichorean palinode）同样如此，参见 *Il Cortegiano* 4.57, *Phaedrus* 243e-244a。

城堡的窗中照射进来。此时，金星是天空中唯一可见的星辰。卡特里亚山（Mt. Catria）一览无余地耸立在地平线上。米莉亚·皮亚拉了拉他的衣角，贝默波因此回到现实，很像苏格拉底在《会饮》结尾处的举动，其中苏格拉底离开了留在阿伽通宴会上的那些烂醉熟睡的宾客，回到雅典的集市，并于傍晚回到他妻子那里。

后记：伯纳德·贝默波的斐奇诺《论爱》手稿、列奥纳多的《吉尼芙拉·德·本奇》肖像、克里斯托弗·兰蒂诺的诗文

355

图 15－1　列奥纳多·达·芬奇（1452—1519），《吉尼芙拉·德·本奇》，正面，作于 1474—1478 年

资料来源：National Gallery of Art, Washington, DC, Ailsa Mellon Bruce Fund, inv. no. 1967. 6. 1a. Photo, © Board of Trustees, National Gallery of Art.

356

图 15-2 列奥纳多·达·芬奇，《吉尼芙拉·德·本奇》，反面

资料来源：National Gallery of Art, Washington, DC, Ailsa Mellon Bruce Fund, inv. no. 1967. 6. 1b. Photo, © Board of Trustees, National Gallery of Art.

弗莱彻最近也最有说服力地论证了，现存于华盛顿特区的国家美术馆的列奥纳多的吉尼芙拉肖像（见图 15-1），是受她的柏拉图主义仰慕者伯纳德·贝默波之托而作，后者两次（1475—1476 年、1478—1480 年）作为威尼斯大使来到佛罗伦萨（Fletcher 1989）。弗莱彻辨认出画像背后斑岩上的标志是伯纳德·贝默波的。这个纹章表现的是，一枝桂枝与一枝棕榈环绕着题有文字 Virtutem Forma Decorat 的卷轴。（见图 15-2）贝默波与斐奇诺熟 357
识，这可以被斐奇诺书信集中寄给他的 30 封书信所证实。其中有两个地方特别有趣：称赞贝默波为诗人及热爱缪斯之人，并向贝默波透露了他对理想酒会的思考。[Ficino 1975-（1978: 18, 42）] 在另一封斐奇诺致贝默波的信中，斐奇诺将贝默波与那个圈子联系起来，1477年6月14日他们在那个圈子中与诗人兰蒂诺一道活动、风光得意。(1981: 20) 斐奇诺将贝默波这个并不富有音乐性的名字，称为"一个对美惠女神（Graces）而言悦耳的名字，一个最令缪斯高兴的名字，他最欣赏的人是兰蒂诺，一个配得上密涅瓦与缪斯的人"(1981: 51)。贝默波有一份斐奇诺亲笔签名的《论爱》手稿，现藏于牛津博德利亚图书馆（Bodleian Library, Oxford）。依据他的私人纹章而确认为他所有。(see Fletcher 1989: 812) 兰蒂诺在《论真正的崇高》(*De Vera Nobilitat*) 中同样称赞了他。

贝默波对《克里斯托弗·兰蒂诺，杰出的教导》(*Christophprus Landinus, vir doctrina excellens*, Ficino 1956: 167n1) 牛津博德利亚图书馆抄本（Codex Oxoniensis Bodleianus, Canonicianus Latinus 156）21页的注解透露了内情，但有一段话不好解释：

> 我们任（威尼斯元老院）驻佛罗伦萨大使时，通过频繁接触，我们同这位著名人士相熟识，并开始了解他。是他邀请我们在他儿子伯纳多的洗礼上成为他家庭的一员。在同一座城市中他将我们介绍给吉尼芙拉·德·本奇，她是已婚女子中最美丽的人。兰蒂诺以他非凡雅致的诗文，配得上这位有名望的女子的德行与性格。

弗莱彻在论证贝默波委托列奥纳多作此画作时，注意到了贝默波对兰蒂诺的私人回忆（Fletcher 1989: 811n3），但她没有重现完整的文本。Bernardi filli de sacro fonte sublati 出现在这里是个谜。我的同事查尔斯·凡塔奇建议说，它们必定是指伯纳多在兰蒂诺的儿子伯纳多洗礼中的角色。这个建议是基于兰蒂诺次子（共四个孩子）的受洗名为伯纳多。(see Simone Foà2004: 429) 兰蒂诺的诗文中，《吉尼芙拉》(*Ad Ginevra*) 最好地刻画了伯纳多的肖像 (no. 26, 1939: 159-160)：

你金黄的发梢， *358*
你乌黑的眸子，你容光焕发的面颊是那样可爱，
你的表情是那样骄傲，无比骄傲，
你带着严峻的面容一路凯歌。

——*Ad Ginevram*（or *Ad Leandram*）26. 1-4

兰蒂诺以吉尼芙拉与伯纳德·贝默波为题的诗，长篇而辞藻华丽，并不合每一位拉丁语学者的胃口。我的同事理劳伦兹·理查森如此评论这首诗："在我们看来，兰蒂诺的诗不是单纯的空洞浮华，而是几近于打油诗。其中没有一个比喻值得欣赏，而常用的比拟加起来够得上一份目录。"尽管如此，看起来这首诗却被贝默波和兰蒂诺所处的文化圈子所接受与欣赏。我再从这首诗中摘录几行，并翻译如下㉚：

你来到我们中间， *359*
身为威尼斯大使，
我要歌颂你，最伟大的贝默波，
以最深切的爱慕与一颗忠贞的心拥抱你。
…………
好吧，贝默波。
让我们为贞洁的爱情欢呼，
让吉尼芙拉在我的诗文中得到赞美。
吉尼芙拉，你的美貌已迷住了贝默波，
你的美貌令你有权凌驾在女神之上，
你的美貌更胜孔武的马尔斯所钟爱的维纳斯，
你的美貌会让朱庇特抛弃欧罗巴转而追求你。

㉚ 他为贝默多还写了其他以本奇娅（Bencia）为题的诗。（see Landino 1939: 161-172）

而贝默波更敬爱你纯洁的性格，
你贞洁的心灵，
你密涅瓦般灵巧的双手。
贝默波的爱是热诚而贞洁的。
他不曾为苦涩的情欲烦扰。
…………

51 如今你比勒达（Leda）的女儿更加可爱，吉尼芙拉啊，
你因鲜见的纯洁而扬名四海。

十六、诗人雪莱与史蒂文斯笔下的柏拉图式的自我

大卫·K. 奥康纳（David K. O'Connor）

对文学史颇有研究的拉尔夫·沃尔多·爱默生（Ralph Waldo 360
Emerson）曾在其《历史》（History）中指出，已然面世的文学作品中的造极之作均不外于向其读者呈现着人类“可及而未及”（Emerson 1983: 239）的自我。此类佳作将我们的自我业已企及之地与至终可及之境间的距离带入视野。相比于真理，我们的自我是缺憾不足的，是有瑕疵的。不难想象对这一事实的觉察所带来的冲击甚至愤懑。因此，若我们对此只是躲在羞愧中，那推脱责任也便不足为奇了。但是，我们也可能坦然承认我们的生命存在欠缺，并因此追求那天性本然的至善之我。消极地回避、否认那应然之我，执着于我们爱不释手的已然之我，这是一种强烈的本能。但是，我们也具有对真知同样强烈的钟爱，我们只有逃离对已然自我魅惑般执迷的怪圈后才可以漫游。

按照爱默生的解读，柏拉图是一位精明的坐探者：“在我跟随苏格拉底，每天耳濡目染于他的言行之前，我漫无目的地东游西荡，以为自己在干正事，其实简直惨透了，就跟你现在差不多，以为干什么也肯定比爱智慧强。”（雪莱译）这出自柏拉图《会饮》开端（172a-173a）中阿波罗多洛斯向柏拉图的兄长格劳孔所讲的一段话，却分明令读者聆听到了投身（灵魂）转向的召唤。这便是爱默生在《柏拉图或哲学家》（Plato; Or, The Philosopher）中所称柏拉图“持久的现代化”。

柏拉图的转向召唤是“持久的”，意味着它绝不可能一蹴而就地被闻及。即便在与苏格拉底结识之后，阿波罗多洛斯也并没有停止那漫无目的的游荡；尽管这样的漫游指向于寻迹苏格拉底而非出于偶然，但它确实愈演愈烈。可及而未及的自我状态将是我们唯一能把握的自我，这意味着对至善的追寻将没有终点。在《循环》（Circles）中，爱默生寻得“不可企及的追求，即倏忽缥缈的尽善尽美”（Emerson 1983: 403）为非柏拉图主义的柏拉图的生动核心。爱默生自知此论令人不安。我们是否如此钟爱柏拉图所寻衅的转变而竟使我们能忽略他所给予的所有信仰？爱默生在
361 《柏拉图：新解读》（Plato: New Readings）中予以了答复：“柏拉图注定洞见那精神的自我进化力量，洞见那新边界的创始者；这种力量是可以同时开启事物本质与现象的钥匙。”“柏拉图如此身处圆心，以至于他能够完全不依赖那些由他而生的教条。”（Emerson 1983: 658）圆心处意味着泰然坐视所有个体经验为短暂易逝，如同不断变换的圆周。尽管柏拉图像苏格拉底一样，克制地表达自己的观点让爱默生有困扰，但真正令其颇感无力的是，柏拉图指引爱默生发现通达柏拉图自身观点的路径，而后却发觉这条路径竟然再次地偏离了目的地。

在此，爱默生与其他浪漫主义诗人及其传承者受惠于柏拉图，继承了一种思考的传统。这些诗人钟情柏拉图纵贯的能量，妒羡柏拉图得以从这贫乏世界不断流出的厌人陈腐中抽身。他们笃信人的实现，并因此感激柏拉图。但他们更加重视自由的价值。这些诗人无法委身依赖那既定的彼岸与永恒的天堂，他们追求一种疯魔般的流变，甚于委身在神迹般的恒久中。这并不是说，他们出卖自身给恶魔。毋宁说，他们如同对待最终的满足般同样看重每次的启程，他们对于一切看似既定的所谓实现存疑。在此意义上，他们饱受柏拉图式的欲求之惑而拒绝柏拉图式的满足。

满足与自由的混合动机给予诗人的摇摆和不明，对他们来说意义重大。我并不是说，他们的作品晦涩不明。毋宁说，他们洞

察到词句间本质的对抗，可清晰地表意为（对上升的）阻挠与（对自由的）赞誉之间的拉扯。他们可以是教义问答的起草人。爱默生的继承者华莱士·史蒂文斯将其如上的混合动机投置到对理念企及的欲求中，并为“艺术的所求”留有空间。柏拉图主义，包括民众的柏拉图主义和基督教的柏拉图主义，都会让全世界漠视上述欲求。

它没有信仰
它步履轻快

那尚未变色的海岸，情愿将这世界看待为
任何，除了
雕塑

——“So-and-So Reclining on Her Couch”
(Stevens 1997: 263)

柏拉图主义摒弃了与这世界及目即现的形色拥抱与信任的亲密。如果你寻找一处可以自由雕琢粉饰的家园，较之于一个已然修饰成型的世界，一个依然赤裸贫乏的世界显然更加诱人。

倘若意欲以鸟为喻将这诗意的实现形象化，那么这些诗人相信这只柏拉图式的飞禽一定是凤凰。“它（的天性）既非不死的那类，也不是会死的那类；有时，同一天它会一会儿活得新新鲜
鲜、朝气蓬勃，一会又要死不活的样子，不过很快又回转过来。” 362
(*Symposium* 203e) 这凤凰的形象无疑隐射着苏格拉底的自我，同时不费吹灰之力地可洞察出柏拉图对那种指向明晰结论的隐晦语词的思考。这里总是充满了重述。柏拉图所刻画的爱欲的瑕疵或欠缺，在诗人传统中被认作自由。

但是，这种自由却同时激起一种其自有的困扰。即便考虑到在此传统之下的诗人们那柏拉图式的倾向与妒忌，他们也渴望从

一种偶然特殊的怪癖（个体性、利己主义）向一种客观普世的图景攀升，这被称为擢升自我。那么，这样一位失去自我的离世诗人会如何言说呢？对客观的渴望看起来是必要的，从史蒂文斯的诗名《言说抽象》（Description Without Place）可见一斑。但是，即便随意的涂鸦也尚有出处。诗人那展露无疑的自由，那词句营造的棘手，那上升的无从完成，均与客观化的擢升充满了矛盾。诗人为了使自己的洞察非个人化而对心血来潮的奇想所做的摆脱，是否如爱默生已然在《自持》（Self-Reliance）（Emerson 1983: 269）中所称的那样，必定会扼杀那诗意的自由？

在其日记中，爱默生认为珀西·雪莱"特别独立有主见"，即便雪莱的前辈们已然涉足灵魂的这个领域。雪莱的诗作《致云雀》（To a Sky-Lark）（2002b: 306）充斥着介于自由与非个人化这两种渴望之间的冲突的张力。题名中那云雀超越人类而为超人的极乐所做的所有想象歌唱着。

我从来没有听到过，
爱情或是醇酒的颂歌，
能够迸涌出这样神圣的极乐音流。

这鸟儿的颂词未曾被人类诗作中的已然自我所具有的痛苦及瑕疵所玷污。被云雀胜过的爱情颂歌与醇酒颂歌究竟是什么？也许如同柏拉图《会饮》所描画的那场酒宴中所言的爱是丰盈与匮乏的后代般，这颂词既非属人性、非属神性亦非属魔性，而是介于其间。

雪莱曾以哈姆雷特（Hamlet）自比。哈姆雷特的形象是非个人化的对立面，此说源自他被困扰于"如何存在"的恼人问题。王子的挫败，即"神一样的理性"与"瞻前顾后"，应当"因弃用而在我们体内发霉"，这是雪莱为人类诗歌所做的象征：

我们瞻前顾后，为了
不存在的事物自忧，
我们最真挚的笑，
也交织着某种苦恼，
我们最美的音乐，是最能倾诉哀思的曲调。

尽管神性包含在他身内，但哈姆雷特的脆弱让他太富于人性。 363
然而，最终雪莱认同了这种存在于人类中的奇异样态。

可是，即使我们能摈弃
憎恨、傲慢和恐惧，
即使我们生来不会
抛洒一滴眼泪，
我们也不知，怎样才能接近于你的欢愉。

那未被玷污的云雀必定仍然是一处尚未实现的自我。我们因未及实现而寻求通向云雀所吟诵的非个人之境的捷径，于是发觉无痛的愉悦恰恰诉求于痛苦。史蒂文斯（1997: 55）在诗作《星期天的早晨》（Sunday Morning）中对这种观点亦抱认同的态度："死亡是美丽之母"；同样，他在《当代诗歌》（The Poems of Our Climate）中写道："尚未完美是我们的乐园"。

雪莱对哈姆雷特的援引并非偶然。莎士比亚笔下最富有想象力的英雄却饱受猜忌的折磨：那所有见之于爱及这个世界的华美，是否不过是自恋投射的愿景？"其实世事并无好坏，全看你们怎样去想"，哈姆雷特如是说，"我可闭于一果壳内，而仍自认我是无限疆域之君主"。这些无疑是令人愉悦的愿景，但当他开始怀疑他所有的雄心壮志，包括向其父王的复仇，均不过是"关乎虚名的把戏与幻想"（*Hamlet* 2. 2 and 4. 4）时，对这充满着想象力量的觉察，同时也让王子失去活力。

如同爱默生般，珀西·雪莱与华莱士·史蒂文斯均通过对柏拉图哲学的思考，完成了他们对这些渴望与焦虑的理解。雪莱与柏拉图的此类关联见之广泛，而史蒂文斯晚期诗作构思的主题也显示了汲取自柏拉图哲学的迹象。

1818 年 7 月，雪莱翻译了柏拉图的《会饮》。这部译作绝非雪莱在闲暇之余完成的。四年时间当中，雪莱废寝忘食，之后雪莱不断地受益于该译本，借受其激发或者对其的改写润色完成了众多他个人最为成熟动人的诗篇。雪莱最重要的散文习作均意旨找寻言说柏拉图的方式，以及探寻自身与柏拉图的契合之处。在《会饮》中，雪莱发现了更加真实也更加陌生的自己。

玛丽·雪莱（Mary Shelley）认为她的丈夫与柏拉图的契合之处在于雪莱个性中的一些标志性特征。“他热衷对实在的探求；这是一种可与我们当中少数发轫于本性而极力倾心于抽象之美的人分享的爱好。雪莱与柏拉图十分相似，在于他们均以抽象的理性
364 为乐而甚于那具体的现实。”玛丽希望避免在任何意义上给出，雪莱仅仅是柏拉图的学生或仰慕者的印象。她坚持雪莱对理念的挚爱绝非“赝作”，早在 1818 年 7 月雪莱通过翻译《会饮》而开始“研究柏拉图”之前，它已然如是。（Shelley 1839: viii-ix）与其说《会饮》为雪莱开启了一方全新的兴趣所在，不如说它只是使雪莱重新意识到自己早期作品中的爱欲主题。玛丽尤其认为，这部译作将雪莱带返至关于理想自我的视域，并且这些问题“大多缘起于《阿拉斯托尔》”。

《阿拉斯托尔：孤寂的魂灵》（1815）是雪莱完成的第一首诗歌，而在某种意义上雪莱不断地在重构它。诗歌的主题关乎一位诗人的精神追求：渴求与自身心智等同的灵智交流。在出自奥古斯丁《忏悔录》（*Confessions*）的诗篇题词中，爱的“自我卷入”以“自我卷入”式的语言被道出：“我尚未爱上什么，但渴望爱；我追求恋爱的对象，我追求恋爱本身”（Nondum amabam, et amare amabam, quaerebam quid amarem, amans amare，*Confessions* 3.1）。在这首诗中，雪莱

在一种明显带有自恋甚至自淫的气氛营造中，以略显生涩的手法刻画了理想爱人的形象。表达与比喻双管齐下地强化着奥古斯丁式自恋的诗境。诚然，奥古斯丁认为爱欲的自我卷入是一种罪，并指出我们对爱的追求，仅在它脱离我们自身而重新定位，指向其在上帝处的终极实现时，方才寻得支撑。但对雪莱而言，情欲的实现必定在他处寻得，在《阿拉斯托尔：孤寂的魂灵》“序言”中所提及的“原型”（2002b: 73）处寻得。接受奥古斯丁设问后，雪莱并未接受奥氏给予的答案，雪莱追问理想的自我是否能够在此提供解释的焦点。

原型是诗人心中理想化的爱人。“这爱人的形象是（那位诗人，指诗中的阿拉斯托尔）将其自己的想象与诗人们、哲人们、情人们所能表达的，所有奇妙、智慧与美丽整合而具化成型的。”（2002b: 73）在下面的诗节中，那位诗人“为自己想象着他那爱人的形象”（2002b: 73）。

他幻想着，一位薄纱掩面的姑娘
傍身而坐，落落细语。
这音流好似生于他的魂灵

——“Alastor” lines 151-153

这位“薄纱掩面的姑娘”是那位诗人自身渴望的理想物。她的音调乐流直指他“深埋心智谷底”（line 156）的“那最宝贵的思绪”（line 160）。这些诗句将诗歌“序言”中对那使“人类同情心”成为可能的“纯净纤弱之心”（2002b: 70）的强烈热情的 365
追求做了极致的刻画。雪莱所用“同情心”一词我们可以转述为“亲近感”及“相互的体恤”。但是，这种亲近感的追寻对象并不是指向他人的，至少在首要考虑的位次意义上不是。那是一种延续于爱默生的断言，是对“可及而未及”自我的一种渴求。

在完成《阿拉斯托尔：孤寂的魂灵》三年后，恰逢雪莱完成

《会饮》的译本，围绕对《会饮》译本所给予其影响的捕捉，雪莱着手重新打量“原型”的观点。关于“理念中的原型”，雪莱在诗篇《论爱》（On Love）中如是说，它是“完整自我的缩景，但在其中，那为我们所指摘鄙夷的成分已被剔除”，整合着“我们思力可及的所有卓越或可爱者……灵魂之灵魂”（2002b: 504）。换言之，这原型甚或是一个标准，借此衡量我们自身是否摒除了那些“我们所指摘鄙夷的成分”。将原型看作内在于我们的“微景”，这一构想源自《会饮》215a-b 处，该处阿尔喀比亚德称颂苏格拉底如同腔内装着小神像的森林之神雕像，雪莱被这一比喻打动，并以其为题命名他晚期另外一首颇受《会饮》影响的诗作《灵魂的分身》（Epipsychidion），再次抒意理想的爱人。我认为这一诗名十分清晰地表意，关于“内在灵魂的缩影”，但主编“雪莱”条目的诺顿文学编辑们却将其解释为某种“关于灵魂的主题”。

毫无疑问，对原型的爱是自我之爱的一种。但它绝非仅仅是一种自恋意义上的爱，因为它像追求那理想的爱人般地追求一个理想的自我。这种自我之爱发轫于对自身瑕疵的羞耻感，发轫于对所爱他人不足的失落感。

那位诗人与他的爱人幻象间的神交，在一种自我激起的“我们生命中的煦暖之光”（line 175）中达到顶峰。那位有着“令人魂移的明眸”，“微分的双唇正充满渴望地微颤着”（lines 179-180）的姑娘，在他们热烈拥抱所带来的“无力抗拒的欢愉”（line 185）中温婉屈服，这样的意境在《论爱》（2002b: 503）中亦有回应。那位诗人在此上升至神交的顶峰。但马上，这爱人的幻象便消散了，他随即堕入令人沮丧的忧闷中：

> 他苍白倦怠的双眼，
> 茫然凝视着眼前虚无的景色，
> 好似仰望天上明月的水中月影
>
> ——“Alastor” lines 200-202

这段优美的诗句倒置了纳西索斯（Narcissus）神话，美少年
纳西索斯面对自己的倒影陷入了神的迷望与沉思。在《阿拉斯托
尔：孤寂的魂灵》中，那位诗人在他不再能将自己视为那意象之
美的映象时，迷失了自我。他变成了已然离场的超凡实存（“天 366
上明月”）在空虚世俗中的暗影（“水中月”）。那位诗人对其理想
之爱，那理想自我的反射物令人动容的追认，在他精神的“虚
空”突然“感受到自身”（2002b: 73）时，即刻销蚀在一片“突
如其来的暗影”中。那位诗人无法攫获那美丽的幻象，被那少女
幻象所唤起“无法企及希望”的念头，刺激着他的意识直至“绝
望”。(lines 221-222)

伴随着原型在其幻象中现身，那位诗人体验着“人类心中神性的到场”，并且感知到他自身中神性的可能实现。但是，即便这些“至善至理的至真至美片刻”现身于我们，我们的境况仍然不甚乐观。在《诗歌的辩护》(*A Defence of Poetry*) 中，雪莱指出这些片刻或这种造访的经验，显示出它们的“转瞬易逝性”，这一说法雪莱与爱默生都颇为认同。

一如那神性到场将确定无疑地给予神赐的欢愉，这种转瞬易逝性带来的令人绝望的悲伤也是毋庸置疑的。当这转瞬而逝的与神共情，将那至爱幻象投入“突如其来的暗影”中时，爱者悲伤于至善仍被迫委身于尚未实现的事实。爱者的伤感部分来自无力与其意想的情伴同情共感。这份伤感等同于爱者在追求更加完美自我进路上的不力。在这样的观点下，无力忠诚于原型所引发的虚无，加剧了蒙羞了的热望无法与挫败进行和解的痛苦。

在翻译阿尔喀比亚德对苏格拉底所具有的矛盾心境时，雪莱再次以全新的角度审视了《阿拉斯托尔：孤寂的魂灵》中诗人的体验。当酣醉的阿尔喀比亚德突然闯入原本庄重得体的演说中时，他所影射的是酒神狄奥尼索斯的形象。(212e) 他在对苏格拉底毁誉参半的两种冲动之间被撕裂纠结着。(214e, 222a) 阿尔喀比亚德矛盾的心境在其设想苏格拉底的死亡时达到极致，他摇摆于无

法确知后者的死亡对他来说到底是一种热诚的期望，还是那最为痛苦的恐惧："我时常甚至乐意看到他已不在人世；可要是真的这样，我晓得我肯定会难以忍受。我简直不知道对这家伙该怎么办才好。"（216c）在这样极度的矛盾之中，到底是怎样的愉悦与忧伤在纠缠着阿尔喀比亚德？

首先，他所道出的是那愉悦，阿尔喀比亚德赞誉在苏格拉底身内存在着"神的影子"，或者更准确地说是一具袖珍的神像或神雕。（215a-b）这种对苏格拉底其人构想的全部意义，在阿尔喀比亚德对苏氏的结论中清晰起来："任何人，如果他走入（苏格拉底）言论的所指之内，他就会发现这些言论实在神明端正，里
367 面藏了一堆各种各样的德性神像，对每个意愿变得美好、高贵的人来说，其中大多或者干脆说所有的东西，都值得好好搞清楚。"（222a）

在雪莱的诗中，上述段落被赋意为，将苏格拉底视为阿尔喀比亚德的理想自我的原型。苏格拉底的诸多德性犹如一处永在的刺激源，刺激着阿尔喀比亚德自身对于追求"把持无尽美善"的渴望。

但苏格拉底那内在的神性却隐匿不明，鲜得一见，难于一见甚或时常不得见之。这些神性的迹象并非在任何时候对任何人可见。它们仅在一些顿悟的瞬间显现自身："不过，当他认真起来的时候，把自己打开，有没有人看到过他里面的神像，我就不得而知了；反正，我见过一次，我觉得它们是那么神圣珍贵，那么美妙绝伦、神奇透顶，以至于无论苏格拉底叫我做什么，总之，我都得做。"（216e-217a）这种易逝的瞬间便是阿尔喀比亚德矛盾心理的根源所在：他追求与亲近苏格拉底，但却始终伴随着后者交错表现出的允许与拒绝。

阿尔喀比亚德在苏格拉底处获得的愉悦感，与那位诗人在其意想的"薄纱掩面的姑娘"处获得的欢愉是相似的。同样，阿尔喀比亚德也显露了那引得诗人倍感忧伤的短暂而不易察觉的"突

如其来的暗影”。他承受着当他极力向苏格拉底明示期望成为其情人时，这种亲近与共情的追求遭遇挫败的痛苦。同时，他发现被自己视为理想自我的愿景，见之于苏格拉底身内德性的神像，似乎已无法企及，他因此而被热望受挫的羞耻所折磨。

被自己理想中的亲密幻象束缚，阿尔喀比亚德完全投身于对它的追求：“双双臂环抱着这个真正的‘灵明’，这个令人惊异的男人，就这样挨着他躺了整整一宿。”（219c）但是，对阿尔喀比亚德与雪莱笔下的那位诗人来说，在“冰冷惨白的晨光”（line 193）中，蒙羞失落的事实必将发生：“如此轻蔑我的青春美貌，以至于他嘲弄我的美貌，还极其无礼地羞辱它……我对诸神和女神们起誓，我就这样跟苏格拉底睡了一夜，直到我醒来，那感觉简直就像是跟父亲或者哥哥睡了一夜似的。”（219c-d）如果笃定地排除幻觉的可能，与那位“真正的‘灵明’，这个令人惊异的男人”最为幸福的拥抱，毫无疑问是一次最为珍贵的神性到访体验。

当《阿拉斯托尔：孤寂的魂灵》中那位诗人从自己的幻想中清醒过来时，他继续“越过那充满短暂飞逝迷影的梦幻王国”（line 206）追逐着他那位朦胧的少女，“狂热盲目地”（line 244）追逐。这种“四处漫无目的地游荡”（另一雪莱青睐之词）是情欲理想主义者命定的境遇。雪莱通过《会饮》的各个章节逐渐积聚着上述主题。阿波罗多洛斯在对话最开端处告诉我们，在钦慕苏格拉底之前，他曾“四处漫无目的地游荡”实际上只导向一种“毫无收获的悲惨”（173a）。其后，苏格拉底忆述狄奥提玛曾说过，感孕于灵魂的年轻人们必定会经历这样“四处漫无目的地游 368
荡”，由于他们急切地找寻那“美的事物，在其中他可以孕育他已然设想的”（209b）。最后，阿尔喀比亚德，在他与苏格拉底亲近的努力受挫后“悲伤烦闷地游荡徘徊”，为了与苏格拉底为伍，为了那无法抑制的守望，渴求那些转瞬即逝的神迹再次显现。这种突然而至的空虚，使他“被疑惑与苦恼所占据”，“远甚于他人般被苏格拉底所奴役俘虏”（219e）。雪莱在这些苏格拉底门徒们的盲目游荡徘徊中，看到了自我相继面对短暂易逝的理念到场与紧随其后而至的空虚时，挣扎的身影。

仅仅失宠于苏格拉底，便足以使阿尔喀比亚德迷失自我，但这份失去的痛苦又被一种受辱感放大，阿尔喀比亚德羞愧于他无法企及自身对至善的追求。

> 这个人使我陷入羞耻的懦弱中，我想任谁都不会轻信这样的事会发生在我身上；唯有在他面前，我体验到悔恨与敬畏。因为我很清楚，在他面前，我无力驳斥他所言；无法拒绝他所劝导我做的事……我总躲着他，见他就远远地逃走，只要见到他，我就会因自己答应过他的事情而无地自容。(216b)

阿尔喀比亚德察觉到，他在失宠于苏格拉底的同时也迷失了理想自我的观想。苏格拉底就是阿尔喀比亚德心目中那“至善至美”的原型，就是阿尔喀比亚德“远大抱负”驱使他所追求的一切。(218a, 222d) 失去苏格拉底，对阿尔喀比亚德而言，不仅是失去了爱人，更是迷失了他自己对理想爱人的一切观想。他承受了两次割舍所带来的成倍的痛苦，一来他被迫放弃了一位理想的爱人，二来他尤其被迫错失了成为被爱者的机会。这一奥古斯丁式的谜题，犹如一方错综蜿蜒的迷宫，困住了阿尔喀比亚德，使其深陷于渴望受挫的羞耻中。

诗人们追求的理想自我，是否只是变相地将他们引向满足于对柏拉图式或奥古斯丁式的实在而做出的一种替代性解读呢？诗人们探寻的所有美好，是否仅仅是其旺盛想象力所营造的幻象呢？雪莱徘徊于上述争论，在极度矛盾中展开了《诗歌的辩护》的结论：“不论诗歌拉开了它那文饰富丽的帷幕，还是揭开了现象之前世俗的暗纱，它都同样为我们展现着我们存在中的存在（being

within our being）。”（2002b: 533）这一被争论的问题连带关于情欲探求的意义，就此被搁置待定。被弃之待定的“存在中的存在”观念，最终被雪莱的爱好者们刻板地固着于对原型的追求，追求一种“自我主观的理想之物”。在这一点上，雪莱再次返回那源于《会饮》而我们见之于《论爱》片段中的表达：原型是
“完整自我的缩景，但在其中，那为我们所指摘鄙夷的成分已被剔 369
除……它是灵魂之魂”（2002b: 504）。

《会饮》呈现的虽不完美但真实的人性，面对神性始终张开怀抱，雪莱担心这可能成为自我想象力的羁绊。对雪莱来说，爱的迷宫中始终暗藏着自我卷入的可怕虚无。如何化解柏拉图对坦然接受爱欲之爱的坚持与雪莱对可能羁绊的担心呢？

雪莱颇具哲学素养，表面上看他将这种担心放置于洛克与休谟的经验主义怀疑论的角度上予以反思。但事实上，雪莱关于情欲自我羁绊的真正标志性的阐释偏向文学性而甚于哲学，他以弥尔顿（Milton）笔下的撒旦及莎士比亚笔下的哈姆雷特影射自我羁绊。正是在这里他习得了关于创造性意志与反思的观念，借此调和与柏拉图对爱欲实现的信念。

雪莱对我们的想象力总是倾向于主观创造而甚于洞察反思，抱有一种矛盾心理，撒旦和哈姆雷特均是这种矛盾心理的典型宿主。“其实世事并无好坏，全看你们怎样去想”（*Hamlet* 2. 2）；“这心是它自己的住家，能把天堂变地狱，把地狱变天堂”（*Paradise Lost* 1. 254-255）：这些颇具勇气对充满想象力的主观自负的肯定，或许从一开始便注定了他们那遭受诅咒的命运。哈姆雷特因其自负地将自己的动机看作“关乎虚名的把戏与幻想”，而无法再驱驰他那“已钝的复仇意志”（*Hamlet* 4. 4）；而撒旦那自我荣耀地吹嘘，实则来自其自我绝望的深渊：

> 我所飞翔之处就是地狱，我自己就是地狱，
> 虽然在地狱的底层，仍有张着大嘴

在等待把我吞下去的更深的一层；
同那相比，我目前的地狱简直是天堂了。

——*Paradise Lost* 4.73-78

对雪莱而言，哈姆雷特与撒旦是自我毁灭且故步自封的鲜活例证，同样承受着这种折磨的，还有那位受困于自己一手完成的理想爱欲观想的《阿拉斯托尔：孤寂的魂灵》中的诗人。

雪莱在直面那爱欲的原型及其在我们身上昙花一现的幻象时，他那质疑的本性使他尤其被《仲夏夜之梦》（*A Midsummer Night's Dream*）中的忒修斯王（King Theseus）的形象所吸引。忒修斯极其嘲弄、讥讽爱与诗歌的理想所指：

情人们和疯子们都富于纷乱的思想（brains）和成形的幻觉。
他们所理会到的永远不是冷静的理智所能充分了解的。
370 疯子、爱人（the lover）和诗人都是幻想的产儿。
…………
想象具化了（imagination bodies）那些不知名的事物，用一种形式呈现出来，
诗人的笔再使它们具有如实的形象，
空虚的无物（airy nothing）也会有了居处和名字。

——*A Midsummer Night's Dream* 5.1

雪莱在其《阿拉斯托尔：孤寂的魂灵》的“序言”中，以斜体字引用上文莎士比亚式的语言，用以描述爱欲的理念：“他具化（embodies）其想象（imagination）于其中的幻象，整合了诗人、哲人、爱人们均愿献词刻画的所有奇异、智慧与美丽之物”（2002b: 73）。当雪莱创作《论爱》时，适逢《会饮》的翻译工作启发他回顾《阿拉斯托尔：孤寂的魂灵》中的原型观念，他再次

将目光投向了忒修斯那段著名言论："如果仅凭想象，我们倒情愿期望我们思想中那幻想的孩童在他人脑中获生。"（2002b: 504）

如同对柏拉图纵贯的活力的赞许有加，雪莱也被忒修斯审慎的怀疑主义所吸引。他感觉自己如同阿尔喀比亚德般，悬浮于世俗人性与缥缈神性之间那方魔幻之境。每一次对理念之爱的领悟，同时都加剧着雪莱对来自其自身虚无深处的痛苦的感知。

1936 年，56 岁的史蒂文斯写下了他生平第一部长篇散文，关涉对诗歌与思想的思考。在《诗歌中的非理性元素》（The Irrational Element in Poetry）一文中，他将自己定义为柏拉图主义者（1997: 786, 788）：

> 我们中极少有人能靠气质来创作诗歌以便寻求上帝，而对我们每个人来说，用诗歌来表达的初衷大概都是为了追求那在柏拉图意义上与神等价的至善。一如那些在邪恶之境凝视上帝的神秘主义者，诗人身处世事的惶惑中而力求沉思至善所在。我们都无法逃遁于此。

上帝并未眷顾史蒂文斯，而柏拉图的"至善"引导了他，史蒂文斯笔下"秉性"一词是关涉理念的自恋情结或自我主义的标志。摆脱主观而升华至至善，并未使我们从个体性中获得解脱。在《初素若圆》（A Primitive Like an Orb）中，史蒂文斯以被其称为"命定的有异于常"来刻画上述状态，以回应个体性。史蒂文斯察觉到，柏拉图关于实现的说法正对应着他自己的渴望。

然而，史蒂文斯并非全然地信仰柏拉图。1941 年，史蒂文斯 371
写下他的第二篇散文，关涉想象的力量。该文意外地以一段引自柏拉图《斐德若》战车御夫的神话开篇。这段引用同时掺杂着史蒂文斯的褒扬与悲悯。御夫的形象对史蒂文斯而言是可以效仿的，它在柏拉图那里有着值得效仿的高贵品格，但已经不可企及。

> 我们仅仅瞥过文中御夫的形象，便迫不及待地将自己想象成他，甚或，已然取代了他的地位，驾驭他的天马，遨游于整个天堂之中。而后可能突然忆得我们自己的灵魂因此而不复存在，于是我们从空中坠下回到世间……虽然我们不能理解，但是我们轻松而清晰地辨识出那充满活力的诗人的感觉，仅仅是其脑中的幻象，通过他有力、明确及流畅地传达出的意义而非那幻象本身。但是，我们仍无法置信于此，我们并未感到解脱。
>
> ——"The Noble Rider and the Sound of Words"
>
> (1997:643,644)

使得史蒂文斯无法轻信的，是一种拒绝接受那位御夫所带来升华的内在动机。这一切显得过于哗众、过于轻率而缺乏清晰的反思进路，让人难以确信。史蒂文斯自己更为婉转甚至隐晦地写作着谈及愉悦体验的诗歌。

然而，史蒂文斯被柏拉图的另外一面所滋养丰润。亚里士多德，如同伊甸园中的那条蛇般，充满诱惑地告知哲人们超脱凡人的思想——像神一样生活。(*Nicomachean Ethics* 10.7.1177b31-34)柏拉图在苏格拉底处充分地习得了怀疑的秉性。"没有哪个神热爱智慧"；哲学完全仅仅是人类对于自身缺乏智慧的回应之物(*Symposium* 204a)，而非出于获得智慧的愉悦。在这里，就像凤凰只能低飞于天堂与人间之间，柏拉图也不得不谦逊地放低了他伸展的羽翼。

然而，如果我们的人性之中明显地烙有排斥亚里士多德所言乐土的印记，那么这些作品所要表达的究竟是怎样一种令人欢愉之物？面对诗歌自身的认知局限，史蒂文斯被深深地困扰于如何激发诗歌的活力。如果20世纪得以催生一位苏格拉底式的诗人，那无疑是史蒂文斯。

当众人都确信我们对这个世界一无所知时，不论作为哲人或者作为诗人，他该何去何从、有何作为呢？借海伦·文德勒（Helen Vendler）恰如其分的描述，“对理想漠视与流失”（Vendler 1984: 28）正是史蒂文斯诗歌的主题。

最先发表于《簧风琴》（*Harmonium*，1923）中的两首早期诗歌作品《雪人》（*The Snow Man*）与《胡恩的广场下午茶》（*Tea at the Palaz of Hoon*），呈现出史蒂文斯诗歌中两种相互矛盾的风格。

雪人 372

人必须以冬日之心
去细看霜花
和积雪的松枝；

而且要冰冷了很久
才能凝视冰碴蓬松的刺柏，
和一月的阳光闪耀的

粗放的云杉；而不去想
风声中的，疏叶声中的，
任何悲痛，

发出这声音的土地
充满了同一场吹袭在
同一片空旷之地的

为听者而吹的风，他在雪中谛听，
而且，全无自己，无视不在那里的
一切，并凝视在那里的空无。

诗中的雪人乐享一种想象所给的客观的纯粹观想，这样的幻象向他自身显示着他的虚无，就像存在于自然世界虚无中的另一实体。这份想象及领悟的源头难以言表，但此处却分明清晰地显现着一种自我弥散的兴奋之情，一种逃离自身感知世界的方式。这种纯粹客观的净化，是史蒂文斯置身狄奥提玛阶梯顶层的进路，“你就会觉得那些金器与霓裳、那些至今为你和众人所迷恋的俊美之人都不算什么……那至美本身晶莹剔透、如其本然、精纯不杂，不为人的血肉声色而污染”（*Symposium* 211d-e）。

但我认为《雪人》当中同时融有男性主义意向，因为如果将世界看作冰冷荒凉之境，多少暗示着身在其中的我们应当颇为坚强。文德勒曾述及一种自我憎恶倾向，较之于史蒂文斯所构想的自我磨砺，在我看来前者更为含混不清。这种“苦难化”的构想颇有趣味。它让你感觉自己颇具男子气概。即便附近有廉价的旅馆，即便缺少活水傍依，一处露营地也不会被人们空置。我认为史蒂文斯十分享乐于将世界想象为冰冷之地，将它极尽苦难化，以至他必须颇具勇气地探知它的本质。尼采曾说过，忍受轻蔑之人亦是骄傲的施辱者。这也是我对具有雪人人格特质的史蒂文斯的看法。

373 胡恩（Hoon）是雪人的阉割自我。它回应一种好似针对《雪人》的质问，质问如此的处世：那些认为可以戏谑地挥霍天赋之人，其实你们什么都不是，只是迟暮残阳。他人为你胡须涂抹的油膏、为你吟唱的圣歌，以及撑托你于其上的海洋，只是你自大狂妄的错觉与幻象，别无他物。你只是一片荒芜空间中的一介居民，不敢正视它的孤独。

胡恩广场的下午茶

不会消逝，即便在紫色中我堕入
那西部时代，穿梭被你们指称为
荒芜之极的空间，不会消逝，我心依旧。

喷洒在我胡须上的油膏是何物？
回响于我耳边的圣歌是何物？
潮汐漫我而过的海洋是何物？

源于感知，金色的油膏得以如雨而落，
借由双耳，吹奏演绎的圣歌得以听闻，
我即那潮汐涨落的海洋的边界：

那我曾经行至目及的世界；
那我曾经听闻觉知的世界：
尽数源自我，我即世界。
是处，我才更加真切
是处，我变得更为陌生。

胡恩对上述质问的回答，在最后两节始终显得坚定而有张力，我曾听闻过更为激愤的表达。我甚至听闻到一种颇显激愤的声音，来让听者如同发问者那么深信不疑。他占有着身边的美好之物，并声明自己为它们的源出之地。《雪人》乐享对纯粹客观幻景男性主义式的坚韧与自我收缩的克制，而胡恩却执念于紫色、油膏与歌声的世俗之美，以及海洋的广博。更甚的是，他不仅是赞颂这些自然之美，就像只是反抗雪人对于冬景的简单偏爱。最初当他堕入一片紫色中时，他清晰地认识到他的自我在场，并且是这美丽之物的源出之地，而后甚或将这种美丽之物以强烈夸张的方式，远远超越于其质疑者们眼中所见：油膏不再是被喷洒，而如雨般落下；圣歌不再被吟唱，而由乐器吹奏而出；胡恩不再顺从地漂浮于潮汐之上，他包围着整个海洋，似乎成为其原动力。雪人的成就喜悦来自实现了纯粹的非个人化，而胡恩的成就则在于那个更为真切的、陌生的自我的发现。

把握穿越史蒂文斯诗歌迷宫的一条线索是，其试图将雪人的 374

高尚情怀与胡恩的愉悦予以整合。这也是他解决《会饮》中遇及难题的捷径，力求象征苏格拉底式未完满及生生不息的凤凰形象与完美实现形象的和解。对史蒂文斯来说，定式的至善是应当予以积极回避的，即便它显得充满诱惑。一个不完美的真实的苏格拉底，远比那完美至臻的苏格拉底可爱。

在与《高贵的骑士和文字的声音》（The Noble Rider and the Sound of Words）同时完成的诗歌《当代诗歌》中，史蒂文斯写下了关于上述主题的颇为引人关注的诗句。第一诗节刻画了一处比《雪人》之境更为平静的宁静意境。抛弃任何轮廓修饰的苍白与明晰，简言之：宁静实存。

> 精美明亮的碗中托盛一汪清水，
> 粉白相间的康乃馨静静绽放。
> 屋内光线如雪色折映。
> 冬末午后，一片雪花缓缓飘落。
> 粉白相间的康乃馨静静绽放，
> 我们的渴望却繁复于它。
> 而日子本身是如此的朴素：
> 苍白的碗儿，
> 寒冷，
> 冰冷的瓷器，低矮圆润，
> 宁静之外，别无他物。

这宁静的至简，在此却触及了同欲望之间的议价。史蒂文斯在第二诗节中予以回应，给予“完全的简朴”所应得的全部补偿。这至简的朴素不含任何“苦难”，将我们带离自恋引诱而生的痛苦，使我们重获新生。我们能够感觉到雪一般洁净的拉力，将我们拉引至纯粹客观处。甚至无须超越那主观感性的自我，“隐藏”即可：

甚至，这完美至简之境
为我们移除苦难，
遮盖那恶魔般混杂无常的自我，
使其重生，在净白之地，
在净水、奇光围绕之地，
我们却依然渴望繁复，
繁复于那净白之地，那雪白的气息。

最终的诗节极具史蒂文斯的风格，甚至是爱默生式的，诗歌终结于对自由（永不止息的心灵）的称颂，而并未深究其终义：

但那永不止息的心灵并未远去， 375
所以我们渴望逃离，
返回至那原初之地。
尚未完美是我们的乐园。
谨记它，不论苦难欢愉，
因为这残缺深及我心，
见于文字之误，
闻于固执之言。

“尚未完美是我们的乐园”：文字、瑕疵与固执之间富有张力的对抗，使它们成为那永不止息的心灵最适宜的素质。此处针对第一诗节中的“康乃馨”有一精彩的回应。诗结尾处所创造的不似首节中那含混不清的白色朦胧之境，而是具化了的血肉之花。同时为首节中的“至纯至简”，贴上了始终被我们的固执所质疑的标签。那刺激我们逃离折磨与瑕疵的种种苦难和心酸之物，是一切欢愉的条件；晦涩作为诗歌的特点虽不完满，但却满足了我们那种炽热的肉体享受。雪莱笔下的云雀带给我们类似的观想。不得不说，两种说法在苏格拉底那里，均是他所断言的无知。

作者简介

377 鲁比·布罗代尔（Ruby Blondell），华盛顿大学古典学教授

吕克·布里松（Luc Brisson），法国国家科学研究中心研究员

杰弗里·卡恩斯（Jeffrey Carnes），锡拉丘兹大学（Syracuse University）语言文学副教授

加布里埃拉·卡罗内（Gabriela Carone），独立学者

迪斯金·克利（Diskin Clay），杜克大学 R. J. R. Nabisco 古典学教授

劳埃德·格尔森（Lloyd Gerson），多伦多大学教授

安吉拉·霍布斯（Angela Hobbs），沃里克大学（University of Warwick）哲学讲师

理查德·亨特（Richard Hunter），剑桥大学希腊语钦定教授

加百列·理查森·李尔（Gabriel Richardson Lear），芝加哥大学哲学助理教授

詹姆斯·莱舍（J. H. Lesher），马里兰大学哲学教授

马克·马克弗伦（Mark McPherran），西蒙弗雷泽大学（Simon Fraser University）哲学教授

黛布拉·尼尔（Debra Nails），密歇根州立大学哲学教授

大卫·K. 奥康纳（David K. O'Connor），圣母大学哲学副教授

大卫·里夫（C. D. C. Reeve），北卡罗来纳州 Delta Kappa Epsilon 讲席哲学教授

克里斯多夫·罗伊（Christopher Rowe），杜伦大学希腊语教授

弗里斯比·谢菲尔德（Frisbee C. C. Sheffield），伦敦国王学院哲学讲师

参考文献

Plato Texts and Translations

Adam, J. 1902. *The Republic of Plato.* Cambridge.

Allen, R. E., trans. 1991. *The Dialogues of Plato.* Vol. 2 *The Symposium.* New Haven.

Benardete, Seth, trans. 1993. *Plato's Symposium.* Introduction by Heinrich Meier. 2nd ed. 2001 with commentary by Allan Bloom. Chicago.

Brisson, Luc, trans. 1999. *Platon, Le Banquet.* Collection GF 987. Paris. 3rd ed. 2004.

Bury, R. G., ed. 1932. *The Symposium of Plato.* 2nd ed. Cambridge. 1st ed. 1909.

Cooper, John M., ed. 1997. *Plato, Complete Works.* With Douglas S. Hutchinson. Indianapolis.

Dover, Kenneth J., ed. 1980. *Plato: Symposium.* Cambridge.

Gill, Christopher, trans. 1999. *Plato The Symposium.* London.

Grube, G. M. A., trans. 1992. *Plato, Republic.* Revised by C. D. C. Reeve. Indianapolis. Also in Cooper 1997:971–1223.

Lombardo, Stanley, trans. 1997. *Plato, Lysis.* In Cooper 1997:687–707.

McDowell, John, trans. 1973. *Plato Theaetetus.* Oxford.

Nehamas, Alexander, and Woodruff, Paul, trans. 1989. *Plato, Symposium.* Indianapolis. Also in Cooper 1997:457–505.

———, trans. 1995. *Plato, Phaedrus.* Indianapolis. Also in Cooper 1997:506–556.

Robin, Léon. 1958. *Platon. Oeuvres completes*, t. IV.2: *Le banquet.* Paris.

Rowe, Christopher J., trans. 1986. *Plato: Phaedrus.* Warminster.

———, trans. 1998a. *Plato: Symposium.* Warminster.

Shelley, Percy Bysshe. 2002a. *The Symposium of Plato: The Shelley Translation.* Ed. David K. O'Connor. South Bend, IN.

Shorey, Paul, trans. 1937. *Plato Republic.* 2 vols. Loeb Classical Library. Cambridge, MA.

Waterfield, Robin, trans. 1994. *Plato Symposium.* Oxford.

Other Works Cited

379 Allen, Michael J. B. 1984. *The Platonism of Marsilio Ficino: A Study of the "Phaedrus" Commentary, Its Sources and Genesis.* Berkeley and Los Angeles.

Allen, Michael J. B., and Rees, Valery. 2002. *Marsilio Ficino: His Theology, His Philosophy, His Legacy.* Boston.

Amden, Bettina, Flensted-Jensen, Pernille, Nielsen, Thomas Heine, Schwartz, Adam, and Tortzen, Chr. Gorm. 2002. *Noctes Atticae: 34 Articles on Graeco-Roman Antiquity and its Nachleben: Studies Presented to Jørgen Mejer on his Sixtieth Birthday March 18, 2002.* Copenhagen.

Ames-Lewis, F. 2002. "Neoplatonism and the Visual Arts at the Time of Marsilio Ficino." In Allen and Rees 2002:327–338.

Anderson, Daniel E. 1993. *The Masks of Dionysos: A Commentary on Plato's Symposium.* Albany.

Annas, Julia. 1981. *An Introduction to Plato's Republic.* Oxford.

Annas, Julia, and Rowe, Christopher, eds. 2002. *New Perspectives on Plato, Modern and Ancient.* Center for Hellenic Studies Series 6. Washington, DC.

Anton, John P. 1974. "The Secret of Plato's *Symposium.*" *Southern Journal of Philosophy* 12:277–293.

Anton, John P., and Kustas, G. L. 1971. *Essays in Ancient Greek Philosophy.* vol. I. Albany.

Arieti, James A. 1991. *Interpreting Plato: The Dialogues as Drama.* Savage, MD.

Auerbach, Erich. 1984. "Figura." *Scenes from the Drama of European Literature.* Minneapolis. 1st ed. 1944:chap. 1.

Bacon, Helen. 1959. "Socrates Crowned." *Virginia Quarterly Review* 35:415–430.

Bakhtin, Mikhail M. 1981. *The Dialogic Imagination: Four Essays.* Austin, TX.

Barnes, Jonathan. 1981. "Aristotle and the Methods of Ethics." *Revue Internationale de la Philosophie* 34:490–511.

Bartsch, Shadi, and Bartscherer, Thomas, eds. 2005. *Erotikon: Essays on Eros, Ancient and Modern.* Chicago.

Belfiore, Elizabeth. 1980. "*Elenchus, Epode*, and Magic: Socrates as Silenus." *Phoenix* 34:128–137.

———. 1984. "Dialectic with the Reader in Plato's *Symposium.*" *Maia* 36:137–149.

Bembo, Pietro. 1505. *Gli Asolani.* 1991 ed. Giorgio Dilemmi. Florence.

———. 1525. *Prose della volgare lingua; Gli Asolani; Rime.* 1989 ed. Carolo Dionisotti. Milan.

———. 1954. *Gli Asolani.* Trans. R. Gottfried. Bloomington, IN.

———. 1987. *The Prettiest Love Letters in the World: Letters between Lucrezia Borgia and Pietro Bembo 1503–1519.* Trans. Hugh Shankland. Boston. 380

———. 2005. *Lyric Poetry, Etna.* Ed. Mary P. Chatfield. Cambridge, MA and London.

Bergquist, Birgitta. 1990. "Sympotic Space: A Functional Aspect of Greek Dining-Rooms." In Murray 1990a:37–65.

Bernstein, Leonard. 1956. Serenade *After Plato's Symposium* for Solo Violin, Strings, Harp and Percussion. New York.

Bethe, H. 1907. "Die dorische Knabenliebe; ihre Ethik und ihre Idee." *Rheinisches Museum für Philologie* 62:438–475.

Bieber, M. 1955. *The Sculpture of the Hellenistic Age.* New York.

Blanckenhagen, Peter H. von. 1992. "Stage and Actors in Plato's *Symposium.*" *Greek, Roman, and Byzantine Studies* 33(1):51–68.

Bloch, Enid. 2002. "Hemlock Poisoning and the Death of Socrates; Did Plato Tell the Truth." In Brickhouse and Smith 2002:255–278.

Blondell, Ruby. 2002. *The Play of Character in Plato's Dialogues.* Cambridge.

Blundell, Mary Whitlock. 1992. "Commentary on Reeve." *Proceedings of the Boston Area Colloquium in Ancient Philosophy* 8:115–133.

Blundell, Sue. 1995. *Women in Ancient Greece.* London.

Boehringer, Sandra. 2003. *L'homosexualité féminine dans l'Antiquité.* Thesis, EHESS/Centre Louis-Gernet.

Boersma, J., ed. 1976. *Festoen. Opgedragen aan A. N. Zadoks-Josephus Jitta bii haar zevenstige verjaardag.* Groningen.

Bolton, Robert. 1990 "The Epistemological Basis of Aristotelian Dialectic." In Devereux and Pellegrin 1990:185–236.

———. 1993. "Aristotle's Account of the Socratic Elenchus." *Oxford Studies in Ancient Philosophy* 11:121–152.

Boudouris, K. J. ed. 1998. *Philosophy and Medicine* vol. 2. Athens.

Bowen, A. 1998. *Xenophon: Symposium.* Warminster.

Branham, R. Bracht, ed. 2002a. *Bakhtin and the Classics.* Evanston, IL.

———. 2002b. "A Truer Story of the Novel?" In Branham 2002a:161–186.

———, ed. 2005. *The Bakhtin Circle and Ancient Narrative. Ancient Narrative* supp. 3. Groningen.

Branham, R. Bracht, and Kinney, D. 1996. *Petronius. Satyrica.* London.

Brandwood, Leonard. 1976. *A Word Index to Plato.* Leeds.

Bratke, Elka, and Schimpf, Hans. 1980. *Anselm Friedrich Feuerbach: 1829–1880.* Koblenz-Ehrenbreitstein.

Bremmer, J. 1990. "Adolescents, *Symposion,* and Pederasty." In Murray 1990a: 135–148.

381 Brickhouse, Thomas C., and Smith, Nicholas D. 2002. *The Trial and Execution of Socrates: Sources and Controversies.* New York.

Brown, David Alan. 2001. *Virtue and Beauty: Leonardo's Ginevra de' Benci and Renaissance Portraits of Women.* Princeton and Washington, DC.

Buchner, Hartmut. 1965. *Eros und Sein.* Bonn.

Buffière, F. 1956. *Les mythes d'Homère et la pensée grecque.* Paris.

Burkert, Walter. 1985. *Greek Religion.* Cambridge, MA.

———. 1987. *Ancient Mystery Cults.* Cambridge, MA.

Burnet, John. 1928. *Greek Philosophy. Part I. Thales to Plato.* London.

Burnyeat, Myles F. 1977. "Socratic Midwifery, Platonic Inspiration." *Bulletin of the Institute of Classical Studies* 24:7–17.

———. 1986. "Good Repute." *London Review of Books* 8(19):11.

Burnyeat, Myles F., and Hondcrich, Ted, eds. 1979. *Philosophy As It Is.* London.

Cairns, Douglas L., ed. 2001. *Oxford Readings in Homer's Iliad.* Oxford.

Carnes, Jeffrey. 1997. "This Myth Which is Not One." In Larmour et al. 1997:104–121.

Carone, Gabriela Roxana. 1988. "Socrates' Human Wisdom and *Sophrosune* in *Charmides.*" *Ancient Philosophy* 18:267–286.

———. 2001. "*Akrasia* in the *Republic*: Does Plato Change His Mind?" *Oxford Studies in Ancient Philosophy* 20:107–148.

———. 2004. "Calculating Machines or Leaky Jars? The Moral Psychology of Plato's *Gorgias.*" *Oxford Studies in Ancient Philosophy* 26:55–96.

Castiglione, Baldassarre. 1528. *Il Corteggiano.* ed. Silvano del Messier. Novara.

Cavarero, A. 1995. *In Spite of Plato: A Feminist Rewriting of Ancient Philosophy.* Trans. S. Anderlini-D'Onofrio and A. O'Healy. Cambridge.

Cavina, Anna Ottani, ed. 2001. *Mélanges en hommage à Pierre Rosenberg.* Paris.

Chantraine, P. 1968. *Dictionnaire étymologique de la lange grecque.* Paris.

Chapman, John Jay. 1931. *Lucian, Plato, and Greek Morals.* Oxford.

Chen, L. C. H. 1983. "Knowledge of Beauty in Plato's *Symposium.*" *Classical Quarterly* 33:66–74.

Cheney, Liana. 1985. *Quattrocento Neoplatonism and Medici humanism in Botticelli's Mythological Paintings.* Lanham, MD. Reissued 1993 as *Botticelli's Neoplatonic Images.*

Cherniss, Harold F. 1944. *Aristotle's Criticism of Plato and the Academy.* Baltimore.

———. 1945. *The Riddle of the Early Academy.* New York.

Chiesa, Liana. (n.d.) "Le resort de l'amour: Lacan's Theory of Love in His Reading of Plato's *Symposium.*" http://www.janvaneyck.nl/~clicM/documents/Leressortdelamour.doc.

Clark, Kenneth. 1956. *The Nude: A Study in Ideal Form.* Princeton.

Clay, Diskin. 1975. "The Tragic and Comic Poet of the *Symposium*." *Arion* 2:238–261. *382*

Cleary, John J., and Gurtler, Gary M., eds. 1998. *Proceedings of the Boston Area Colloquium in Ancient Philosophy* 14. Leiden.

Cleary, John J., ed. 1999. *Traditions of Platonism. Essays in Honour of John Dillon.* Aldershot and Brookfield, VT.

Cohen, J. M., trans. 1955. *François Rabelais: Gargantua and Pantagruel.* London.

Connors, Catherine M. 1998. *Petronius the Poet.* Cambridge.

Conte, Gian Biagio. 1996. *The Hidden Author: An Interpretation of Petronius's Satyricon.* Berkeley.

Cooper, J. M. 1982. "The *Gorgias* and Irwin's Socrates." *Review of Metaphysics* 35:577–587.

———. 1999a. *Reason and Emotion: Essays on Ancient Moral Psychology and Ethical Theory*. Princeton.

———. 1999b. "Socrates and Plato in Plato's *Gorgias*." In Cooper 1999a:29–75.

Cornford, F. M. 1971. "The Doctrine of *Eros* in Plato's *Symposium*." In Vlastos 1971:119–131.

Corrigan, Kevin. 1997. "The Comic-Serious Figure in Plato's Middle Dialogues: The *Symposium* as Philosophical Art." *Laughter Down the Centuries* 3:55–64.

Corrigan, Kevin and Glazov-Corrigan, Elena. 2004. *Plato's Dialectic at Play: Argument, Structure, and Myth in the Symposium*. University Park, PA.

———. 2005. "Plato's *Symposium* and Bakhtin's Theory of the Dialogical Character of Novelistic Discourse." In Branham 2005:32–50.

Cramer, J. A. 1963. *Anecdota Graeca e coddices manuscriptis Bibliothecarum Oxoniensium.* Amsterdam.

Crisp, Roger, and Slote, Michael, eds. 1997. *Virtue Ethics.* New York.

Dancy, R. M. 2004. *Plato's Introduction of Forms.* Cambridge.

Dante Alighieri. 1984. *Paradise*. Trans. Mark Musa. Bloomington, IN.

D'Arcy, Martin C. 1954. *The Mind and Heart of Love.* London.

Davidson, James N. 1997. *Courtesans and Fishcakes: The Consuming Passions of Classical Athens.* New York. London ed., 1998.

Dean-Jones, Lesley Ann. 1994. *Women's Bodies in Classical Greek Science*. Oxford.

DeHart, Scott M. 1999. "Hippocratic Medicine and the Greek Body Image." *Perspectives on Science.* 7:349–382.

Delaney, N. 1996. "Romantic Love and Loving Commitment: Articulating a Modern Ideal." *American Philosophical Quarterly* 33:375–405.

Dempsey, Charles. 1992. *The Portrayal of Love*. Princeton.

383 Derda, T., Urbanik, J., and Wecowski, M. 2002. *Euergesias Charin: Studies Presented to Benedetto Bravo and Ewa Wipszycka by Their Disciples*. Warsaw.

Des Places, Édouard. 1964. "Platon et la langue des mystères." *Annales de la Faculté des Lettres et Sciences Humaines Aix* 38(1):9–23.

Devereux, Daniel, and Pellegrin, Pierre, eds. 1990. *Biologie, Logique et Metaphysique chez Aristotle*. Paris.

Dillon, Matthew. 2001. *Girls and Women in Classical Greek Religion*. London.

Di Simone, Marina. 1993. "I fallimenti di Encolpio, tra esemplarità mitica e modelli letterari: una ricostruzione" (Sat. 82, 5; 132, 1)." *Materiali e Discussioni* 30:87–108.

Dodds, E. R. 1951. *The Greeks and the Irrational*. Berkeley.

Dorion, Louis-André. 1990. "La subversion de *l'elenchos* juridique dans *l'Apologie de Socrate*." *Revue Philosophique de Louvain* 88:311–344.

——— 2004. Socrate. Paris.

Dover, Kenneth J. 1966. "Aristophanes' Speech in Plato's *Symposium*." *Journal of Hellenic Studies* 86:41–50.

——— 1970. "Excursus: The Herms and the Mysteries." In *A Historical Commentary on Thucydides*, ed. A. W. Gomme et al., 4:264–288.

———. 1974. *Greek Popular Morality in the Time of Plato and Aristotle*. Oxford.

———. 1989. *Greek Homosexuality*. London and Cambridge, MA. 1st ed., 1978.

Dowden, K. 1998. "Cupid and Psyche: A Question of the Vision of Apuleius." In Zimmerman 1998:1–22.

———. 2006. "A tale of two texts: Apuleius' *sermo Milesius* and Plato's *Symposium*." In Keulen et al. 2006:42-58.

Du Bois, Page. 1988. *Sowing the Body: Psychoanalysis and Ancient Representations of Women*. Chicago.

Dyson, M. 1986. "Immortality and Procreation in Plato's *Symposium*." *Antichthon* 20:59–72.

Edelstein, Ludwig. 1937. "Greek Medicine in its Relation to Religion and Magic." In Temkin and Temkin 1987:205–246.

———. 1945. "The Role of Eryximachus in Plato's *Symposium*." *Transactions of the American Philological Association* 76:85–103.

Edelstein, Emma L. and Edelstein, Ludwig. 1945. *Asclepius, Collection and Interpretation of the Testimonies*. 2 vols. Baltimore, MD.

Edmonds, Radcliffe G. 2004. *Myths of the Underworld Journey: Plato, Aristophanes, and the 'Orphic' Gold Tablets*. Cambridge.

Eijk, P J. van der. 1990. "The 'Theology' of the Hippocratic Treatise on the Sacred Disease." *Apeiron* 23:87–119.

Eliade, Mircea. 1972. *Zalmoxis, The Vanishing God*. Chicago. 384

Emerson, Ralph Waldo. 1983. *Ralph Waldo Emerson: Essays and Lectures*. Ed. Joel Porte. New York.

Entralgo, Pedro Laín. 1970. *The Therapy of the Word in Classical Antiquity*. Ed. and trans. L. J. Rather and J. M. Sharp. New Haven.

Erde, Edmund L. 1976. "Comedy and Tragedy and Philosophy in the *Symposium*: An Ethical Vision." *Southwest Journal of Philosophy* 7:161–167.

Erni, Hans. 1971. *Catalogue Raisonné de L'Oeuvre Lithographié et Gravé de Hans Erni*, vol. 2. Geneva.

Ferrari, Giovanni R. F. 1992. "Platonic Love." In Kraut 1992:248–276.

———, ed. forthcoming. *The Cambridge Companion to Plato's Republic*. Cambridge.

Ficino, Marsilio. 1956. Raymond Marcel, ed. *De Amore, Marsile Ficin: Commentaire sur le Banquet de Platon*. Paris.

———. 1975–(1978, 1981). *The Letters of Marsilio Ficino*. Trans. members of the Language Department of the School of Economic Science. London.

———. 1985. *Commentary on Plato's Symposium on Love*. Trans. Sears Reynolds Jayne. Woodstock, CN.

———. 2001, 2002. *Theologia Platonica de Immortalitate Animorum* (Florence 1482). Vol. 1:I–IV, vol. 2:V–VIII. Trans. Michael J. B. Allen. Ed. James Hankins. Cambridge, MA and London.

Fine, Gail. 2003a. *Plato on Knowledge and Forms*. Oxford.

———. 2003b. "Inquiry in the *Meno*." In Fine 2003a:44–65.

———, ed. forthcoming. *The Oxford Handbook on Plato*. Oxford.

Finnis, John. 1994a. "Law, Morality, and 'Sexual Orientation'." *Notre Dame Law Review* 69:1049–1076.

———. 1994b. "'Shameless Acts' in Colorado: Abuse of Scholarship in Constitutional Cases." *Academic Questions* 7(4):10–41.

Fisher, Mark. 1977. "Reason, Emotion, and Love." *Inquiry* 20:189–203.

———. 1990. *Personal Love*. London.

Fletcher, Jennifer. 1989. "Bernardo Bembo and Leonardo's Portrait of Ginevra de' Benci." *Burlington Magazine* (December) 811–816.

Floriani, Piero. 1976. *Bembo e Castiglione*. Rome.

Foà, Simone. 2004. "Landino, Cristoforo." *Dizionario Biografico degli Italiani* 63:428–433.

Foucault, Michel. 1978. *History of Sexuality*. New York.

Friedländer, Paul. 1969a. *Plato*. vol. 1. ed. 2. Trans. H. Meyerhoff. Princeton.

———. 1969b. *Plato*, vol. 3. Trans. H. Meyerhoff. Princeton.

385 Furley, William D. 1996. *Andokides and the Herms: A Study of Crisis in Fifth-Century Religion. Bulletin of the Institute of Classical Studies* supp. 65. London.

Gagarin, Michael. 1977. "Socrates' *Hybris* and Alcibiades' Failure." *Phoenix* 31:22–37.

Gallop, David. 1971. "Dreaming and Waking in Plato." In Anton and Kustas 1971:187–201.

Garland, Robert. 1990. *The Greek Way of Life: From Conception to Old Age*. Ithaca, NY.

———. 1992. *Introducing New Gods: the Politics of Athenian Religion*. London.

Gentile, S., Niccoli, M., and Viti, P. 1984. *Marsilio Ficino e il ritorno di Platone: Mostra di Manoscritti Stampe e Documenti 17 Maggio–16 giugno 1984*. Florence.

Gentzler, Jill. 2004. "The Attractions and Delight of Goodness." *Philosophical Quarterly* 54:353–367.

Gerber, Douglas E., ed. 1984. *Greek Poetry and Philosophy: Studies in Honour of Leonard Woodbury*. Chicago.

Gerson, Lloyd P. 1997. "Socrates' Absolutist Prohibition of Wrongdoing." In McPherran 1997:1–11.

———. 2004. "Platonism in Aristotle's Ethics." *Oxford Studies in Ancient Philosophy* 27:217–248.

———. 2005a. "What is Platonism." *Journal of the History of Philosophy* 43:253–276.

———. 2005b. *Aristotle and Other Platonists*. Ithaca.

Gill, Christopher. 1973. "The Death of Socrates." *Classical Quarterly* 23:25–28.

———, ed. 1990a. *The Person and the Human Mind: Issues in Ancient and Modern Philosophy*. Oxford.

———. 1990b. "Platonic Love and Individuality." In Loizou and Lesser 1990:69–88.

———. 1993. "Plato on Falsehood—Not Fiction." In Gill and Wiseman 1993:38–87.

———, ed. 2005. *Virtue, Norms, and Objectivity: Issues in Ancient and Modern Ethics*. Oxford.

Gill, Christopher, and Wiseman, T. P. 1993. *Lies and Fiction in the Ancient World*. Exeter.

Gillham, C., and Wood, C. 2001. *European Drawings: from the Collection of the Ackland Art Museum*. Chapel Hill, North Carolina.

Gold, Barbara K. 1980. "A Question of Genre: Plato's *Symposium* as Novel." *Modern Language Notes* 95:1353–1359.

Golden, Mark. 1985. "*Pais*, Child and Slave." *Antiquité classique* 54:91–104. 386

———. 1990. *Childhood in Classical Athens*. Baltimore, MD.

Gonzales, Francisco J., ed. 1995. *The Third Way*. Lanham, MD.

Görgemanns, Herwig. 2000. "Die Rede des Pausanias in Platons *Symposion*." In Haltenhoff and Mutschler 2000:177–190.

Gosling, J. C. B. and Taylor, C. C. W. 1982. *The Greeks on Pleasure*. Oxford.

Gould, Thomas. 1963. *Platonic Love*. London.

Griffith, Mark. 1999. *Sophocles: Antigone*. Cambridge.

Griffiths, J. Gwyn. 1975. *Apuleius of Madauros: The Isis Book (Metamorphoses Book XI)*. Leiden.

Grmek, Mirko D., ed. 1998. *Western Medical Thought from Antiquity to the Middle Ages*. Trans. A. Shugaar. Cambridge, MA.

Grube, G. M. A. 1935. *Plato's Thought*. Boston.

Hackforth, R. 1950. "Immortality in Plato's Symposium." *Classical Review* 64:43–45.

Hadot, Pierre. 2002. *What is Ancient Philosophy?* Trans. M. Chase. Cambridge, MA.

Halperin, David M. 1985. "Platonic Eros and What Men Call Love." *Ancient Philosophy* 5:161–204.

———. 1986. "Plato and Erotic Reciprocity." *Classical Antiquity* 5:60–80.

———. 1990. *One Hundred Years of Homosexuality: and Other Essays on Greek Love*. New York.

———. 1992. "Plato and the Erotics of Narrativity." In Klagge and Smith 1992:93–130.

———. 2005. "Love's Irony: Six Remarks on Platonic Eros." In Bartsch and Bartscherer 2005:48–58.

Halperin, David M., Winkler John J., and Zeitlin, Froma I., eds. 1990. *Before Sexuality: The Construction of Erotic Experience in the Ancient Greek World*. Princeton.

Haltenhoff, Andreas, and Mutschler, Fritz-Heiner. 2000. *Hortus litterarum antiquarum: Festschrift für Hans Armin Gärtner zum 70*. Heidelberg.

Hankins, James. 1990. *Plato in the Italian Renaissance*. 2 vols. Leiden.

———. 2002. "Renaissance Philosophy in Book IV of *Il Cortegiano*." In Javitch 2002:377–388.

Harrison, S. J. 1990. "Some Odyssean Scenes in Apuleius' *Metamorphoses*." *Materiali e Discussioni* 25:193–201.

Harrison, Stephen, Paschalis, Michael, and Frangoulidis, Stavros, eds. 2005. *Metaphor and the Ancient Novel*. *Ancient Narrative* supp. 4. Groningen.

Heinze, R. 1915. *Virgils epische Technik*. 3rd ed. Leipzig and Berlin. Trans. Fred Robertson, *Virgil's Epic Technique*, London. 1993.

387 Henderson, Jeffrey, ed. and trans. 1998a, 1998b, 2000, 2002. *Aristophanes* 1, 2, 3, 4. Loeb Classical Library 178, 488, 179, 180. Cambridge, MA.

Hijmans, B. L., and Van Der Paardt, R. Th., eds. 1978. *Aspects of Apuleius'* Golden Ass. Groningen.

Hobbs, Angela. 2000. *Plato and the Hero: Courage, Manliness and the Personal Good*. Cambridge.

Hoffmann, G. 1990. *Le châtiment des diamants dans la Grèce classique*. Paris.

Holford-Strevens, L., and Vardi, A., eds. 2004. *The Worlds of Aulus Gellius*. Oxford.

Holowchak, M. A. 2001. "Interpreting Dreams for Corrective Regimen: Diagnostic Dreams in Greco-Roman Medicine." *Journal of the History of Medicine and Allied Sciences* 56:382–399.

Huber, C. E. 1964. *Anamnesis bei Platon*. Pullacher philosophische Forschung 6. Munich.

Hunter, J. F. M. 1980. *Thinking about Sex and Love*. New York.

Hunter, Richard. 1994. "History and Historicity in the Romance of Chariton." *Aufstieg und Niedergang der römischen Welt* II.34.2:1055–1086. Berlin and New York.

———. 1996. "Response to J. R. Morgan." In Sommerstein and Atherton 1996:191–205.

———. 1997. "Longus and Plato." In Picone and Zimmerman 1997:15–28.

———, ed. 1998a. *Studies in Heliodorus*. Cambridge.

———. 1998b. "The *Aithiopika* of Heliodorus: Beyond Interpretation?" In Hunter 1998a:40–59.

———. 2004. *Plato's Symposium*. Oxford.

———. 2005a. "Generic Consciousness in the *Orphic Argonautica?*" In Paschalis 2005:149–168.

———. 2005b. "'Philip the Philosopher' on the *Aithiopika* of Heliodorus." In Harrison et al. 2005:122–138.

Irwin, Terence. 1977a. *Plato's Moral Theory: The Early and Middle Dialogues*. Oxford.

———. 1977b. "Plato's Heracliteanism." *Philosophical Quarterly* 27:1–13.

———. 1988. *Aristotle's First Principles*. Oxford.

———. 1995. *Plato's Ethics*. Oxford.

Jacobs, J., ed. 1982. *Epistolae Ho-Eliane*. London.

James, Paula. 1987. *Unity in Diversity*. Hildesheim.

Javitch, Daniel, ed. 2002. Baldesar Castigione: *The Book of the Courtier*. Trans. Singleton. New York and London.

Jenkins, D., ed. 2003. *The Cambridge History of Western Textiles*. Cambridge.

Jenkins, I. 2003. "The Greeks." In Jenkins, D. 2003:71–76.

Jouanna, J. 1998. "The Birth of Western Medical Art." In Grmek 1998:22–71. *388*

Kahane, Ahuvia, and Laird, Andrew, eds. 2001. *A Companion to the Prologue of Apuleius' Metamorphoses*. Oxford.

Kahn, Charles H. 1996. *Plato and the Socratic Dialogue: The Philosophical Use of a Literary Form*. Cambridge.

Kaiser, E. 1964. "Odyssee-Szenen als Topoi." *Museum Helveticum* 21:109–136, 197–224.

Karasmanis, V. ed. 2004. *Socrates: 2400 Years Since His Death*. Delphi.

Katz, Jonathan Ned. 1995. *The Invention of Heterosexuality*. New York.

Keulen, W. H. 2003. "Comic Invention and Superstitious Frenzy in Apuleius' *Metamorphoses:* The Figure of Socrates as an Icon of Satirical Self-Exposure." *American Journal of Philology* 124:107–135.

———. 2004. "Gellius, Apuleius, and Satire on the Intellectual." In Holford-Strevens and Vardi 2004:223–245.

Keulen, W. H., Nauta, R. R., and Panayotakis, S., eds. 2006. *Lectiones Scrupulosae*. Groningen.

Kidwell, Carol. 2004. *Pietro Bembo: Lover, Linguist, Cardinal*. Montreal.

Kierkegaard, Søren. 1941. *Concluding Unscientific Postscript*. Princeton.

Kihara, S. 1998. "Heraclitus and Greek Medicine in Corpus *Hippocraticum*." *Methodos* 30. In Japanese; English summary http://www.bun.kyoto-u.ac.jp/ancphil/methodos/methodos30.html#kihara.

———. 2002. "Eryximachus' Doctrine of *Erôs*." *Methodos* 34. In Japanese; English summary http://www.bun.kyoto-u.ac.jp/ancphil/methodos/methodos34.html#kihara.

Konstan, David E., and Young-Bruehl, Elisabeth. 1982. "Eryximachus' Speech in the *Symposium*." *Apeiron* 16:40–46.

Klagge, James C., and Smith, Nicholas D., eds. 1992. *Methods of Interpreting Plato and his Dialogues. Oxford Studies in Ancient Philosophy* supp. vol. Oxford.

Knaack, G. 1883. "Analecta." *Hermes* 18:28–33.

Kosman, L. A. 1976. "Platonic Love." In Werkmeister 1976:53–69.

Kragelund, P. 1989. "Epicurus, Priapus and the Dreams in Petronius." *Classical Quarterly* 39:436–450.

Kraut, Richard. 1973. "Egoism, Love, and Political Office." *Philosophical Review* 82:330–344.

———. 1992. *The Cambridge Companion to Plato*. Cambridge.

———. forthcoming. "Plato on Love." In Fine forthcoming.

Kropotkin, Prince [Peter]. 1924. *Ethics: Origin and Development*. Trans. Louis S. Friedland and Joseph R. Piroshnikoff. New York.

Lacan, Jacques. 1977. *Ecrits: A Selection*. New York.

389 ———. 2002. *Le seminaire, livre VIII: Le transfert*, 1960–61. Paris.

Landino, Cristoforo. 1939. *Carmina Omnia*. Ed. Alessandro Perosa. Florence.

———. 1970. *De vera nobilitate*. Ed. Manfred Lentzen. Geneva.

Lane, Melissa S. 1998. *Method and Politics in Plato's Statesman*. Cambridge.

Langholf, V. 1990. *Medical Theories in Hippocrates*. Berlin.

Larmour, D. H. J., Miller, P. A., and Platter, C., eds. 1997. *Rethinking Sexuality: Foucault and Classical Antiquity*. Princeton.

Lawson, R. P. 1957. *Origen. The Song of Songs, commentary and homilies*. Westminster MD and London.

Lear, Gabriel Richardson. 2004. *Happy Lives and the Highest Good: An Essay on Aristotle's Nicomachean Ethics*. Princeton.

———. 2006. "Plato on Learning to Love Beauty." In Santas 2006:104–124.

Lear, Jonathan. 1998. *Open Minded: Working out the Logic of the Soul*. Cambridge.

———. 2000. *Happiness, Death, and the Remainder of Life*. Cambridge.

———. 2004. *Therapeutic Action*. New York.

Lesher, James H. 2004. "The Afterlife of Plato's *Symposium*." *Ordia Prima* 3:89–105.

———. 2006. "Later Views of the Socrates of Plato's *Symposium*." In Trapp 2006:59–76.

Lévêque, Pierre. 1955. *Agathon*. Paris.

Levy, D. 1979. "The Definition of Love in Plato's *Symposium*." *Journal of the History of Ideas* 40:285–291.

Lévystone, D. 2005. "La figure d'Ulysse chez les Socratiques: Socrate *polutropos*." *Phronesis* 50:181–214.

Lissarague, F. 1990. *The Aesthetics of the Greek Banquet*. Princeton.

Lloyd, G. E. R. 1975a. "The Hippocratic Question." *Classical Quarterly* 25:171–192.

———. 1975b. "Aspects of the Interrelations of Medicine, Magic, and Philosophy in Ancient Greece." *Apeiron* 9:1–16.

———. 1979. *Magic, Reason, and Experience*. Cambridge.

Lloyd-Jones, Hugh. 1979. *Aeschylus: Eumenides*. London.

Loizou, A., and Lesser, H., eds. 1990. *Polis and Politics: Essays in Greek Moral and Political Philosophy*. Aldershot.

Lowenstam, S. 1985. "Paradoxes in Plato's *Symposium*." *Ramus* 14:85–104.

Lowry, Martin. 1979. *The World of Aldus Manutius: Business and Scholarship in Renaissance Venice*. Ithaca, NY.

Luce, J. V. 1952. "Immortality in Plato's *Symposium*." *Classical Review* 66:137–141.

Ludwig, Paul W. 2002. *Erôs and Polis*. Cambridge.

Mahoney, T. 1996. "Is Socratic *Eros* in the *Symposium* Egoistic?" *Apeiron* 29:1–18. 390

Maraguianou, Évangélie. 1985. "L'amour, objet d'initiation chez Platon." *Philosophia* (Athens) 15/16:240–253.

Martin, Dale B. 2004. *Inventing Superstition: From the Hippocratics to the Christians*. Cambridge, MA.

Mazzeo, J. 1958. *Structure and Thought in the Paradiso*. Ithaca, NY.

McGrath, E. 1983. "'The Drunken Alcibiades': Rubens's Picture of Plato's *Symposium*." *Journal of the Warburg and Courtauld Institutes* 46:228–235 (Plates on 42–44).

McPherran, Mark. 1996. *The Religion of Socrates*. University Park, PA. Paper ed., 1999.

———, ed. 1997. *Wisdom Ignorance and Virtue*. Edmonton.

———. 2000. "Piety, Justice, and the Unity of Virtue." *Journal of the History of Philosophy* 38:299–328.

———. 2004. "Socrates and Zalmoxis on Drugs, Charms, and Purification." *Apeiron* 37:11–33.

Mendelsohn, Daniel. 1996. "The Stand: Expert Witnesses and Ancient Mysteries in a Colorado Courtroom." *Lingua Franca* 6.6:34–46.

Mikalson, J. D. 1983. *Athenian Popular Religion*. Chapel Hill.

Miller, Mitchell. 1995. "The Choice Between the Dialogues and the 'Unwritten Teachings': A Scylla and Charybdis for the Interpreter?" In Gonzales 1995:225–244.

Montiglio, Silvia. 2000. "Wandering Philosophers in Classical Greece." *Journal of Hellenic Studies* 120:86–105.

———. 2005. *Wandering in Greek Culture*. Chicago.

Morales, Helen. 2004. *Vision and Narrative in Achilles Tatius' Leucippe and Clitophon*. Cambridge.

Morgan, Michael L. 1990. *Platonic Piety*. New Haven.

Morrison, John S. 1941. "The Place of Protagoras in Athenian Public Life." *Classical Quarterly* 25:1–16.

———. 1964. "Four Notes on Plato's *Symposium*." *Classical Quarterly* 14:42–55.

Moravcsik, J. M. E. 1971. "Reason and Eros in the 'Ascent' Passage of the *Symposium*." In Anton and Kustas 1971:285–302.

Münstermann, Hans. 1995. *Apuleius. Metamorphosen literarischer Vorlagen*. Stuttgart and Leipzig.

Murdoch, Iris. 1970. *The Sovereignty of Good*. London.

Murphy, David J. 2000. "Doctors of Zalmoxis and Immortality in the *Charmides*." In Robinson and Brisson 2000:287–295.

Murray, Oswyn. 1990a. *Sympotica: A Symposium on the Symposion*. Oxford.

391 ———. 1990b. "The Affair of the Mysteries: Democracy and the Drinking Group." In Murray 1990a:149–161.

Murray, Oswyn, and Tecuşan, Manuela, eds. 1995. *In Vino Veritas.* London.

Murray, Penelope, ed. 1996. *Plato on Poetry*. Cambridge.

Nails, Debra. 1995. *Agora, Academy, and the Conduct of Philosophy*. Dordrecht.

———. 2001. "Seduced by Prodicus." *Southwest Philosophy Review* 17(2):129–139.

———. 2002. *The People of Plato*. Indianapolis.

Nehamas, Alexander. 1998. *The Art of Living: Socratic Reflections from Plato to Foucault*. Berkeley and Los Angeles.

Neumann, H. 1965. "Diotima's Concept of Love." *American Journal of Philology* 86:33–59.

Nietzsche, Friedrich. 1956. *The Birth of Tragedy; and The Genealogy of Morals.* Trans. Francis Golffing. New York. Reprinted 1990.

———. 1967. *The Birth of Tragedy* (1872). Trans. Walter Kaufmann. New York.

Nightingale, Andrea Wilson. 1993. "The Folly of Praise: Plato's Critique of Encomiastic Discourse in the *Lysis* and *Symposium*." *Classical Quarterly* 43:112–130.

———. 1995. *Genres in Dialogue: Plato and the Construct of Philosophy*. Cambridge.

———. 2004. *Spectacles of Truth in Classical Greek Philosophy*. Cambridge.

Novotny, F. 1977. *The Posthumous Life of Plato*. The Hague.

Nozick, Robert. 1989. *The Examined Life*. New York.

Nussbaum, Martha Craven. 1979. "The Speech of Alcibiades: A Reading of Plato's *Symposium*." *Philosophy and Literature* 3:131–172. Reprinted in Nussbaum 1986:165–199.

———. 1986. *The Fragility of Goodness: Luck and Ethics in Greek Tragedy and Philosophy*. Cambridge.

———. 1994. "Platonic Love and Colorado Law: The Relevance of Ancient Greek Norms to Modern Sexual Controversies." *Virginia Law Review* 80(7):1515–1643.

Nygren, Anders. 1953. *Agape and Eros*. Trans. Philip S. Watson. Philadelphia.

O'Brien, Maeve C. 2002. *Apuleius' Debt to Plato in the Metamorphoses*. Lewiston, NY.

O'Brien, Michael J. 1984. "Becoming Immortal in Plato's *Symposium*." In Gerber 1984:185–205.

O'Connor, David K. forthcoming. "Rewriting the Poets in Plato's Characters." In Ferrari forthcoming.

Osborne, Catherine. 1994. *Eros Unveiled: Plato and the God of Love*. Oxford.

Owen, G. E. L. 1968. *Aristotle on Dialectic: The Topics*. Oxford.

———. 1986. *Logic, Science and Dialectic: Collected Papers in Greek Philosophy*. Ed. Martha Nussbaum. Ithaca, NY. 392

Panofsky, Erwin. 1968. *Idea: A Concept in Art Theory (A Study of the Changes in the Definition & Conception of the Term "Idea," from Plato to the 17th Century, when the Modern Definition Emerged)*. Trans. Joseph J. S. Peake. Columbia, SC.

———. 1969. *Problems in Titian*. New York.

Parfit, Derek. 1984. *Reasons and Persons*. Oxford.

Parker, Robert. 1996. *Athenian Religion: A History*. Oxford.

Paschalis, Michael, ed. 2005. *Roman and Greek Imperial Epic*. Heraklion, Crete.

Patterson, Richard A. 1982. "The Platonic Art of Comedy and Tragedy." *Philosophy and Literature* 6:76–93.

———. 1991. "The Ascent in Plato's *Symposium*." *Proceedings of the Boston Area Colloquium in Ancient Philosophy* 7:193–214.

Patzer, H. 1982. *Die Griechische Knabenliebe*. Wiesbaden.

Paz, Octavio. 1997. *La Llama Doble: Amor y Erotismo*. Barcelona.

Pender, Elizabeth. 1992. "Spiritual Pregnancy in Plato's *Symposium*." *Classical Quarterly* ns 42:72–86.

Penner, Terry, and Rowe, Christopher. 2005. *Plato's Lysis*. Cambridge.

Penwill, J. L. 1978. "Men in Love: Aspects of Plato's *Symposium*." *Ramus* 7:143–175.

Perkins, Judith. 2005. "Trimalchio: Naming Power." In Harrison et al. 2005:139–162.

Peters, W. 1976. "The Sileni of Alcibiades. An Archeological Commentary on Plato *Symposium* 215a–b." In Boersma 1976:475–485.

Pickett, Brent. 2002. "Homosexuality." *Stanford Encyclopedia of Philosophy*, ed. Edward N. Zalta. http://plato.stanford.edu/entries/homosexuality.

Picone, M. and Zimmermann, B., eds. 1997. *Der antike Roman und seine mittelalterliche Rezeption*. Basel.

Pirenne-Delforge, V. 1988. "Épithètes cultuelles et interprétation philosophique: À propos d'Aphrodite Ourania et Pandémos à Athènes." Antiquité Classique 57:142–157.

———. 1994. L'Aphrodite grecque. *Kernos* supp. 4. Athens and Liege.

Plass, P. 1978. "Plato's Pregnant Lover." *Symbolae Osloenses* 53:47–55.

Posner, Richard A. 1992. *Sex and Reason*. Cambridge, MA.

Poulakos, J. 1998. "Philosophy and Medicine in Plato's *Symposium*." In Boudouris 1998:164–170.

Press, Gerald A. 1995. "Plato's Dialogues as Enactments." In Gonzales 1995:133–152.

393 ———, ed. 2000. *Who Speaks for Plato? Studies in Platonic Anonymity*. Lanham, MD.

Price, A. W. 1981. "Loving Persons Platonically." *Phronesis* 26:25–34.

———. 1991. "Martha Nussbaum's Symposium." *Ancient Philosophy* 11:285–299.

———. 1995. *Mental Conflict*. London.

———. 1997. *Love and Friendship in Plato and Aristotle*. Oxford. 1st ed., 1989.

Race, W. 1997. *Pindar: Olympian Odes, Pythian Odes*. Loeb Classical Library. Cambridge, MA.

Rawson, Glenn. 2006. "Platonic Recollection and Mental Pregnancy." *Journal of the History of Philosophy* 44(2):137–155.

Reardon, B. P., ed. 1989. *Collected Ancient Greek Novels*. Berkeley.

Reckford, K. 1991. "Eliot's Cocktail Party and Plato's *Symposium*." *Classical and Modern Literature* 11:303–312.

Reeve, C. D. C. 1992a. *Practices of Reason: Aristotle's Nicomachean Ethics*. Oxford.

———. 1992b. "Telling the Truth About Love: Plato's *Symposium*." *Proceedings of the Boston Area Colloquium in Ancient Philosophy* 8:89–114.

———. 2004. "*Sôkratês Erôtikos*." In Karasmanis 2004:94–106.

Riedweg, Christoph. 1987. *Mysterienterminologie bei Platon, Philon und Klemens von Alexandrien*. Untersuchungen zur antiken Literatur und Geschichte 26. Berlin.

Rist, John M. 1964. *Eros and Psyche: Studies in Plato, Plotinus, and Origen*. Toronto.

Robin, Léon. 1908. *La Théorie platonicienne de l'amour*. Paris. 3rd ed. 1964.

Robinson, Thomas M. and Brisson, Luc, eds. 2000. *Plato: Euthydemus, Lysis, Charmides: Proceedings of the V Symposium Platonicum*. Sankt Augustin, Germany.

Rosen, Stanley. 1987. *Plato's Symposium*. New Haven. 1st ed. 1968.

Rösler, Wolfgang. 1990. "*Mnemosyne* in the *Symposion*." In Murray 1990:230–238.

———. 1995. "Wine and Truth in the Greek *Symposium*." In Murray and Tecuşan 1995:106–112.

Rowe, Christopher J. 1990. "Philosophy, Love, and Madness." In Gill 1990a:227–246.

———. 1998b. "Socrates and Diotima: Eros, Immortality, and Creativity." In Cleary and Gurtler 1998:239–259.

———. 1999. "The Speech of Eryximachus in Plato's *Symposium*." In Cleary 1999:53–64.

———. 2005. "What Difference Do Forms Make to Platonic Epistemology?" In Gill 2005:215–232.

———. 2006. "The Literary and Philosophical Style of the *Republic*." In Santas 2006:7–24. *394*

Runes, Dagobert. 1959. *Pictorial History of Philosophy*. New York.

Rutherford, R. B. 1995. *The Art of Plato: Ten Essays in Platonic Interpretation*. Cambridge, MA.

Ryan, Lawrence V. 1972. "Book IV of Castiglione's *Courtier*: Climax or Afterthought?" *Studies in the Renaissance* 19:156–179.

Santas, Gerasimos X. 1988. *Plato and Freud: Two Theories of Love*. New York.

———, ed. 2006. *Blackwell Guide to the Republic*. Oxford.

Saxonhouse, Arlene W. 1976. "The Philosopher and the Female in the Political Thought of Plato." *Political Theory* 4(2):195–212. Reprinted in Tuana 1994:67–85.

Schein, Seth. 1974. "Alcibiades and the Politics of Misguided Love in Plato's *Symposium*." *Theta-Pi* 3:158–167.

Schlam, C. 1970. "Platonica in the *Metamorphoses* of Apuleius." *Transactions of the American Philological Association* 101:477–487.

———. 1992. *The Metamorphoses of Apuleius*. London.

Schmeling, Gareth. 2003. *The Novel in the Ancient World*. 2nd ed. Boston and Leiden.

Schmitt-Pantel, Pauline. 1990. "Sacrificial Meal and *Symposion*: Two Models of Civic Institutions in the Archaic City?" In Murray 1990a:14–33.

Schwarzmaier, A. 1997. "Wirklich Sokrates und Diotima?" *Archaologischer Anzeiger* 1:79–96.

Scott, Dominic. 1995. *Recollection and Experience. Plato's Theory of Learning and Its Successors*. Cambridge.

———. 2000. "Socrates and Alcibiades in the *Symposium*." *Hermathena* 168:25–37.

Scott, Gary Alan and Welton, William A. 2000. "Eros as Messenger in Diotima's Teaching." In Press 2000:147–159.

Scruton, Roger. 1986. *Sexual Desire*. New York.

Sedley, David. 2004. *The Midwife of Platonism*. Oxford.

Sergent, B. 1996. *Homosexualité chez les peuples indo-européens*. 1st ed. in 2 vols. 1984, 1986. Paris.

Sheffield, Frisbee C. C. 2001a. "Psychic Pregnancy and Platonic Epistemology." *Oxford Studies in Ancient Philosophy* 20:1–33.

———. 2001b. "Alcibiades' Speech: A Satyric Drama." *Greece & Rome* 48:193–209.

———. 2006. *Plato's Symposium: The Ethics of Desire*. Oxford.

395 Shelley, Percy Bysshe. 1839. *The Complete Poems of Percy Bysshe Shelley*. Ed. Mary Shelley. 2nd ed. 1994. New York.

———. 2002b. *Shelley's Poetry and Prose*. 2nd ed. Donald H. Reiman and Neil Fraistat. New York.

Shields, S. 1997. "Memorable Wreaths: Love, Death, and the Classical Text in La Farge's *Agathon to Erosanthe* and *Wreath of Flowers*." *American Art* 11:82–105.

Shorey, Paul. 1933. *What Plato Said*. Chicago.

Sider, David. 1980. "Plato's *Symposium* as a Dionysian Festival." *Quaderni Urbinati di Cultura Classica* 33:41–56.

———. 2002. "Two Jokes in Plato's *Symposium*." In Amden et al. 2002:260–264.

Sier, Kurt. 1997. *Die Rede der Diotima: Untersuchungen zum platonischen Symposion*. Stuttgart and Leipzig.

Singer, Irving. 1966. *The Nature of Love: Plato to Luther*. New York.

Skinner, Marilyn. 2005. *Sexuality in Greek and Roman Culture*. Malden, MA.

Slater, Niall W. 1990. *Reading Petronius*. Baltimore and London.

Smith, Dennis E. 2003. *From Symposium to Eucharist: the Banquet in the Early Christian World*. Minneapolis.

Smith, Warren S., and Woods, Baynard. 2002. "Tale of Aristomenes: Declamation in a Platonic Mode." *Ancient Narrative* 2:172–195.

Solmsen, Friedrich. 1968. "Dialectic Without the Forms." In Owen 1968:49–68.

Solomon, Robert C. 1988. *About Love: Reinventing Romance for Our Times*. New York.

Sommerstein, Alan H. 1989. *Aeschylus, Eumenides*. Cambridge.

Sommerstein, Alan H., and Atherton, Catherine, eds. 1996. *Education in Greek Fiction*. Nottingham Classical Lecture Series 4. Bari.

Staden, H. von. 1998. "*Dynamis*: The Hippocratics and Plato." In Boudouris 1998:262–279.

Stannard, J. 1959. "Socratic *Eros* and Platonic Dialectic." *Phronesis* 4:120–134.

Stehle, Eva. 1997. *Performance and Gender in Ancient Greece: Nondramatic Poetry in its Setting*. Princeton.

Stephens, S. A., and Winkler, John J. 1995. *Ancient Greek Novels. The Fragments*. Princeton.

Stevens, Wallace. 1997. *Wallace Stevens: Collected Poetry and Prose*. Ed. Frank Kermode and Joan Richardson, eds. New York.

Stocker, Michael. 1997. "The Schizophrenia of Modern Ethical Theories." In Crisp and Slote 1997:453–466.

Stokes, Michael C. 1986. *Plato's Socratic Conversations: Drama and Dialectic in Three Dialogues*. Baltimore.

Strauss, Leo. 2001. *On Plato's Symposium*. Ed. Seth Benardete. Chicago. 396

Strong, R. 1973. *Splendor at Court: Renaissance Spectacle and the Theater of Power*. Boston.

Tatum, J. 1969. "The Tales in Apuleius' *Metamorphoses*." *Transactions of the American Philological Association* 100:487–527.

Taylor, A. E. 1960. *Plato: The Man and his Work*. 7th ed. London.

Taylor, Gabriele. 1979. In Burnyeat and Honderich 1979:165–182.

Tecuşan, Manuela. 1990. "*Logos Sympotikos*: Patterns of the Irrational in Philosophical Drinking: Plato outside the *Symposium*." In Murray 1990a:238–260.

Tejera, Victorino. 2000. *Plato's Dialogues One by One*. Washington. 1st ed. 1983.

Teloh, Henry. 1986. *Socratic Education in Plato's Early Dialogues*. Notre Dame, IN.

Temkin, O. and Temkin, C. L., eds. 1987. *Ancient Medicine*. Baltimore, MD.

Thesleff, Holger. 1978. "The Interrelation and Date of the *Symposia* of Plato and Xenophon." *Bulletin of the Institute for Classical Studies* 25:157–170.

———. 1982. *Studies in Platonic Chronology*. Commentationes Humanarum Litterarum 70. Helsinki.

Thibau, R. 1965. "Les Métamorphoses d'Apulée et la théorie platonicienne de l'Erôs." *Studia Philosophica Gandensia* 3:89–144.

Trapp, Michael, ed. 2006. *Socrates in the Nineteenth and Twentieth Century*. Centre for Hellenic Studies Conference Series. London.

Tsekourakis, D. 1991–1993. "Plato's *Phaedrus* and the Holistic Viewpoint in Hippocrates' Therapeutics." *Bulletin of the Institute of Classical Studies of the University of London* 38:162–173.

Tuana, Nancy. 1992. *Woman and the History of Philosophy*. New York.

———, ed. 1994. *Feminist Interpretations of Plato*. Pennsylvania.

Usener, H. 1887. *Epicurea*. Leipzig.

Van Der Paardt, R. Th. 1978. "Various Aspects of Narrative Technique in Apuleius' *Metamorphoses*." In Hijmans and Van Der Paardt 1978:75–94.

Van de Sandt, Udolpho. 2001. "Un tableau de Pierre Peyron commandé par le comte d'Angiviller: Socrate détachant Alcibiade des charmes de la volupté." In Cavina 2001:410–416.

Vendler, Helen. 1984. *Words Chosen Out of Desire*. Cambridge, MA.

Verga, Giovanni. 2003. *Life in the Country*. London.

Vernant, Jean-Pierre. 1990. "One... Two... Three: *Erôs*." In Halperin et al. 1990:465–478.

———. 1991. *Mortals and Immortals*. Princeton.

———. 2001. "A 'Beautiful Death' and the Disfigured Corpse in Homeric Epic." In Cairns 2001:311–341.

397 Vlastos, Gregory. 1949. "Religion and Medicine in the Cult of Asclepius: A Review Article." *Review of Religion* 13:269–290.

———, ed. 1971. *Plato: A Collection of Critical Essays*. vol. 2. *Ethics, Politics, and Philosophy of Art and Religion*. Garden City, NY.

———. 1973a. *Platonic Studies*. Princeton.

———. 1973b. "The Individual as Object of Love." In Vlastos 1973a:3–34.

———. 1991. *Socrates: Ironist and Moral Philosopher*. Ithaca, NY.

Vries, G. J. des. 1973. "Mystery Terminology in Aristophanes and Plato." *Mnemosyne* 26:1–8.

Wardy, Robert. 2002. "The Unity of Opposites in Plato's *Symposium*." *Oxford Studies in Ancient Philosophy* 23:1–61.

Waithe, Mary Ellen, ed. 1987a. *A History of Women Philosophers*. Dordrecht.

———. 1987b. "Diotima of Mantinea." In Waithe 1987:chap 6.

Walsh, P. G. 1994. *Apuleius: The Golden Ass*. Oxford.

Warner, M. 1979. "Love, Self, and Plato's *Symposium*." *Philosophical Quarterly* 29:329–339.

Wecowski, Marek. 2002. "Towards a Definition of the Symposion." In Derda et al. 2002:337–361.

Wellman, R. R. 1969. "Eros and education in Plato's *Symposium*." *Paedogica Historica* 9:129–158.

Wender, Dorothea. 1973. "Plato: Misogynist, Paedophile and Feminist." *Arethusa* 6(1):75–90.

Werkmeister, W. H. 1976. *Facets of Plato's Philosophy*. Assen.

White, F. C. 1989. "Love and Beauty in Plato's *Symposium*." *Journal of Hellenic Studies* 109:149–157.

———. 2004. "Virtue in Plato's *Symposium*." *Classical Quarterly* 54:366–378.

White, Nicholas. 2002. *Individual and Conflict in Greek Ethics*. Oxford.

Wind, Edgar. 1960. *Pagan Mysteries in the Renaissance*. Enlarged ed. 1968. London.

Winkler, John J. 1985. *Auctor & Actor. A Narratological Reading of Apuleius's The Golden Ass*. Berkeley.

———. 1990. *The Constraints of Desire: The Anthropology of Sexual Gender in Ancient Greece*. New York.

Woolf, Raphael. 2004. "The Practice of a Philosopher." *Oxford Studies in Ancient Philosophy* 26:97–129.

Zaidman, L. B., and Pantel, P. S. 1992. *Religion in the Ancient Greek City*. Trans. P. Cartledge. Cambridge.

Zanker, P. 1996. *The Mask of Socrates: The Image of the Intellectual in Antiquity*. Berkeley, Los Angeles, and Oxford.

Zimmerman, M., Hunink, V., McCreight, T. D., Mal-Maeder, D. van, Panayotakis, St., Schmidt, V., and Wesseling, B., eds. 1998. *Aspects of Apuleius' Golden Ass*. vol. 2. Groningen. *398*

Zöllner, Frank. 2004. *Leonardo da Vinci 1452–1519: The Complete Paintings and Drawings*. Cologne.

篇目索引

注意柏拉图文本中的行标码有些许变更，因为不同作者所依据的古希腊语文本为不同版本。

一般索引

* 科律班忒斯，至尊之母基伯勒的侍奉者，由宙斯与缪斯女神卡莉奥佩所生，亦指狂欢者。

* 德尔斐，一处供奉阿波罗的圣地。

** 德墨忒耳，丰饶女神，希腊神话中司掌农业之神。

*** 狄俄涅，希腊神话中的洋流女神和冰海女神，宙斯和她生下了爱和美的女神阿佛洛狄忒。

* 厄琉西斯，古希腊的一个港口城市。

** 艾略特，美国著名诗人。

* 欧律狄刻，希腊神话中俄耳甫斯之妻，马其顿帝国腓力三世之妻与之同名。

* 格劳科斯（海神），鱼尾人身，由渔夫变成。

* 哈迪斯，希腊神话中的冥界之神，有时被认为是十二神之一。

** 赫菲斯托斯，希腊神话中的火神。

*** 赫拉，希腊神话中的天后，宙斯之妻。

* 赫尔墨斯/墨丘利，希腊神话中诸神的信使，同时也是旅者和商人的保护神，罗马称其为墨丘利。

** 荷马，古希腊诗人。

* 雅各之梯，立于天地之间，天堂的使者分两列不停地上下，上攀的一列象征沉思默想的生活，下降的一列象征活跃的生活。

* 纳西索斯，希腊神话中爱上自己影子的俊美少年，最后变成了水仙花。

* 俄耳甫斯，希腊神话中著名的诗人、歌手，阿波罗与卡利欧碧之子。

* 潘妮娅，希腊神话中的穷神。

** 珀耳塞福涅，宙斯与农业女神德墨忒尔之女，被冥王哈迪斯抢去，成为冥后。

Platonic love (amor Platonicus, Platonis amor) 柏拉图式的爱, 1, 208, 314, 345
Platonic Lovers, The《柏拉图式情人》, 334
Platonism 柏拉图主义, 2-3, 314, 329-330n11; ancient 古代的, 47-67; Renaissance 文艺复兴时期的, 342, 344; Plato without 没有柏拉图主义的柏拉图, 360
pleasure 愉悦, 58n39, 59, 98, 104n10
Plotinus 普罗提诺, 1-2, 55-57, 59-66, 314, 328-329. See also Index of Passages 又见"篇目索引"
Plutarch 普鲁塔克, 274, 324, 313, 321, 341; *Dialogue on Love*《爱的对话》, 313; *Life of Alcibiades*《阿尔喀比亚德传》, 321. See also Index of Passages 又见"篇目索引"
Podalirius 珀达利鲁斯, 82
Polyainos of Lampsacus 兰普萨卡斯的波利艾努斯, 306n38
Poros and Penia myth 波罗斯和潘妮娅的神话, 139, 142, 247, 362
Porphyry 波菲利, 55, 55n24
Porter, Abby 阿比·波特, xi
Posner, Richard 理查德·波斯纳, 276, 278, 284
Potidaea, Battle of 波提狄亚之战, 90n41, 139, 158-159, 176, 181, 195, 253n3, 324-325
Poulakos, J. 波拉库斯, 71n1, 87
Powell, Lewis F. 鲍威尔, 281, 284
Praxiteles: Aphrodite of Knidos 普拉克西特利斯:《尼多斯的阿佛洛狄忒》, 332
pregnancy 怀孕, 5, 45n30, 106, 108, 128-129, 144, 160, 248, 250, 252-271, 367
Press, Gerald A. 普雷斯, 49n3
Priapus 普里阿波斯*, 306n38, 309n45
Price, Anthony 安东尼·普瑞斯, 2, 10-17, 57n35, 58n38, 60n47, 60n50, 62n62, 111, 118, 155n28, 156n33, 163n63, 164n69, 165n75, 166n77, 175n128, 189n33, 212n10, 217n20, 221n32
Proclus 普罗克鲁斯, 52n12, 54n20, 55. See also Index of Passages 又见"篇目索引"
Prodicus of Ceos 科斯的普罗迪库斯, 39, 182, 237, 314n5
Protagoras 普罗塔戈拉, 53, 167, 181, 198
Protagoras《普罗塔戈拉》, 39, 181, 187. See also Index of Passages 又见"篇目索引"
Pseudo-Dionysius the Areopagite 亚略

* 普里阿波斯，希腊神话中的男性生殖之神。

* 西勒诺斯，希腊神话中的森林之神。

* 乌拉诺斯，希腊神话中的天神，由大地女神盖亚所生。

* 宙斯，希腊神话中的主神。

译后记

本书是望江柏拉图学园首次尝试集体翻译的成果，具体翻译、校对分工如下，终稿由我负责总校订：

献词、图表目录、致谢、导言——梁中和译；

1.《作为苏格拉底式对话的〈会饮〉》——王欣荣、李雨瑶译，葛天勤校；

2.《苏格拉底之前的颂词在〈会饮〉中的角色——柏拉图的共同接受意见法》——王欣荣译，梁中和校；

3.《〈会饮〉的柏拉图式解读》——李毅译，李雨瑶校；

4.《柏拉图〈会饮〉中的医术、魔法与宗教》——孙洁译，梁中和校；

5.《柏拉图〈会饮〉中永恒的美和相适的幸福》——王欣荣译，葛天勤校；

6.《紫罗兰研究：〈会饮〉中的阿尔喀比亚德》——李新雨译，梁中和校；

7.《苏格拉底处在“爱的阶梯”上的何方?》——许鹏、王欣荣译，葛天勤校；

8.《落幕后的悲剧》——钟洋、梁中和译；

9.《柏拉图式的爱的德性》——王光辉、张燕玲译，葛天勤校；

10.《少男之爱与智慧之爱——柏拉图〈会饮〉中的阿伽通、

鲍桑尼亚和狄奥提玛》——张燕玲、吕启翔译，李雨瑶校；

11.《柏拉图的女性隐喻》——周巍、张燕玲、邓影译，魏奕昕校；

12. 《法庭上的柏拉图——〈会饮〉对法律理论的惊人影响》——王子珏、李姝洁译，魏奕昕校；

13.《柏拉图〈会饮〉与古代小说传统》——李雨瑶、吴瑶译，魏奕昕校；

14.《柏拉图〈会饮〉的一些著名后像》——邓斐文译，李雨瑶校；

15.《柏拉图〈会饮〉在意大利文艺复兴时期的回响——从布鲁尼（1435）至卡斯蒂隆（1528）》——郑凡译，梁中和校；

16.《诗人雪莱与史蒂文斯笔下的柏拉图式的自我》——周潇译，李雨瑶校；

索引——陈威译，梁中和校；

译后记——梁中和。

回想七年前学园草创时大家意气风发，朝气蓬勃，相聚晤谈甚是融洽，每年纪念柏拉图诞辰与逝世日的活动也庄重而不失意趣。现在前两期学员中有的负笈海外继续研读古希腊哲学、古典学、数学、历史学、政治学等专业的硕士、博士研究生学位；有的在北京、上海、重庆、成都等地完成哲学类硕士学位，准备继续探索学问或全情投入生活；有的钻研自己倾心的领域颇有建树，出版多部译著；有的已经成为青年教师，做了我的同事；有的在平凡而又激荡人心的事业中做出了自己应有的贡献。他们都没有虚度光阴，柏拉图与我们在探索美善的精神之路上，一道前行！

谨以此书献给望江柏拉图学园第一、二期的全体学员，同时纪念学园成立七周年。

在本书出版之际，要特别感谢中国人民大学出版社编辑罗晶女士的精心编校，正是由于她对待学术书籍细致耐心的工作，本书才避免了很多错讹，也要感谢刘小枫和杨宗元老师，是他们的鼎力支持本书才最终及时出版，在此我代表众多译者向他们致以崇高的敬意。当然，译文错误之处我们自己承担，由于学力有限，期望读者方家不吝指正（liangzhonghe@ foxmail. com）!

梁中和

丁酉孟夏于成都

望江柏拉图学园

Plato's Symposium: Issues in Interpretation and Reception
By James Lesher, Debra Nails, Frisbee Sheffield

图书在版编目（CIP）数据

爱之云梯：柏拉图《会饮》的解释与回响/詹姆斯·莱舍（James Lesher），黛布拉·尼尔（Debra Nails），弗里斯比·C. C. 谢菲尔德（Frisbee C. C. Sheffield）编；梁中和等译. —北京：中国人民大学出版社，2018. 4
（西方传统：经典与解释/刘小枫主编）
ISBN 978-7-300-23987-3

Ⅰ. ①爱… Ⅱ. ①詹… ②黛… ③弗… ④梁… Ⅲ. ①柏拉图（Plato 前 427—前 347）-哲学思想-研究 Ⅳ. ①B502. 232

中国版本图书馆 CIP 数据核字（2017）第 016191 号

西方传统　经典与解释
柏拉图注疏集
刘小枫主编
爱之云梯
——柏拉图《会饮》的解释与回响
詹姆斯·莱舍（James Lesher）
黛布拉·尼尔（Debra Nails）　编
弗里斯比·C. C. 谢菲尔德（Frisbee C. C. Sheffield）
梁中和 等　译
Ai zhi Yunti

出版发行	中国人民大学出版社		
社　　址	北京中关村大街 31 号	邮政编码	100080
电　　话	010－62511242（总编室）		010－62511770（质管部）
	010－82501766（邮购部）		010－62514148（门市部）
	010－62515195（发行公司）		010－62515275（盗版举报）
网　　址	http://www. crup. com. cn		
	http://www. ttrnet. com（人大教研网）		
经　　销	新华书店		
印　　刷	涿州市星河印刷有限公司		
规　　格	148 mm×210 mm　32 开本	版　　次	2018 年 4 月第 1 版
印　　张	18. 125 插页 3	印　　次	2018 年 4 月第 1 次印刷
字　　数	463 000	定　　价	88. 00 元
